会计学系列教材(全国八所高校合编)

管理会计学

(第二版)

主编 周宝源

南开大学出版社

天 津

图书在版编目(CIP)数据

管理会计学 / 周宝源主编. —2版. —天津：南开大学出版社, 2010.5(2021.1重印)
(会计学系列教材)
ISBN 978-7-310-03418-5

Ⅰ.①管… Ⅱ.①周… Ⅲ.①管理会计－教材
Ⅳ.①F234.3

中国版本图书馆CIP数据核字(2010)第070081号

版权所有　侵权必究

管理会计学(第2版)
GUANLI KUAIJIXUE (DI-ER BAN)

南开大学出版社出版发行
出版人：陈　敬
地址：天津市南开区卫津路94号　邮政编码：300071
营销部电话：(022)23508339　营销部传真：(022)23508542
http://www.nkup.com.cn

天津市蓟县宏图印务有限公司印刷　全国各地新华书店经销
2010年5月第2版　2021年1月第15次印刷
880×1230毫米　32开本　16.375印张　470千字
定价：40.00元

如遇图书印装质量问题，请与本社营销部联系调换，电话：(022)23508339

会计学系列教材（全国八所高校合编）编辑指导委员会
（按姓氏笔画为序）

边　泓　　南开大学国际商学院会计系
汤湘希　　中南财经政法大学会计学院
刘志远　　南开大学国际商学院会计系
吕长江　　吉林大学国际商学院会计系
张苏彤　　西安交通大学会计学院
张继勋　　南开大学国际商学院会计系
周晓苏　　南开大学国际商学院会计系
周宝源　　南开大学国际商学院会计系
郭立田　　河北经贸大学会计学院
胡元木　　山东经济学院会计系
崔也光　　首都经济贸易大学会计学院
盖　地　　天津财经大学会计系

出版说明

进入21世纪以来,经济贸易全球化、信息技术网络化和资源配置市场化的趋势日益显著,对会计职业和会计教育的发展提出了许多新的挑战和要求。我国2001年底加入世界贸易组织(WTO)后,这种挑战和要求显得更加迫切。此前,为适应市场经济体制改革现状及与国际接轨的要求,我国对会计制度进行了改革,具体体现在1999修订通过的《中华人民共和国会计法》、2000年国务院发布的《企业财务会计报告条例》、财政部发布的《企业会计准则》和《企业会计制度》上。

在这种情势下,要求会计语言日益具有"世界语言"的属性,我们应吸取国外会计学教材精华,积极开发适应经济贸易全球化需要的新型会计教材;要求改革利用会计信息的理论与方法,进一步提高会计信息的效用;要求科学地确认、计量、记录和报告由于资源配置市场化产生的前所未有的新型经济业务。为适应这些要求,我们邀请南开大学、中南财经大学、天津财经学院、吉林大学、西安交通大学、首都经贸大学、河北经贸大学、山东经济学院等八所高校联合编写了这套"会计学系列教材",共12种:会计理论、初级会计学、中级会计学、高级会计学、财务管理、财务报表分析、审计学、成本会计学、管理会计学、税务会计与纳税筹划、计算机会计学、政府及非营利组织会计等。

本丛书指导思想是:为适应21世纪会计发展趋势,向读者介绍最基本的会计理论、最重要的会计技术、最前沿的会计方法,理论与实务并重,以利于学生掌握会计知识,建立会计职业道德,成长为德才兼备的创新型、国际型和复合型人才。丛书涵盖了财政部所发布的所有会计准则和最新会计制度中的有关内容,并具有以下特点:

1. 注意营造"模拟会计环境"。每章先安排一个"范例",在读者正式阅读之前先提供一个"真实会计环境",以便于理解正文,并可避免枯燥、乏味之感。

2.理论与实务并重。本套丛书在介绍理论知识的同时,特别重视会计实务与会计理论的密切联系,设计了案例和实例,以提高读者的理论素养,培养读者的实务操作能力。

3.注意培养读者分析问题的能力和动手能力。各章之后设置了"本章思考题",有的还在正文中设计了"思考",以启迪读者分析和探讨值得思考的问题,培养读者主动思考和决策的能力。每章后还设计了"综合练习题",包括选择题、计算题、业务题和案例分析题,帮助读者巩固和复习所学知识,以达到活学活用的目的。

4.强调管理应用和分析。本套丛书在介绍会计学知识的同时,力图帮助读者加深对现实问题的认识,除了列举大量案例外,还使用了大量图表,以帮助读者整理思路,找出各知识点的内在联系。

5.配备有"教师参考用书"(赠送给教师)。其目的是:与授课教师交流授课经验,对教材中的习题作解答,并配备大量的习题练习和数套"模拟试卷",以便于授课和复习。

本套教材是上述八所高校紧密协作的成果,具有一定的代表性,我们真诚希望此套教材的出版,能够为我国会计教育事业贡献一份力量,能够促进会计教材的建设与更新。同时,也希望广大读者批评指正,以改进我们的工作。

南开大学出版社
2003年6月

再版前言

　　管理会计学是适应企业管理的需要而产生和发展起来的。尽管迄今为止该学科尚未形成完善的理论体系,但实践证明,它早已成为企业创造价值的有力工具,因而管理会计学显现出无限的生命力。

　　尽管管理会计学从西方引入我国的时间还不很长,但是近几年管理会计方法在国内一些企业中已经得到广泛的应用。特别是最近几年,一些企业率先推行全面预算管理,极大地推动了管理会计方法在我国企业中的应用。为了满足高等院校会计学、管理学、财务学以及其他相关专业的教学需要,我们编写了这本《管理会计学》。本书也可作为从事管理工作的广大实际工作者系统学习管理会计理论与方法的参考书。

　　本书在编写过程中广泛吸收了国内外同类教材的优点,并适度反映了近年来的最新研究成果。本书的特点主要体现在以下几方面:

　　1. 注重联系实际。各章安排了一些案例,这些案例基本上都是国内案例,从而有利于读者了解管理会计在我国的应用情况,便于将所学到的知识用于我国的管理实践。

　　2. 注重管理会计方法的实务操作。管理会计方法中有些数学运算较为繁琐,阻碍了许多人的学习和应用。本书在有关章节的附录中结合正文中的例题,详细介绍了如何运用最常用的 Excel 软件来解决管理会计中所涉及的、难于手工计算的有关问题。运用上述软件,这些原本较为复杂的计算就变得极为容易。

　　3. 注重管理会计学的"管理学视角",不刻意追求复杂但"华而不实"的数学模型。对于那些不能充分体现管理会计思想,同时又直接取材于统计学和运筹学等其他学科的数学方法,本书没有编写在内。为了使本书具有理论深度,同时又为了避免冲淡本书的核心内容,我们对有些重要的管理会计方法作了少量的数学推导,并置于有关章的附录中,供那些数学基础好、有兴趣的读者阅读。

4. 本书适度吸收了国内外同类教材的较新而且基本定型的内容,例如作业成本法、作业管理、成本管理战略、目标成本法、寿命周期成本法、及时制存货控制等内容,并广泛借鉴了国内外同类教材的长处。

本书由周宝源拟订编写提纲。各章起草人分别为:第二章,鲍童;第三章,刘艳;第四章,靳光辉;第五章,徐薇;第七章,茆天云;第九章,茆天云、徐薇;第一章、第六章、第八章、第十章、第十一章和第十二章及各章附录均由周宝源起草。周宝源对全书各章进行了较大修改和补充,并对全书进行了总纂。

本书的编写和出版得到了南开大学出版社王乃合编辑的热情帮助和大力支持,在此表示衷心的感谢!

管理会计学这一学科正处于快速发展时期,很多问题有待今后进一步探讨。由于时间仓促,加之水平有限,书中疏漏之处在所难免,恳请各位专家、读者批评指正。

周宝源
2010 年 3 月于南开园

目 录

第一篇 管理会计基础

第一章 导论 …………………………………………………………（3）
　　第一节 管理会计——为企业创造价值的信息系统 ………（4）
　　第二节 管理会计与财务会计的区别与联系 ………………（14）
　　第三节 管理会计人员在组织中的定位 ……………………（19）
　　第四节 管理会计的新发展 …………………………………（22）
　　第五节 管理会计师知识体系与职业道德 …………………（28）
第二章 成本概念与成本性态分析 …………………………………（37）
　　第一节 成本的分类 …………………………………………（38）
　　第二节 成本性态模式 ………………………………………（43）
　　第三节 成本估计 ……………………………………………（53）
　　附录：运用 Excel 中的回归分析功能进行成本估计 ………（72）
第三章 变动成本法 …………………………………………………（81）
　　第一节 变动成本法的概念 …………………………………（82）
　　第二节 变动成本法与完全成本法的比较 …………………（84）
　　第三节 两种成本法的优缺点 ………………………………（98）

第二篇 管理决策

第四章 本量利分析 …………………………………………………（115）
　　第一节 本量利分析基础 ……………………………………（116）

第二节　盈亏临界点分析……………………………………(124)
　　第三节　实现目标利润的销量预测…………………………(141)
　　附录 4-1：多品种盈亏临界点的加权平均法的证明 ………(155)
　　附录 4-2：敏感系数计算公式的推导 ………………………(157)

第五章　基于相关成本的短期决策………………………………(164)
　　第一节　相关成本与短期决策………………………………(165)
　　第二节　生产决策……………………………………………(177)
　　第三节　定价决策……………………………………………(201)
　　附录 5-1：运用 Excel 求解线性规划 ………………………(211)
　　附录 5-2：关于加成百分比计算公式的证明 ………………(215)

第六章　长期投资决策……………………………………………(224)
　　第一节　长期投资决策概述…………………………………(225)
　　第二节　长期投资决策的主要影响因素……………………(229)
　　第三节　常用投资决策方法…………………………………(239)
　　附录：运用 Excel 计算内部报酬率…………………………(256)

第三篇　规划与控制

第七章　全面预算…………………………………………………(267)
　　第一节　全面预算概述………………………………………(268)
　　第二节　全面预算的编制……………………………………(272)
　　第三节　预算编制的几种方法………………………………(294)
　　第四节　全面预算管理的运行机制…………………………(302)

第八章　责任会计…………………………………………………(316)
　　第一节　责任会计概述………………………………………(317)
　　第二节　成本（费用）中心的业绩评价与考核……………(325)

第三节　利润中心的业绩评价与考核…………………………（329）
　　第四节　投资中心的业绩评价与考核…………………………（332）
　　第五节　内部转移价格……………………………………………（342）

第九章　成本控制………………………………………………………（354）
　　第一节　成本控制概述……………………………………………（355）
　　第二节　产品生命周期成本控制…………………………………（362）
　　第三节　标准成本控制……………………………………………（372）
　　第四节　质量成本控制……………………………………………（388）

第十章　存货控制………………………………………………………（405）
　　第一节　存货控制概述……………………………………………（406）
　　第二节　存货批量控制……………………………………………（408）
　　第三节　其他存货控制方法………………………………………（419）

第四篇　新商业环境下的成本管理方法

第十一章　作业成本系统……………………………………………（433）
　　第一节　作业成本法产生与发展的背景………………………（434）
　　第二节　作业成本法的基本原理………………………………（436）
　　第三节　作业管理…………………………………………………（446）
　　第四节　作业成本法对传统管理会计的影响…………………（449）

第十二章　战略成本管理……………………………………………（467）
　　第一节　战略成本管理概述……………………………………（468）
　　第二节　战略定位分析…………………………………………（472）
　　第三节　价值链分析……………………………………………（477）
　　第四节　成本动因分析…………………………………………（484）
　　第五节　成本标杆管理…………………………………………（489）

附表一　复利终值系数表 …………………………………………（499）
附表二　复利现值系数表 …………………………………………（502）
附表三　年金终值系数表 …………………………………………（505）
附表四　年金现值系数表 …………………………………………（508）
主要参考文献 ………………………………………………………（511）

第一篇
管理会计基础

　　管理会计是创造企业价值的重要工具。管理会计的各项活动是企业管理的重要组成部分。企业各个层次的管理人员在从事各项管理活动中，迫切需要会计信息。会计信息系统主要由财务会计和管理会计两个子系统组成。前者侧重于为企业外部利益相关者服务，后者侧重于为企业内部经营管理提供有用信息。有效的管理会计系统通过提供及时、准确的信息而为企业创造价值。本篇主要论述管理会计的基础理论，内容包括三章：第一章主要阐述管理会计与企业各项管理活动之间的联系、管理会计的主要特点、管理会计人员的地位与作用，以及管理会计师的知识体系与职业道德等问题，并且详细论述了现代管理会计的新发展。第二章详细讨论了成本与业务量之间的关系——成本性态分析，引进了固定成本与变动成本等管理会计中广泛使用的重要成本概念，并系统阐述了成本估计的常用方法，以便获得管理会计所需的成本信息。第三章系统论述了管理会计中广泛使用的变动成本法，并探讨了它与财务会计中所使用的完全成本法之间的区别与联系。由于完全成本法所提供的成本信息直接用于管理决策往往会导致决策失误，因此目前广泛使用的各种管理会计方法都以变动成本法为基础，而变动成本法以成本性态分析为前提。

第一篇

吉林省社会经济

第一章 导论

本章学习目的
1. 掌握管理会计系统如何为企业创造价值
2. 掌握管理会计的基本概念
3. 管理对会计信息的需求
4. 管理会计信息的质量特征
5. 掌握管理会计与财务会计的主要区别与联系
6. 了解管理会计人员在企业中的地位
7. 了解管理会计的新发展
8. 了解美国管理会计师的知识体系及职业道德标准

范 例

杭州钢铁集团公司是浙江省大型国有企业集团。1996年以前,公司实行以单一经济责任制为主体的管理模式。随着社会经济的发展,这种管理模式已无法适应企业的发展需要。为了更好地配置资源,提高企业的核心竞争力,增强企业的持续发展能力,该公司从宝钢引进了全面预算管理体制,从1996年开始全面实施。通过推行预算管理,该公司将管理会计的主要方法用于企业管理,自1998年以来,已取得了理想的效果。2001年资金周转速度比上年提高31.7%,每吨生铁成本降低9.2%。近三年来,企业成本每年分别降低1.38亿元、1.75亿元和1.42亿元。[1]

第一节 管理会计——为企业创造价值的信息系统

每个企业都有一系列目标。为实现这些目标,管理人员需要信息。管理会计是一种能够改善企业经营过程,为企业创造价值的信息系统。该系统用于指导管理行动、激励行为,支持与创造企业文化价值,以实现企业战略、战术及作业目标。管理会计工作涵盖了对财务与非财务信息进行识别、计量、分析、解释和沟通的过程,目的在于实现企业目标。

管理会计工作是企业管理过程的有机组成部分,管理会计为企业完成计划、控制与决策等各项管理工作提供了宝贵信息。如今,在西方发达国家,管理会计人员已经成为企业管理团队的重要战略伙伴。管理会计人员通过资源、活动(决策、指挥经营活动、计划、控制)和人的有效

---

[1] 本案例取材于冯巧根等,《管理会计应用于发展的典型案例研究——一种理论与实践综合的视角》,经济科学出版社,2002年版,第176~181页。

管理来实现企业的目标,进而为企业创造价值。

一、管理对会计信息的需求

所谓管理就是由一个或更多的人来协调他人的活动,以便收到个人单独活动所不能收到的效果而进行的各种活动。管理人员的主要任务是创造和保持一种环境,在这个环境中,人们共同为达成群体选择的目标而有效地工作。管理的作用在于通过预测、决策、规划、组织、控制、协调和监督等一系列活动,充分利用组织现有的各类资源,如人力、物力、财力、时间、信息、技术等,取得尽可能好的效果,实现预期的目标。

信息是组织和控制企业管理过程的依据和手段。整个企业管理工作是一种以信息为中心的工作,企业管理过程就是信息的获取、处理、传输和使用的过程。信息是企业经营计划的基础;经营计划是企业管理的重要职能,是各项具体活动的依据。企业经营计划的制定,必须以真实、准确的信息为基础。

会计是适应人们讲求经济效益的需要而产生,随着生产力的发展而不断发展起来的。它通过收集、处理和利用特定的财务信息,对经济过程进行观念的综合与全面的控制,以促使人们在经济活动中权衡利弊,比较得失,讲求经济效益。会计在经济管理中占有举足轻重的地位。

会计信息系统是对企业经营过程中的财务信息进行搜集、记录、汇总、分析与管理的信息系统。会计信息系统如图 1-1 所示。

在所有的企业里,会计系统是重要的信息系统。该系统为如下目的提供信息:

(1)向企业内部管理人员提供报告,用于满足管理人员日常业务活动中的决策、计划和控制的需要。

(2)向企业内部高层管理人员提供战略决策信息,用于满足制定企业总体、长远规划和实施企业战略的需要。

(3)按照各项有关会计制度的要求,向组织外部的股东、政府以及其他外部利益相关者提供财务报告,以满足他们维护其投资的安全性、收益性与作出投资决策的需要,以及评价考核企业管理者履行其受托经营责任情况的需要。

企业内部管理人员和企业外部的有关方面虽都关注这三项会计信息,但重点却各不相同。对外界提供的信息主要涉及上述第三项内容,这个领域称为财务会计。在企业内部面向管理人员作出的报告,着重于前两项内容,这个领域就是管理会计。

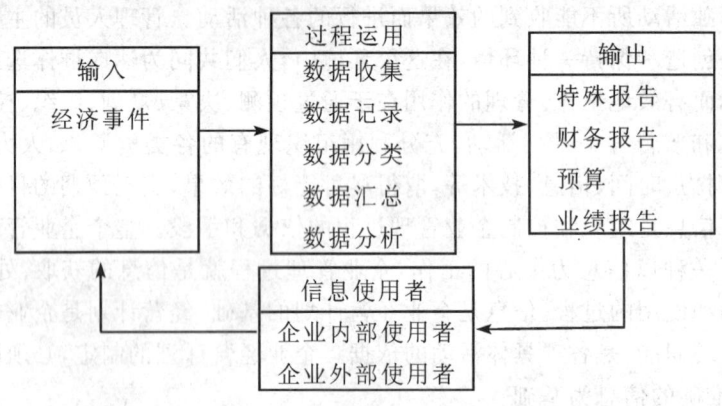

图 1-1　会计信息系统

企业管理的主要活动包括以下几方面:(1)确定企业总体、长远目标;(2)制定战略;(3)制定战略的具体实施计划;(4)实施计划并设计控制系统;(5)反馈控制:将实际业绩与计划对比并采取必要的纠正措施。管理会计人员需要计量业绩,分析实际业绩与计划的差异,并采取必要的纠正措施。

在上述所有管理活动中,管理人员都需要以管理会计信息为依据,如图 1-2 所示。

管理和目标之间存在着不可分割的联系。一个组织的管理过程实质上就是实现目标的过程。没有目标的组织,就谈不上实施管理。在现代管理学中,目标和管理这两个概念是密切联系在一起的。

管理会计与企业的目标管理有着密不可分的关系。目标管理是这样一种管理模式:首先组织的最高领导层根据组织面临的形势和社会需要,制定出一定时期内企业经营活动所需达到的总目标;然后层层落实,要求下属各部门主管人员,甚至每个职工,根据上级制定的目标分别制定目标并采取保证措施,形成一个目标体系,并把目标的完成情况

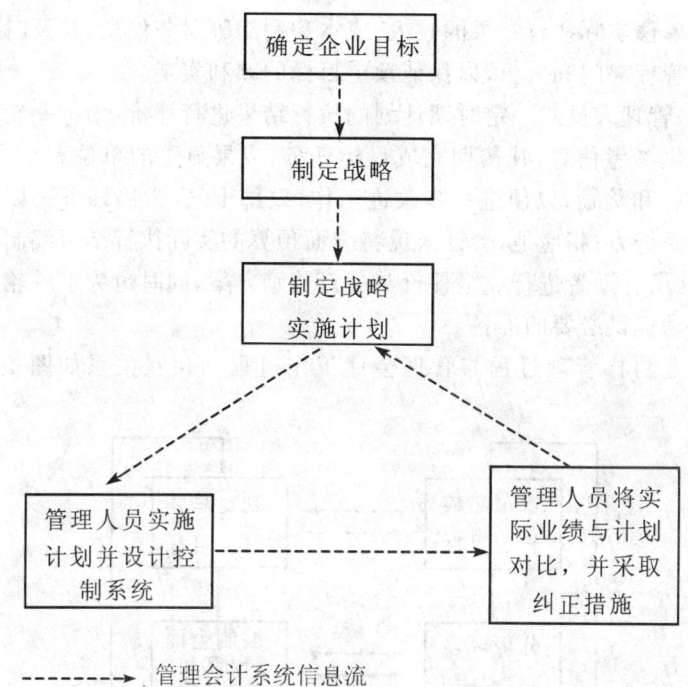

图 1-2 管理活动对管理会计信息的需求

作为对各部门或个人考核的依据。

企业目标管理的实施与管理会计工作相互渗透,两者的相互关系如下:

(1)为实施目标管理,企业高层管理者首先制定总体、长远目标;会计人员据此制定出企业的总体财务目标。

(2)管理人员在内外部环境分析和管理决策的基础上,根据总体、长远目标制定具体经营计划,并制定出下级的分目标,从而形成一个目标体系;相应地,会计人员编制经营全面预算,并将全面预算的总括指标层层分解,形成各基层部门的责任预算体系。

(3)管理人员组织实施上述具体经营计划,把权力交给下级成员,而自己去抓重点的综合性管理;上级的管理主要表现为指导、协助、提出问题、提供情报以及创造良好的工作环境。相应地,会计人员及时收集下级单位实际执行结果的收入、成本和利润等财务信息,并及时反馈给有关管理部门和人员,以保证预定目标的顺利实现。

(4)管理人员对一定时期计划的执行结果进行评价,为下一轮管理活动提供参考信息,凡按期完成目标任务、成果显著的单位和个人,应给予表彰和奖励,以便进一步改进工作,鼓舞士气,为搞好下一期的目标管理而努力;相应地,会计人员将全面预算的实际执行结果编制成业绩报告,供管理者进行业绩评价与制订奖励方案,同时也为下一轮管理会计活动提供必要的准备。

企业目标管理过程与管理会计工作过程的相互关系如图1-3所示。

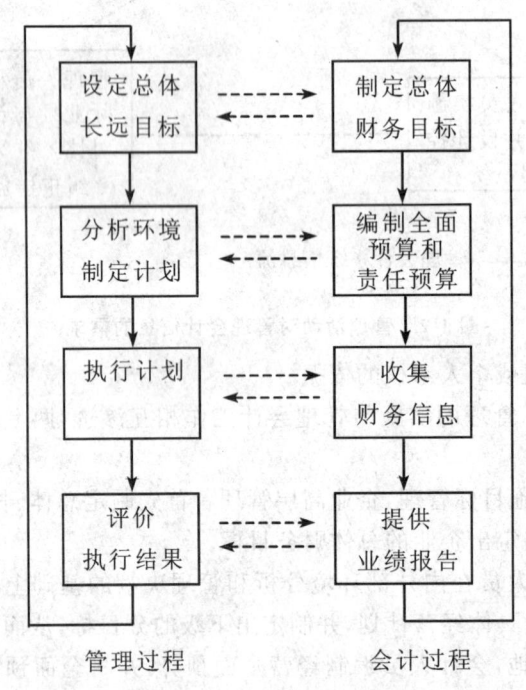

图1-3 管理会计信息与各项管理活动的关系

二、不同层次的管理人员对管理会计信息的需求

组织结构的不同层次对管理会计信息的需求有着较大的不同。

经营第一线对管理会计信息的要求主要体现在用于经营控制与改善,所需要的信息是频繁的、非汇总的、详细具体的,而且更注重非财务信息。作业层次信息应该及时,也就是说,每日或者每完成一项工作,都应及时报告实际执行结果,以便使员工及时了解实际执行结果与标准之间的差异。

处于组织结构的中层的管理者,对于管理会计信息的需求不如经营第一线对管理会计信息的需求那么频繁,他们对管理会计信息的需求带有一定的汇总性,而且倾向于财务信息,并且将管理会计信息用于计划与决策。

高层管理者运用管理会计信息从事长期、战略决策。他们对于管理会计信息需求的频率较低。在传统方式下,高层管理者主要运用财务信息进行决策。但是在近年来的动态商业环境中,高层管理者不仅关注财务信息,而且特别对以下几方面的非财务信息格外关注[1]:(1)客户与市场信息;(2)产品与服务创新;(3)全方位质量、过程时间、关键内部过程成本;(4)员工与组织的能力。

三、管理会计如何在企业中创造价值

如今,有效的管理会计系统通过提供及时、准确的信息为企业创造价值。管理会计活动主要通过以下几个方面增加企业价值:

(一)积极、主动参与企业的计划并提供相关信息

计划是为获得特定结果而对未来行动制定的详细过程。计划需要设定目标,并寻求实现该目标的方法。计划大致可分为长期计划与短期计划,其中,长期计划既包括战略计划也包括战术计划。管理会计人员

---

[1] 参见 Anthony A. Atkinson, Rajiv D. Banker, Robert S. Kaplan, S. Mark Young, Management Accounting, Third Edition, Prentice Hall, Inc, 2001, p. 11.

主要运用战略成本分析等方法直接参与企业战略计划的制定，运用资本预算等手段参与长期、战术性计划的制定，通过编制年度预算直接参与企业短期经营计划的制定。全面预算作为企业经营目标的具体化，它既是规划与决策工作的全面综合，也是控制与执行工作的分项展开。通过编制全面预算，能以数量的形式从总体上表现预测、决策过程所确立的各项奋斗目标，从而建立起一个包括生产、供应、销售、财务等所有内容的预算指标体系。

（二）为价值链各项活动提供决策支持

企业的经营过程是由一系列增加产品或服务价值的活动构成的。每种价值活动都会对企业的相对成本地位产生影响，并成为企业采取差异化战略的基础。这些增加价值的活动的有机结合就是所谓的价值链。价值链中的各项活动大致可分为以下六个方面：(1)研究开发——与产品、服务或经营过程有关的创新构想的产生及针对这些构想所作的实验；(2)设计——产品、服务或经营过程的详细规划及设计；(3)生产——资源的获取、协调与组合，以生产某种产品或提供某种服务；(4)营销——向顾客或潜在的顾客推销产品的过程；(5)销售——将产品或服务传递给顾客的过程；(6)顾客服务——对顾客提供的各项售后服务活动。管理会计人员对于上述各项活动提供决策支持，进而为企业创造价值，如图1-4所示。

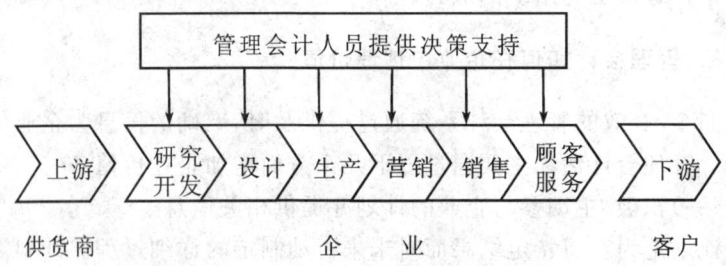

图1-4 管理会计人员为各项活动提供决策支持

（三）参与管理计划的实施与控制

控制是监控计划的实施并在需要时采取纠正行动的管理活动。管理会计中的控制是将对经营过程的事前控制同事中控制有机地结合起来,它通过事前确定科学可行的各种标准,根据执行过程中的实际与计划发生的偏差进行原因分析,及时采取调整措施,以改进工作,确保经营活动正常进行。管理会计通过以下方式直接参与控制:(1)通过提供关于企业财务和长期竞争性业绩、市场状况、客户偏好与技术创新等方面的信息,实现战略控制;(2)通过提供关于经理人员和经营单位业绩的信息,实现管理控制;(3)通过对生产产品所消耗的资源成本,以及营销、发运产品和客户服务所消耗的资源成本进行计量,实现产品与客户控制;(4)通过提供关于作业执行效率与质量方面的反馈信息,实现作业控制。

(四)对经理与员工进行激励

通常,经理及企业员工的个人目标与企业目标不一致。为使企业目标顺利实现,企业必须采取有效的激励手段。管理会计系统通过编制全面预算,并将预算总指标层层分解,使各级经理与员工有各自明确的工作目标,从而激发他们努力实现各自的目标。这样,管理会计通过预算系统,对企业的目标与人员的目标进行有效协调,进而有利于企业目标的顺利实现。此外,管理会计适应分权管理的管理模式,通过建立责任会计系统,将管理权下放到基层,使这些基层经理人员的工作热情激发出来,也大大促进了企业总体目标的顺利实现。

(五)进行业绩评价

业绩评价是指运用特定的方法对企业及各级部门一定经营期间内的经营状况进行定量与定性的考核、分析,进而作出客观、公正的综合评价。管理会计履行"考核评价经营业绩"的职能,是通过建立责任会计制度来实现的,即在各部门、各单位及每个人均明确各自责任的前提下,逐级考核责任指标的执行情况,找出成绩和不足,从而为奖惩制度的实施和未来工作改进措施的形成提供必要的依据。在管理会计循环过程中,业绩评价处于承上启下的关键环节。业绩评价是激励经理与员工为实现企业目标而努力工作的重要手段之一。业绩计量结果可作为奖惩的重要依据。

(六)进行竞争对手分析,保持竞争优势

企业只有对自己现有的、潜在的竞争对手的各方面能力和自身在市场中的竞争地位有充分的了解,才能在激烈的市场竞争中保持竞争优势。通过对竞争对手的研究和分析,企业能够更好地明确自己在市场中的地位和优势,从而更好地发挥自己的优势,弥补自己的劣势。通过与竞争对手创造价值过程的比较,企业能够更好地对自己的作业流程进行评估,从而达到降低企业作业成本的目的,加强企业的竞争优势。

四、管理会计信息质量特征[①]

向管理人员提供管理会计信息是管理会计的重要职能。为保证管理会计信息能够充分发挥作用,管理会计人员在提供信息时应力求使所提供的信息具备以下几方面的特征:

(一)一致性

一致性指信息的收集、整理与编报的方法前后期应该一致。对管理会计信息要求具有一致性的目的在于使企业自身各年度的概括信息能够相互可比,从而有利于管理人员进行正确的决策与控制。当然,如果客观条件发生显著变化,那么企业在提供管理会计信息时,偶尔改变一下原有的管理会计信息的收集、整理与编制方法反而有助于提高管理会计信息的质量。

(二)准确性

准确性是指管理会计所提供的信息在有效使用范围内必须是正确的,不仅能反映出事物的本来特征,还包括信息的分类要准确,使理性的信息使用者能够通过对信息的分析揭示出隐含在信息背后的真相及其相互之间的内在联系。在管理会计中,决策的问题不同,对信息准确程度的要求也不同。管理会计信息是否具备足够的准确性通常以"不影响决策的正确性"为标准。因此,管理会计可以采用近似的方法来获取所需信息的近似值或估计值,以此来简化信息的处理程序,提高信息的处理效率,降低信息的处理成本。

(三)相关性

[①] 部分内容参考肇英杰:《论管理会计的信息质量特征》,《西北民族学院学报》(哲学社会科学版),1998年第4期,第84~88页。

相关性是指管理会计所提供的信息要与管理当局的预测、决策、规划和控制等管理活动相关。管理会计人员所提供的管理会计信息只有具备相关性才能被管理人员所接受。管理会计信息的相关性具有一定的相对性,它取决于信息的使用目的。一项管理会计信息,对于某项管理活动而言是密切相关的,可能对另外一项管理活动而言却是不相关的。

(四)可理解性

可理解性是指管理人员易于对管理会计信息作出正确的理解。如果信息不为管理人员正确理解,那么不管信息多么有价值,其作用都会大大降低。因此,管理会计信息的表达方式应以管理人员易于理解为准则。为提高管理会计信息的可理解性,管理会计人员在提供信息前应就管理会计报告的形式和内容与有关管理人员进行充分沟通。

(五)及时性

及时性是指管理会计人员必须及时、迅速地为管理当局提供可应用于预测、决策、规划与控制等过程的会计信息。企业的经营活动错综复杂,市场外部条件瞬息万变,管理当局往往需要对诸多的经营问题快速地作出决策和处理。信息的及时性与信息的准确性往往相互冲突。就使用者而言,信息越准确越好。但准确的信息不仅需要更多的信息处理成本,而且需要更多的时间准备。管理会计中,有些信息是常规需要的,可设定必要的精确度,在信息成本效益平衡性原则约束下,通过程序化方式予以提供。对于大量的非常规需要的信息,为了及时地予以提供,往往采用近似的方法获取估计值或近似值。如果信息的及时性与信息的准确性发生冲突,那么及时性通常比准确性更重要,管理会计可以在许可范围内通过部分地牺牲信息的准确性来保证信息的及时性。

(六)多元性

多元性是指管理会计信息的具体内容与形式的多样化。管理会计要在其工作范围内提供能满足管理需要的多种不同信息。这些信息是广泛的,既包括经加工、改造后的财务信息,也包括大量具有特定形式和内容的非财务信息,而且还包括实际的和预计的、历史的和未来的、精确的和粗略的、综合的和详尽的、内部的和外部的、技术的和经济的信息等等。管理会计自身的特点也具备了提供多元化信息的条件。它融合了多学科的内容和方法,不受法定会计规范和固有的会计程式的制约,它可以采用多种方法对从不同渠道取得的信息进行加工、改造,使之能按管理会计的需要提供多样化的信息。

(七)经济性

经济性是所有信息处理都应遵循的一般原则。管理会计取得信息,是为了通过利用该信息获取特定的利益。信息能带来利益,取得信息也需要付出成本、花费代价。如果信息的处理成本超过利用信息所能带来的效益,那么这一信息不论多么重要都应放弃。因而在管理会计中,信息的经济性不仅要求信息的处理要本着节约的原则,降低信息的处理成本;更重要的是,管理会计必须根据这一原则来决定信息的取舍和确定信息的报告量。这一原则可以看作确定管理会计信息质量特征的约束条件。

第二节 管理会计与财务会计的区别与联系

管理会计与财务会计同属于会计信息系统,两者之间既存在密切联系,同时又有显著区别。了解它们之间的关系对于深入理解管理会计的内涵至关重要。

一、管理会计与财务会计的区别

管理会计与财务会计有较大区别,这些区别大致可以概括为以下几方面:

(一)服务对象侧重点不同

管理会计的侧重点是向企业内部管理当局、各职能部门、职工及董事会等提供财务与非财务信息,以便他们进行正确的经营决策、理财决策与投资决策,并评价企业的经营业绩、加强内部经营管理以及维护职工正当利益;财务会计侧重于向国家宏观经济管理部门、企业外部的投资者、债权人、税务部门以及与企业有各种利害关系的团体提供信息,以便他们进行宏观调控、优化社会经济资源配置、进行合理的投资决策与信贷决策等。

(二)性质不同

管理会计是决策工具,财务会计是报告系统。经过几十年的发展,管理会计已积累了许多决策方法,管理会计人员应用这些方法直接参与经营决策与战略决策。财务会计以提供财务报告为主要目的,并不直接参与各类管理决策。

(三)着眼点不同

管理会计着眼于控制现在及筹划未来,用已发生的经济事项和有关资料等信息来预测和规划尚未发生的经济活动,对多种预测方案进行科学对比分析,从中选择最佳方案,为企业内部各层次决策提供信息,对企业内部垂直与水平方向的业绩评价进行沟通,并利用财务会计资料和其他有关资料,控制现在的经济活动;财务会计着眼于对企业经营活动作历史性描述,通过记账、算账、报账着重反映企业过去的业绩。

(四)应用前提不同

管理会计以成本性态分析为前提,即将全部成本分为固定成本和变动成本两大类,并采用变动成本法计算产品成本;而财务会计则根据成本的经济用途,将全部成本分为生产成本和非生产成本两大类,采用完全成本法计算产品成本。

(五)财务报告的形式不同

管理会计报告的种类和格式灵活多样,包括对过去时期和展望未来的报告,包括各种预算、决策分析报告、图表等;财务会计采用国际上通行的由资产负债表、损益表和现金流量表构成的财务报表体系。

(六)信息报告期长短不同

根据层次的需要,管理会计信息的报告期可长可短。表1-1给出了不同管理层次下的管理会计信息的报告频度。财务会计信息一般按月、季和年进行报告,而且以年度报告为主。

(七)对会计信息客观性与可验证性的要求不同

管理会计是建立在预算和企业管理者要求基础上的,其数据既有来源于财务会计的核算结果,又有来源于主观预计与经验估计的数字,对会计信息的客观性和可验证性的要求不是很严格,但强调数据资料的相关性;财务会计的信息取得严格要求以各种有效的原始凭证为依据,对会计信息的客观性和可验证性有较高的要求。

表 1-1 不同情况下管理会计信息的报告频度

报告频度	信息特征	目标	例子
每日一次	基层经营信息 以定量信息为主 指导性关键数据	不同企业差别较大 通常用于作业层次	订单情况 销售量 生产业绩
每周一次	业绩对比 数量导向	不同企业差别较大, 通常用于作业层次 与战术决策层次	与上年同期相比的周 销售量 订单需求满足率 存货占用期 市场份额
每月一次	实际与预算对比 实际与上年对比 财务导向	战术与战略决策层次	利润与预算和上年总差异 存货水平
每年一次	实际与预算对比 实际与上年对比 财务导向	战术与战略决策层次	目标实现情况 (战略实施情况)

(八)对会计信息及时性与准确性的侧重点不同

管理会计要求会计人员必须及时向企业管理者提供多种高质量的信息,使他能根据不断变化着的客观情况及时作出正确的预测和决策。为此,管理会计就不单纯强调数据的准确性,而是更强调数据的及时性,因此,管理会计除应用某些实际数据之外,还应用大量计划数、估计数、平均数、近似值、趋势值等等。财务会计要求如实记录生产经营过程中发生的每一项经济业务,精确说明全部经营资金的来源和占用情况,以便通过向企业外部关系人提供准确的财务成本信息而保障他们的经济权益。

(九)对会计信息多元化程度的要求不同

首先,管理会计既关心货币计量因素也关心非货币计量因素,它在帮助企业管理者对未来的生产经营活动进行规划和控制时,可用多种计量单位,如实物单位、作业单位(如订单处理次数)等;其次,管理会计不仅关心企业整体情况,更关心企业各部门、各产品线等局部状况,对经营过程、技术、供货商、客户及竞争对手等方面的经营信息进行计量与分析。财务会计很少关心非货币计量因素,并且主要关心对企业整体经营活动的描述与报告,通过一系列综合性财务成本指标,对整个企业的财务状况和经营成果进行集中的反映和说明,很少涉及企业内部各部门、各单位的局部性问题。

(十)信息概括程度不同

管理会计不仅关心企业整体情况,更关心企业各部门、各产品线等局部状况,因而所提供的信息很多是非汇总的,为局部决策与行动提供信息。而财务会计主要关心对企业整体经营活动的描述与报告,所提供的信息侧重于反映企业整体财务状况。

(十一)对行为的关注不同

管理会计关注各项业务的计量和报告对管理人员日常行为的影响;财务会计着眼于如何计量和报告各项业务,而对管理人员日常行为关注较少。

(十二)与其他学科联系程度不同

管理会计大量吸收了经济学、管理学、财务学、数学、统计学、社会学等相关学科的内容,使多种学科内容渗透其内、融化其中,成为在现代条件下为企业内部管理提供有效服务的重要工具;财务会计与其他学科联系较少,主要以复式记账为根据,以货币为统一计量单位,按照固定的核算程序,借助初等数学方法,对企业的经济活动进行记录、汇总、整理和报告,所用的有关技术方法比较单一。

(十三)规范性程度不同

管理会计不受企业外部法规约束,而财务会计却恰恰相反。在我国,财务会计要严格按照《会计法》、《会计准则》等各项法律、法规的规定进行核算,其核算程序也比较固定,具有一定强制性,凭证、账簿、报表都规定有固定格式。而管理会计则没有像财务会计那样严格的要求,其核算完全服从管理的需要,不受统一会计制度的限制,其核算程序不太固定,可以根据管理者需要自行设计程序及其适用的各种报表格式。

案 例

一家饮料厂同时生产多种饮料。会计部门提供的资料显示,小瓶纯净水的生产销售一直处于亏损状态。经过市场调查,该纯净水市场价格平稳,因而不可能通过涨价来扭亏。厂里的主要管理人员经过商议,最后决定停止该小瓶纯净水的生产和销售。该厂管理人员预计通过停止小瓶纯净水生产,工厂的利润能够增加。然而出乎意料的是,停产后,工厂的利润总额不但没有增加,反而比停产前更少。造成这一情况的原因在于,会计部门所提供的财务资料是按照财务会计的规范要求加工整理的,并不适合直接用于管理决策。

二、管理会计与财务会计的联系

管理会计自产生与形成之后,虽然是与财务会计并列的两个相对独立的业务系统,但两者相互补充、相互配合,为提供各种可靠的管理信息发挥着各自的作用。因此,它们之间也存在着密切的联系。

(一)两者同属于企业会计信息系统

总体上讲,管理会计系统与财务会计系统的核算对象是一致的,只是在分工上有所不同。从广义上理解,财务会计与管理会计都是为了满足管理的需要,其工作对象都是企业生产经营过程中的资金运动,共同为实现企业内部经营管理目标和满足企业外部有关方面的要求提供服务。两者都主要提供财务信息,两者都为管理当局提供综合性、货币表现的财务指标。因此财务会计所使用的很多基本概念、方法、技术以及财务会计的许多现行规定也在不同程度上适用于管理会计,只是管理会计不局限于这些概念和技术,还使用其他一些概念、方法和技术。此外,两者都是通过会计信息为管理当局或有关方面提供参谋和咨询服务的。它们都是管理当局的参谋与助手,但不直接履行管理职能。

(二)两者都以经营信息作为信息来源

财务会计为反映、监督企业的资产与权益的变动,只能以反映各种经济业务的原始资料为依据。管理会计虽然可以运用各个方面的资料,但对财务会计资料的加工是其主要方面,因此可以说两者的资料是同源的。

(三)管理会计的工作是财务会计工作的延续和发展

管理会计运用统计、数学等方法,与企业预算相比较,分析完成和未完成原因,修正预算,提出改进措施,发挥财务计划、分析、监督和控制职能,变财务会计的事后反映为管理会计的事前预测、事中监督和控制,极大地丰富了传统财务会计信息的作用。

思 考

有人说,管理会计就是为内部管理人员提供信息,而财务会计就是为外部利益相关者提供信息。财务会计信息只能误导管理人员作出错误决策,因而管理会计人员应该全部抛弃财务会计信息。你认为这种观点对吗?

第三节 管理会计人员在组织中的定位

为使管理会计人员充分发挥其应有的作用,企业应对财务部门的职责分工作出合理的划分,并且明确管理会计人员在企业会计部门中的任务。

一、管理会计人员在企业组织中的位置

企业内部各个部门大体分为生产部门和服务部门两大类。生产部门是负责处理生产经营的基本活动,同企业基本目标直接相关的部门;服务部门是为生产部门提供专门服务,支持协助生产部门有效地开展工作的部门。

在西方国家,会计机构的负责人叫"主计长"(Controller),其职责和工作性质相当于我国的总会计师,在企业中有较高的地位,是企业高级职员之一,负责财务会计、管理会计、税务会计和内部审计等工作。在主计长的领导下,配备有管理会计师、成本会计师、财务会计师,并有税务、预算、审计及计算机等方面的专家,由他们分管各专门领域。财务部门的负责人是"财务长"(Treasurer),主要负责企业的理财工作。

西方国家典型的企业组织结构如图1-5所示。从该图可以看出,财务副总经理领导的主计长和财务长都属于服务部门。他们在企业中居参谋地位,行使参谋职能。但是主计长与财务长两者的职责存在较大差别,具体内容如表1-2所示。

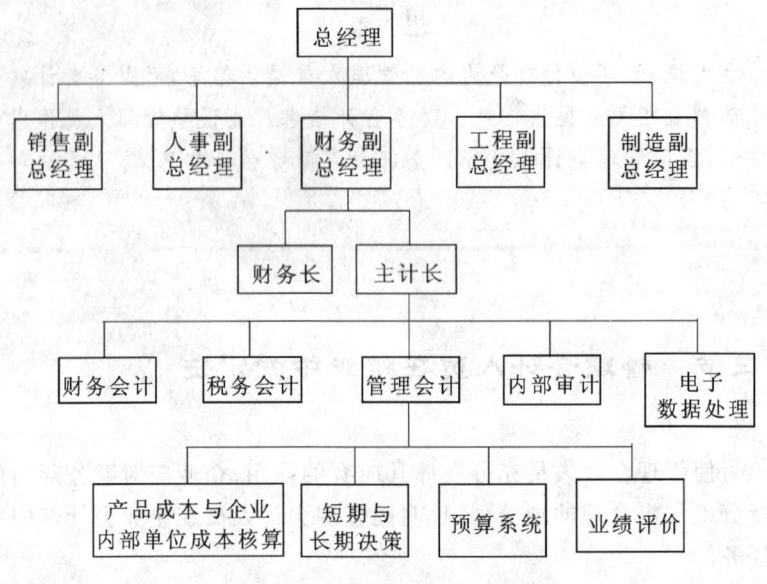

图1-5 西方国家典型的组织结构

二、会计部门的职责分工

1.管理会计工作包括成本核算系统、决策系统、预算系统与业绩评价系统。其中,成本核算系统的内容包括产品成本与企业内部各单位成本核算,决策系统的内容包括短期与长期决策,预算系统的内容主要包括收入和成本的计划,业绩评价系统的内容主要包括计划与实际业绩的差异对比。

2. 财务会计工作包括传统的记账、算账及定期编制对外的财务报告等。

3. 内部审计是指独立评价企业的财务和经营活动,检查各内部经营单位对各项制度、规章的执行情况,检查有无营私舞弊等行为,评价现行会计制度所起的作用及其完善程度,对有关改革主动提出建议等。

4. 税务会计工作主要涉及与税务相关的各项会计工作。

表1-2 主计长与财务长的主要职责区别

主计长的主要职责	财务长的主要职责
1. 控制规划	1. 筹集资金
2. 报告与解释	2. 与投资者维持良好关系
3. 业绩评价和咨询	3. 短期融资
4. 税务管理	4. 信用发放与收回
5. 向政府机关提供会计报告	5. 金融和保管
6. 资产保全	6. 投资
7. 经济评估	7. 风险管理与保险

管理会计人员是企业组织机构中重要的战略性成员。管理团队试图通过管理资源、作业和员工来有效地实现组织目标,从而增加组织价值。管理会计师作为管理团队的组成部分,直接参与管理决策和计划工作。以往,管理会计人员的工作与管理人员相分离。然而,随着管理环境的不断变化,当今的管理会计人员作为企业管理的参谋,在企业交叉职能工作组(Cross—Functional Teams)中,同来自各职能部门的经理人员并肩工作[①]。

---

① 参考 Ronald W. Hilton, Management Accounting: Creating Value in a Dynamic Business Environment, Fifth Edition, McGraw—Hill Education, 2002, p. 4.

第四节 管理会计的新发展

一、管理会计的新方法

管理会计是一门随着管理理论、管理环境及管理人员的需要的变化而不断发展变化的学科。近年来,涌现了大量的管理会计新方法。这些新方法极大地丰富了管理会计的内容,并成为为企业、股东、客户等创造价值的有力工具。

(一)作业成本法与作业管理

随着高新技术广泛应用于生产领域,以及对具有个性的差异化产品或服务的市场需求的日益增长,直接材料、直接人工成本在总成本中所占比重日益下降,制造费用所占的比重日益增长。产品成本结构的根本变化使得以工时或机时为基础的间接费用分配方法已不能准确提供产品成本信息,无法为管理决策和控制提供有用信息。此外,全面成本管理的推行要求管理会计按照作业提供成本信息。因此,作业成本法在很多企业日益盛行。作业管理是指运用作业成本法所提供的信息,对导致成本发生的原因进行管理,识别增值与非增值作业,寻求降低或消除非增值作业、改善作业链、有效降低成本的方法。

(二)目标成本法

目标成本法(Target Costing)是近年来日本企业广泛采用的一种对新产品进行定价和开发决策的成本分析方法。该方法在欧美企业中也得到广泛应用,并取得巨大成功。该方法根据市场需求确定目标销售价格,再减去目标利润,制定目标成本。目标成本法有助于新产品开发与定价决策,使企业避免开发或定价决策失误造成重大损失。另外,由于大多数产品成本属于约束性成本,并且在产品设计阶段就已经被确定下来,因此有效的成本控制应该发生在产品的设计和工艺设计阶段,而不是发生在产品已经进入生产过程阶段。因此,目标成本法是一个有效的战略成本管理工具。

(三)生命周期成本法(Life—Cycle Costing)

产品生命周期成本法是计算发生在产品整个生命周期内全部成本,并对其进行分析的过程。进行产品生命周期成本的计算与分析的目的在于:一是有利于提高辨别产品全部成本的能力;二是有利于扩大对成本的理解范围,进而全面控制成本;三是有利于在产品设计阶段事先考虑废置成本(如有关固定资产清理成本),并对其进行有效控制。

(四)约束理论

任何企业至少存在一种限制生产的瓶颈,否则就能达到它所追求的任何目标而进行无限的生产。约束理论(The Theory of Constraint,简称 TOC)将企业活动看成像一条链一样的一系列过程,如果最薄弱的环节被加强了,整个链条就会很结实;反之,如果被加固的只是某些非薄弱环节,那么整个链条还是不十分结实。传统的会计业绩计量通常不对瓶颈和非瓶颈进行区分,因而无法有效增强企业的总体能力。约束理论将成本管理人员的注意力集中于减少生产过程中的瓶颈,其核心思想是企业通过最大程度地提高整体产出率来获得成功。该理论指导管理人员注意通过消除或减少生产过程中降低产出率的瓶颈来提高完工效益。那些不影响企业完工效益的生产和分销过程是非约束的,它们不像瓶颈和约束条件那样受到重视。

(五)及时存货制

及时存货制简称及时制,是指原材料应该于生产需要之时适时运达,半成品或配件应该在下道工序加工时适时转入,产成品应该在对外销售时完成交运。任何不增加产品价值的活动都是浪费,在生产中工人的各项活动若不增加价值,就应当剔除。及时存货制将存货降低至最低水平,因而对于会计人员来说,大大减少了存货的核算与控制工作,从而有更多的时间用于协助管理人员改善管理。

(六)客户获利能力分析

客户获利能力分析(Customer Profitability Analysis)是运用作业成本法所提供的成本信息确定服务于特定客户所发生的各项作业成本及其他相关成本,进而辨别出哪些客户能使企业获利及其为企业带来利润的能力高低。管理人员依据这些信息,改善企业客户结构,实施有效的客户管理,进而提高企业的总体获利能力。

(七)改善成本法

改善成本法(Kaizen Costing)是近年来日本汽车制造商广泛采用的一种成本管理与控制方法。Kaizen 是日语中的一个名词,它的意思是通过持续的、小的而不是大的革新,来持续地降低成本。改善成本法是指通过在已有产品的制造过程中持续性实施成本降低的方法,使公司营运获得持续改善,以提高企业的经济效益和竞争能力。改善成本法的核心是通过简化流程和提高效率来达到降低成本的目的,它常常通过小修小改实现持续的渐进式的改进,而不是通过对技术的投资和创新实现重大的或根本性的改善。

(八)标杆管理

标杆管理(Benchmarking)是指以最强的竞争企业或那些在行业中领先的、最有名望的企业为基准,将本企业的产品、服务和管理措施等方面的实际状况与这些基准进行定量化评价和比较,分析这些基准企业的绩效达到优秀水平的原因,在此基础上选取改进的最优策略。这一程序将连续不断地反复进行。

(九)战略成本管理

战略成本管理是适应管理人员实行战略管理的要求而建立的成本管理新方法,目的在于促使企业获取竞争优势。战略成本管理的内容主要包括:(1)价值链分析;(2)战略定位分析;(3)战略成本动因分析,其基本思想是关注成本驱动因素,运用价值链分析工具,明确成本管理在企业战略中的功能定位。

(十)平衡计分卡

20 世纪 80 年代中期,有些企业本来有着不错的财务指标,但由于不注意产品质量,客户满意度逐渐恶化,致使竞争者不断蚕食自己的市场份额,以至于丧失竞争能力。因而,在这一阶段全面质量管理方法风靡全球。90 年代以后,在经济全球化的市场中,随着竞争的日益加剧,企业以质量为中心的发展战略自然演进为以客户为中心的发展战略,全球范围内的企业都在改变自己以便适应以信息为基础的竞争。但大多数企业的经营和管理控制系统都是在财务指标和目标的基础上建立起来的,这些指标与企业在实现长期战略中取得的进展毫无联系,只重视短期财务指标,这使战略开发与实施之间产生了差距。因此以财务指标为主体的绩效测评体系制约了企业发展战略的实施。以单纯的财务数据作为测评公司绩效的主要指标是不够的,产品质量、顾客满意度、市场份额、创新能力等能够反映企业经济状况和发展前景的指标组合,比单纯财务报表中的收益指标更有用。平衡计分卡从顾客角度(顾客如何看待企业及产品)、内部业务流程角度(企业必须具有的核心能力)、发展角度(能否继续提高并创造价值)、财务角度评价企业业绩,克服了传统管理体系的重大缺陷,把企业长期战略目标和短期财务指标联系起来。

二、传统管理会计与现代管理会计的对比

在西方发达国家,为适应现代管理环境的变化,作业成本法、平衡计分卡、标杆管理等现代管理会计方法得到广泛运用。传统管理会计逐步被现代管理会计所取代。传统管理会计与现代管理会计之间的区别主要体现在以下几方面:

(一)在成本计算方面

传统管理会计系统在提供产品成本与企业内部单位成本信息时,假定业务量是惟一的成本动因,在此基础上进行成本性态分析,将成本划分为变动成本与固定成本两大类。现代管理会计系统在提供产品成本与企业内部单位成本信息时,广泛、全面运用作业成本概念,考虑了导致成本发生的多种动因,因此更能适合现代企业经营环境和管理对会计信息的要求。

(二)在预算方面

传统管理会计系统在预算编制方面,以编制各级、各类部门预算为基础,在此基础上进行汇总,形成企业整体预算。现代管理会计系统紧紧围绕作业提供各项预算指标,全面采用作业预算编制方法,从而适应了企业战略管理、成本抑减、持续改善等管理要求,为企业在市场竞争中获取竞争优势发挥了重要作用。

(三)在业绩评价方面

传统管理会计系统方法比较单一,主要通过预算与实际业绩的差异对比分析达到业绩评价的目的。现代管理会计系统广泛关注企业关键成功因素、平衡计分卡、标杆管理,以及基于作业的业绩评价指标,从而更能激发经理与员工实现企业的各类管理目标。

(四)在决策方面

传统管理会计系统缺乏与企业战略管理系统的联系,其决策的基本假定前提是:企业以短期利润最大化为目标,因而传统管理会计的决策方法在一定程度上限制了企业战略管理的顺利实施。现代管理会计系统在进行决策过程中,一方面保留了传统决策方法中的合理部分,并在此基础上,运用价值链、战略成本动因分析等工具,关注生产过程以外其他经营过程的成本,如研究开发、设计、销售、发运和客户支持等;另一方面,在决策过程中还注重考虑质量、时间、客户满意度等非财务指标。这些手段的运用,使现代管理会计系统中的成本决策适应了企业战略管理的要求,消除了传统管理会计系统成本决策过程中忽视与企业战略协调一致的弊端。

三、管理会计的发展趋势

随着企业国际化经营的日益发展,市场竞争更加激烈。企业迫于持续的压力,不断降低销售给顾客的产品或服务的成本,以求得生存与发展,并获得竞争优势。企业除更加关注成本与利润等财务指标以外,还关注以下方面:

(一)关注经理与员工的行为与激励

现代管理是以人为中心的管理,人是管理的主体,以人为本是现代企业管理的核心。现代管理会计的整个过程都是由人支配完成的,管理会计的目标、方法是由人制定的,成本控制与考核手段是由人来实施的;现代管理会计对象的首要因素是人而不是物,企业每一位员工的工作热情及工作效率都会直接影响到企业成本管理的总体效果;现代管理会计的核心是管理者的成本意识。因此重视人的行为因素、研究如何激励人的行为将贯穿于成本管理的全过程,是成本管理成功的关键所在。

(二)关注顾客

没有顾客,企业就失去了生存能力。企业必须在生产出产品之前,就考虑顾客的需要。

随着市场竞争的日益加剧,管理人员需要不断投入足够的资源,以使顾客满意,进而获取并留住能使企业盈利的顾客。为适应这一管理上的新趋势,管理会计人员应该提供企业向各客户销售产品的获利能力信息,在选择业绩评价指标过程中,应注意将"客户满意"等非财务指标引入到业绩评价系统中;在进行决策、计划与控制各项活动过程中,应注重以增加顾客价值为导向。

(三)关注时间

当今,在激烈市场竞争的压力下,企业要想获得竞争优势,"时间"便成为关键的成功因素之一。通过缩短产品的研究开发、设计与生产的时间周期,企业可以在与对手竞争的过程中获得明显的竞争优势。为使顾客满意,就要比过去更可靠地如期交货。为此,管理会计人员应向管理者提供缩短新产品投放市场时间及缩短交货周期所增加的成本信息,以便管理人员作出定价等管理决策,并评估缩短时间所增加的成本能否在销售收入中得到补偿。

(四)关注质量

随着市场竞争的加剧,以及消费者生活水平的不断提高,顾客期待着产品拥有更高的质量水平。低劣的产品质量,将迅速减少企业产品在市场上的份额。企业一旦因产品质量低劣而失去顾客,就很难重新获得这些客户。为了满足管理人员对产品质量的要求,管理会计人员需要提供与产品质量相关的成本信息,以便管理人员作出相应的决策。另外,传统管理会计的业绩评价体系往往不利于管理会计努力提高产品或服务质量,与企业全面质量管理的要求背道而驰。

(五)关注战略

实施战略管理是企业获得竞争优势的重要手段。不少企业同时拥有战略管理系统和成本管理系统。在传统的成本管理方式下,这两个系统几乎是在完全独立的状态下运作的,两者很少发生联系。成本信息对战略管理决策无疑是至关重要的。虽然传统的成本管理系统提供了不少成本信息,但这些信息不但不能帮助管理者作出正确的战略决策,相反却经常误导决策者作出与企业所制定的战略目标不一致的决策。为了适应战略管理对成本信息的需求,管理会计人员日益重视战略层面的成本信息。

(六)关注管理环境变迁

企业只有适应环境才能生存和发展。当今,企业正面临着急剧变化的管理环境,因此出现了许多新的管理会计方法与手段。下面几方面因素会在很大程度上影响管理会计的方法、内容与行动结果:(1)新法规的出台;(2)新系统、结构、实践等等出现;(3)组织结构的进化;(4)质量重要性的不断提高;(5)制造技术的改变;(6)信息技术的发展;(7)客户服务、生产力与持续改善等。迅速变化的环境不断推动管理会计的创新与发展,并增加了企业对"实时"管理会计信息的需求。

(七)关注非财务信息

传统管理会计侧重于货币计量信息,近年来管理会计对非财务信息,例如质量、作业过程的时间,以及那些主观计量因素,如客户满意度、员工能力等更加关注。企业只有充分考虑这些非财务信息,并将其纳入到业绩评价体系中,才能促使经理及员工的个人目标与企业目标的一致,进而实现企业的整体目标。

第五节 管理会计师知识体系与职业道德

随着我国加入 WTO,管理会计工作应尽快与西方发达国家接轨。借鉴西方发达国家的经验、了解国外管理会计师的知识体系与职业道德标准,对于促进我国管理会计教育的发展和对管理会计人员的培养,以及提高管理会计人员的职业水平,都具有重要意义。

一、管理会计师应具备的知识体系[①]

1986年美国会计师协会所属的管理会计实务委员会曾颁布了有关管理会计师共同知识体系的公告。该公告将管理会计师应具有的知识体系分为以下三类:

(一)信息和决策过程知识

1.管理决策过程,包括重复性决策程序、非规划性决策程序、战略决策程序。

2.内部报告,包括信息的收集、组织、表达和传递。

3.财务计划的编制和业绩评价,包括预测和预算的编制、分析和评价。

(二)会计原则和职能知识

1.组织结构与管理,包括会计职能的结构和管理、内部控制、内部审计。

2.会计概念和原则,包括会计的本质和目标、会计实务。

(三)企业经营活动知识

1.企业的主要经营活动,包括财务和投资、项目研究及开发、生产和经营、销售和人力资源。

2.经营环境,包括法律环境、经济环境、道德和社会环境。

3.税务,包括税收政策、税收的结构和种类、税收计划。

4.外部报告,包括报告准则,满足信息使用者需要。

5.信息系统,包括系统分析和设计、数据库管理、软件应用、技术基础知识和系统分析等。

二、管理会计师的职业道德标准

管理会计师在工作中会遇到许多职业道德冲突。能否圆满解决这些冲突,对于做好管理会计工作至关重要。

---

① 由于篇幅所限,这部分内容只向读者作简要介绍。详细内容可参考毛付根、王光远等译校:《管理会计国际惯例》,中国人民大学出版社,1997年版,第21～33页。

美国管理会计师协会(IMA)关于管理会计师的道德行为准则的具体内容为:管理会计师对他们所服务的组织、他们的职业、公众及他们自己有义务维护最高道德行为标准。为明确这种业务,管理会计师协会颁布了下面的管理会计师道德行为准则。遵守这些准则是实现管理会计目标的必不可少的要素。管理会计师不应执行与这些准则相冲突的条例,他们也不应允许组织中的其他人员违反这些准则。

(一)技能

管理会计师有责任:

1. 不断加强自身知识和技能,使专业能力保持在一定水平上。

2. 依据相关的法律、法规和技术规范履行自己的职责。

3. 在对相关的和可靠的信息进行分析后,编制完整、清晰的报告与建议书。

(二)保密

管理会计师有责任:

1. 除法律规定外,未经批准,不得披露工作过程中所获取的机密信息。

2. 告诫下属应重视工作中所获取信息的机密性,并且监督下属的活动以保证机密不被泄露。

3. 禁止利用或变相利用在工作中所获取的机密信息为个人或通过第三方牟取不道德或非法利益。

(三)正直

管理会计师有责任:

1. 避免实际的或形式上的利益冲突,并对任何潜在冲突的各方提出忠告。

2. 不得从事道德上有损于履行职责的活动。

3. 拒绝收受影响其行动的任何馈赠、赠品或宴请。

4. 禁止主动或被动地破坏组织合法和道德的目标的实现。

5. 找出妨碍业务活动的可靠判断或顺利完成工作的限制与约束条件,并与有关方面进行沟通。

6. 发表赞成或不赞成的职业鉴定意见。

7. 禁止从事或支持有损于职业声誉的任何活动。

（四）客观性

管理会计师有责任：

1. 公正和客观地沟通信息。

2. 充分披露相关信息，帮助使用者对各项报告、评论和建议获得正确的理解。

（五）道德行为冲突的解决

在应用道德行为标准时，管理会计师可能会遇到识别非道德行为与解决某个道德行为之间冲突等问题。对于重大的道德行为问题争端，管理会计师应遵循组织制定的有关政策来解决。如果这些政策仍解决不了问题，管理会计师应考虑采取以下行动：

1. 与直接上级讨论这些问题。但当直接上级与出现的冲突相关时，应在矛盾发生时，直接报告给更高一级主管。如果还不能令人满意地解决，管理会计师可将这些争论问题反映（提交）给更高一层的主管。一般来讲，解决道德行为冲突的权威性机构为审计委员会、董事会、理事会或大股东等。

2. 与一位客观公正的顾问进行秘密讨论，澄清有关概念，并获得一个能够接受的解决方案。

3. 如果经过各种尝试后，道德行为冲突依旧未能解决，且道德冲突发生在很关键的事项上，管理会计师只能提出辞职，并为企业内部一个合适的代表提供一份备忘录。

除非法律另有规定，否则把这些问题告知无关的上级机关或非服务于组织的个人，一般是不合适的。

全球大部分会计师组织发布了职业道德准则，其许多内容与上面类似。我国目前还没有明确管理会计师这种技术职称，但是随着我国加入WTO，在不久的将来必将出现一大批管理会计师。管理会计师职业道德标准的制定，对于我国管理会计的发展将会日益重要。

三、管理会计师职业道德活动[①]

管理会计师的职业道德活动表现在道德评价、道德教育和道德修养三方面。职业道德评价是使职业道德标准和原则得以贯彻,并转化为行动的保证。职业道德教育是铸造优良职业道德品质的熔炉,是形成良好职业道德风尚的重要措施。职业道德修养则是管理会计师本身进行自我修炼的过程,它直接关系到他们自身品质的形成。

(一)职业道德评价

职业道德评价的对象是其职业道德行为或行动,它包括:

1. 会计师之间和社会对他们的职业道德行为的评价;

2. 他们对自己的职业道德行为的评价;

3. 对管理会计师职业道德作用发挥的评价。

(二)管理会计师的职业道德教育

职业道德教育是根据管理会计师工作的特点,有目的、有组织、有计划地对其进行系统的职业道德训练,促其形成优良的职业道德观念,履行好职业道德义务。这一系列活动都可以看成是管理会计师职业道德教育的重要组成部分。

职业道德教育的重要性表现在:

1. 形成优良的职业道德观念,调整好自身的职业行为;

2. 促进管理会计师参与社会行为的调整过程,对其他管理会计师提出道德要求和进行道德评价;

3. 发挥好管理会计师的职能作用。

优良的职业道德品质的形成离不开职业道德教育,整个职业及社会道德风尚的改善也需要职业道德教育。从职业道德品质的形成和要求来看,把职业道德认识和职业情感转化为职业道德行动是很有必要的。规范化的职业道德行为训练是关键。换句话说,就是要在晓之以理、动之以情的基础上,对他们导之以行,并持之以恒,以形成良好的职业

[①] 参考王棣华:《论管理会计的职业道德》,《连云港化工高等专科学校学报》,2001年第2期,第60～62页。

道德习惯。要形成牢固的职业道德习惯，就需要不断地教育和练习，需要增强职业道德意识、培养良好的职业道德情操、达到较高的职业道德境界。只有这样，职业道德教育才算完成了自己的历史使命。

（三）职业道德修养

职业道德修养是管理会计师进行自我道德教育和修炼的过程，它直接关系到他们自身职业道德品质的形成。职业道德修养和评价紧密相连，前者通过后者来实现。职业道德评价的深入开展可以促使职业道德修养的提高。

职业道德修养与职业道德教育是相辅相成的。只有当职业道德修养水平真正提高了，教育目标才能实现。职业道德修养同时也是职业道德教育的重要组成部分。

本章小结

管理会计是为企业创造价值的信息系统，它通过积极主动参与企业的计划并提供相关信息、为价值链各项活动提供决策支持、参与管理计划的实施与控制、对经理与员工进行激励、进行业绩评价、进行竞争对手分析和保持竞争优势等方式在企业中创造价值。在日常管理过程中，管理人员迫切需要会计信息。会计信息系统主要由财务会计和管理会计两个子系统组成。前者侧重于为企业外部利益相关者服务，后者侧重于为企业内部经营管理提供有用信息。管理会计信息具有一致性、准确性、相关性、可理解性、及时性、多元性和经济性等质量特征。管理会计工作包括成本核算系统、决策系统、预算系统与业绩评价系统。管理会计是一门随着管理理论、管理环境及管理人员的需要的变化而不断发展的学科。近年来，涌现了大量的管理会计新方法。这些新方法极大地丰富了管理会计的内容，并成为为企业、股东、客户等创造价值的有力工具。职业道德修养对于管理会计人员做好本职工作具有重要意义，因此应重视管理会计人员的职业道德修养教育。

综合复习题

一、思考题

1. 企业管理活动与管理会计信息之间有何关系？
2. 目标管理与管理会计之间有何关系？
3. 管理会计信息的质量特征主要有哪些方面？
4. 管理会计如何为企业创造价值？
5. 西方国家的企业中主计长与财务长的主要职责是什么？
6. 管理会计与财务会计的主要区别是什么？
7. 管理会计与财务会计的联系是什么？
8. 管理会计工作包括哪些？
9. 传统管理会计与现代管理会计之间的区别主要体现在哪些方面？
10. 管理会计的发展趋势有哪些？

二、单项选择题

1. 管理会计工作所具有的特点是（　　）。

    A. 必须严格遵守公认会计原则

    B. 方法单一

    C. 具有强制性

    D. 报表形式与内容灵活多样

2. 管理会计不严格要求所提供的会计信息（　　）。

    A. 有完备的原始凭证作为依据

    B. 具有及时性

    C. 具有相关性

    D. 具有一定程度的准确性

3. 下列内容中，属于财务会计的主要内容的是（　　）。

    A. 对外提供财务报告　　　B. 管理决策

    C. 本量利分析　　　　　　D. 预算管理

4. 下列哪种情况下没有必要使用作业成本法（　　）。

    A. 传统的制造环境

B. 制造费用占有较大比重

C. 推行全面成本管理

D. 生产差异化较大的产品

5. 下列论述中,不能够揭示管理会计与财务会计之间共性特征的是( )。

A. 两者都是现代会计的组成部分

B. 两者的具体目标相同

C. 两者共享部分信息

D. 两者相互制约、相互补充

三、多项选择题

1. 管理会计的主要内容包括( )。

A. 运用成本信息进行决策　　B. 规划与控制

C. 业绩评价　　　　　　　　D. 编制对外财务报告

E. 按会计制度要求核算成本

2. 管理会计的信息质量特征包括( )。

A. 一致性与准确性　　　　　B. 相关性与及时性

C. 可理解性与多元性　　　　D. 规范性与经济性

E. 客观性和可验证性

3. 下列工作不属于管理会计人员工作的是( )。

A. 定期编制对外的财务报告

B. 利用成本信息从事决策

C. 检查各项制度规章执行情况

D. 税务工作

E. 编制预算

4. 管理会计为企业创造价值的手段包括( )。

A. 积极主动参与企业的计划并提供相关信息

B. 为价值链各项活动提供决策支持

C. 参与管理计划的实施与控制

D. 对经理与员工进行激励

E. 进行业绩评价

5. 管理会计与财务会计（　　）。
   A. 服务对象完全不同
   B. 方法体系不同
   C. 作用时效不同
   D. 同属于企业的会计信息系统
   E. 都提供成本信息

四、判断题

1. 管理会计与其他学科的联系较少。（　　）
2. 财务会计对管理人员的日常行为关注较少。（　　）
3. 管理会计人员每月一次向管理人员提供财务信息。（　　）
4. 管理会计人员只关注财务信息而对非财务信息不闻不问。（　　）
5. 平衡计分卡是企业成本核算方法。（　　）

参考答案

二、单项选择题

1. D　2. A　3. A　4. A　5. B

三、多项选择题

1. ABC　2. ABC　3. ACD　4. ABCDE　5. BCDE

四、判断题

1. ×　2. √　3. ×　4. ×　5. ×

行文思考

提示：该说法不完全正确。两个会计分支的侧重点有所不同。不应将二者对立起来。

第二章 成本概念与成本性态分析

本章学习目的
1. 了解成本的各种分类方式
2. 掌握固定成本和变动成本的概念
3. 理解成本性态的概念
4. 掌握固定成本和变动成本的概念和特点
5. 能熟练鉴别固定成本和变动成本
6. 掌握各种典型的成本性态模式
7. 熟练运用各种成本估计方法
8. 了解成本估计需要注意的问题

范 例

王先生是一家自行车厂的厂长。该厂1月份投产一批新型自行车，产量为800辆，每辆成本为360元。由于消费者对该型号自行车不太了解，当月产出的自行车70%没能销售出去，于是2月份的产量降为400辆，而每辆成本却上升至403元，成本升幅超过10%。为此，王厂长对新型自行车生产车间的所有员工给予严厉批评，并扣发了每个人的当月奖金。但是该生产车间主任感到委屈，并向厂长提供了相关数据。这些数据表明：2月份成本实际上比1月份还要略低些。因此厂长对财务科提供的成本资料的准确性表示不满，而财务科科长坚决否认，并提供了充足的证据说明他们提供的成本信息完全是准确的。学完本章内容后，您对此就能给出合理的解释。

第一节 成本的分类

成本是为了达到特定目的而消耗或放弃的资源。管理人员为完成各项管理职能，迫切需要大量信息。管理会计所提供的信息通常与成本有关。由于管理人员在从事不同类型的决策过程中，对成本信息有不同的要求，因而管理会计人员应针对特定的管理需求，提供不同的成本信息。于是在管理会计学中，成本有多种不同的分类方式。本节论述不同目的下的成本分类。

一、以提供对外财务报告为目的的成本分类

对外提供财务报告是财务会计的主要目的，但是财务会计所提供的财务报告也是管理会计的重要信息来源，是管理人员从事管理工作

的重要会计信息组成部分。因此，了解以提供对外财务报告为目的的成本分类，对于管理会计人员也是非常重要的。

(一) 成本按经济用途分类

企业从事各项经营活动都会发生成本。从成本发生的领域来看，主要有两个性质显著不同的领域，一是生产领域，二是非生产领域。企业将各项资源投入到这两个不同领域，其经济用途是明显不同的。企业在这两个领域所发生的成本分别称为生产成本与非生产成本。

1. 生产成本

生产成本也称制造成本，是指为生产产品或提供劳务所发生的成本。生产成本可分为直接材料、直接人工和制造费用三大部分。

(1) 直接材料是指直接用于产品制造，形成产品实体或构成产品实体主要部分的有关材料的成本。它通常包括产品制造过程中消耗的原材料、辅助材料、配件、外购半成品等。

(2) 直接人工是指产品制造过程中对材料进行直接加工，使之变成产成品所耗用的人工成本。它包括直接从事产品制造人员的工资、奖金、津贴及其职工福利费等支出。

(3) 制造费用是指在产品制造过程中发生，但不能归入上述两大成本项目的其他一切耗费。制造费用一般不能直接归属于某一种产品，属于间接费用，包括间接材料、间接人工和其他制造费用，如各类工具或设备维修人员工资、固定资产折旧费、车间照明费等。

2. 非生产成本

非生产成本又称非制造成本，是指制造成本以外的成本。通常可分为销售费用和管理费用两类。销售费用是指为销售产品而发生的各项成本，如广告费、送货费用、销售佣金、销售人员工资及销售部门的其他费用等。管理费用是指企业行政部门为组织企业生产所发生的成本，如行政人员工资、办公费、行政部门固定资产折旧费及董事会经费等。

(二) 成本按是否计入存货分类

企业日常经营过程中的各项耗费并非都计入产品成本，有些耗费是在其发生的期间，直接从收入中减除。成本按是否计入存货可分为产品成本与期间成本两类。

一项成本如果计入产成品存货,则该项成本首先作为一项资产进入资产负债表,直到产品销售出去后,转变为产品销售成本,才能进入损益表,从销售收入中扣除。我们将那些计入产成品存货的成本称为产品成本。与此相反,一项成本如果不计入产成品存货成本,而直接在发生的当期从收入中扣除,则称为期间成本。期间成本不随产品实体流动而流动,只随时间推移而消逝,不能递延到下期。

在财务会计的核算方式下,直接材料、直接人工和制造费用要计入到各有关产品中去,因而这三项成本构成了产品成本;销售及管理费用并不分配到特定的产品中去,而是作为期间费用,直接计入当期损益。产品成本与期间成本的区别如图 2-1 所示。[①]

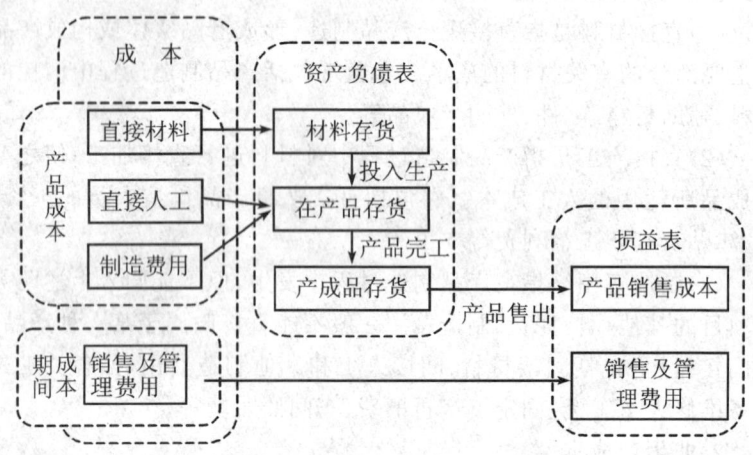

图 2-1　产品成本与期间成本的对比

二、成本按能否直接归属于成本对象分类

当我们谈及成本时,总是和一定的成本计算对象相联系。成本对象是指需对其进行成本计量和分配的项目,如产品、顾客、部门、工程和作

---

① 参考 Ray H. Garrison, Eric W. Noreen, G. R. (Dick) Chesley, and Raymond F. Carroll, Management Accounting: Concepts for Planning, Control, Decision Making, Fourth Canadian Edition, McGraw—Hill 1999, p.59.

业等等。例如,如果我们想知道生产一件产品的成本有多少,那么成本对象是该产品;如果我们想确定企业的销售部门的运营成本,那么成本对象就是该销售部门;如果我们想确定产品销售订单处理作业的成本,那么成本对象就是该项作业;如果我们想确定发生在某个特定客户上的成本,那么该客户就是成本对象。管理会计系统的重要目的之一就是计量各项成本,并将之分配到每个成本对象上。

不同成本对于成本对象的归属难易是不同的。从这个角度出发,可将成本分为直接成本与间接成本两类。直接成本是指同某一特定成本对象有着直接的联系,并能够直接计入该成本对象的成本。间接成本是指对于任何成本对象都没有直接联系的成本。对于该类成本,应首先按照其发生的地点或用途进行归集,然后按照一定的分配标准间接计入相关成本对象。

直接成本与间接成本的划分是相对的。在不同的成本计算法下,划分的结果可能完全不同。正确划分直接成本与间接成本,对于提高成本计算结果的准确性是至关重要的。

三、成本按性态分类

成本性态(Cost Behavior),也称成本习性,是指成本对业务量(产量、销售量或机器开动小时数等)的依存关系。成本按其性态进行分类对于管理人员进行决策是十分重要的。管理人员经常需要了解成本如何随着产量的升高与降低而变化,据此制定经营与财务计划。在现实中,成本与业务量之间的依存关系有多种模式,其中最常用的是变动成本与固定成本两类。

固定成本是指在特定范围内成本总额不随业务量的变化而改变的一类成本。例如,在使用直线法计提折旧时,一定期间的固定资产折旧费只与固定资产原值、使用年限和预计残值有关,所以当产量增减时该项成本通常不会发生变化。

变动成本是指在特定范围内成本总额随业务量的变化而成正比例变化的一类成本。例如销售人员佣金通常随着销售量的增长而成比例地增长,因而属于变动成本。

成本按性态进行分类是管理会计广泛使用的一种分类方法,除了变动成本与固定成本以外,还有其他一些常见的成本性态模式。有关内容我们将在下一节作进一步论述。

四、成本的其他分类方式

除了上述分类方式,在管理会计中还有很多其他分类方式,本章先向读者初步介绍这些成本概念,以便读者对成本分类有一个较为完整的概念。本书将在后面有关章节中对这些成本概念及其应用展开详细论述。

(一)成本按照时间因素分类

管理会计的重要职能是控制。为完成这一职能,管理会计人员需要两类成本,一是实际成本,二是预算成本。实际成本是指实际已经发生的成本。企业定期披露的财务报表中所反映的成本信息一般都属于实际成本。预算成本不是实际已经发生的成本,而是企业通过科学的预测,预计企业及下属各部门未来经过努力能够实现的成本目标。

作为现代的企业管理者,必须在充分掌握历史成本的基础之上,制定合理的预算成本。只有这样,才能对成本进行有效的控制,从而达到提高企业价值的经营目的。

(二)成本按照可控性分类

为适应管理控制和激励的要求,成本按照可控性进行分类是非常重要的。为此,成本可以分为可控成本与不可控成本两类。

可控成本是指能够被负责该项成本的经营人员的工作所控制的成本,不可控成本是指不能够被负责该项成本的经营人员的工作所控制的成本。这里需要注意的是,对于可控、不可控成本的划分是在一定的时间和空间范围内进行的,超出了这个范围,成本的可控性将发生变化。例如,企业机器设备的租赁费用,对于高层管理者来说,他们有权决定是否租赁该项设备;而对于企业车间的基层管理者来说,这项租赁费用则是不可控成本。

(三)成本按与决策的相关性分类

为满足管理人员进行决策的要求,成本可分为相关成本与非相关成本两类。

相关成本是指与企业的某项特定决策有关的成本。例如，在决定某项产品应否停产时，该产品的直接材料和直接人工成本通常都是与该决策相关的成本，因而决策时必须予以考虑。非相关成本是指与企业的某项决策非相关的成本。例如，在决定是否接受一份新订单时，如果该订单属于"一次性"订单，而且企业有足够的剩余生产能力来完成该订单的生产，那么像机器折旧费通常就是一项非相关成本，因而在该项决策过程中就不应考虑。

另外，对于前述生产成本中的三个项目进行适当组合，还可得到主要成本与加工成本两个不同的成本概念。主要成本(Prime Cost)是指直接材料与直接人工两项成本之和。在传统的生产方式下，通常主要成本占产品成本的80%至90%，因而受到管理人员的广泛关注。加工成本(Conversion Cost)是指直接人工与制造费用两项成本之和。由于在产品成本构成项目中，直接材料成本通常取决于外部市场的供求关系，而难以由企业内部控制，因此加工成本对于管理人员来说，具有较强的可控性。特别是在先进的制造环境下，制造费用在产品成本中的比重较大，因而更受到管理人员的重视。

第二节　成本性态模式

在前一节中，我们初步向读者介绍了有关成本性态的基本概念。在现实中，有许多不同的成本性态模式。下面我们首先对固定成本与变动成本这两种主要的成本性态模式进行更深入的阐述，并对其他几种实际中常见的模式分别进行论述。

一、固定成本

（一）固定成本的特点

如前所述，当一项成本在特定范围内，其总额不受业务量变动的影响而保持不变时，我们称其为固定成本，例如，按直线法计提的固定资产折旧、房屋机器租金、办公费、管理人员工资以及差旅费等等。在日常的经营活动中,管理人员必须预知哪些成本不随业务量的变化而变化,这样才能作出正确决策。

案 例

某公司根据1999年历史资料计算,其下属一经营业务部的各项成本占收入的58%,利润占收入的42%。因而公司决定,该业务部每月上缴收入的42%,其余58%留给业务部用于支付成本费用,并发放工资及奖金。然而2000年至2001年10月,由于市场竞争日益激烈,该业务部的收入不断下降;同时,成本、费用中的固定部分是不随收入的变化而变化的,因而在收入不断下降的情况下,该业务部门继续维持42%的上交比例,使得其经营举步维艰,不堪重负,部门经理及员工怨声载道。究其原因,是该公司高层管理人员没有意识到固定成本的存在造成的。[①]

下面我们通过一个例子说明固定成本与业务量之间的关系。

【**例 2-1**】 晨光公司生产一种产品,需向B企业租赁一套生产设备,该设备每年最大生产能力为10 000件,双方协商好的租金每年为1 000 000元,那么每年该公司产量在10 000件以内时,与租金成本的关系如表2-1所示。

从表2-1可以看出,固定成本总额不随业务量的变化而变化,表现为一固定常数,而每件产品所承担的固定成本却随着业务量的增加而递减,这一特点如图2-2所示。

---

① 参考杨巨广:《成本性态分析在企业中的应用》,《中国农垦经济》2002年第5期,第45页。

表 2-1　固定成本与业务量之间的关系

产量（件）	总租金成本（元）	单位产品租金成本（元）
1 000	1 000 000	1 000
2 000	1 000 000	500
4 000	1 000 000	250
8 000	1 000 000	125
10 000	1 000 000	100

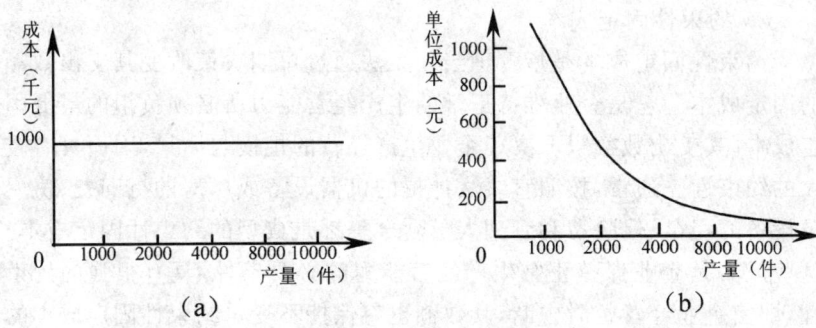

图 2-2　固定成本性态模式

图 2-2a 反映出了固定成本总额在特定范围内不受产量变动影响的特性，随着产量的增加，一直保持在 1 000 000 元，在图中表现为一条与横坐标轴平行的直线。而单位固定成本却与产量的增加成反比例变动，在图 2-2b 中表现为一条随产量增加而递减的曲线。

我们设总固定成本为 a，一定范围内的产量为 x，于是：

$$单位固定成本 = \frac{a}{x} = \frac{1\,000\,000}{x}$$

（二）固定成本分类

为了有效控制固定成本，需要对不同性质的固定成本进行分类。通常，固定成本可分为酌量性固定成本（Discretionary Fixed Cost）和约束性固定成本（Committed Fixed Cost）两类。

1. 酌量性固定成本

酌量性固定成本是指管理当局可通过短期决策改变其支出数额的固定成本。酌量性固定成本的基本特征是：其数额大小直接取决于企业管理当局对自身经营状况所作出的判断。通常，管理当局在每一会计年度开始前制定年度开支预算，决定每一项酌量性固定成本开支的多少，以及新增或取消某项酌量性固定成本开支，如广告费、研发费用、培训费等。酌量性固定成本通常不属于生产成本，其作用主要在于改善企业的生存条件、提升企业产品的品质、增强企业本身的竞争力等。

2. 约束性固定成本

约束性固定成本是指管理当局无法通过短期决策改变其支出数额的固定成本。它是企业维持正常的生产经营能力所必须负担的最低固定成本。其支出数额只取决于企业生产经营的规模与质量，因而具有较大的约束性。通常，按照直线法计提的机器设备或厂房的折旧费、房屋及设备的租金、保险费和管理人员薪金等都是典型的约束性固定成本。这些成本是企业保持正常生产经营能力的必要条件，具有很强的约束性，即使企业经营暂时中断，其数额也将保持不变。约束性固定成本的预算期一般较长，是企业实现其长远目标的基础。

（三）固定成本的相关范围

就像任何事物的存在都需要条件一样，固定成本也不例外。有些成本之所以称为固定成本，并不是说它们是一成不变的，而是因为在一定的条件下，它们是固定不变的。如果这些特定条件不成立，它们也会变化。我们称这种条件为固定成本的相关范围(Relevant Range)。正如例2-1所示，晨光公司在其所租用设备的最大产量 10 000 件之下生产时，相关的设备租金固定为 1 000 000 元。如果该公司欲使产量超过 10 000 件，但不超过 20 000 件时，就不得不再多租用一台设备，于是租金成本由原来的 1 000 000 元增加至 2 000 000 元。因此，租金这项固定成本也就随着企业的业务量的增加而变化了。因此我们可以看出，该公司设备租金成本的"固定不变"是受某种条件限制的，这就是我们所说的相关范围，这一过程如图 2-3 所示。

一般而言，固定成本相关范围有两层含义：一是指特定时间范围，二是指特定的业务量水平。首先，从长期看，任何成本都是可以改变的。

第二章　成本概念与成本性态分析　　47

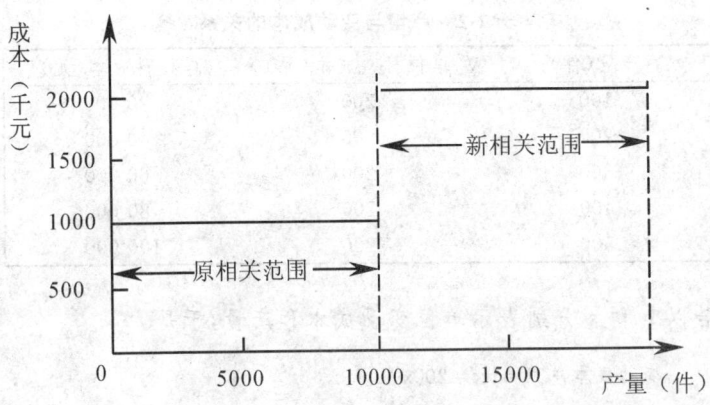

图 2-3　固定成本的相关范围

例如,随着规模的不断增加,企业会用拥有较大生产能力的设备更新原有设备;或随着科学技术的不断发展,以更先进的设备取代技术落后的旧设备,这都将导致固定成本总额的变化。其次,当企业生产能力尚未饱和时,适当增加产量不会引起固定成本增加。然而,当产量的增加超过了生产能力时,企业就需要添置新设备,于是固定成本总额就会相应增加。

当原有相关范围被新的相关范围所取代后,原有的固定成本水平就会被新的固定成本水平所取代。

二、变动成本

(一) 变动成本的特点

如前所述,在特定的业务量范围内,当某种成本总额随着企业业务量的变化而成正比例变化时,我们称这种成本为变动成本。例如,直接人工、直接材料费用、产品包装费及销售佣金等。

下面我们通过一个例子说明变动成本的特点。

【例 2-2】　利华公司所生产的产品,每件单位直接材料成本为 200 元,在一定的产量范围内,产量与成本的变化关系如表 2-2 所示。

表 2-2 产量与变动成本的关系

产量（件）	单位材料成本（元）	总材料成本（元）
100	200	20 000
200	200	40 000
300	200	60 000
400	200	80 000
500	200	100 000

若以 b 和 x 分别表示单位变动成本和产量，于是：

变动成本总额＝bx＝200x

我们以横坐标轴表示产量 x，以纵坐标轴表示成本，建立坐标系，并将变动成本总额与单位变动成本的直线绘制在坐标系中，就会得到图 2-4。

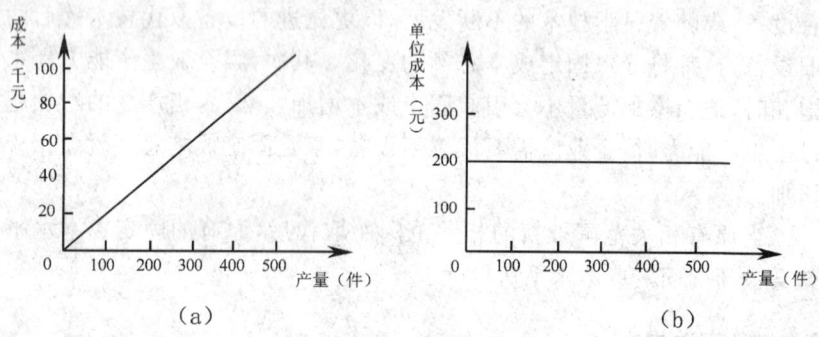

图 2-4 变动成本性态模式

从图 2-4 可以看出，变动成本总额是一条通过坐标原点的直线，而单位成本则是一条水平直线。

(二) 变动成本的分类

变动成本大致可以分为两种：一是酌量性变动成本，二是技术性变动成本。对于酌量性变动成本而言，其单位成本发生额是通过高层管理者的决策行为确定的。例如按照一定百分比从销售收入中提取的销售佣金,其金额大小取决于高层管理者确定的提取百分比。对于技术性变动成本而言,其单位成本高低主要由设计、工艺技术等方面决定。例如,某冰箱生产厂在生产冰箱过程中使用了国外进口压缩机,该压缩机成本主要取决于外部市场价格,而该冰箱生产厂很难改变,除非对冰箱生产工艺进行重新设计,改用国产压缩机。

（三）变动成本的相关范围

与固定成本相类似,变动成本总额与业务量保持正比关系,或单位变动成本大致维持一特定常数是需要一定前提条件的,这种前提条件就是变动成本的相关范围。超出了相关范围,变动成本就不再具有上述特性。例如,当企业的产量较低时,其生产经营尚未达到规模效应,这时单位产品的直接人工和直接材料的消耗都较多;但随着企业产量增加到某种程度后,它对资源的利用将变得有效率,单位产品的直接人工和直接材料等变动成本基本上保持不变;当企业的产量继续增加,并超过一定的限度之后,就会产生一些不经济的因素,如支付额外加班费等,导致每增加一单位产品,单位变动成本就有所增加。单位变动成本同业务量所呈现的上述关系如图 2-5 所示。

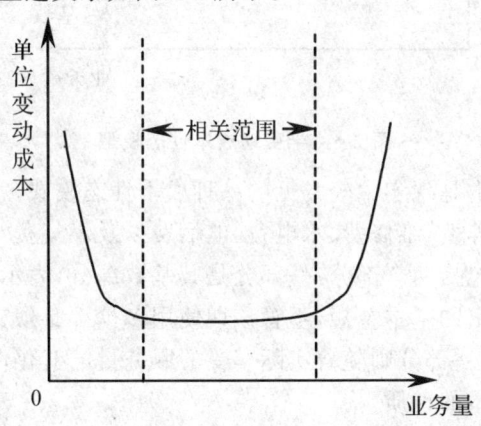

图 2-5　变动成本的相关范围

与固定成本相关范围相类似,当原有相关范围被新的相关范围所取代后,原有的单位变动成本将会被新的单位变动成本所取代。

三、其他成本性态模式

变动成本与固定成本是实际中使用最为广泛的两种成本性态模式,除此之外,下面几种典型成本性态模式,在现实中也常遇到。

(一)半变动成本

半变动成本(Semivariable Cost)又称混合成本(Mixed Cost),它既含有固定成本部分,同时也含有变动成本部分。它首先有一个固定的起始量,有着同固定成本相似的特征;其余部分则随着业务量的变化而成正比例地变动,表现出变动成本的特性。半变动成本的性态模型如图2-6 所示。

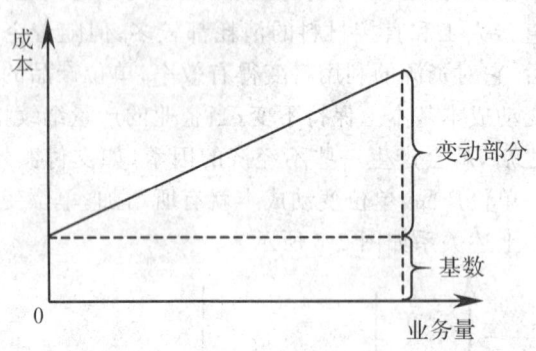

图 2-6 半变动成本性态模型

半变动成本是现实中较常见的一种成本性态模式。属于半变动成本的有设备保养费、维修费、水电费、电话费以及煤气费等。这种费用每一期的开支都包括两个部分:一部分是其基数部分,表示企业享受该项服务所必须支出的基本金额,不管该期使用多少都必须支付,具有固定成本的性质;另一部分则随着实际享受的服务量的变化而成正比变化,体现了变动成本的性质。

(二)半固定成本

半固定成本(Semifixed Cost)也称阶梯式成本,当业务量在某种范围之内时这种成本将保持不变,表现出固定成本的特征;当业务量突破这一范围时,它也将突然跃升到一个新的水平,然后继续保持不变,直到业务量的下一次突破。其成本总额随着业务量的增减呈现出阶梯状的变化趋势。例如,企业中的质量检测人员、化验员、运货员的工资等成本。下面以检验员工资这项成本为例说明半固定成本的特点。

我们假设某企业检验员每人月工资为2 000元,每人每月最多检验300件产品。当企业月产量为300件时,仅需要雇佣1名检验人员,月工资总额为2 000元。如果其月产量突破300件,并在600件以下时,必须多雇佣1名检验人员,达到2人,检验人员月工资总额为4 000元。当企业月产量继续增加达到600件以上时,则又要增加1名检验人员,月工资总额为6 000元,依此类推。这一过程如图2-7所示。

思 考

从较大的业务量范围来看,固定成本随着业务量的增加也呈现阶梯状(参见图2-3),那么我们是否可以说,固定成本也属于阶梯式成本呢?

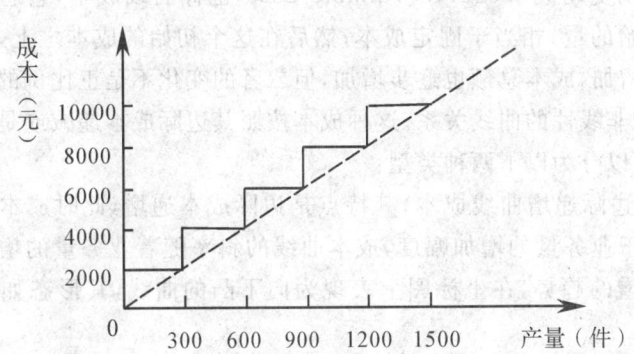

图2-7 半固定成本的性态模型

(三)延期变动成本

延期变动成本(Delayed-Variable Cost)也称延伸变动成本,它的特点是在一定的业务量范围之内成本总额保持不变,在超出该业务量范围后,会随业务量成比例增长。例如,企业实行固定工资加超额完成生产的计件奖金作为员工工资总额时,员工在完成计划内生产时只能取得原定的固定工资;但当员工超额完成任务时,他还会取得按超额完成的数量乘以单位计件奖金计算的工资奖励,这时员工取得的超额工资总额将随着他超产件数的多少而成比例变化。延伸变动成本的性态模型如图 2-8 所示。

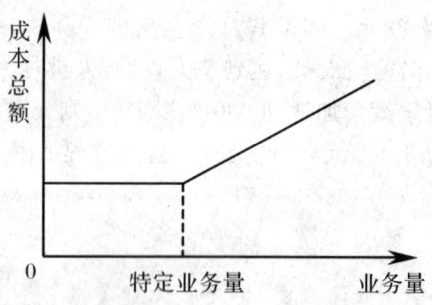

图 2-8 延伸变动成本的性态模型

(四)曲线变动成本

曲线变动成本(Curve Variable Cost)也称曲线成本,它总是具有一个初始的量,相当于固定成本;然后在这个初始的成本之上,随着业务量的增加,成本总额也逐步增加,但二者的变化不是正比例的线性关系,而是非线性的曲线关系。这种成本按照其边际成本递减或是递增的关系,可以分为以下两种类型:

1. 边际递增曲线成本,其特点是边际成本递增,此时成本的增加幅度大于业务量的增加幅度,成本曲线的斜率随着业务量的增加而呈现出递增的趋势,在坐标图上表现为向下凸的曲线,其形态如图 2-9a 所示。

2. 边际递减曲线成本,其特点是边际成本递减,此时成本的增加幅度小于业务量的增加幅度,成本曲线的斜率随着业务量的增加而呈现出递减的趋势,在坐标图上表现为向上凸的曲线,其形态如图 2-9b 所示。

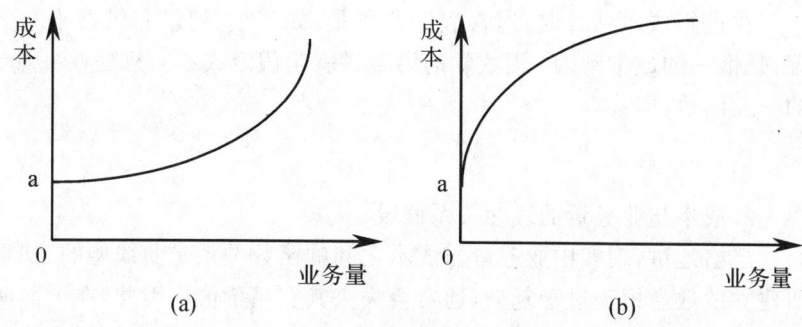

图 2-9　曲线变动成本性态模型

第三节　成本估计

管理人员在进行管理决策的过程中经常需要了解随着业务量（如产销量）的变化，成本将会如何变化。管理人员一旦掌握了业务量与成本之间的相互依赖关系，便能预测出不同业务量下的成本水平，进而帮助管理人员从事计划、控制与决策。本节将系统论述企业如何了解成本与业务量之间的关系，以及如何将其运用于成本预测。

一、成本估计概述

成本估计是指依据已有的资料确定某项成本与特定成本动因之间的函数关系，该函数称为成本函数。其中，成本动因是指"导致"或"驱动"成本数额高低的因素。尽管我们在进行成本估计时所使用的是已有的资料，但是据此获得的成本函数通常能帮助管理人员进行比较准确的成本预测。

（一）成本估计的假设前提

为了简化问题、方便管理人员决策，同时又能使简化后的结果具有实用性，管理会计学在进行成本估计时通常基于以下几点假设：

1. 单一成本动因假设

在进行成本估计时,通常假定业务量,如产量、销量和机器小时数等,是惟一的成本动因。用数学的语言讲就是假定成本 y 只是业务量 x 的一元函数,即:

$$y=f(x)$$

2. 成本与业务量的线性关系假设

严格地讲,现实中业务量与成本之间的函数关系是曲线型的。如果所建立的数学模型过于复杂,通常会失去其实用价值。因此,在下面所要讨论的成本估计时,假定总成本 y 与业务量 x 之间存在如下线性函数关系:

$$y=a+bx$$

其中,a 的经济意义为固定成本总额,b 的经济意义为单位变动成本,而 bx 表示变动成本总额。

3. 相关范围假设

在用直线成本函数代替实际的曲线成本函数时,只有在特定范围内,这种近似才能获得满意效果。该范围就是前面所论述的变动成本与固定成本相关范围。在下面所要讨论的成本估计内容中,我们假定业务量与时间的变动总是处于不改变成本性态的范围内。

(二)成本估计的意义

对于管理会计人员而言,进行成本估计的重要意义主要表现在以下几方面:

1. 为管理决策提供固定成本与变动成本信息

现实中,很多成本项目是以混合成本形式出现的,不便于直接用于管理决策,需要将其分解为固定成本与变动成本两部分。对成本函数 y=a+bx 的估计实际上是对固定成本 a 与单位变动成本 b 的估计。在这个意义上讲,成本估计也就是对混合成本进行分解。

2. 为管理人员提供经营决策所需成本信息

管理人员在进行经营决策时需要了解不同方案下的成本水平如何。例如,下月产量上升至 1 000 件,总成本和利润如何。又如,某产品停产时,成本总额和利润总额会发生何种变化。

3. 有助于管理人员从事各类管理决策

成本估计计量过去成本与业务量之间的关系。通过成本估计,可向管理人员提供一个反映成本与业务量之间关系的函数。在通常情况下,该函数关系可用于未来一定范围内不同业务量下的成本预测。根据成本预测的结果,管理人员可作出有关的管理决策。

4. 为其他管理会计方法的运用奠定基础

现有管理会计中的许多方法,如后面章节将要讨论的变动成本法、本量利分析法、各种基于成本的管理决策方法,以及预算的编制和业绩评价等方法都广泛地使用了固定成本与变动成本数据,因而对于固定成本与变动成本的估计是运用各种管理会计方法的前提。管理会计人员只有获得了所需的固定成本与变动成本信息,才能将这些管理会计方法用于企业管理。

(三)成本估计的基本步骤

在进行成本估计时,通常可以采用以下步骤:

1. 选择因变量 y 与自变量 x

在进行成本估计时,因变量是所关心的某项成本。例如,当我们关心的成本项目是"维修费"时,"维修费"就是因变量 y。自变量是影响上述成本的有关因素。例如,影响"维修费"大小的因素是"机器小时",则"机器小时"就是自变量 x。所选取的自变量(影响成本高低的业务量)应该与因变量有较强的线性相关性。

2. 收集数据

当因变量与自变量确定后,如果想利用成本与业务量的统计数据来估计成本函数,那么就需要收集上述成本与业务量的统计数据。为使估计出的成本函数较为准确,并且能广泛适用于未来成本预测,所收集的数据应该有足够大的样本容量,并且业务量的范围应足够宽。此外,所收集的数据应该准确、可靠。

3. 对数据进行初步分析

当用于成本估计的统计数据收集工作完成后,在进行成本估计之前,应首先对数据进行初步分析。绘制散点图是进行数据初步分析的主要手段。通过散点图可初步判断自变量与因变量之间是否存在明显的线性关系,进而可了解自变量与因变量的选取是否恰当。此外,散点图还可揭示所收集的数据是否存在异常值等不正常数据。

4. 估计成本函数

估计成本函数的方法有许多,常用的方法有高低点法、散点图法、回归直线法、账户分析法等等。每种成本估计方法都有其各自的特点和适用条件,我们应该根据具体问题选用一种或多种方法。有关成本函数的估计方法我们将在本节后面的内容中进行详细论述。

5. 评价估计出的成本函数

当成本函数估计出来后,我们应对其进行评价。一方面我们可以通过获得的成本函数对所使用的统计数据的拟合情况来判断所得成本函数的优劣;另一方面我们可以将获得的成本函数用于未来预测,通过实践检验所得成本函数的预测效果。

二、几种常用的成本估计方法

在进行成本估计时,经常使用的方法主要包括高低点法、散点图法、回归直线法、账户分析法以及合同确认法等。在前述成本估计的假设前提下,我们需要估计的是成本与业务量之间的线性函数关系,或者说,我们需要估计的是固定成本总额 a 和单位变动成本 b。

(一)高低点法

高低点法(High–Low Method)是指利用历史数据中的两个点来确定成本与业务量关系的成本函数估计方法。其中,高点是指业务量的最大值对应的点,而低点是指业务量的最小值所对应的点。

在高低点法下,单位变动成本 b 的计算公式为:

$$b = \frac{(最高业务量的成本 - 最低业务量的成本)}{(最高业务量 - 最低业务量)}$$

当 b 值求出后,我们根据下面两个公式中的任何一个,便可求出 a 值:

$$a = 最高点混合成本总额 - b \times 最高点业务量$$

或:

$$a = 最低点混合成本总额 - b \times 最低点业务量$$

当 a 与 b 值均求出后,我们即可得到成本函数表达式 $y = a+bx$。高低点法的基本思想如图 2-10 所示。

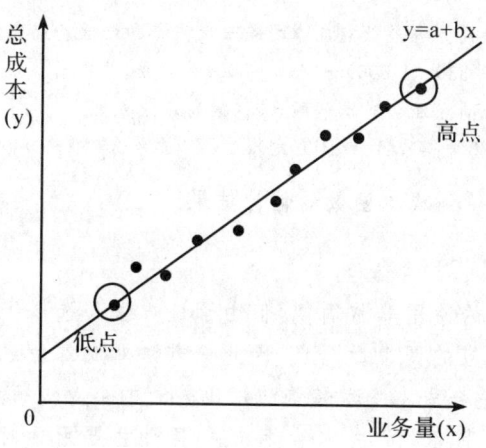

图 2-10 高低点法

【例 2-3】 宏天公司在 2002 年各月的设备保养费与产量的有关数据如表 2-3 所示。

表 2-3 宏天公司设备保养费资料

月份	保养费(y) 单位:元	产量(x) 单位:件
1	1 000	300
2	1 152	350
3	1 100	330
4	1 033	310
5	1 290	400
6	1 190	360
7	1 210	370
8	1 065	320
9	1 122	340
10	1 268	390
11	1 245	380
12	1 330	410

我们首先确定高点和低点。从表 2-3 可以看出,产量最高和最低的两点分别是 12 月和 1 月。利用上述计算公式,我们有:

b＝最高点和最低点成本之差÷最高点和最低点业务量之差
　＝(1 330－1 000)÷(410－300)＝3(元/件)
a＝最高点混合成本总额－b×最高点业务量
　＝1330－3×410＝100(元)

于是我们得到成本函数的估计结果:

$y = 100 + 3x$

高低点法的使用非常简便,但由于该方法只选择了最高业务量和最低业务量对应的两个数据点,因此该方法对成本信息的利用是不充分的,通常不适合成本变动趋势波动比较大的企业进行成本估计。由于该方法属于较为粗略的成本估计方法,因此主要用于对成本的初步估计。如果估计结果不能满足信息使用者的准确性要求,那么应该进一步采用其他更为精确的方法,如下面将要讲到的回归直线法。

(二)散点图法

散点图法(Scattergraph Method)是将业务量和成本数据标在坐标系中,一般横轴代表业务量(x),纵轴表示成本总额(y)。然后通过目测,画一条直线。直线的确定应尽量使各数据点分散在该直线的上下两侧,而且力图使所有数据点与该直线整体上最为接近。

直线绘制完成后,该直线与纵轴的截距就是固定成本 a 值。

为确定单位变动成本 b,可在该直线上任取一点(x_0, y_0),利用下式即可求出 b 值:

$$b = \frac{y_0 - a}{x_0}$$

散点图法进行成本估计的基本思想如图 2-11 所示。

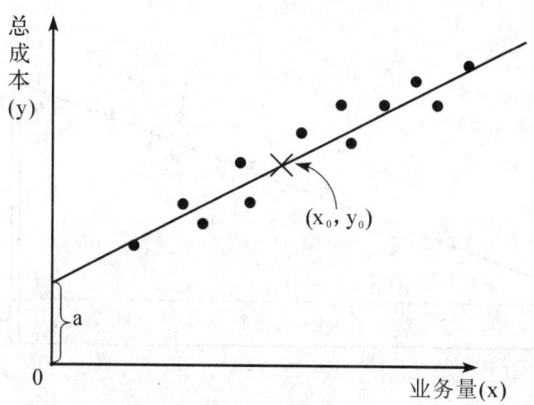

图 2-11　散点图法

【例 2-4】 万通公司在 2003 年上半年的月产量和设备保养费的有关资料如表 2-4 所示。

表 2-4　万通公司设备保养费资料

月份	保养费 y（万元）	产量 x（万件）
1	1.5	10
2	1.6	12
3	1.3	8
4	1.6	12
5	1.9	14
6	2.0	16

我们首先将表 2-4 中的数据绘制成散点图,有关结果如图 2-12 所示。

下面我们确定固定成本总额和单位变动成本。图 2-12 中直线的截距即为要估计的固定成本总额 a。通过目测我们看出,该截距大致为 a＝0.38（万元）。另外,我们从所绘制的直线中任意选取一点 P,从图中可以看出,该点坐标大致为（12,1.7）,将其代入上面公式,得:

$$b = \frac{1.7 - 0.38}{12} = 0.11 (万元/万件)$$

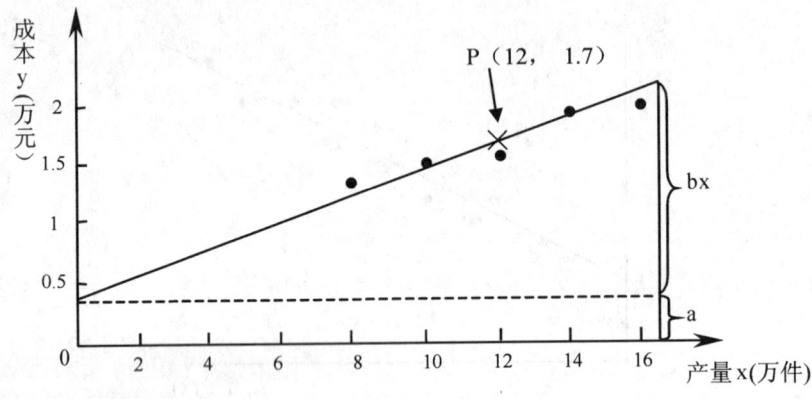

图 2-12 设备保养费的散点图

于是我们得到下面的成本函数：

$$y = 0.38 + 0.11x$$

散点图法使用简便，易于理解，形象直观；而且这种方法包含了所有的成本数据，避免了高低点法只使用两个点的偶然性，从而表现得更为合理。更重要的是，通过绘制散点图，我们可以很直观地获知以下几方面的重要信息：

(1) 业务量与成本之间是否存在明显的线性关系。当位于散点图中的各点大致在一条直线上时，说明业务量与成本之间存在明显的线性关系；如果各点大致构成曲线，则说明业务量与成本之间存在非线性关系。

(2) 业务量对成本变动的解释能力。在散点图中，如果各点分布缺乏规律，说明业务量对成本基本上没有解释能力；如果各点分布在一个较宽的带形区域内，则说明业务量对成本有一定的解释能力，但是解释能力较弱。

(3) 所收集的数据是否恰当。通过观察散点图，我们可以初步辨明数据中是否存在异常值，以及数据收集过程中是否存在其他问题，对此我们将在本章稍后的内容中做进一步论述。

散点图法的缺点在于其成本估计结果具有较强的主观性,每个人得出来的结果通常不尽相同,所以其准确度依旧不高。

(三)最小二乘回归法

最小二乘回归法(Least-Squares Regression Method)又称回归直线法,是通过解析法确定成本与业务量关系的成本估计方法。该方法要求各成本数据点与该直线的误差平方和最小。

设第 i 个数据点的纵坐标与回归直线上所对应的点的纵坐标之差为 d_i,如图 2-13 所示。

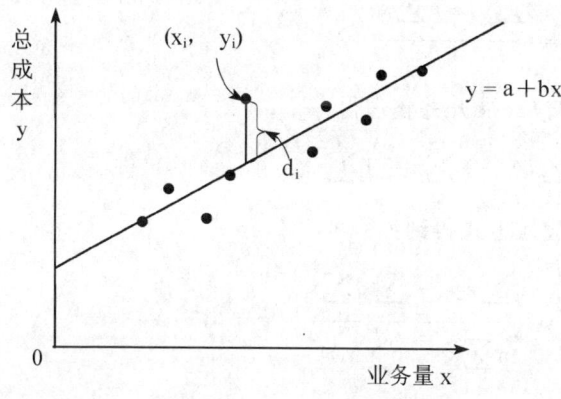

图 2-13 回归直线法

于是:

$$d_i = y_i - a - bx_i$$

可得误差的平方和:

$$D = \sum_{i=1}^{n} d_i^2 = d_1^2 + d_2^2 + d_3^2 + \cdots + d_n^2 = \sum_{i=1}^{n}(y_i - a - bx_i)^2$$

根据极值原理,为使 D 取最小值,应对 a、b 求偏导,并令其等于零,我们有:

$$\begin{cases} \dfrac{\partial D}{\partial a} = -2\sum_{i=1}^{n}(y_i - a - bx_i) = 0 & (1) \\ \dfrac{\partial D}{\partial b} = -2\sum_{i=1}^{n}(y_i - a - bx_i)x_i = 0 & (2) \end{cases}$$

将(1)展开并整理得：

$$\sum_{i=1}^{n} y_i - na - \sum_{i=1}^{n} bx_i = \sum_{i=1}^{n} y_i - na - b\sum_{i=1}^{n} x_i = 0$$

移项整理得到：

$$a = \dfrac{\sum_{i=1}^{n} y_i - b\sum_{i=1}^{n} x_i}{n} \tag{3}$$

同理，将(2)展开并整理得：

$$\sum_{i=1}^{n} x_i y_i - a\sum_{i=1}^{n} x_i - b\sum_{i=1}^{n} x_i^2 = 0$$

将(3)代入上式得到：

$$b = \dfrac{n\sum_{i=1}^{n} x_i y_i - \sum_{i=1}^{n} x_i \sum_{i=1}^{n} y_i}{n\sum_{i=1}^{n} x_i^2 - (\sum_{i=1}^{n} x_i)^2} \tag{4}$$

将(4)代入(3)可得：

$$a = \dfrac{\sum_{i=1}^{n} x_i^2 \sum_{i=1}^{n} y_i - \sum_{i=1}^{n} x_i \sum_{i=1}^{n} x_i y_i}{n\sum_{i=1}^{n} x_i^2 - (\sum_{i=1}^{n} x_i)^2} \tag{5}$$

【例 2-5】 某厂 2003 年全年机器保养费与产量的资料如表 2-5 所示。

表 2-5 机器保养费资料

月份	保养费 y(元)	产量 x(件)
1	1 000	300
2	1 152	350
3	1 100	330

续表

月份	保养费 y(元)	产量 x(件)
4	1 033	310
5	1 290	400
6	1 190	360
7	1 210	370
8	1 065	320
9	1 122	340
10	1 268	390
11	1 245	380
12	1 330	410

下面采用回归直线法进行成本估计。

首先，根据表 2-5 给出的数据，我们得到表 2-6。

表 2-6　回归直线法估计成本函数的计算过程

月份	保养费 y(元)	产量 x(件)	x_i^2	$x_i y_i$
1	1 000	300	90 000	300 000
2	1 152	350	122 500	403 200
3	1 100	330	108 900	363 000
4	1 033	310	96 100	320 230
5	1 290	400	160 000	516 000
6	1 190	360	129 600	428 400
7	1 210	370	136 900	447 700
8	1 065	320	102 400	340 800
9	1 122	340	115 600	381 480
10	1 268	390	152 100	494 520
11	1 245	380	144 400	473 100
12	1 330	410	168 100	545 300
合计	$\sum y_i = 14\ 005$	$\sum x_i = 4\ 260$	$\sum x_i^2 = 1\ 526\ 600$	$\sum x_i y_i = 5\ 013\ 730$

按照公式(4)和(5)可以得到：

$$a = \frac{\sum_{i=1}^{n}x_i^2 \sum_{i=1}^{n}y_i - \sum_{i=1}^{n}x_i \sum_{i=1}^{n}x_iy_i}{n\sum_{i=1}^{n}x_i^2 - (\sum_{i=1}^{n}x_i)^2}$$

$$= \frac{1\,526\,600 \times 14\,005 - 4\,260 \times 5\,013\,730}{12 \times 1\,526\,600 - 4\,260^2} \approx 125.54(元)$$

$$b = \frac{n\sum_{i=1}^{n}x_iy_i - \sum_{i=1}^{n}x_i \sum_{i=1}^{n}y_i}{n\sum_{i=1}^{n}x_i^2 - (\sum_{i=1}^{n}x_i)^2}$$

$$= \frac{12 \times 5\,013\,730 - 4\,260 \times 14\,005}{12 \times 1\,526\,600 - 4\,260^2} \approx 2.93(元/件)$$

于是,我们得到如下的成本函数的估计结果:

$$y = 125.54 + 2.93x$$

回归直线法的主要优点是比较精确,缺点主要是计算量较大。然而随着计算机及各类统计软件的日益普及,该方法使用起来将非常简便。本章附录中详细介绍了如何运用 Excel 软件求解上面例题中的问题。运用该软件,我们只要将业务量和成本的有关数据输入到电子表格中,然后在相应对话框中指明 Y 值和 X 值在电子表格中所处区域,计算结果就会立即呈现在我们眼前,而且我们还能得到关于回归模型的各种统计检验结果。

(四)账户分析法

账户分析法(Account Analysis Approach)是根据各成本相关账户,按照它们各自同业务量之间的关系,判断其应当归属于固定成本还是变动成本。其中性质与固定成本较为接近的划为固定成本,与变动成本相似的则划为变动成本。而其中不能简单地划分为固定成本或变动成本的混合成本,则需分解,然后把分得的结果分别计入固定成本和变动成本部分。下面我们通过一个例题说明账户分析法的基本步骤。

【例 2-6】 某企业在产量为 1 000 件时的成本总额为 90 200 元,

具体成本构成情况如表 2-7 所示。

管理会计人员经过认真分析,认为直接材料、直接人工和间接材料等成本全部属于变动成本,而固定资产折旧全部属于固定成本。至于水电费、间接人工两项均为混合成本,既包括固定成本,也包括变动成本。表 2-8 给出了成本的划分结果。

表 2-7 成本构成资料

成本项目	生产成本(元)
直接材料	45 000
直接人工	2 000
制造费用	
间接材料	1 400
间接人工	3 000
水电费	28 000
固定资产折旧	10 000
其他	800

表 2-8 运用账户分析法进行成本估计 单位:元

成本项目	生产成本	固定成本	变动成本
直接材料	45 000		45 000
直接人工	2 000		2 000
制造费用			
间接材料	1 400		1 400
间接人工	3 000	1 000	2 000
水电费	28 000	4 000	24 000
固定资产折旧	10 000	10 000	
其他	800		800
合计	90 200	15 000	75 200

从表 2-8 可知,固定成本总额 a 为 15 000 元,变动成本总额为 75 200 元。

由于全年产量为 1 000 件,所以单位变动成本为:

$$b = \frac{75\ 200}{1\ 000} = 75.2(元/件)$$

于是我们得到估计的成本函数：

$$y = 15\,000 + 75.2x$$

账户分析法的主要优点在于只需要一个期间的会计数据，故对于新产品或价格与技术变动较大的公司而言较为适用。但是它过于依靠人的经验对于成本性态的主观判断，并且只是对某一业务量水平下的成本构成进行分析，因而不能很好地掌握每种成本的变动趋势。这就要求研究人员必须尽量获取相邻各期的成本数据进行分析，只有这样才能提高成本估计的准确度。

(五)合同认定法

合同认定法(Contract Confirm Approach)是根据企业同供应商所签合同中的收费规定，来确定成本当中的固定成本和单位变动成本数额的成本估计方法。

【例 2-7】 新欣公司要求某运输公司提供货运服务，在双方签订的运货合同中规定，运费包括两部分：一是基本费，每年 10 000 元；另一部分按送货距离收取，每公里 10 元。

于是，根据上述合同中关于运费收费标准可知，每年运费 y 与送货距离 x 之间的关系如下：

$$y = 10\,000 + 10x$$

也就是说，固定成本为 10 000 元，单位变动成本为 10 元。

在实际中，像电话费、水费、电费、煤气费等费用都可以用合同确认法来确定其成本与业务量之间的关系。

合同认定法应用简单、方便，并且分析结果较为客观和准确。但是该方法只能用于那些有明确收费标准的成本项目。

(六)工程法

在进行成本估计时，当没有任何以往的成本与业务量历史资料，而又不适合使用合同认定法时,则可以使用工程法(Engineering Approach)。例如,对于与新产品生产相关的成本估计就属于这种情况。工程法又称技术测定法,它以工程师对生产方法、材料规格、人工需求、设备需求、生产效率、电力耗用等方面的分析与技术测定为基础,研究成本与数量的关系,进而估计出固定成本总额和单位变动成本。该方法通常可以得到较准确的成本估计结果,但是往往代价较大。该方法有时也与前述其他方法结合使用,旨在提高相应成本估计的准确性。

三、成本估计应注意的问题

上面论述了成本估计的多种方法,在实际应用这些方法时需要注意以下方面的问题:

(一)注意对原始数据的检查与分析

在运用成本与业务量数据进行成本估计时,原始数据是否具备可靠性与合理性是至关重要的。管理会计人员应了解数据中所存在的问题,并采取相应措施。以下几种情况的存在通常会使成本估计结果的准确性受到较大影响:

1. 业务量的取值范围较为狭窄

在进行成本估计而统计数据中的业务量取值范围较小时,会产生以下两方面的不利影响:

(1)成本函数的估计结果可靠性较差。当统计数据中的各业务量取值范围较为狭窄时,成本函数的估计结果容易产生较大的偏差。这是因为,无论是高低点法还是回归直线法,当用于估计成本函数的数据中所有的业务量数值都接近于同一个值时,估计单位变动成本 b 的公式中的分母均接近于零。

(2)所估计出的成本函数用于预测的局限性较大。为使读者理解业务量取值范围较窄对成本预测的影响,我们首先介绍"成本估计的相关范围"这一概念。

在前面的例 2-5 中,在用于预测成本函数的样本数据中,产量的取值范围介于 300 件至 410 件之间。在该例子中,我们所作出的成本函数估计结果为 $y=125.54+2.93x$。如果我们据此预测未来某月产量为

500件时的设备保养费时,虽然我们可利用上面的成本函数轻而易举地获得相应的设备保养费的预测值1590.54元,但是该预测值的准确性是值得怀疑的,因为过去企业每月的产量从未达到500件,过去的数据没有反映出产量为500件以上时设备保养费与产量之间的依存关系。但是,当未来产量在300件至410件之间时,我们运用上面所得到的成本函数进行预测通常会得到较为准确的成本预测结果。我们把用于成本预测的业务量数据中的最大值与最小值所构成的区间称为"成本估计的相关范围"。因此该例中,成本估计的相关范围是300件至410件。

可见,样本数据中的业务量取值范围就是相应成本估计的相关范围。样本数据中业务量取值范围较窄,表明成本估计的相关范围也较窄;所估计出的成本函数用于预测时,通常也只能在相应较窄的范围内较好地发挥作用。

2.样本中的异常值存在

异常值又称离群值,是指在收集数据过程中由于某种错误的存在,使原有的统计规律遭到破坏,由此所获得的样本数值。例如,在记录成本数据时疏忽大意,将某个月的成本数字记错。异常值通常明显大于或小于正常的样本值,因此当异常值存在时,往往会对成本函数的估计结果产生较大的不利影响。图2-14与图2-15分别描绘了异常值存在对高低点法与回归直线法所产生的不良影响。

从图2-14与图2-15可以清楚地看出,由于异常值的存在,使得所估计出的成本函数明显偏离其真实的成本函数。为避免异常值存在对成本估计产生不利影响,我们应该在利用成本与业务量数据进行成本函数估计之前,首先对原始数据中是否存在异常值作出判断。如果发现有异常值存在,应该将其剔除,然后再进行成本函数估计。

我们可以运用有关的统计软件来检验成本和业务量数据中异常值是否存在。当然,更为简便、有效的方法是,通过绘制散点图来发现异常值的存在。从图2-14与图2-15中可以看出,异常值通常"远离群体"。当我们在散点图中发现有"远离群体"的数据点存在时,我们应该认真分析该数据是否可靠。下面列举的几种情况都可能导致异常值的发生:

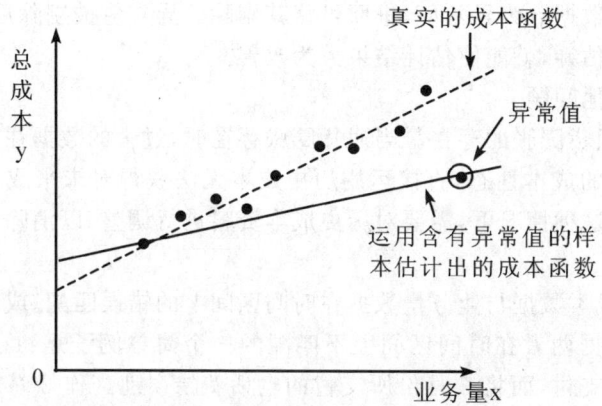

图 2-14　异常值对高低点法产生的不利影响

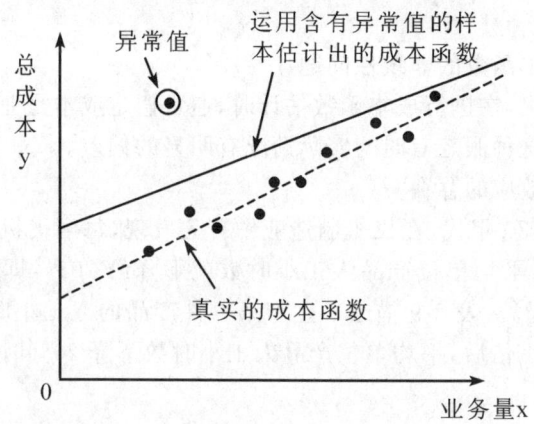

图 2-15　异常值对回归直线法产生的不利影响

(1) 原始记录有误;

(2) 数据来自不正常的经营条件,如企业遇到自然灾害的情况;

(3) 在样本数据收集期间,企业的生产技术发生变化;

(4) 在样本数据收集期间,主要原材料等的价格发生显著变化。

由于诸如上述情况的发生,导致某个期间的成本异常高(或异常低),使得该数据不能反映企业成本与业务量的正常规律。因此我们可以判定该数据点为异常值,进而可将其剔除。异常值被剔除后,我们再进行成本估计,就能使估计结果大为改善。

3. 其他问题

(1)通货膨胀的存在。当通货膨胀存在时,过去的数据往往不能反映出未来的成本性态,直接运用历史成本无法获得对未来成本的准确预测。在这种情况下,需要对历史成本资料进行调整,以消除通货膨胀的影响。

(2)成本数据与业务量数据在时间区间上的错误匹配。成本数据与业务量数据两者在时间区间上不匹配的一个简单例子是:1月份的电话费2月支付,而将2月份所支付的电话费错误地当作2月份发生的电话费,将其与2月份的业务量对应起来。为避免这种情况发生,样本数据收集者应该注意区分成本的实际发生期间与其实际支付期间是否一致。

(二)成本函数的非线性问题

前文指出,在进行成本函数估计时,通常假定成本是业务量的线性函数。但是这种假定有时与实际情况有明显的偏差。

1. 学习效应的存在

20世纪30年代,在飞机制造业中首先发现,每当飞机的产量累计增加1倍时,平均单位产品人工小时数就下降约20%,即下降到产量加倍前的80%。表2-9描绘了生产第一件产品的人工小时数,以及每当产量增加1倍后,平均单位产品人工小时数下降20%时的学习曲线效应。

表2-9　学习曲线效应

累计产量(件)	平均单位产品人工小时数
1	10.000
2	8.000
4	6.400
8	5.120
16	4.096
……	……

将表 2-9 绘成图,我们得到图 2-16。用于反映累计产量与平均单位工时两者之间的函数关系的曲线称为"学习曲线"(Learning Curve)。这种现象称为"学习效应"(Effect of Learning),表明随着产量的增加,平均单位人工小时数按曲线方式下降的规律。后来,有关学者通过进一步研究发现,对于其他产品生产,上述学习曲线效应通常也存在,即,每当累计产量增加 1 倍时,平均单位人工小时数按一固定的百分比下降,只是对于不同产品而言,该百分比略有不同。

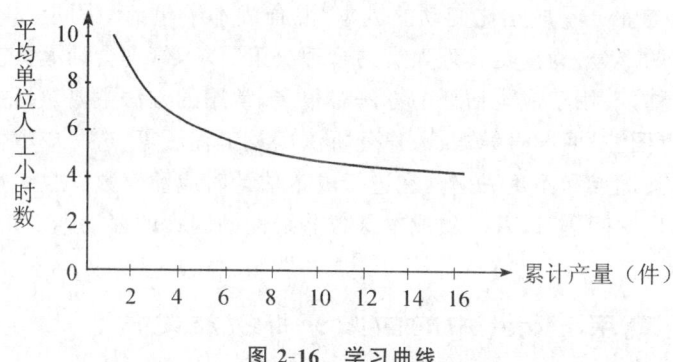

图 2-16　学习曲线

从图 2-16 可以看出,学习效应在新产品投产的初期,效果较为明显。在该阶段,随着产量的增加,平均单位人工小时数迅速下降。但是随着累计产量的逐步增加,平均单位人工小时数的下降速度越来越慢。当累计产量达到一定水平后,累计产量与平均单位人工小时数之间接近直线关系。因此,当企业所生产的产品处于投产初期时,成本与产量之间的关系明显偏离直线关系。在这种情况下,必须放弃前述成本性态模型下的成本估计方法,而应充分考虑学习效应,建立产量与成本之间的曲线型成本函数模型。

2. 其他因素

导致成本函数非线性的因素除了上面论述的学习效应以外,还有很多其他因素,如规模经济、材料采购存在数量折扣等因素,都会使成本与产量之间的函数关系呈现非线性形态。我们在进行成本估计时,应充分考虑导致成本函数非线性的具体因素。只有这样,才能获得对成本函数的合理估计。

本章小结

管理人员为完成各项管理职能，迫切需要成本信息。管理会计人员应针对特定的管理需求，提供不同的成本信息。管理会计学中，成本有多种不同的分类方式。其中按照与业务量之间的依存关系，成本可以分为固定成本、变动成本以及混合成本等类型。固定成本是在相关范围内，其总额不随业务量变化而改变的成本，变动成本是在相关范围内成本总额与业务量成正比变动的成本，混合成本中包括了固定成本和变动成本两部分。为满足管理人员的管理决策需求，管理会计人员需要进行成本估计。用于成本估计的方法有很多，常用的方法主要包括高低点法、散点图法、回归直线法、账户分析法以及工程法等。这些成本估计方法各有其优点和不足。另外，在进行成本估计时应注意数据收集过程中可能出现的问题，以及导致成本函数非线性的因素的存在。

附录：运用 Excel 中的回归分析功能进行成本估计

我们以本章例 2-5 中的问题为背景，讲述 Excel 软件中的回归分析功能在成本估计中的运用。具体步骤如下：

(1) 在空白电子表格中输入成本和产量数据，有关结果如附图 2-1 所示。

(2) 打开"数据分析"对话框。

在 Excel 的"工具"下拉菜单中，点击"数据分析"选项（如附图 2-1 所示），即可打开相应对话框（如附图 2-2 所示）。通常，初次使用"数据分析"功能时，在"工具"下拉菜单中找不到"数据分析"选项，这时需要在该菜单中选择并点击"加载宏"，在打开的对话框中，选中"分析工具库"选项后，点击"确定"即可。

(3) 打开"回归"对话框。

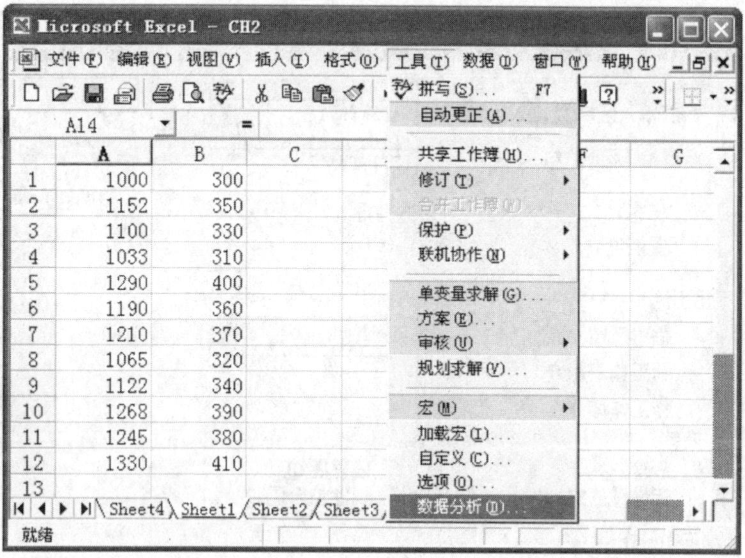

第二章 成本概念与成本性态分析

附图 2-1 输入原始数据

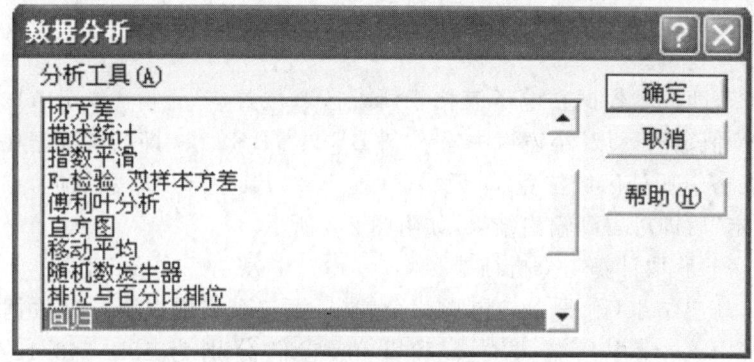

附图 2-2 数据分析对话框

在"数据分析"对话框中选中"回归",并点击"确定"后,即可打开"回归"对话框,如附图 2-3 所示。

(4)对"回归"对话框进行设置。

在该对话框中,在"Y 值输入区域"小窗口中输入"＄A＄1:＄A

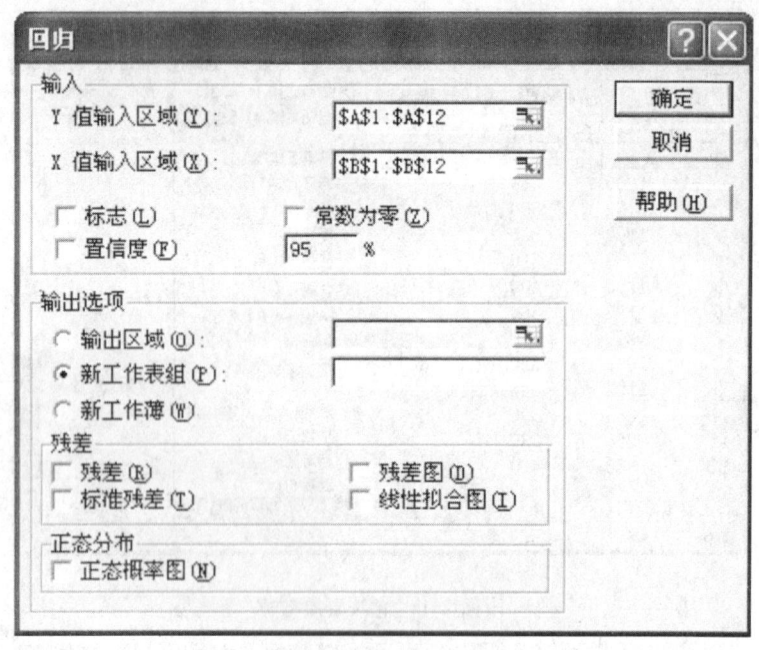

附图 2-3　回归对话框

$12",即成本数据在电子表格中所处区域位置(单元格 A1 至 A12);在"X 值输入区域"小窗口中输入"$B$1:$B$12",即产量数据在电子表格中所处区域位置(单元格 B1 至 B12);其余选项取默认值,点击"确定"后即可得到输出结果,如附图 2-4 所示。

(5)获取计算与分析结果。

输出结果(附图 2-4)包括三个表格,第三个表格中第一列数据即为成本估计中所需要的 a 和 b 值,它们分别为 125.543 12 和 2.933 916 1,与例 2-5 中的计算结果完全一致,但是此处的计算结果更为精确。

顺便指出,在第一个表中给出的 R^2 值(R Square)为 0.997 920 8,非常接近 1,表明产量能很好地解释维修费发生变化的原因。一般而言,倘若 R^2 的绝对值比较接近于零,则表明业务量对成本高低的解释能力较弱,因而所估计出的成本函数不适合用于未来成本预测。

SUMMARY OUTPUT					
回归统计					
Multiple R	0.9989599				
R Square	0.9979208				
Adjusted R Square	0.9977129				
标准误差	5.0642607				
观测值	12				
方差分析					
	df	SS	MS	F	Significance F
回归分析	1	123092.4	123092.4	4799.537	9.57108E-15
残差	10	256.4674	25.64674		
总计	11	123348.9			

	Coefficients	标准误差	t Stat	P-value	Lower 95%	Upper 95%
Intercept	125.54312	15.10498	8.311357	8.41E-06	91.88713357	159.1991
X Variable 1	2.9339161	0.042349	69.27869	9.57E-15	2.839555556	3.028277

附图 2-4 输出结果

附图 2-4 还提供了很多其他信息,由于篇幅所限,本书不再深入讨论,有兴趣的读者可参考多元统计或回归分析方面的书籍。

综合复习题

一、思考题

1. 成本按性态分类可分为哪几类?
2. 按照成本性态对成本进行的分类有何意义?
3. 固定成本和变动成本有何区别?
4. 相关范围对于固定成本和变动成本有什么意义?
5. 成本性态的常见模式有哪几种?
6. 成本估计的假设前提主要有哪些?
7. 成本估计的基本步骤有哪些?
8. 进行成本估计的主要方法有哪几种?如何运用?
9. 什么叫账户分析法?它是怎样对混合成本进行分解的?

10. 成本估计应注意哪些问题？

二、单项选择题

1. 成本按照其经济用途分类可以分为（　　）。
   A. 直接成本与间接成本
   B. 总成本与单位成本
   C. 生产成本与非生产成本
   D. 可控成本与不可控成本

2. 半固定成本又称为（　　）。
   A. 阶梯式成本　　　　　B. 标准式变动成本
   C. 延期变动成本　　　　D. 曲线变动成本

3. 在相关范围内，业务量增加时，单位固定成本将（　　）。
   A. 直线上升　　　　　　B. 保持不变
   C. 直线下降　　　　　　D. 曲线下降

4. 在相关范围内，业务量增加时，单位变动成本将（　　）。
   A. 直线上升　　　　　　B. 保持不变
   C. 直线下降　　　　　　D. 先上升后下降

5. 当存在学习效应时，单位产品直接人工成本将随着累计产量的增加而（　　）。
   A. 保持不变　　　　　　B. 逐渐下降
   C. 逐渐上升　　　　　　D. 先上升后下降

三、多项选择题

1. 为便于进行管理决策，通常需要从混合成本中分解出（　　）。
   A. 固定成本　　　　　　B. 半变动成本
   C. 变动成本　　　　　　D. 半固定成本
   E. 曲线成本

2. 下列成本中属于酌量性固定成本的是（　　）。
   A. 保险费　　　　　　　B. 广告费
   C. 培训费　　　　　　　D. 直接材料费
   E. 主要设备折旧费

3. 在相关范围内容中，变动成本所具有的特征包括（　　）。

A. 成本总额不受业务量变化的影响

B. 成本总额随业务量增加而成比例增加

C. 成本总额随业务量增加而加速上升

D. 单位成本不受业务量变化的影响

E. 单位成本随业务量的增加而减少

4. 下列成本中属于约束性固定成本的是（　　）。

A. 广告费　　　　　　B. 保险费

C. 培训费　　　　　　D. 厂房折旧费

E. 机器折旧费

5. 混合成本分解方法中不属于数学分解方法的有（　　）。

A. 高低点法　　　　　B. 合同确认法

C. 散点图法　　　　　D. 账户分析法

E. 回归直线法

四、判断题

1. 期间成本不随产品实体流动而流动，只随时间推移而消逝，不能递延到下期。（　　）

2. 高低点法中的高低点分别指成本最高与成本最低的两个点。（　　）

3. 在进行成本估计时，如果统计数据中的业务量取值范围较小，则成本函数的估计结果的可靠性较差。（　　）

4. 企业的水费、电费、煤气费等成本往往可以用合同确认法进行混合成本分解。（　　）

5. 账户分析法只是对某一业务量水平下的成本构成进行分析。（　　）

五、业务题

1. A报刊是一份全国发行的周报，其发行商在某期发行量为50万份时的固定成本总额为100 000元，变动成本总额为80 000元。

要求：在表1空白处填上相应的数字。

表1　　　　　　　　　　　　　　　　　　　　　　　　　　成本单位：元

发行量(万份)	固定成本总额	单位固定成本（元/万份）	变动成本总额	单位变动成本（元/万份）
55				
65				

2.B企业是一家连锁零售店，它在2003年下半年每月用于其店铺的维护保养费和销售额如表2所示。

表2

月份	费用金额(元)	销售额(元)
7	34 000	480 000
8	36 500	520 000
9	36 900	540 000
10	36 000	530 000
11	37 800	560 000
12	37 600	550 000

要求：使用高低点法，估计该连锁店店铺维护保养费的成本性态。

3.C航空公司近几个月来的机上服务成本费用以及每月的乘客数量如表3所示。

表3

月份	乘客数(千人)	机上服务成本(千元)
1	16	152
2	17	144
3	16	144
4	17	152
5	15	144
6	18	160

要求：使用回归直线法估算C航空公司的机上服务成本函数。

六、案例分析题

为了进行2003年度的预算，M公司管理层特授意下属人员搜集了2002年前三个季度的制造费用和产量资料。公司首席会计师认为只有充分了解制造费用中的固定成本和变动成本的构成,才能够更好地估算来年的成本费用。他同时认为制造费用的变动和产量的变动是密切相关的。公司所搜集到的资料如表4所示。

表4

月份	制造费用金额(元)	产量(件)
1	26 000	2 000
2	22 000	1 600
3	38 000	3 000
4	34 000	2 400
5	32 000	2 600
6	26 000	2 200
7	32 000	2 800
8	44 000	3 400
9	42 000	3 200

要求:选择你认为最为精确的混合成本的分解方法,对M公司的制造费用进行分解,并说明你选择该种分解法的理由。

参考答案

二、单项选择题

1. C 2. A 3. D 4. B 5. B

三、多项选择题

1. AC 2. BC 3. BD 4. BDE 5. BD

四、判断题

1. √ 2. × 3. √ 4. √ 5. √

行文思考

提示:答案是否定的。尽管从形态看,固定成本的成本函数图像也是阶梯形的,这与阶梯式成本在性质上是相同的,但是这两种成本存在着本质的区别。阶梯式成本通常是在相对较小的业务量范围内保持不变,而固定成本在相对较大的范围(即固定成本的相关范围)内保持不变。另外，为适应生产经营情况的变化，阶梯式成本很容易调整，相比之下，对固定成本进行调整往往有很大难度。例如化验员工资这项阶梯式成本，可通过增减化验员人数得到调整；而设备租赁费这项固定成本，由于受租赁合同的限制，往往不能提前终止租赁，也不能轻易改变现有租赁费的标准。

第三章　变动成本法

本章学习目的
1. 了解变动成本法的基本概念及其意义
2. 理解变动成本法和完全成本法的特点
3. 理解变动成本法的优缺点
4. 理解完全成本法的优缺点
5. 掌握两种方法下损益表的编制
6. 能够解释两种方法下的利润差异原因

范 例

KX公司是一家小家电生产企业,近年来由于家电市场竞争激烈,造成库存积压严重,利润微薄。新年伊始,厂长看着仓库里积压的大批产成品,自语道:"必须想办法打开销路,否则只能停工停产!"该厂在千方百计扩大市场份额的同时,并没有放松产品成本管理,各项成本控制在原有水平。经过近一个月的艰苦努力,在维持现有售价的基础上,产品销量提高了,库存也开始下降了,厂长的脸上开始有了笑容。2月初的一天,他到财务科了解全厂最新利润情况。当他满怀信心地走进财务科,向科长索取最新财务报表时,令他吃惊的是,1月份的利润不仅没有像预期的那样有明显提高,反而比上年12月份的数字还要低!

类似KX公司所遇到的"新鲜事",在其他很多企业也曾遇到过。难道是财务部门把利润算错了?不是!学完本章后,您就会明白其中的奥妙了。

第一节 变动成本法的概念

变动成本法是管理会计中普遍使用的成本计算法和损益计算模式。从管理决策和业绩评价的角度看,变动成本与财务会计中广泛使用的成本计算法——完全成本法相比,有很多优越之处。为了便于深刻理解变动成本法的内涵,我们首先从完全成本法讲起。

一、完全成本法概述

(一)完全成本法的基本概念

"完全成本法"(Full Costing),亦可译作"完全成本计算",即在计算产品成本和存货成本时,把一定时期发生的直接材料、直接人工和全部制造费用(包括变动制造费用和固定制造费用)都包括在内的方法。由于完全成本法是将所有的制造成本,不论是固定的还是变动的,都"吸收"到了单位产品上去,因而也被称为"吸收成本法"(Absorption Costing)或"吸收成本计算"。

(二)完全成本法的理论依据

完全成本法强调成本补偿的一致性。该方法认为,只要与产品的生产有关的成本都应该作为产品成本;固定制造费用是在生产领域中发生的,与生产直接相关,从成本补偿的角度讲,其与直接材料、直接人工和变动制造费用的支出并无区别,所以应该作为产品成本,从产品销售收入中得到补偿。

二、变动成本法

(一)变动成本法的产生

变动成本法是美国会计学家哈里斯于1936年提出的。起初并未引起社会的广泛关注,更很少有企业应用它。到了第二次世界大战后,随着经济和科学技术的迅猛发展以及市场竞争的日趋激化,预测、决策、预算日益受到人们的重视,企业管理当局强烈要求会计部门提供广泛的与之相适应的管理信息,以便加强对经济活动的事前规划和日常控制。此时,变动成本法才受到关注,并广泛应用于美国、日本、加拿大、澳大利亚及西欧各国的内部管理方面,成为管理会计的一项重要内容。

(二)变动成本法的基本概念

所谓变动成本法,是指在计算产品生产成本和存货成本时,只包括产品在生产过程中所消耗的直接材料、直接人工和变动制造费用,而不包括固定制造费用。固定制造费用被视为期间成本从当期收入中扣除。

正因为变动成本法不包括固定制造费用在内,故亦称"直接成本法"(Direct Costing),或译作"直接成本计算"。在英国则称为"边际成本法"(Marginal Costing)或译作"边际成本计算"。

(三)变动成本法的理论根据

变动成本法改变了完全成本法中把固定制造费用在本期销货与存

货之间进行分配的做法,而全部由当期负担。其理论根据是:固定制造费用主要是为企业提供一定的生产经营条件而发生的,这些生产经营条件一旦形成,不管其实际利用程度如何,有关费用照样发生,它们与产品的实际产量没有直接联系,既不会因产量的提高而增加,也不会因产量的下降而减少。它们实质上与特定会计期间相联系,和企业生产经营活动持续经营期的长短成比例,并随时间的推移而消逝。其效益不应递延到下一个会计期间,而应在其发生的当期,全额列入损益表,作为该期销售收入的一个扣减项目。

第二节 变动成本法与完全成本法的比较

由于变动成本法与完全成本法对固定制造费用的处理方法不同,导致两种方法存在一系列差异。上述两种方法的差异主要体现在以下方面:

一、应用前提与应用对象不同

变动成本法的应用前提是成本按其性态进行分类,并对变动成本与固定成本进行估计。而完全成本法要求将所有成本按其用途进行分类,将成本分为生产成本与非生产成本两大类。

变动成本法主要是为了满足企业的经营预测与决策,加强企业内部控制的要求;而完全成本法主要是为了满足对外提供报表的需要。完全成本法所提供的信息远远不能满足企业内部管理的需要,而且在很多情况下,直接使用财务会计信息进行管理会使企业误入歧途。例如,拒绝本应接受的订单,继续生产本应该停产的产品,由于采用不恰当的业绩评价方法而对管理人员产生错误导向等。变动成本法在很大程度上克服了完全成本法的种种缺陷,因而成为企业内部管理的有力工具。但是变动成本法由于具有不符合对外财务报告的要求等缺点,因而不适合企业在提供对外财务报告时使用。

二、产品成本与期间成本的构成内容不同

变动成本法下产品成本的内容只包括变动生产成本中的直接材料、直接人工和变动制造费用三个项目,固定制造费用和非制造成本作为期间成本处理;完全成本法下产品成本的内容包括全部的制造成本,包括直接材料、直接人工和全部制造费用,而将非制造成本作为期间成本处理。

两种方法在产品成本构成内容方面的不同可在图 3-1 中清晰地看出来。

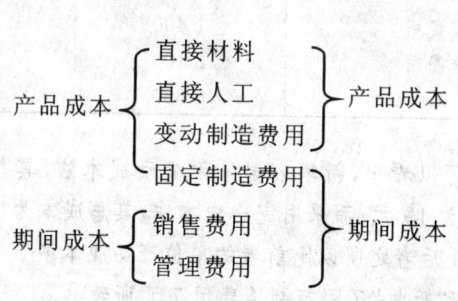

图 3-1 两种成本法产品成本与期间成本的构成

下面我们通过例子说明两种成本计算法下产品成本与期间成本的差异。

【例 3-1】 假定新华公司 20×3 年只产销一种产品,产量为 400 件,销量为 350 件,期初存货为零,销售单价为 38 元。成本的有关资料如下:

直接材料	2 000 元
直接人工	3 200 元
变动制造费用	2 400 元
固定制造费用	2 800 元
变动销售及管理费用	1 400 元
固定销售及管理费用	2 100 元

下面我们分别计算两种不同的成本计算方法下的产品成本与期间成本。有关结果如表 3-1 所示。

表 3-1 两种成本法下的产品成本与期间成本   单位:元

	变动成本法	完全成本法
直接材料	2 000	2 000
直接人工	3 200	3 200
变动制造费用	2 400	2 400
固定制造费用	—	2 800
合计	7 600	10 400
单位产品成本	19	26
固定制造费用	2 800	—
变动销售及管理费用	1 400	1 400
固定销售及管理费用	2 100	2 100
期间成本合计	6 300	3 500

从计算结果可以看出,新华公司采用变动成本法,其总成本为 7 600 元,单位产品成本为 19 元;而采用完全成本法,其总成本为 10 400 元,单位产品成本为 26 元。后者之所以比前者的单位产品成本多了 7 元,就是由于后者的每件产品都"吸收"了固定制造费用 7 元所致。

三、存货成本与销售成本不同

由于变动成本法和完全成本法下产品成本的构成内容不同,因而产成品和在产品存货的成本构成内容也不相同。

采用变动成本法,无论是在产品、库存产成品还是已销产品,其成本只包括变动生产成本,期末存货也是按变动成本计价的。而采用完全成本法,各会计期间所发生的固定制造费用要在完工产品和在产品之间进行分配;完工产品在销售时,全部成本还要在已销产品和未销产品之间进行分配。因此,无论是在产品、库存产成品还是已销产品,其成本中均包括了一定份额的固定制造费用;期末存货也是按完全成本计价的,既包括变动成本,也包括一部分固定制造费用。显然,变动成本法下的期末存货计价必然小于完全成本法下的期末存货计价。

销售成本是指当期售出产品的生产成本或制造成本,因此也可以称为销售产品的制造成本。

1. 两种成本法下销售成本数额的差异

从数额大小看,由于变动成本法下的产品销售成本只包括当期售出产品的变动生产成本;而完全成本法下的产品销售成本不仅包括当期售出产品的变动生产成本,同时也包括这些产品所吸收的固定制造费用,因此完全成本法下的产品销售成本总是大于变动成本法下的产品销售成本。

2. 两种成本法下销售成本计算方法的差异

从理论上讲,适用于任何一种成本计算法的销售成本的通用计算公式如下:

本期销售成本＝期初存货成本＋本期发生的生产成本—期末存货成本

一般情况下,企业各期单位变动成本与固定成本总额均保持不变。这种情况通常称为成本水平保持不变。在这种情况下,由于变动成本法下的期初单位存货成本、本期单位生产成本和期末单位存货成本三者相同,均为单位变动生产成本,因而上述销售成本的计算公式可简化为下面的公式:

本期销售成本＝单位产品变动生产成本×本期销量

对于完全成本法,即便企业各期成本水平保持不变(即单位变动成本和固定成本总额均不变),但由于不同期间的产量可能有所不同,因而各期单位产品所吸收的固定制造费用也会有所不同,进而期初单位存货成本、本期单位生产成本和期末单位存货成本三者通常也会不相等,因而类似的"简化公式"是不成立的。这就是说,对于完全成本法而言,即便各期成本水平保持不变,本期销售成本也不等于单位产品变动生产成本乘以本期销量。

当然,在下述两种情况下,完全成本法下的销售成本等于单位产品成本乘以本期销量:

(1)本期所售出的产品全部是本期生产的。在这种情况下,可用本期单位产品成本乘以本期销量计算本期销售成本。

(2)有关各期成本水平相同,而且产量相同。在这种情况下,各期的产品生产成本相同,因而可使用其单位产品成本乘以本期销量来计算各期的销售成本。

下面,我们通过例子说明两种成本法下的存货成本与销售成本的差异。

【例 3-2】 在上例中,已知期初存货为零。我们计算变动成本法与完全成本法下的期末存货成本与本期销售成本。

通过计算发现,变动成本法与完全成本法下的期末存货成本及本期销售成本均不相同,具体计算结果如表 3-2 所示。

表 3-2 两种成本法下的期末存货成本与本期销售成本   单位:元

项目	变动成本法	完全成本法
期末存货成本	19×50=950	26×50=1 300
本期销售成本	19×350=6 650	26×350=9 100

需要说明的是,本例中完全成本法下的销售成本是通过单位产品成本乘以本期销量得到的。之所以可以采用这种"简化"计算方法,是因为本例中本期销售的产品全部都是本期所生产的。

四、损益计算模式不同

变动成本法在计算损益的过程中,突出确定企业在一定期间内经营某种产品的贡献毛益;而完全成本法计算的中心问题是确定企业在一定期间内经营某种产品的利润,因此,变动成本法和完全成本法有着不同的损益计算模式。

在变动成本法下,损益表的基本模式如下:

销售收入
减：变动成本
———————
贡献毛益
减：固定成本
———————
利 润①

在上述损益表中，变动成本是指当期售出产品的全部变动成本，既包括变动生产成本也包括变动销售及管理费用；固定成本是指当期发生的全部固定成本，既包括固定制造费用也包括固定销售及管理费用。上述损益表的编制模式称为"贡献式损益表"，它突出反映了企业在相应期间的贡献毛益。贡献毛益是管理人员进行管理决策时广泛使用的指标。关于贡献毛益的有关概念我们将在下一章进一步论述。

下面，我们通过一个例子说明变动成本法与完全成本法下损益表的区别。

【例 3-3】 根据例 3-1 中的资料，我们分别采用变动成本法和完全成本法来编制损益表，有关结果如表 3-3 所示。

表 3-3 两种成本法下的损益表 单位：元

变动成本法		完全成本法	
销售收入	13 300	销售收入	13 300
减：变动成本		减：销售成本	
变动生产成本	6 650	期初存货	0
变动销售及管理费用	1 400	(加)本期生产成本	10 400
变动成本总额	8 050	(减)期末存货	1 300
贡献毛益	5 250	销售成本总额	9 100
减：固定成本		销售毛利	4 200

---

① 在管理会计中所使用的利润概念包括息税前利润（Earnings before Interest and Tax，简称 EBIT）、税前利润和税后净利润。其中，息税前利润是西方财务会计中普遍使用的利润概念之一，是指未扣除利息和所得税之前的营业利润。为了方便起见，本书在后面章节的论述中统称利润。读者可以根据利润计算过程中是否扣除了债务利息、所得税而判断出利润所属的具体类型。

续表

变动成本法		完全成本法	
固定制造费用	2 800	减:销售及管理费用	3 500
固定销售及管理费用	2 100	利润	700
固定成本总额	4 900		
利润	350		

五、损益计算结果不尽相同

如前所述,变动成本法下的产品成本只包括变动生产成本,将固定制造费用列作期间成本;完全成本法下的产品成本既包括变动生产成本,又包括固定制造费用。因此,在固定制造费用处理上的分歧对两种成本计算方法下的损益有很大影响。

下面我们通过一个简单例子说明两种成本计算法下损益计算结果的差异。

【例 3-4】 假定期初存货为零,本期生产 5 件,销售 3 件,单价 10 万元。单位产品直接材料、直接人工及变动制造费用合计为 5 万元。本期固定制造费用为 10 万元。销售及管理费用共为 3 万元。分别考虑在两种成本法下的期末存货及利润。

为了使读者能直观了解变动成本法与完全成本法下损益计算结果产生差异的原因,我们通过图示表明上述两种成本计算法下利润的计算过程。有关结果如图 3-2 所示。

从图 3-2 可以看出,在利润的计算过程中,造成两种方法下利润计算结果不同的原因在于从收入中减去的本期固定制造费用的数额大小不等。在变动成本法下,当期发生的 10 万元全部减去;而在完全成本法下,只减去了 6 万元。所以,本例中完全成本法下的利润比变动成本法下的利润多 4 万元。

从本例还可以看出,如果单纯为计算利润数额大小,那么在变动成本法下的利润计算也可以采用下面的模式:

销售收入……（销量×单价）
减：销售成本……（变动成本法下的产品成本×销量）
减：期间成本……（本期全部固定制造费用和全部销售及管理费用）
────────────────────────────────
利　润

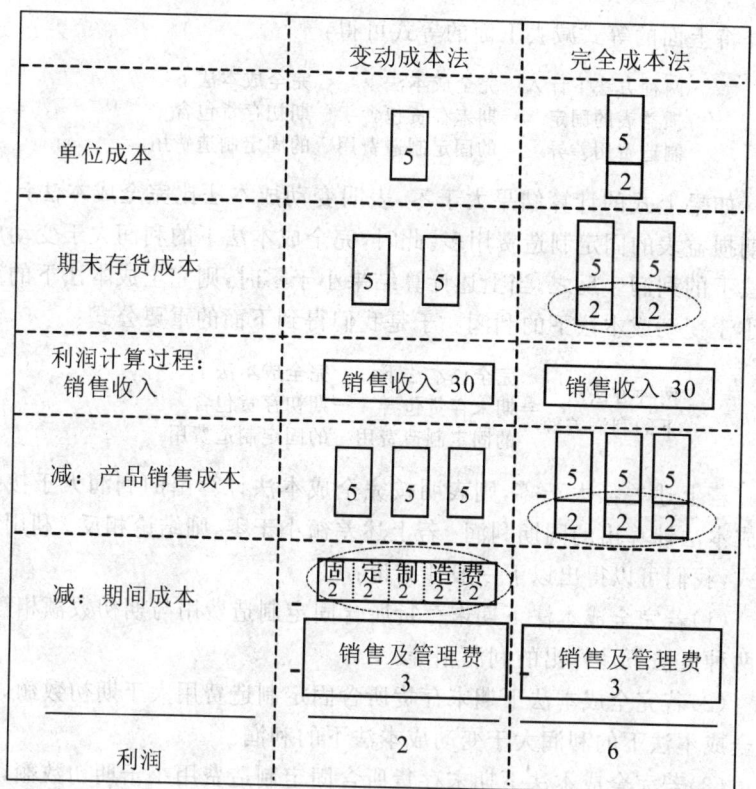

图 3-2　完全成本法与变动成本法的损益结果对比

通过例 3-4 容易看出，变动成本法与完全成本法下损益计算结果出现差异的根本原因在于两种方法下计入当期损益表的固定制造费用的数额不尽相同。显然，变动成本法与完全成本法下计入当期损益表的固定制造费用数额分别为：

$$\text{变动成本法下计入损益表的固定制造费用} = \text{本期发生的固定制造费用}$$

$$\text{完全成本法下计入损益表的固定制造费用} = \text{期初存货包含的固定制造费用} + \text{本期发生的固定制造费用} - \text{完全成本法下期末存货包含的固定制造费用}$$

将上面的等式减去下面的等式可得:

$$\text{两种方法下计入损益表的固定制造费用差异} = \text{完全成本法下期末存货包含的固定制造费用} - \text{完全成本法下期初存货包含的固定制造费用}$$

如果上式的计算结果大于零,表明变动成本法比完全成本法计入当期损益表的固定制造费用多。此时,完全成本法下的利润大于变动成本法下的利润。反之,当上述计算结果小于零时,则完全成本法下的利润小于变动成本法下的利润。于是我们得到下面的重要公式:

$$\text{两种方法下的利润差额} = \text{完全成本法下期末存货包含的固定制造费用} - \text{完全成本法下期初存货包含的固定制造费用}$$

若上述差额大于零,则表明按完全成本法计算出的利润大于按变动成本法计算出的同期利润。若上述差额小于零,则结论相反。利用该公式,我们可以得出以下一般性结论:

(1)若完全成本法下期末存货所含固定制造费用与期初数额相等,则两种方法下计算出的利润相等。

(2)若完全成本法下期末存货所含固定制造费用大于期初数额,则完全成本法下的利润大于变动成本法下的利润。

(3)若完全成本法下期末存货所含固定制造费用小于期初数额,则完全成本法下的利润小于变动成本法下的利润。

根据上述一般性结论,容易证明:当存货计价方法采用后进先出法时,可通过产销平衡关系来判断完全成本法与变动成本法何者计算出来的利润大。具体结论如下:

(1)当产销平衡时,完全成本法下的利润等于变动成本法下的利润;

(2)当产大于销时,完全成本法下的利润大于变动成本法下的利

润;

(3)当销大于产时,完全成本法下的利润小于变动成本法下的利润。

另外,当各期产量相同,而且成本水平不变时,即便企业所用存货计价方法不是后进先出法,上述依据产销平衡关系来判断两种成本计算法下的利润高低关系的结论同样成立。因为在这种情况下,各期所生产的产品中每件所包含的固定制造费用是相同的。

下面我们通过两个例子说明完全成本法与变动成本法下损益结果的差异。

【例 3-5】 假定利嘉公司只生产一种产品,该公司在 20×1 年、20×2 年和 20×3 年三年的生产量相等,均是 10 000 件,而销售量则分别是 10 000 件、6 000 件和 14 000 件,每件产品的售价是 8 元。其成本资料如下:

单位变动生产成本	3 元
固定制造费用	20 000 元/年
固定销售及管理费用	15 000 元/年

另外,假定变动销售及管理费用为零,20×1 年期初存货为零。

下面我们分别采用变动成本法和完全成本法确定各年的利润,有关结果如表 3-4、表 3-5 所示。

表 3-4 利嘉公司损益表(按变动成本法编制)　　单位:元

摘要	20×1 年	20×2 年	20×3 年
销售收入	80 000	48 000	112 000
减:变动成本			
变动生产成本	30 000	18 000	42 000
变动销售及管理费用	0	0	0
变动成本总额	30 000	18 000	42 000
贡献毛益	50 000	30 000	70 000

续表

摘要	20×1年	20×2年	20×3年
减：固定成本			
固定制造费用	20 000	20 000	20 000
固定销售及管理费用	15 000	15 000	15 000
固定成本总额	35 000	35 000	35 000
利润	15 000	−5 000	35 000

本例中，各期成本水平相同，而且各期的产量相同，因而可通过产销平衡关系来判断两种成本计算法下利润计算结果的大小关系。通过对表3-4和表3-5的利润进行对比，可以发现，20×1年产量等于销量（均是10 000件），所以两种成本计算方法下的利润相等（均为15 000元）。这是因为在两种方法下，固定制造费用不论是作为固定成本（变动成本法下）还是作为产品成本（完全成本法下），从当期收入中扣除的金额都相等（均为20 000元）。20×2年产量大于销量（10 000件＞6 000件），所以变动成本法下计算的利润比完全成本法下计算的利润少8 000元。这是因为，在变动成本法下，全部固定制造费用（20 000元）均计入当期损益；而在完全成本法下，只有已实现销售的产品所负担的固定制造费用12 000元（2×6 000）计入当期损益，其余的固定制造费用8 000元（2×4 000）包含在期末存货成本中，列入资产负债表，转入下一个会计年度。20×3年，情况与上年正好相反，生产量小于销售量（10 000件＜14 000件），所以，变动成本法下计算的利润比完全成本法下计算的利润多8 000元。这是因为，在变动成本法下，计入当期损益的固定制造费用仍然是本期发生的金额20 000元；而在完全成本法下，计入当期损益的固定制造费用除了本期生产并销售的产品所负担的20 000元外，还有期初存货（4 000件）本期销售的产品所负担的8 000元（2×4 000），因此，后者比前者多计销售成本8 000元，从而导致利润减少8 000元。

表 3-5 利嘉公司损益表（按完全成本法编制）   单位：元

摘要	20×1 年	20×2 年	20×3 年
销售收入	80 000	48 000	112 000
销售成本			
期初存货	0	0	20 000
（加）本期生产成本	50 000	50 000	50 000
（减）期末存货	0	20 000	0
销售成本总额	50 000	30 000	70 000
销售毛利	30 000	18 000	42 000
减：销售及管理费用	15 000	15 000	15 000
利润	15 000	3 000	27 000

需要指出的是，完全成本法与变动成本法损益计算结果不同的根本原因并不在于产销平衡关系。下面的例子说明了这个问题。

【例 3-6】 假定兴盛公司只生产一种产品，各期售价为 55 元，存货计价采用先进先出法。各期成本及产销量资料如表 3-6 及表 3-7 所示。

表 3-6 成本资料

项目	成本
单位变动生产成本	18 元/件
固定制造费用	36 000 元/年
单位变动销售及管理费用	5 元/件
固定销售及管理费用	10 000 元/年

表 3-7 产销资料   单位：件

年份	20×0 年	20×1 年	20×2 年	20×3 年
期初存货量	0	1 000	1 200	1 000
本期生产量	2 000	3 000	2 000	2 500
本期销售量	1 000	2 800	2 200	2 500
期末存货量	1 000	1 200	1 000	1 000

下面我们分别按两种成本计算方法编制损益表，有关结果如表3-8

和表 3-9 所示。

由表 3-8 和表 3-9 可以看出：

20×0 年，生产量大于销售量，变动成本法计入当期损益的固定制造费用为 36 000 元，而完全成本法计入当期损益的固定制造费用为 18 000 元（即 36 000÷2 000×1 000），从而使得前者确定的利润比后者少 18 000 元。

20×1 年，仍然是生产量大于销售量，但是，结果却与 20×0 年正好相反，当年按变动成本法计算确定的利润大于按完全成本法计算确定的利润。原因是在变动成本法下计入当期损益的固定制造费用仍然是 36 000 元；而在完全成本法下计入当期损益的固定制造费用受到了期初、期末存货的影响，期初存货 1 000 件，单位固定制造费用为 18 元/件（即 36 000÷2 000），共计 18 000 元（即 18×1 000）转入本期，但本期期末又有存货 1 200 件，单位固定制造费用为 12 元/件（即 36 000/3 000），共计 14 400 元（12×1 200）转入下期，因此计入本期损益的固定制造费用为 39 600 元（18 000+36 000－14 400），比按变动成本法计算多 3 600 元，所以完全成本法比变动成本法下的利润少 3 600 元。

表 3-8 兴盛公司损益表（按变动成本法编制）　　单位：元

摘要	20×0 年	20×1 年	20×2 年	20×3 年
销售收入	55 000	154 000	121 000	137 500
减：变动成本				
变动生产成本	18 000	50 400	39 600	45 000
变动销售及管理费用	5 000	14 000	11 000	12 500
变动成本总额	23 000	64 400	50 600	57 500
贡献毛益	32 000	89 600	70 400	80 000
减：固定成本				
固定制造费用	36 000	36 000	36 000	36 000
固定销售及管理费用	10 000	10 000	10 000	10 000
固定成本总额	46 000	46 000	46 000	46 000
利润	－14 000	43 600	24 400	34 000

表 3-9　兴盛公司损益表（按完全成本法编制）　　　单位：元

摘要	20×0年	20×1年	20×2年	20×3年
销售收入	55 000	154 000	121 000	137 500
减：销售成本				
期初存货	0	36 000	36 000	36 000
（加）本期生产成本	72 000	90 000	72 000	81 000
（减）期末存货	36 000	36 000	36 000	32 400
销售成本总额	36 000	90 000	72 000	84 600
销售毛利	19 000	64 000	49 000	52 900
减：销售及管理费用	15 000	24 000	21 000	22 500
利润	4 000	40 000	28 000	30 400

20×2年，生产量小于销售量，按变动成本法计算的利润比按完全成本法计算的利润少3 600元。这是因为变动成本法下计入当期损益的固定制造费用为36 000元；而完全成本法下，期初存货1 200件，单位固定制造费用为12元/件，共计14 400元（12×1 200）转入本期，期末存货1 000件，单位固定制造费用为18元/件（36 000/2 000），共计18 000元（即18×1 000）转入下期，因此计入本期损益的固定制造费用为32 400元（即14 400＋36 000－18 000），比按变动成本法计算少3 600元，因此其利润比按变动成本法计算多3 600元。

20×3年，生产量等于销售量，但按两种成本计算方法计算的利润并不相等，采用变动成本法计算的利润比采用完全成本法计算的利润多3 600元，其差额是由于变动成本法将本期固定制造费用36 000元全部从当期收入中扣除；而完全成本法下，计入本期的固定制造费用为39 600元（期初存货转入18 000＋本期发生36 000－期末存货转出（36 000/2 500×1 000）），比前者多3 600元，相应地，其利润比按变动成本法计算少3 600元。

通过上面的例子可以看出，两种成本计算方法下利润的差异并非取决于产销之间的平衡关系。比如，例3-5中第一年产销相等，两种方法计算的利润相等；而在例3-6中的第四年，尽管产销也相等，但变动成本法下计算的利润却比完全成本法下计算的多。例3-5中第二年和例3-6中第一年产大于销，完全成本法下计算的利润大于变动成本法下计算的利润;而例 3-6 中第二年,尽管也是产大于销,结果却正好相反。例 3-5 中第三年销大于产,完全成本法下计算的利润小于变动成本法下计算的利润;而例 3-6 中第三年,情况则正好相反。

第三节 两种成本法的优缺点

通过前面的讨论可以看出,完全成本法与变动成本法在很多方面都存在差别。因此就会产生这样的问题:究竟哪种方法更好?为此,我们需要了解这两种方法各自的优缺点。

一、变动成本法的优缺点

（一）变动成本法的优点

变动成本法从产生到被人们普遍接受和重视,经历了艰难的历程,它突破了传统的成本观点,在强化企业的内部经营管理、提高经济效益方面开创了新的思路。这种成本计算法本身所具有的突出的优点可归纳为以下几个方面:

1. 变动成本法有利于正确进行短期决策。企业的短期决策通常不考虑生产经营能力即固定资产方面的因素,在进行方案选择时,最关心的是成本、产量、利润之间的依存和消长关系,而变动成本法正好能提供这些信息。例如变动成本法下求得的单位变动成本与贡献毛益等信息能揭示业务量与成本变动的内在规律,能提供各种产品的盈利能力等重要信息,能帮助管理当局预测前景、规划未来,并正确地进行短期经营决策。

2. 变动成本法有利于引导企业管理当局以市场为导向,重视销售。采用变动成本法,产量的高低与存货的增减对企业的利润没有影响,利润的增减变化只同销售量的增减变化作同向运动,销售量大则利润高,销售量小则利润低。这就会促使企业管理当局重视销售环节,集中精力进行市场调查,研究市场动态,搞好销售预测,开拓销售渠道,以销定产,生产适销对路的产品,防止盲目生产。

3. 变动成本法可以简化成本计算,避免固定制造费用分摊中的主观随意性。在变动成本法下,固定制造费用列作期间成本,全额从当期的贡献毛益总额中一笔扣除,既省略了各种固定制造费用的分摊工作,大大简化了产品成本的计算过程,同时也避免了各种固定制造费用分摊中的主观随意性。

4. 变动成本法有利于进行成本控制和业绩评价。变动生产成本的高低最能反映出供应部门和生产部门的工作业绩,通过对产品的变动生产成本在事前制定合理的标准成本、建立弹性预算进行日常控制,能够把由成本控制工作的好坏造成的成本升降同由产量变动所引起的成本升降清楚地区别开来,正确评价各部门的业绩。对于固定生产成本,将其分解、落实到各责任单位,通过事先制定费用预算的办法进行控制。

(二)变动成本法的缺点

变动成本法的优点虽然是主要的,但它不可避免地存在一定的局限性。

1. 不符合传统的成本概念。按照传统的观念,产品成本是为生产产品而发生在生产领域的全部成本,不仅包括变动生产成本,而且也包括固定生产成本(即固定制造费用)。而在变动成本法下,产品成本只包括变动生产成本。

2. 不适应长期决策的需要。变动成本法以成本按性态分类为基础,这种成本分类方法的前提是变动成本与固定成本应该处于其相关范围内。从长远看,任何成本都不可能长期保持不变,因而无法适应长期决策的要求。另外,由于技术进步和通货膨胀等因素的影响,销售单价、单位变动成本和固定成本总额会发生很大变化,因此,变动成本法提供的产品成本资料就很难适应长期决策的需要。

3. 由传统的完全成本法改用变动成本法会影响有关方面的利益。由完全成本法改用变动成本法时,一般要降低期末的存货计价,相应地就会减少当期的利润,这样企业就会延迟支付当期的所得税和股利,从而影响征税机关的所得税收入和投资者的股利收益。

二、完全成本法的优缺点

完全成本法的优缺点是相对于变动成本法而言的,两者之间的优缺点基本上是互补的。

(一)完全成本法的优点

1. 有利于企业编制对外报表。因为完全成本法符合传统的成本观念,得到公认会计原则的认可和支持,所以,企业只能以完全成本为基础编制对外报表。

2. 无需将成本划分为变动成本与固定成本。将所有成本划分为变动成本与固定成本不仅给会计人员增添了许多工作,而且这种成本划分在很多情况下是粗略的、带有主观色彩的,并基于多项假定前提。在完全成本法下,并不要求对成本进行上述划分,因而避免了上述问题。

3. 有利于管理人员重视设备利用率,减少设备的闲置。在完全成本法下,单位产品成本会随产量的变化而变化。产量越大,单位固定成本就越低,于是整个单位产品成本也随之降低,利润也就越大。这就会大大刺激企业加快生产的积极性,从而在很大程度上提高了设备利用率,有利于加速折旧,促进设备的及时更新。

(二)完全成本法的缺点

1. 采用完全成本法,成本不按成本性态划分为变动成本和固定成本,这样就无法提供管理当局通过本量利分析进行短期决策所需的有用信息。管理当局需要根据按完全成本法编制的财务报表另外进行分类计算,才能据以规划和控制企业的经济活动。

2. 采用完全成本法,需要将固定制造费用在完工产品和在产品之间以及已销产品和未销产品之间进行分配,不仅分配手续繁重,而且各种分配方法的选择和使用难免带有较大的主观随意性。

3. 不利于管理人员进行合理的业绩评价。从业绩评价的角度看,通常认为销售收入与利润之间应该具有以下性质:(1)在其他条件保持不变的情况下,当销售量与前期相等时,利润应该保持不变。(2)在其他条件保持不变的情况下,销售量比前期增加,利润应该相应增加。(3)在其他条件保持不变的情况下,销售量比前期减少,利润应该相应减少。这三点要求在管理人员看来是理所当然的,而且变动成本法所提供的利润确实具备这三点性质,然而完全成本法所提供的利润却不具备上述三点"起码"的性质。下面,我们通过几个例子予以说明。

案 例

一家生产规模较大的公司下设多个分厂。该公司对下属分厂经理的业绩评价是依据每年年终会计报表的利润指标完成情况实现的。利润高低将决定分厂经理当年得到的奖金数额。利润高低同时也作为其职位晋升的主要依据。这一年,第一分厂的经理即将到期离任。按照该企业的惯例,如果他离任时的业绩较好,则会被安排到公司其他更高的职位上工作;但如果业绩较差,公司将会对其作降职安排。半年的时间已经过去了,该分厂的业绩平平,而且根据以往的经验,每年的下半年,市场情况更不乐观。在利益的诱惑下,他选择了提高利润的"捷径"——提高产量。尽管在余下的半年里,产成品库存大量积压,但是毕竟利润上去了。最终他得到了他想要的一切,而留给一分厂的则是似乎永远也卖不完的积压产品。

【例 3-7】 假定常青公司只生产一种产品,该公司在 20×1 年、20×2 年和 20×3 年的生产量分别是 10 000 件、12 000 件和 8 000 件,而销售量在各年均为 10 000 件。产品的单价为 8 元,单位变动生产成本为 3 元,各年固定制造费用总额均为 12 000 元,各年销售及管理费用总额均为 15 000 元。另外,已知 20×1 年期初存货为零。

下面,我们根据上述资料,按完全成本法编制该公司三年的损益表。有关结果如表 3-10 所示。

表 3-10　常青公司损益表（按完全成本法编制）　　单位:元

摘要	20×1年	20×2年	20×3年
销售收入	80 000	80 000	80 000
减:销售成本			
期初存货	0	0	8 000
(加)本期生产成本	42 000	48 000	36 000
(减)期末存货	0	8 000	0
销售成本总额	42 000	40 000	44 000
销售毛利	38 000	40 000	36 000
减:销售及管理费用	15 000	15 000	15 000
利润	23 000	25 000	21 000

从表 3-10 可以看出,各年产品销售单价和生产成本水平均没有变化,且各年销售量相等。从业绩评价的角度来看,该企业三年的业绩应该是一样的;但是根据完全成本法所得利润结果来评价该企业业绩,就会得出结论:20×2 年的业绩最好,而 20×3 年的业绩最差。

之所以出现这种不合理现象,其原因在于:20×2 年的产量显著高于其他年份,致使期末产成品存货中吸收了 2 000 元的固定制造费用(即全年固定制造费用 12 000 元的 1/6),从而导致该年的利润较上年提高 2 000 元。这就是说,20×2 年的"佳绩"完全是由于单纯提高产量而取得的。

类似地,我们可以解释 20×3 年利润"滑坡"的原因。该年度,企业所销售的 10 000 件产品中,除了包含本年度所发生的 12 000 元的固定制造费用以外,还包括了 20×2 年度所发生的 2 000 元的固定制造费用,它隐含在 20×2 年的期末存货中,因此使得 20×3 年的利润比正常情况下(20×1 年)的利润低 2 000 元。

本例说明了一个很重要的问题:在完全成本法下,管理人员可以通过"单纯提高产量"的手法来提高利润,进而获得奖励。这种做法会导致大量产成品存货积压,不仅会降低资金的使用效率,而且还会使企业承担产品滞销和因意外情况而遭损毁等风险。另外,在完全成本法下,增加固定制造费用较高的产品产量,能"加速"提高利润,这就有可能诱使某些管理人员不以市场和客户需求为导向组织生产,从而给企业带来不良的长期影响。

【例 3-8】 假定新民公司只生产一种产品,20×2 年生产 20 000 件,销售 15 000 件;20×3 年生产 15 000 件,销售 20 000 件。两年中的产品售价均为 60 元,单位变动生产成本均为 15 元,固定制造费用每年发生额为 600 000 元,销售及管理费用每年发生额为 100 000 元。20×2 年初产成品存货为零。

下面我们按完全成本法编制新民公司两年的损益表。有关结果如表 3-11 所示。

表 3-11 新民公司损益表(按完全成本法编制)　　　单位:元

摘要	20×2 年	20×3 年
销售收入	900 000	1 200 000
减:销售成本		
期初存货	0	225 000
(加)本期生产成本	900 000	825 000
(减)期末存货	225 000	0
销售成本总额	675 000	1 050 000
销售毛利	225 000	150 000
减:销售及管理费用	100 000	100 000
利润	125 000	50 000

表 3-11 表明,尽管 20×3 年的销售量比 20×2 年增加了 5 000 件,销售收入增加了 300 000 元(即 1 200 000 元－900 000 元),而且成本水平和销售单价均保持不变,但是利润反而减少了 75 000 元(即 125 000 元－50 000 元)。

本例说明,管理人员积极采取措施,在不提高成本水平和不降低售价的前提下,增加销量,降低库存,减少产品积压,这原本使企业经营状况得到改善;但是在完全成本法下,企业的利润却可能因此而降低,管理人员不但没有得到应有的奖励,反而会蒙受"不白之冤"。

【例 3-9】 假定某公司只生产一种产品,20×2 年生产 10 000 件,销售量 8 000 件;20×3 年生产 20 000 件,销售量 6 000 件。两年中的产品售价均为 35 元,单位变动生产成本均为 10 元,固定制造费用均为 120 000 元,销售及管理费用均为 80 000 元。20×2 年期初存货为零。存货采用后进先出法计价。

下面我们按完全成本法编制该公司两年的损益表。

表 3-12 损益表(按完全成本法编制) 单位:元

摘要	20×2 年	20×3 年
销售收入	280 000	210 000
减:销售成本		
期初存货	0	44 000
(加)本期生产成本	220 000	320 000
(减)期末存货	44 000	268 000
销售成本总额	176 000	96 000
销售毛利	104 000	114 000
减:销售及管理费用	80 000	80 000
利润	24 000	34 000

从表 3-12 可以看出,尽管在单价与成本水平不变的情况下,20×3 年的销售量比 20×2 年减少了 2 000 件,销售收入减少了 70 000 元(即 280 000 元－210 000 元),但是利润却比 20×2 年增加了 10 000 元(即 34 000 元－24 000 元)。

本例说明,减少销量,本来是不利于企业开拓市场,不利于提高企业在市场上的竞争地位的,但是如果企业根据完全成本法所提供的利润来评价管理人员的业绩,则会"颠倒黑白",认为"业绩攀升"。

上面三个例子清楚地说明,完全成本法所提供的利润信息直接用于管理当局进行业绩评价会产生非常严重的问题,因而变动成本法用于企业内部管理是非常必要的。

思 考

在上面的三个例子中如果改用变动成本法计算利润,那么完全成本法在业绩评价方面所存在的上述问题是否能够克服?

本章小结

变动成本法是管理会计广泛使用的成本计算方法。变动成本法与完全成本法在产品成本、期间成本、损益计算模式和损益计算结果等方面都有显著差异。变动成本法的主要优点在于有利于正确进行短期决策、成本控制和业绩评价,有利于引导企业管理当局以市场为导向,而且还可简化成本计算过程和避免固定制造费用分摊中的主观随意性。完全成本法也有其优点,主要表现在有利于企业编制对外报表,有利于管理人员重视设备利用率,以及无需将成本划分为变动成本与固定成本。

综合复习题

一、思考题

1. 什么是变动成本法和完全成本法?
2. 在变动成本法下将固定制造费用列作期间成本的理由是什么?
3. 变动成本法与完全成本法在计算利润时,其步骤各是怎样的?
4. 变动成本法和完全成本法在编制损益表方面有哪些区别?
5. 采用完全成本法有哪些缺点?
6. 变动成本法有哪些优点?
7. 变动成本法又有哪些局限性?
8. 两种成本计算法对分期利润的影响有何规律性?
9. 为什么说"变动成本法是改善经营管理、提高经济效益的重要工具"?
10. 为什么说变动成本法有利于短期决策而不能用于长期决策?

二、单项选择题

1. 在变动成本法下,固定生产成本作为( )。
   A. 直接成本   B. 期间成本
   C. 递延成本   D. 责任成本

2. 当期末存货量不为零,而期初存货量为零时,完全成本法确定的利润( )变动成本法确定的利润。
   A. 必然大于   B. 必然小于
   C. 必然等于   D. 不一定等于

3. 当期末存货量为零,而期初存货量不为零时,变动成本法确定的利润( )完全成本法确定的利润。
   A. 必然大于   B. 必然小于
   C. 必然等于   D. 不一定等于

4. 某企业生产X产品,当年的生产量为8 000件,销售量为6 000件,发生的直接材料为12 000元,直接人工为9 000元,变动制造费用为8 400元,固定制造费用为12 800元,变动销售及管理费用为4 800元,固定销售及管理费用为2 000元,则按变动成本法和完全成本法分别计算确定的单位产品成本为( )。
   A. 3.675元,6.075元   B. 5.275元,3.675元
   C. 3.675元,5.875元   D. 3.675元,5.275元

5. 某企业采用完全成本法计算产品成本和存货成本,20×1年期初存货100件,单位变动生产成本为6元,包含的固定制造费用为300元,当年生产600件,销售600件,发生变动生产成本3 600元,固定制造费用1 680元,销售及管理费用共计1 500元。发出存货采用先进先出法。那么,20×1年该企业的期末存货成本为( )。
   A. 900元   B. 600元
   C. 880元   D. 800元

三、多项选择题

1. 在变动成本法下,下列项目中属于产品成本的是( )。
   A. 直接材料   B. 直接人工
   C. 变动制造费用   D. 固定制造费用

E. 变动销售及管理费用

2. 在变动成本法和完全成本法下,都计入期间成本的费用是（　　）。

  A. 变动制造费用   B. 固定制造费用

  C. 变动销售及管理费用 D. 固定销售及管理费用

  E. 变动生产成本

3. 以下论述中属于变动成本法的优点的是（　　）。

  A. 有利于管理当局进行短期决策

  B. 可以简化成本计算过程,减少费用分摊的主观随意性

  C. 能够促使管理当局扩大生产

  D. 有利于进行成本控制和业绩评价

  E. 成本计算结果更精确

4. 在完全成本法下计算的利润会出现的情况有（　　）。

  A. 前后各期销售量相等,则利润必然相等

  B. 前后各期生产量相等,则利润必然相等

  C. 总是比变动成本法下计算的利润多

  D. 其他条件不变的情况下,销量增加而利润减少

  E. 其他条件不变的情况下,销量减少而利润增加

5. 完全成本法的特点包括（　　）。

  A. 有利于管理人员进行短期决策

  B. 容易引起管理人员扩大产量的行为

  C. 符合传统成本概念的要求

  D. 需要将成本划分为变动成本和固定成本

  E. 有利于评价管理人员的业绩

四、判断题

1. 完全成本法和变动成本法的主要区别是对固定制造费用的处理不同。（　　）

2. 在完全成本法下,各期生产量相等,则计算出的利润必然也相等。（　　）

3. 在成本、售价等其他资料不变的情况下,采用完全成本法,各期

利润随销售量的增加而增加。(   )

4. 变动成本法能避免固定制造费用分摊中的主观随意性。(   )

5. 目前企业只能以完全成本法为基础编制对外报表。(   )

五、业务题

1. ABC 公司 20×1 年和 20×2 年的有关产销情况及采用完全成本法编制的损益表的资料如表 1 所示。

要求：

(1) 按完全成本法分别计算 20×1 年及 20×2 年的单位产品成本。

(2) 20×1 年及 20×2 年的产品销售量相等，售价、单位变动成本及固定制造费用都没有变化，为什么 20×2 年的利润比 20×1 年多 4 000 元？

(3) 按变动成本法编制 20×1 年和 20×2 年的损益表，并说明为什么按两种方法计算的 20×1 年的利润相等，而 20×2 年的利润却会有差异。

表 1

摘要	20×1 年	20×2 年
生产量	5 000 件	6 000 件
销售量	5 000 件	5 000 件
单位变动生产成本	6 元	6 元
固定制造费用	24 000 元	24 000 元
损益表(按完全成本法编制)		
销售收入	90 000	90 000
减：销售成本	54 000	50 000
销售毛利	36 000	40 000
减：销售及管理费用		
变动销售及管理费用	10 000	10 000
固定销售及管理费用	15 000	15 000
销售及管理费用总额	25 000	25 000
利润	11 000	15 000

2. 兴旺公司只产销一种产品，20×3 年期初存货为零，产量为

2 000件,销售量为1 800件,售价为400元,有关的成本资料如下:

  直接材料   29元/件
  直接人工   12.5元/件
  制造费用
    变动制造费用 53元/件
    固定制造费用 15 000元
  销售及管理费用
    变动销售及管理费用 2元/件
    固定销售及管理费用 16 200元

要求:分别采用完全成本法和变动成本法,计算该公司20×3年的利润,并编制损益表。

3.某企业只产销一种产品,其成本资料如下:

  单位变动生产成本   9元
  单位变动销售及管理费用 1元
  全年固定制造费用   700 000元
  全年固定销售及管理费用 300 000元

已知固定成本本年度内均匀发生,年初存货为零,产品售价为20元/件,存货采用先进先出法。该公司前两个季度的产销资料如表2所示。

表2 产销资料   单位:件

项目	一季度	二季度
期初存货量	0	10 000
生产量	50 000	40 000
销售量	40 000	45 000
期末存货量	10 000	5 000

要求:根据上述资料,计算该公司前两个季度完全成本法和变动成本法之间的利润差额。

六、案例分析题

某集团公司下设两个子公司:A公司和B公司。这两个子公司生产、销售同样的产品,产品按统一的市场价格出售。这两个公司20×2年度的有关计算资料如表3至表5所示。

表3

项目	A公司	B公司
产量(件)	100 000	300 000
销售量(件)	100 000	100 000
单价(元/件)	8	8

表4　　　　　　　　　　　　　　　　　　　　　　　　　单位:元

项目	A公司	B公司
直接材料	300 000	900 000
直接人工	200 000	600 000
变动制造费用	150 000	450 000
固定制造费用	400 000	400 000
生产成本合计	1 050 000	2 350 000
销售及管理费用	100 000	100 000

表5　　　　　　　　　　　　　　　　　　　　　　　　　单位:元

项目	A公司	B公司
销售收入	800 000	1 050 000
减:销售成本	−250 000	800 000
毛利	783 333	16 667
减:销售及管理费用	10 000	10 000
利润	−260 000	6 667

对于这两家子公司在同样的销售量和销售收入条件下所取得的净利却有如此巨大的反差,集团公司经理感到十分困惑。假如你是该集团公司的财务经理,对上面这种情况,你将作何解释? 并稍作评价。

参考答案

二、选择题

1. B　2. A　3. A　4. D　5. C

三、多项选择题
1. ABC 2. CD 3. ABD 4. DE 5. BC

四、判断题
1. √ 2. × 3. × 4. √ 5. √

行文思考

提示：能够克服。

第二篇
管 理 决 策

　　管理的重心在于决策。决策是企业管理的重要职能。企业管理人员在进行管理决策过程中需要大量的财务信息。财务会计信息是会计信息的重要组成部分。未经加工整理的财务会计信息直接用于管理决策，在很多情况下会误导管理人员作出错误决策。本篇主要阐述管理会计人员如何协助管理人员作出正确的管理决策，涉及三章内容：第四章首先详细讲述了在管理决策中具有广泛用途的本量利分析法。该方法不仅可以帮助管理人员预测盈亏临界点和实现目标利润的销量，更重要的是，该方法所提供的成本、业务量和利润三者之间关系方面的信息，在日常管理决策活动中能够发挥重要作用。第五章专门探讨如何利用相关成本信息进行短期经营管理决策。本章根据企业在日常生产和营销过程中所面临的几类典型问题，讲述了如何正确运用相关成本信息进行合理决策。届时读者将会清楚地看到，没有管理会计知识的人员通常难以区分相关成本信息与非相关成本信息，因而没有能力运用成本信息作出正确决策。第六章专门讨论长期投资决策问题。由于此类投资通常涉及资金数额较大，而且能够长期影响企业的经营能力，因此与短期决策所使用的方法有本质区别。其中货币时间价值是影响长期投资决策的重要因素。作好此类决策对于企业的长期发展至关重要。

第二章
管型與失榮

第四章 本量利分析

本章学习目的
1. 本量利分析的概念及基本假设
2. 贡献毛益与贡献毛益率的计算
3. 盈亏临界点的概念及计算方法
4. 安全边际与安全边际率的计算与应用
5. 盈亏临界图的绘制方法
6. 进行多品种盈亏临界点的分析
7. 有关因素对盈亏临界点和目标利润的影响
8. 本量利关系中的敏感性分析

范 例

DG公司近年在经营上总是不景气,老板也曾尝试了许多办法。首先是拿出一笔钱更新设备,尽管材料成本和人工成本显著下降,但是并没有从根本上扼制住利润滑坡的势头。这时,有位下属出主意说,尽管设备先进了,但是因为销量低,无法发挥新设备大批量生产的优势。于是这位老板又一狠心,挤出一笔数目不小的钱去做广告。尽管销量有所上升,但是还是无法逃脱失败的厄运。尽管所采取的措施没能奏效,但是他仍不甘心。他想,人家主要靠降价促销、提高销量来增加利润,我何不试试?遗憾的是,幸运仍然没能降临到他的头上。为此他垂头丧气。如果这位老板熟悉本量利分析的基本方法,我们相信他不至于屡遭挫折。

第一节 本量利分析基础

本量利分析是管理人员从事管理决策的有力工具。在日常经营过程中,管理人员经常需要了解不同行动方案下,产量的不同会对利润产生何种影响;或者当采取促销或其他行动时,盈亏临界点和利润会发生何种变化等等。本量利分析法很好地满足了管理人员的这些愿望。

一、本量利分析的概念与基本假定

(一)本量利分析的概念

本量利分析(Cost—Volume—Profit Analysis)又称CVP分析,是在成本性态分析和变动成本计算的基础上进一步展开的一种分析方法,是对销量、销售价格、成本和利润之间的数量关系进行分析的简称。这一分析方法以数量化的模型或图形揭示企业的变动成本、固定成本、销量、销售单价和利润等有关因素在数量上相互影响、相互制约的关系。

本量利分析是现代管理会计学的重要组成部分,它所提供的原理、方法在管理会计中有着广泛的应用。然而我们应该认识到学习本量利分析,不仅是要学习其原理和方法,还要学习如何利用本量利分析制定财务计划和进行决策。

由于本量利分析强调的是成本、销量及销售单价之间的相互关系,因而它实际上集合了所有的财务信息,以便针对具体的情况作出具体的决策。

案 例

哈尔滨空调设备厂主要生产工业空调、百叶窗等产品,属于多品种生产企业。该厂注重会计工作的日常控制、事前预测与事后分析,将管理会计与财务会计有机地结合起来,努力做到会计核算准确及时、经营决策科学合理。该厂通过本量利分析,比较清楚地了解了企业的成本、销售量、利润之间的关系,同时根据三者之间的内在关系,制定了企业的经营方针和经营策略。本量利分析在该厂的经营管理中发挥了重要作用。[1]

(二)本量利分析的基本假设

本量利分析是建立在一定的假设条件之上的,如果忽视了这一点,当假设条件不再成立时,就会造成决策失误。管理会计中的本量利分析方法通常以下述假设为前提:

1. 成本按性态分类的假设

假设企业的全部成本都可以准确地划分为固定成本和变动成本。在现实中,有些成本项目既不属于固定成本,也不属于变动成本,在使

---

[1] 参考王立新、戴立臣:《谈企业管理中管理会计方法的应用——哈尔滨空调设备厂"本量利分析"方法的实例分析》,《黑龙江财专学报》,1997年第3期,第23~25页。

用本量利分析时,要求首先将其分解,以估计出其单位变动成本与固定成本。

2. 单一成本动因假设

假设产量是影响成本水平高低的惟一因素。现实中,影响成本水平高低的因素有很多,但是一般情况下,产量是影响一定时期企业总成本水平高低的重要因素。这一假定尽管有一定的局限性,但是能使问题大大简化,并且仍能为管理人员提供较为有用的决策信息。当然,随着作业成本法与作业管理等新的成本管理工具的出现,人们也开始关心除了产量以外的其他成本动因,如生产批量等。因此在一些西方教科书中开始尝试多种成本动因下的本量利分析方法。但是,传统的单一成本动因的本量利分析模型仍然是管理人员最得力的决策分析工具。

3. 相关范围和线性相关的假设

假设在一定时期内产量总是处于一定的范围之内,在这个范围内,成本水平和销售单价不发生变化。于是由于固定成本总额的不变性和单位变动成本的不变性使成本函数表现为线性函数。同时假设在这一范围内销售单价也不因产量的变化而变化,是个常数,因此销售收入也表现为线性函数。这一假设实际上暗含着在一定时期内,原材料和工资等要素价格、技术条件、工作效率和生产率以及市场条件都不发生变化。

4. 产销平衡的假设

假设每期生产出来的产品总是在当期全部销售出去。由于产量的变动会影响到当期发生的总成本,而销量的变动会影响到当期的总收入,因而这一假设使得在进行本量利分析时将"产量"与"销量"合二为一,简化了决策分析过程。

5. 产品品种结构不变的假设

假设在一个生产或销售多种产品的企业中,以价值形式表现的各种产品的产销量与全部产品的产销量之比不发生变化。在这一假定条件下,多品种本量利分析问题可以很方便地使用单一品种情况下的本量利分析的有关结果。如果没有该假设,多品种情况下的本量利分析问题将变得异常复杂,以至于我们难以得到满意结果。

6. 变动成本法的假设

假设产品成本是按变动成本法计算的,只将变动生产成本包括于产品成本中,而将所有的固定成本总额作为期间成本处理。该假设不仅能使成本与业务量之间的关系更为明晰,更重要的是,它有利于企业作出合理的管理决策。

二、本量利分析的基本公式

在本量利分析中所涉及的变量有固定成本、单位变动成本、销量、销售单价、销售收入和利润。这五个变量之间存在以下关系:

$$利润 = 销售收入 - (变动成本 + 固定成本)$$
$$= 单价 \times 销量 - (单位变动成本 \times 销量) - 固定成本$$
$$= (销售单价 - 单位变动成本) \times 销量 - 固定成本$$

在本节中我们以 P 表示利润,V 表示销量,VC 表示单位变动成本,FC 表示固定成本,SP 表示销售单价,则本量利分析的基本公式可表示为:

$$P = (SP - VC) \cdot V - FC$$

在这个公式中,已知其中任何四个变量值,就可以求出其余一个变量的数值。

三、贡献毛益及相关指标的计算

(一) 贡献毛益的概念

贡献毛益(Contribution Margin)是本量利分析中广泛使用的概念。本量利分析中的许多重要公式都可用贡献毛益的有关指标来表示。关于贡献毛益我们并不陌生,在上一章中,我们已经初步接触过贡献毛益的基本概念。贡献毛益又称贡献边际或边际贡献,是指企业在一定时期内的销售收入减去相应的变动成本后的余额。

企业在一定时期内发生的成本,按成本性态可以划分为固定成本和变动成本,而不管是变动成本还是固定成本都只能用销售收入予以补偿,如果销售收入不足以补偿这些成本,企业就会亏损。由于变动成本随产销量的变化而变化,所以在正常情况下,以销售收入补偿变动成本是不成问题的。然而固定成本却不随产销量的变化而变化,不管企业是否运营,固定成本总会发生,因此固定成本的补偿并不容易。如果销售收入在补偿了变动成本之后还有余额,就可以为补偿固定成本做出"贡献"。而对于一个企业来说,不仅要求销售收入能补偿所有的变动成本和固定成本,还要在补偿完这些成本后留有余额,即为企业提供利润。贡献毛益以成本的补偿来衡量企业盈利水平的高低,在本量利分析中是一个十分重要的概念。

(二)贡献毛益的表现形式

贡献毛益有两种表现形式:一种是单位概念,称为单位贡献毛益,它是指产品销售单价超过其单位变动成本的部分。其计算公式为:

$$单位贡献毛益 = 销售单价 - 单位变动成本$$

单位贡献毛益是每销售一件产品而使固定成本得到补偿的数量,反映的是每种产品的盈利能力。

贡献毛益的另一种表现形式为总额概念,称为贡献毛益总额,简称贡献毛益。一种产品的贡献毛益就是该种产品的销售收入减去其变动成本后的余额。其计算公式为:

$$\begin{aligned}贡献毛益 &= 销售收入 - 变动成本 \\ &= 销售单价 \times 销量 - 单位变动成本 \times 销量 \\ &= (销售单价 - 单位变动成本) \times 销量 \\ &= 单位贡献毛益 \times 销量\end{aligned}$$

如果企业产销多种产品,那么该企业的贡献毛益总额为各种产品贡献毛益总额之和,因而有:

$$企业贡献毛益总额 = \sum [单位贡献毛益 \times 销量]$$

【例 4-1】 企业生产甲乙两种产品,甲产品销售单价为 20 元,单位变动成本为 10 元,本月销量为 500 件。乙产品销售单价为 30 元,单位变动成本为 26 元,本月销量为 1 000 件。

下面我们分别计算两种产品的单位贡献毛益、贡献毛益总额和企业贡献毛益总额。

(1) 甲产品的单位贡献毛益与贡献毛益总额

$$甲产品单位贡献毛益 = 销售单价 - 单位变动成本$$
$$= 20 - 10 = 10(元)$$
$$甲产品贡献毛益总额 = 单位贡献毛益 \times 销量$$
$$= 10 \times 500 = 5\,000(元)$$

(2) 乙产品的单位贡献毛益和贡献毛益总额

$$乙产品单位贡献毛益 = 销售单价 - 单位变动成本$$
$$= 30 - 26 = 4(元)$$
$$乙产品贡献毛益总额 = 单位贡献毛益 \times 销量$$
$$= 4 \times 1\,000 = 4\,000(元)$$

(3) 企业贡献毛益总额

$$企业贡献毛益总额 = \sum(单位贡献毛益 \times 销量)$$
$$= 10 \times 500 + 4 \times 1\,000 = 9\,000(元)$$

或者：

$$企业贡献毛益总额 = 甲产品贡献毛益总额 + 乙产品贡献毛益总额$$
$$= 5\,000 + 4\,000 = 9\,000(元)$$

(三) 贡献毛益率的计算

贡献毛益率是贡献毛益的相对数形式，用于反映每一元销售收入所产生的贡献毛益数额。对于特定产品而言，贡献毛益率是该产品的贡献毛益与其销售收入之比，或单位贡献毛益与销售单价之比，它反映该产品为企业做出贡献的能力。其计算公式如下：

$$贡献毛益率 = \frac{贡献毛益}{销售收入} \times 100\% = \frac{单位贡献毛益}{销售单价} \times 100\%$$

当企业产销多种产品时，我们可以用各种产品的贡献毛益之和与这些产品的总销售收入之比来反映"平均企业每实现1元的销售收入

所获得的贡献毛益额",该比值称为加权平均贡献毛益率。于是:

$$加权平均贡献毛益率 = \frac{\sum 产品贡献毛益}{\sum 产品销售收入} \times 100\%$$

$$= \frac{\sum (单位贡献毛益 \times 销售量)}{\sum (销售单价 \times 销售量)} \times 100\%$$

从字面上看,加权平均贡献毛益率应该是各种产品贡献毛益率的"加权平均",但是上面的定义似乎与"加权平均"没有什么关系。事实上,如果我们以 SP 表示销售单价,以 VC 表示单位变动成本,以 V 表示销量,则有以下结果:

$$加权平均贡献毛益率 = \frac{\sum [V(SP-VC)]}{\sum (SP \times V)}$$

$$= \sum \left[\frac{V(SP-VC)}{\sum (SP \times V)} \right]$$

$$= \sum \left[\frac{SP \times V}{\sum (SP \times V)} \times \frac{SP-VC}{SP} \right]$$

上式表明,加权平均贡献毛益率是各种产品的贡献毛益以各自销售额比重为权数的加权平均,也就是:

$$加权平均贡献毛益率 = \sum (各产品的销售额比重 \times 各产品贡献毛益率)$$

可见,加权平均贡献毛益率的确是各种产品贡献毛益率的加权平均。

【例 4-2】 应用例 4-1 中的数据,我们来计算甲乙两种产品的贡献毛益率及加权平均贡献毛益率。具体计算过程如下:

$$甲产品的贡献毛益率 = \frac{10}{20} \times 100\% = 50\%$$

$$乙产品的贡献毛益率 = \frac{4}{30} \times 100\% = 13.33\%$$

由于甲产品的销售额为 10 000 元（即 20×500），乙产品的销售额为 30 000 元（即 30×1 000），两种产品的销售总额为 40 000 元，因此甲产品销售额在总销售额中所占的比重为 0.25，乙产品的销售额在总销售额中所占比重为 0.75。因此我们有：

$$加权平均贡献毛益率 = 0.25 \times 50\% + 0.75 \times 13.33\% = 22.50\%$$

或者，我们采用下面的计算方法：

$$加权平均贡献毛益率 = \frac{5\,000 + 4\,000}{40\,000} \times 100\% = 22.50\%$$

企业在产销多种产品的情况下，各种产品的贡献毛益率通常是不相等的，单位贡献毛益高的产品可能因为销售单价较高而使贡献毛益率较低；相反，单位贡献毛益低的产品可能因为销售单价较低而使贡献毛益率较高。一般情况下，那些贡献毛益率较高的产品对企业更有利。

引入贡献毛益、单位贡献毛益和贡献毛益率等概念后，我们可以得到以下几种不同的利润计算公式：

$$利润 = （销售单价 - 单位变动成本）\times 销量 - 固定成本$$
$$= 单位贡献毛益 \times 销量 - 固定成本$$
$$= 贡献毛益 - 固定成本$$
$$= 销售收入 \times 贡献毛益率 - 固定成本$$

上述利润计算公式适用于不同的情况。在分析实际问题的过程中，这些公式能带来较大的方便。

（四）变动成本率的计算

变动成本率是指变动成本在销售收入中所占的比例，其计算公式为：

$$变动成本率 = \frac{变动成本}{销售收入} \times 100\% = \frac{单位变动成本}{销售单价} \times 100\%$$

【例 4-3】 我们仍用例 4-1 的数据来说明变动成本率的计算。计算过程如下：

甲产品的变动成本率 = $\frac{10}{20} \times 100\% = 50\%$

乙产品的变动成本率 = $\frac{26}{30} \times 100\% = 86.67\%$

从例 4-2 与例 4-3 的计算结果中可以发现，变动成本率与贡献毛益率存在着密切的关系，两者之和等于 1。这一结论具有普遍性。事实上，我们有：

$$变动成本率 + 贡献毛益率 = \frac{单位变动成本}{销售单价} \times 100\% + \frac{单位贡献毛益}{销售单价} \times 100\%$$

$$= \frac{[单位变动成本 + (销售单价 - 单位变动成本)]}{销售单价}$$

$$= 1$$

由于贡献毛益率与变动成本率存在互补性质，因此要使企业有较强的获利能力，就要有较高的贡献毛益率，也就是要有较低的变动成本率。

第二节 盈亏临界点分析

一、盈亏临界点的概念

盈利是企业存在的重要目标，也是企业能够存在和发展的基本条件。而盈利的前提是不亏本，因而，企业管理人员在经营过程中非常关心企业的销量或销售额达到何种水平就能够不亏本。

盈亏临界点(Break—Even Point)又称保本点，是指企业经营达到收支相等、不盈不亏的状态，此时企业的贡献毛益总额等于其固定成本，利润为零。盈亏临界点分析是本量利分析的一项基本内容，它主要研究盈亏临界点的确定及有关因素变动对盈亏临界点的影响等问题，以便决策者清楚在何种情况下企业将盈利及在何种情况下企业将亏损。

盈亏临界点通常有两种表现形式：一种是以实物单位来表现，称为盈亏临界点销量,也即达到盈亏临界点至少要销售多少单位的产品;一种是以货币金额来表现,称为盈亏临界点销售额,即达到盈亏临界点至少要销售多少金额的产品。

二、盈亏临界点的确定

(一)盈亏临界点确定的基本公式

由本量利的基本公式:

$$利润=(销售单价-单位变动成本)\times 销量-固定成本$$

令利润等于零,于是我们得到盈亏临界点销量的计算公式:

$$盈亏临界点销售量=\frac{固定成本}{销售单价-单位变动成本}=\frac{固定成本}{单位贡献毛益}$$

由于用贡献毛益率表示的利润公式为:

$$利润=销售额\times 贡献毛益率-固定成本$$

令利润等于零,于是我们得到盈亏临界点销售额的计算公式:

$$盈亏临界点销售额=\frac{固定成本}{贡献毛益率}=\frac{固定成本}{1-变动成本率}$$

当企业产销多种产品时,以实物单位表示的盈亏临界点将不再可取,此时更多地采用货币金额表现形式。

【例 4-4】 假设某企业生产甲产品,其销售单价为 20 元,单位变动成本为 10 元,固定成本总额为 20 000 元,则该产品的盈亏临界点的计算结果如下:

$$甲产品的单位贡献毛益=20-10=10(元)$$

$$甲产品的贡献毛益率=\frac{10}{20}\times 100\%=50\%$$

$$盈亏临界点销售量=\frac{固定成本}{销售单价-单位变动成本}=\frac{固定成本}{单位贡献毛益}$$

$$=\frac{20\ 000}{10}=2\ 000(件)$$

$$\text{盈亏临界点销售额} = \frac{\text{固定成本}}{\text{贡献毛益率}} = \frac{2\,000}{50\%} = 40\,000(\text{元})$$

(二) 安全边际与安全边际率

企业处于盈亏临界点只是意味着贡献毛益可以补偿全部的固定成本,而企业的最终目的是要获得利润。为达到这一目标,其销量就必须超过盈亏临界点,而且销量超过盈亏临界点越多,企业经营发生亏损的可能性就越小,企业就越安全,由此得到了与盈亏临界点紧密相关的安全边际的指标。所谓安全边际是指企业实际或预计销量与盈亏临界点销量之间的差额,它表明销量下降多少企业仍不至于发生亏损。

安全边际有两种表现形式:一种是实物单位表现形式,称为安全边际量;一种是货币金额表现形式,称为安全边际额,其计算公式为:

安全边际量＝实际或预计销量－盈亏临界点销量

安全边际额＝实际或预计销售额－盈亏临界点销售额

安全边际的相对数形式为安全边际率,是指安全边际在正常销售收入中所占的百分比,其计算公式为:

$$\text{安全边际率} = \frac{\text{安全边际量}}{\text{实际或预计销售量}} \times 100\% = \frac{\text{安全边际额}}{\text{实际或预计销售额}} \times 100\%$$

安全边际、安全边际率越高,表明企业的安全程度越高;反之,企业的安全程度越低。

【例 4-5】 应用例 4-4 的数据,同时假设甲产品的现有销量为 4 000 件,则有:

安全边际量＝4 000－2 000＝2 000(件)

安全边际额＝4 000×20－40 000＝40 000(元)

$$\text{安全边际率} = \frac{2\,000}{4\,000} \times 100\% = \frac{40\,000}{4\,000 \times 20} \times 100\% = 50\%$$

与盈亏临界点相联系的另一个指标是达到盈亏临界点的作业率,其计算公式为:

$$盈亏临界点作业率 = \frac{盈亏临界点销售量}{实际或预计销售量} \times 100\%$$

该指标反映企业要获得利润,其作业率必须达到百分之几以上。显然,该指标对企业安排生产有着重要的指导意义。

【例 4-6】 应用例 4-4、例 4-5 的数据,我们有:

$$盈亏临界点作业率 = \frac{2\,000}{4\,000} \times 100\% = 50\%$$

由以上可以看出,盈亏临界点把实际或预计销售分为两部分:一部分是盈亏临界点销量,一部分是安全边际量,即:

实际或预计销量 = 盈亏临界点销量 + 安全边际量

将公式两边同时除以实际或预计正常销量,可得:

1 = 盈亏临界点作业率 + 安全边际率

例 4-5 和例 4-6 中的计算结果验证了下述等式:

盈亏临界点作业率 + 安全边际率 = 50% + 50% = 1

盈亏临界点作业率与安全边际率的关系可用图 4-1 表示。

由图 4-1 还可以看出,利润是由安全边际提供的。只有超过盈亏临界点的销售收入才能为企业提供利润,而盈亏临界点销售收入扣除变动成本后只能补偿企业的固定成本。因此,我们有:

利润 = 安全边际量 × 单位贡献毛益
　　 = 安全边际额 × 贡献毛益率

将公式两边同时除以销售收入得:

$$\frac{利润}{销售收入} = \frac{安全边际额}{销售收入} \times 贡献毛益率$$

即:销售利润率 = 安全边际率 × 贡献毛益率

【例 4-7】 利用例 4-4、例 4-5 中的数据,我们有:

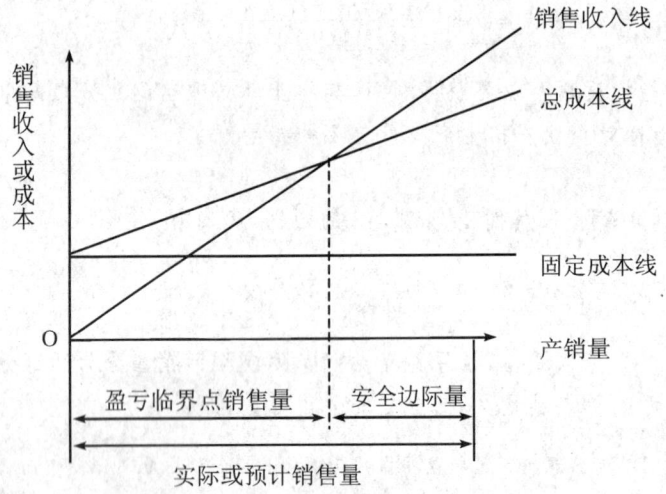

图 4-1　盈亏临界点作业率与安全边际率

$$\text{甲产品的贡献毛益率} = \frac{\text{销售单价} - \text{单位变动成本}}{\text{销售单价}} \times 100\%$$

$$= \frac{20-10}{20} \times 100\% = 50\%$$

安全边际额 = 4 000×20 − 40 000 = 40 000（元）

$$\text{安全边际率} = \frac{40\,000}{4\,000 \times 20} \times 100\% = 50\%$$

利润 = 安全边际额 × 贡献毛益率 = 40 000×50% = 20 000（元）
销售利润率 = 安全边际率 × 贡献毛益率 = 50%×50% = 25%

三、盈亏临界图

如果将成本、销量、利润的关系用直角坐标系表示，就可以得到盈亏临界图。利用该图可以形象地从动态角度揭示本量利的相互依存关系，从而帮助决策者进行决策。盈亏临界图有多种图示，可根据资料和目的的不同进行选择。常用的方式有基本式、贡献毛益式、量利式三种。

（一）基本式

盈亏临界图的基本式反映的是本量利的基本关系，其特点是能清晰地反映出固定成本不随业务量的变化而改变,总成本线是在固定成本线的基础上加上变动成本而得到的。

盈亏临界图基本式的绘制方法如下:

1. 选定直角坐标系,横轴表示销量,纵轴表示成本和销售收入。
2. 绘制固定成本线。在纵坐标上,根据固定成本总额,以(0,固定成本总额)为起点,绘制一条与横轴平行的直线,即为固定成本线,它与横轴的距离为固定值,不随产量的变化而变化。
3. 绘制销售收入线。以坐标原点为起点,根据"销售收入=销量×单价"做出一条源于原点的直线,即为销售收入线,单价为此直线的斜率。
4. 绘制总成本线。以纵轴上相当于固定成本总额的点为起点,根据"总成本=固定成本+单位变动成本×销量"做出一条直线即为总成本线,单位变动成本即为此直线的斜率。总成本线与固定成本线之间的距离为变动成本,它随产量变化而正比例变化。
5. 销售收入线与总成本线的交点为盈亏临界点。低于盈亏临界点时企业处于亏损状态,高于盈亏临界点时企业处于盈利状态。在图上标明盈亏临界点、盈利区、亏损区。

根据例 4-4、例 4-5 中的资料绘制的盈亏临界图基本式见图 4-2。

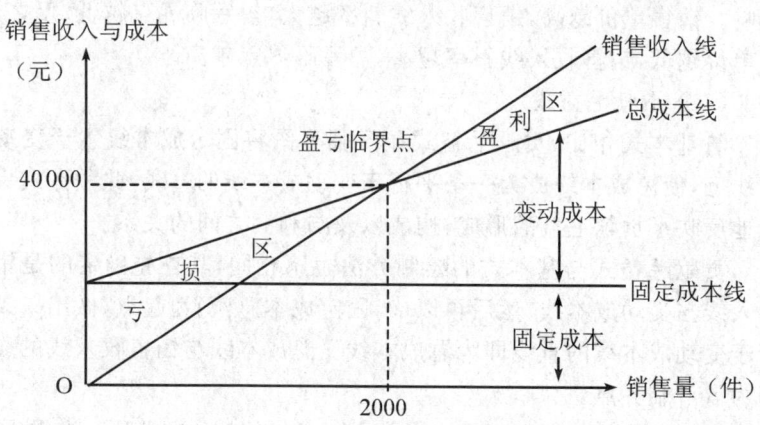

图 4-2 盈亏临界图——基本式

从图 4-2 中可以看出,当销量为零时,总成本线位于销售线之上,企业处于亏损状态,且亏损额与固定成本额相等。随着销量的提高,销售收入线与总成本线之间的距离逐渐缩短,亏损额逐步下降。当销量达到 2 000 件时,销售收入线与总成本线汇合为一点,此时利润为零,因此该点为盈亏临界点。此后,总成本线开始位于销售收入线之下,企业处于盈利状态。随着销量的逐步提高,销售收入线与总成本线之间的距离逐渐加大,利润逐步提高。

通过观察盈亏临界点基本式图,可以得出以下几条规律:

1. 当盈亏临界点不变时,销量超过盈亏临界点越多,企业所得利润越多;反之,销量低于盈亏临界点越多,企业亏损越多。

2. 当销量固定时,盈亏临界点越低,盈利区的面积越大,亏损区的面积越小;反之,盈亏临界点越高,盈利区的面积越小,亏损区的面积越大。

3. 当销售收入固定时,盈亏临界点的高低取决于固定成本总额与变动成本大小的影响,固定成本或单位变动成本越高,盈亏临界点越高;固定成本或变动成本越低,盈亏临界点也越低。

4. 当总成本线固定时,盈亏临界点受销售收入线斜率(即单价)的影响。销售单价越高,销售收入线斜率越大,盈亏临界点越低;反之,销售单价越低,销售收入线斜率越小,盈亏临界点越高。

(二)贡献毛益式

与基本式相比,贡献毛益式盈亏临界图将固定成本线置于变动成本线上,使总成本线成为一条平行于变动成本线的直线,此种方式更形象地反映了贡献毛益的形成、构成以及与利润之间的关系。

贡献毛益式与基本式的绘制方法也不相同,其首先确定的是销售收入线与变动成本线,然后再以(0,固定成本总额)为起点,做出一条平行于变动成本线的直线即为总成本线。总成本线与销售收入线的交点即为盈亏临界点。

仍根据例 4-4、例 4-5 中的数据绘制贡献毛益式盈亏临界图如图 4-3 所示。从该图我们可以观察到,起初销量为零时,贡献毛益为零,固定成本没有得到任何补偿,因而此时企业处于亏损状态,且亏损额为固定成本额。此后,随着销量的逐步提高,贡献毛益逐渐增加,固定成本得到部分补偿,而未能补偿的固定成本部分便是企业的亏损额。当销量达到2 000件时,贡献毛益恰好能补偿全部固定成本,因而此时利润为零,即该点为盈亏临界点。此后,随着销量的提高,贡献毛益开始超过固定成本。贡献毛益补偿完固定成本后还有剩余,该剩余部分便是利润。

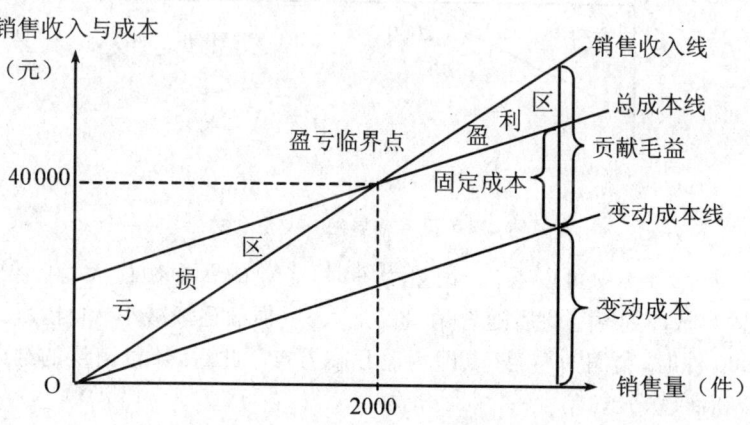

图4-3 盈亏临界图——贡献毛益式

(三)量利式

量利式盈亏临界图反映的是利润与销量的相互关系,因为它以利润线代替了销售收入线和总成本线,故也称为利润图。其特点在于省去了成本和收入与产销量之间的关系,使得盈亏临界图更加简捷,使人能一目了然地看出销量与利润之间的关系。

量利式图示的绘制方法为:

1. 选定直角坐标系,以横轴表示销量,纵轴表示利润与亏损。
2. 在纵轴上利润为零处画一条直线,表示盈亏平衡线。
3. 在纵轴上寻找一点,此点位于亏损额等于固定成本总额之处,这一点即为利润线的起点。根据本量利基本公式,在横轴上任取一销量,计算出相应的利润或亏损,与起点相连接,即为利润线。
4. 利润线与盈亏平衡线的交点即为盈亏临界点。

根据例 4-4、例 4-5 中的数据绘制的量利式盈亏临界图如图 4-4 所示。

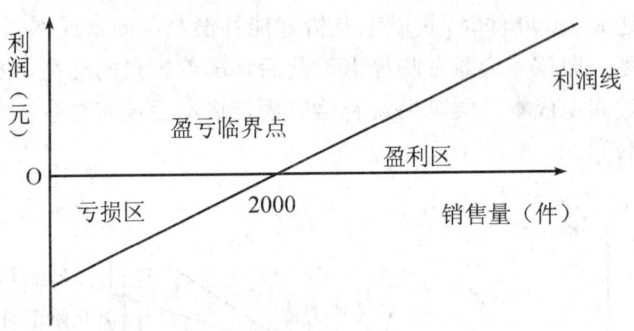

图 4-4　盈亏临界图——量利式

从图 4-4 中可以看出,销量为零时,企业的亏损额最大,其金额等于固定成本总额。此后随着销量的加大,亏损额逐渐减小。当销量达到 2 000 件时,利润为零,该点即为盈亏临界点。此后,随着销量的继续提高,利润越来越高。

四、多品种条件下的盈亏临界点分析

通常情况下,企业生产的产品不止一种。在产销多种产品的情况下,由于多种产品的单位贡献毛益可能会各不相同,而且不同产品的实物计量单位也有所不同(有的为"件",有的则为"千克"等),因此对于单一品种情况下的以实物单位为基础的盈亏临界点的计算公式不再适用,此时必须采用其他方法。在实际中,经常采用的方法有两种:一是加权平均法,二是联合单位法。

(一)加权平均法

当企业产销多种产品时,由于实物单位可能不完全相同,因而采用实物单位计算盈亏临界点的做法难以直接推广到多品种情形。在企业产销单一品种产品时,盈亏临界点的计算除了可采用实物单位形式外,还可以采用货币单位(即销售额)形式。由于不同产品的产销量均可以统一采用货币单位,因而以金额形式反映的单一品种盈亏临界点的计算公式很容易推广至多品种情形。我们只须在单一品种情形下盈亏临界点销售额的计算公式中,将贡献毛益率换成加权平均贡献毛益率,就会得到多品种盈亏临界点的计算公式。这就是所谓的加权平均法。

加权平均法即在确定了企业加权平均贡献毛益率的基础上,再计算各种产品盈亏临界点销售额的一种方法。这种方法实际上是将全部产品的贡献毛益作为补偿企业全部固定成本及利润的来源。加权平均法是计算多种产品盈亏临界点最常用的一种方法。

加权平均法的计算步骤如下:

1. 计算全部产品的目前销售总额

$$目前销售总额 = \sum (各种产品的销售单价 \times 目前销量)$$

2. 计算各产品的销售额比重

$$某产品的销售额比重 = \frac{该产品的销售额}{目前销售总额}$$

3. 计算各种产品的加权平均贡献毛益率

$$加权平均贡献毛益率 = \frac{\sum 各种产品的目前贡献毛益}{目前销售总额}$$

$$= \sum 各种产品的贡献毛益率 \times 该产品的销售额比重$$

4. 计算综合的盈亏临界点销售额

$$综合的盈亏临界点销售额 = \frac{固定成本总额}{加权平均贡献毛益率}$$

5. 计算各种产品的盈亏临界点销售额及销量

$$各产品的盈亏临界点销售额 = 综合的盈亏临界点销售额 \times 各产品的销售额比重$$

$$各产品的盈亏临界点销售量 = \frac{各产品的盈亏临界点销售额}{各产品的销售单价}$$

需要注意的是,加权平均的使用前提条件之一是产品品种结构保持不变。例如,企业生产甲、乙、丙三种产品,目前三种产品的月销售额分别为 1 000 元、2 000 元和 5 000 元。如果甲产品的销售额增加一倍,则乙和丙产品的销售额也相应增加一倍,即甲、乙、丙三种产品新的月销售额提高至 2 000 元、4 000 元和 10 000 元。

我们在本章末的附录 1 中给出了关于加权平均法计算公式的证明,有兴趣的读者可阅读该附录。

【例 4-8】 假设某企业生产甲、乙、丙三种产品,固定成本总额为 240 000 元,各种产品目前销量、单价、单位变动成本等资料如表 4-1 所示。

表 4-1　甲、乙、丙三种产品的基本资料

产品	目前销量 (件)	销售单价 (元)	单位变动成本 (元)	单位贡献毛益 (元)	贡献毛益率
甲	4 000	200	172	28	14%
乙	6 400	250	220	30	12%
丙	8 000	100	90	10	10%

按照加权平均法的计算步骤,计算如下:

1. 计算全部产品的目前销售总额

$$目前销售总额 = 4\ 000 \times 200 + 6\ 400 \times 250 + 8\ 000 \times 100$$
$$= 3\ 200\ 000(元)$$

2. 计算各种产品的销售比重

$$甲产品的销售额比重 = \frac{4\ 000 \times 200}{3\ 200\ 000} \times 100\% = 25\%$$

$$乙产品的销售额比重 = \frac{6\ 400 \times 250}{3\ 200\ 000} \times 100\% = 50\%$$

$$丙产品的销售额比重 = \frac{8\ 000 \times 100}{3\ 200\ 000} \times 100\% = 25\%$$

3. 计算各种产品的加权贡献毛益率

$$加权平均贡献毛益率 = 14\% \times 25\% + 12\% \times 50\% + 10\% \times 25\% = 12\%$$

4. 计算综合的盈亏临界点销售额

$$综合的盈亏临界点销售额 = \frac{固定成本总额}{加权平均贡献毛益率}$$

$$= \frac{240\,000}{12\%} = 2\,000\,000(元)$$

5. 计算各种产品的盈亏临界点销售额与销量

甲产品的盈亏临界点销售额 = $2\,000\,000 \times 25\% = 500\,000(元)$

乙产品的盈亏临界点销售额 = $2\,000\,000 \times 50\% = 1\,000\,000(元)$

丙产品的盈亏临界点销售额 = $2\,000\,000 \times 25\% = 500\,000(元)$

甲产品的盈亏临界点销售量 = $\frac{500\,000}{200} = 2\,500(件)$

乙产品的盈亏临界点销售量 = $\frac{1\,000\,000}{250} = 4\,000(件)$

丙产品的盈亏临界点销售量 = $\frac{500\,000}{100} = 5\,000(件)$

(二) 联合单位法

如果企业产品结构保持不变，则多种产品条件下的盈亏临界点计算还可以采用联合单位法。所谓联合单位是指按固定实物比例构成的一组产品，例如服装生产厂家根据多年的经验，发现西装、衬衣和领带之间的销量长期保持比较稳定的比例关系，该比例为 1∶2∶2。于是一套西装、两件衬衣和两条领带构成一组产品。我们可以将该组产品表示为(1套西装，2件衬衣，2条领带)。

联合单位法实际上是将多品种产品的盈亏临界点计算问题转换成了"单一"产品盈亏临界点的计算问题，通过每一个联合单位的贡献毛益取代"单一"产品盈亏临界点计算公式中的"单位贡献毛益"，而得出盈亏临界点的销量(以联合单位度量)，以此为基础，再计算出各种产品在企业盈亏临界点时的销售额与销量。

下面通过一实例来说明此方法的计算步骤。

【例 4-9】 我们根据例 4-8 的资料，采用联合单位法计算盈亏临界点。

由于目前三种产品的销量比例为 4 000∶6 400∶8 000,该比例可化简为 1∶1.6∶2。我们首先计算一个联合单位的贡献毛益,计算过程如表 4-2 所示。表中三种产品的销售比例是按照实物单位计算的。

表 4-2　一个联合单位的贡献毛益的计算

产品	销量比例	单位贡献毛益（元）	一个联合单位的贡献毛益（元）
甲	1	28	28
乙	1.6	30	48
丙	2	10	20
一个联合单位的贡献毛益			96

其次,计算盈亏临界点的销量。

$$盈亏临界点的销量 = \frac{固定成本}{一个联合单位的贡献毛益} = \frac{240\,000}{96} = 2\,500(联合单位)$$

最后,计算各种产品的盈亏临界点销量及销售额。

则:

各产品的盈亏临界点销量 = 盈亏临界点的销量
　　　　　　　　　　× 各产品在联合单位中的销售比重

甲产品的盈亏临界点销量 = 2 500×1 = 2 500(件)
乙产品的盈亏临界点销量 = 2 500×1.6 = 4 000(件)
丙产品的盈亏临界点销量 = 2 500×2 = 5 000(件)
甲产品的盈亏临界点销售额 = 2 500×200 = 500 000(元)
乙产品的盈亏临界点销售额 = 4 000×250 = 1 000 000(元)
丙产品的盈亏临界点销售额 = 5 000×100 = 500 000(元)

本例结果表明,采用联合单位法计算出的多品种盈亏临界点与加权平均法下的计算结果完全相同。

五、各种因素变动对盈亏临界点的影响

从盈亏临界点的计算公式可以看出,固定成本、销售单价、单位变动成本的变动都会引起盈亏临界点的变动。了解这些变量值变动对盈亏临界点的影响非常重要,因为现实中我们不可能完全准确地预测出单价与各种成本的数值,也就是说,实际的成本与单价数值总会在一定程度上偏离预测值。另外,在企业产销多种产品的情况下,前面我们假定了品种结构保持不变,并在此基础上给出了盈亏临界点的计算方法,然而这往往与现实不一致。当品种结构发生变化时,盈亏临界点必然也会发生相应变化。

1. 单价及成本因素变动对盈亏临界点的影响

下面我们结合例子与图示来说明有关因素变动对盈亏临界点的影响。

【例 4-10】 假设甲产品的销售单价为 20 元,单位变动成本为 10 元,固定成本总额为 20 000 元。相应盈亏临界点的销量计算结果如下:

$$盈亏临界点销售量 = \frac{20\ 000}{20-10} = 2\ 000(件)$$

(1) 销售单价变动对盈亏临界点的影响分析

假设在其他条件不变的情况下,单价从 20 元提高到 30 元。下面我们来考察盈亏临界点将如何变化。从盈亏临界点的基本公式中可以看出,销售单价的变动会引起单位贡献毛益的变动,从而引起盈亏临界点的变动。保持其他因素不变,单价上升会使单位贡献毛益增加,盈亏临界点降低;相反,单价下降会使单位贡献毛益减少,盈亏临界点升高。

本例中,变动后的盈亏临界点销量为:

$$盈亏临界点销售量 = \frac{20\ 000}{30-10} = 1\ 000(件)$$

在盈亏临界图上,销售单价表现为销售收入线的斜率,单价上升会使销售收入线的斜率增加,盈亏临界点降低,具体变动如图 4-5 所示。

(2) 单位变动成本变动对盈亏临界点的影响分析

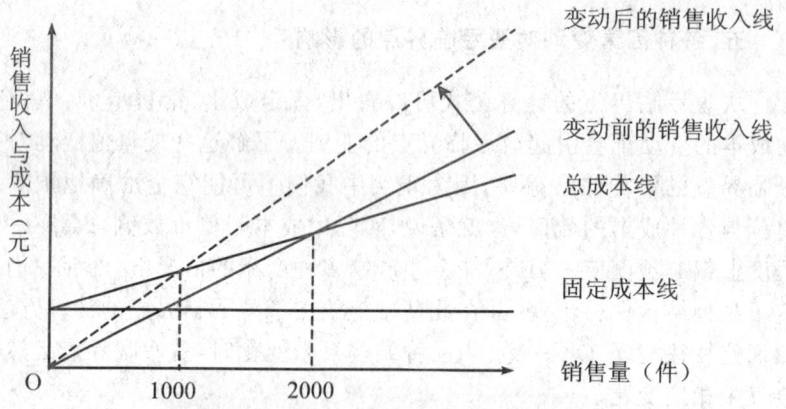

图 4-5 销售单价变动对盈亏临界点的影响

假设在其他条件不变的情况下,单位变动成本由 10 元上升到 15 元。下面我们来考察盈亏临界点将如何变化。在其他因素不变的情况下,单位变动成本上升,会使单位贡献毛益减少,导致盈亏临界点上升;相反,单位变动成本下降,会使单位贡献毛益增加,导致盈亏临界点下降。本例中,变动后的盈亏临界点销量为:

$$盈亏临界点销售量 = \frac{20\ 000}{20-15} = 4\ 000(件)$$

在盈亏临界图上,单位变动成本表现为总成本线的斜率,单位变动成本上升,会使总成本线斜率增加,盈亏临界点上升,具体变动如图4-6 所示。

(3)固定成本变动对盈亏临界点的影响分析

假设在其他条件不变的情况下,固定成本由 20 000 元提高到 40 000元。下面我们来考察盈亏临界点将如何变化。

从盈亏临界点计算公式可以看出,在其他因素保持不变的情况下,固定成本越高,盈亏临界点越高;相反,固定成本越低,盈亏临界点越低。本例中,变动后的盈亏临界点销量为:

$$盈亏临界点销售量 = \frac{40\ 000}{20-10} = 4\ 000(件)$$

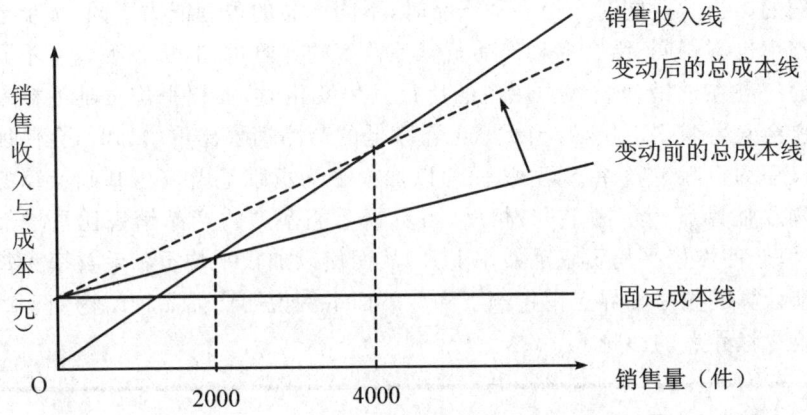

图 4-6　单位变动成本变动对盈亏临界点的影响

在盈亏临界图上,固定成本的增加会使总成本线上移,从而使盈亏临界点提高。具体变动如图 4-7 所示:

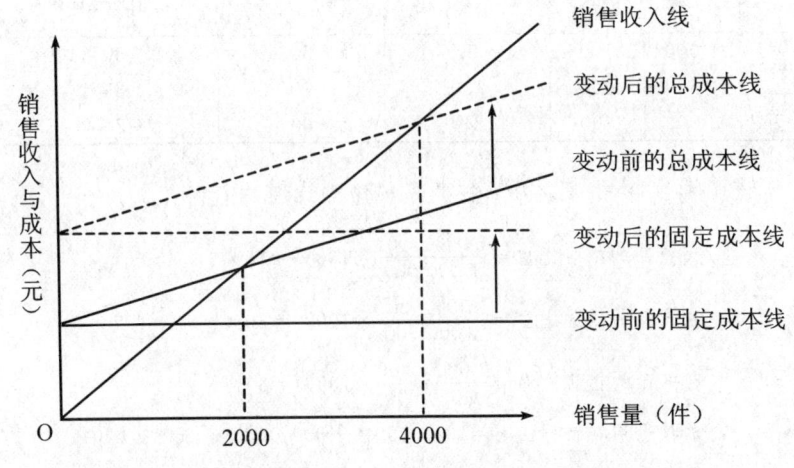

图 4-7　固定成本变动对盈亏临界点的影响

2.产品品种结构变动对盈亏临界点的影响

以上三种因素的变动对盈亏临界点的影响都是以产销一种产品为

例的。当企业同时产销多种产品时,不同产品的盈利能力不同,贡献毛益率也不相同。结合多种产品贡献毛益率的计算可知,贡献毛益率不同的产品在总销售收入中所占的比重发生变化时,加权平均贡献毛益率也会发生变化。例如,当贡献毛益率低的产品销售比重增加时,会使加权平均贡献毛益率下降,从而使以加权平均贡献毛益率为基础计算的盈亏临界点销售额上升;相反,当贡献毛益率高的产品销售比重增加时,会使加权平均贡献毛益率上升,从而使以加权平均贡献毛益率为基础计算的盈亏临界点销售额下降。下面举例说明产品品种结构变动对盈亏临界点的影响。

【例 4-11】 假设某企业生产甲、乙、丙三种产品,固定成本总额为 137 500 元,其他相关资料如表 4-3 所示。

表 4-3 甲、乙、丙三种产品的有关资料

产品	销量	单价(元)	单位变动成本(元)	单位贡献毛益(元)	贡献毛益率
甲	1 000	100	50	50	50%
乙	1 500	200	130	70	35%
丙	2 000	300	240	60	20%

该企业现在甲、乙、丙三种产品的销售比重为:

甲产品的销售比重 $=\dfrac{1\,000\times 100}{1\,000\,000}\times 100\%=10\%$

乙产品的销售比重 $=\dfrac{1\,500\times 200}{1\,000\,000}\times 100\%=30\%$

丙产品的销售比重 $=\dfrac{2\,000\times 300}{1\,000\,000}\times 100\%=60\%$

加权平均贡献毛益率 $=10\%\times 50\%+30\%\times 35\%+60\%\times 20\%$
$=27.5\%$

盈亏临界点销售额 $=\dfrac{137\,500}{27.5\%}=500\,000(元)$

现假设甲、乙、丙三种产品的销售比重变为 60%、30%、10%:

加权平均贡献毛益率 $=60\%\times 50\%+30\%\times 35\%+10\%\times 20\%$

$$= 42.5\%$$

$$\text{盈亏临界点销售额} = \frac{137\,500}{42.5\%} = 323\,529.41(元)$$

可见在其他因素不变的情况下，企业应提高贡献毛益率高的产品的销售比重，这样也即提高了企业的加权平均贡献毛益率，从而降低了企业的盈亏临界点销售额。这样即使企业总体销售额不变，企业的盈利水平也会提高。

第三节 实现目标利润的销量预测

一、目标利润及实现目标利润的销量预测

虽然盈亏临界点的计算已经为决策提供了非常有用的信息，但是大多数企业都愿意盈利而不是只达到盈亏平衡，因此我们有必要在盈亏临界点的基础上进一步扩展，以揭示企业实现既定盈利水平应达到的销售水平，这时就引入了另一个与盈亏临界点相互关联的指标——目标利润。所谓目标利润即企业计划在未来期间要实现的利润。为了分析和规划目标利润，就有必要了解一下实现目标利润的模型。另外，涉及到利润时不可忽略的一个因素是税收，因此我们分税前与税后两种情况来讨论。

（一）实现目标利润的销量预测

1. 实现税前目标利润的销量预测

管理人员非常关心要实现特定目标利润，企业的销量应该达到多少。从本量利分析的角度讲，就是在本量利分析的基本关系式中已知利润（即目标利润）、单价、单位变动成本和固定成本，求销量（称为实现目标利润的销量）。由于利润与销量之间存在以下关系：

利润 = 单位贡献毛益 × 销量 － 固定成本

上式中销量为未知数,将其解出,即得到实现目标利润的销量的计算公式:

$$实现目标利润的销售量=\frac{目标利润+固定成本}{单位贡献毛益}$$

该公式具有明显的经济意义:为了保证目标利润的实现,目标利润应该与固定成本一样,均由贡献毛益来补偿。

容易证明,在上面实现目标利润的销量的计算公式中,用贡献毛益率替代单位贡献毛益后,可得到用金额表示的目标利润,即实现目标利润的销售额:

$$实现目标利润的销售额=\frac{目标利润+固定成本}{贡献毛益率}$$

【例 4-12】 某企业生产甲产品,单价为 20 元,单位变动成本为 10 元,固定成本总额为 20 000 元,企业的目标利润为 20 000 元,则:

$$实现目标利润的销售量=\frac{20\,000+20\,000}{20-10}=4\,000(件)$$

$$实现目标利润的销售额=\frac{20\,000+20\,000}{50\%}=80\,000(元)$$

2. 实现税后利润的销量预测

在现实生活中,税后的利润才是企业可以实际支配的利润,因此有必要进一步考虑所得税率对实现目标利润的影响。税后利润是扣除了所得税以后的利润,而我们的目标利润计算通常是以税前利润的形式表示的,因此当制定的利润目标以税后形式表示时,我们就必须将税后利润目标转换为税前利润目标,再进行实现目标利润的销量预测。

由于税后利润与税前利润有如下关系:

$$税后利润=税前利润\times(1-所得税率)$$

所以有:

$$税前利润=\frac{税后利润}{1-所得税率}$$

因此可得如下公式:

$$实现目标利润的销售量 = \frac{\dfrac{税后目标利润}{1-所得税率} + 固定成本}{单位贡献毛益}$$

$$实现目标利润的销售额 = \frac{\dfrac{税后目标利润}{1-所得税率} + 固定成本}{贡献毛益率}$$

【例 4-13】 按照例 4-12 的资料,假设本期要实现的税后利润为 13 400 元,所得税率为 33%,其他条件不变。

$$实现目标利润的销售量 = \frac{\dfrac{13\,400}{1-33\%} + 20\,000}{10} = 4\,000(件)$$

$$实现目标利润的销售额 = \frac{\dfrac{13\,400}{1-33\%} + 20\,000}{50\%} = 80\,000(元)$$

(二)各个因素变动对目标利润及实现目标利润销量的影响

1. 单因素变动所产生的影响

由目标利润及实现目标利润的销量预测公式可以看出,销售单价、单位变动成本与固定成本中任何一个因素变动,都会对目标利润及实现目标利润的销量产生一定的影响。为了简化分析过程,这里只考虑实现税前目标利润的销量预测。

【例 4-14】 我们沿用例 4-12 中的数据,计算各个因素变动对目标利润的影响。

(1)单价变动的影响

保持例 4-12 中的其他因素不变,而单价由 20 元提高到 30 元,则:

$$实现目标利润的销售量 = \frac{20\,000 + 20\,000}{30 - 10} = 2\,000(件)$$

即实现目标利润的销量由原来的 4 000 件降低到现在的 2 000 件。这表明,由于价格提高,企业只需达到 2 000 件的销量即可实现 20 000

元的目标利润。如果企业还以 4 000 件的销量为奋斗目标,并实现 4 000件的销量,那么实际利润将比目标利润有大幅提高,这一变化我们称为目标利润的变化,其数额大小为:

$$目标利润的变化=(4\ 000-2\ 000)\times(30-10)=40\ 000(元)$$

这就是说,在其他条件不变的情况下,单价提高 10 元的影响是使目标利润增加 40 000 元。

(2)单位变动成本变动的影响

若其他因素保持不变,而单位变动成本由原来的 10 元变为 12 元,则:

$$实现目标利润的销量=\frac{20\ 000+20\ 000}{20-12}=5\ 000(件)$$

即实现目标利润的销量由原来的 4 000 件提高到 5 000 件。这表明,由于单位变动成本提高,企业必须达到 5 000 件的销量(而不是当初设想的 4 000 件)才能实现目标利润 20 000 元。若企业仍以 4 000 件的销量为奋斗目标,那么实际实现的利润就不会达到 20 000 元的目标利润,两者的差额为:

$$目标利润的变化=(4\ 000-5\ 000)\times(20-12)=-8\ 000(元)$$

这就是说,在其他条件不变的情况下,单位变动成本增加 2 元的影响是使目标利润减少 8 000 元。

(3)固定成本变动对目标利润的影响

若其他因素保持不变,固定成本由原来的 20 000 元提高到 25 000 元,则:

$$实际目标利润的销量=\frac{25\ 000+20\ 000}{20-10}=4\ 500(件)$$

即实现目标利润的销量由原来的 4 000 件提高到 4 500 件。这表明,由于固定成本提高,企业必须达到 4 500 件的销量(而不是当初设想的 4 000 件)才能实现目标利润 20 000 元。若企业仍以 4 000 件的销量作为奋斗目标,那么实际实现的利润不会达到 20 000 元的目标利

润,两者的差额为:

$$目标利润的变化=(4\,000-4\,500)\times(20-10)=-5\,000(元)$$

这就是说,在其他条件不变的情况下,固定成本增加 5 000 元的影响是使目标利润减少 5 000 元。

2. 多种因素同时变动所产生的影响

在现实生活中,单价、单位变动成本与固定成本经常是相互联系、相互影响的。企业必须就各种因素的变动进行综合计算和反复平衡。下面我们就几种常见的情况通过例子予以说明。

(1)单位变动成本降低的同时固定成本增加

单位变动成本降低,同时固定成本增加的情况是现实中较为常见的一种情形。例如企业进行固定资产改良,使固定成本总额增加了 5 000 元,但是由于改进了固定资产使得产品单位消耗减少,单位变动成本由原来的 10 元降为现在的 5 元。在这种情况下,如果其他因素保持不变,则:

$$实际目标利润的销量=\frac{25\,000+20\,000}{20-5}=3\,000(件)$$

即实现目标利润的销量由原来的 4 000 件降为 3 000 件。这表明,由于固定成本提高与单位变动成本降低的联合影响,企业只需达到 3 000 件的销量即可实现 20 000 元的目标利润。如果企业还以 4 000 件的销量作为奋斗目标,并实现 4 000 件的销量,那么实际利润将比目标利润有大幅提高,其数额大小为:

$$目标利润的变化=(4\,000-3\,000)\times(20-5)=15\,000(元)$$

这就是说,在其他条件不变的情况下,固定成本提高 5 000 元的同时单位变动成本降低 5 元对利润的影响是使目标利润增加 15 000 元。

(2)单价提高的同时固定成本增加

单价提高,同时固定成本增加也是实际中经常出现的情况。例如企业将产品单价由 20 元提高到 25 元,但为了使目标销量仍能完成,进行

了更大规模的广告宣传,广告支出增加 5 000 元。在这种情况下,如果其他因素保持不变,则:

$$实现目标利润的销量 = \frac{25\,000 + 20\,000}{25 - 10} = 3\,000(件)$$

即实现目标利润的销量由原来的 4 000 件降为 3 000 件。这表明,由于价格和固定成本共同提高的联合影响,企业只需达到 3 000 件的销量即可实现 20 000 元的目标利润。如果企业还以 4 000 件的销量作为奋斗目标,并实现 4 000 件的销量,那么实际利润将比目标利润有大幅提高,其数额大小为:

$$目标利润的变化 = (4\,000 - 3\,000) \times (25 - 10) = 15\,000(元)$$

这就是说,在其他条件不变的情况下,单价提高 5 元的同时固定成本提高 5 000 元对利润的影响是使目标利润增加 15 000 元。

(3) 降低单价的同时增加销量

降低单价,同时增加销量是实际中经常出现的另一种情况。当企业的生产能力利用不足,产量还可以增加时,企业可以考虑薄利多销的方式。例如,单价每降低 1 元,销量可增加 1 000 件,现企业决定降价 5 元,则可多销售 5 000 件。在这种情况下,我们有:

$$实现目标利润的销量 = \frac{20\,000 + 20\,000}{15 - 10} = 8\,000(件)$$

降价使得销量由预计的 4 000 件提高到 9 000 件。在这种情况下,企业实际实现的利润与目标利润的差额,即目标利润变化额为:

$$目标利润的变化 = (9\,000 - 8\,000) \times (15 - 10) = 5\,000(元)$$

这就是说,在其他条件不变的情况下,通过降价 5 元,同时增加销量,对利润的影响是使利润增加 5 000 元。

二、敏感性分析

(一) 敏感性分析的概念

本量利分析中涉及单价、单位变动成本、固定成本、产销量和利润等五个变量。当我们对其中任何四个变量值作出预测后,就可依据本量利分析的基本关系式求出其余一个变量的值。由于各变量未来取值大小总是具有一定的不确定性,即预测值与未来实际值总难免有一定偏差,因此我们有必要研究决策分析模型中当某个变量或某些变量值的预测出现偏差,或者模型中某个假设条件不成立时,决策分析结果将会受到何种影响。这就是所谓的敏感性分析(Sensitivity Analysis)。敏感性分析是广泛应对不确定情况下的决策分析的有力工具,它不仅仅局限于本量利分析中。

简单地说,敏感性分析就是研究影响某一决策变量的因素发生变动时,对该决策变量的影响程度。本量利分析中的敏感性分析主要包括以下几方面:(1)分析有关参数发生多大变化会使盈利转为亏损;(2)各参数变化对利润变化的影响程度;(3)各因素变动时如何调整销量或单价以保证原目标利润的实现等问题。

(二)确定影响利润的各变量的临界值

由于单价、单位变动成本、产销量和固定成本的变化都会导致利润发生相应变化,这种变化达到一定程度,会使企业利润消失,达到盈亏临界状态。此时,可以求出销量和单价的最小允许值、单位变动成本和固定成本的最大允许值。实际上,这些最大最小值也即盈亏临界值。当上述有关变量继续变化,以至超出了相应的临界值之后,利润值变为负值,即企业处于亏损状态。

由本量利的基本公式:

$$利润 = (销售单价 - 单位变动成本) \times 销售量 - 固定成本$$

令利润等于零,就可得到盈亏临界点。

(1)销售量的最小允许值:

$$V_{min} = \frac{固定成本}{销售单价 - 单位变动成本}$$

(2)销售单价的最小值:

$$SP_{min} = 单位变动成本 + \frac{固定成本}{销售量}$$

(3) 单位变动成本的最大允许值:

$$VC_{max} = 销售单价 - \frac{固定成本}{销售量}$$

(4) 固定成本的最大允许值:

$$FC_{max} = 销售量 \times (销售单价 - 单位变动成本)$$

下面通过举例来说明各因素的临界值。

【例 4-15】 设某企业所生产的产品单价为 20 元,单位变动成本为 10 元,固定成本总额为 20 000 元,目标销量为 4 000 件。于是:

$$目标利润 = 4\ 000 \times (20-10) - 20\ 000 = 20\ 000 (元)$$

将数据代入上面各公式得:

(1) 销量的最小允许值

$$V_{min} = \frac{FC}{SP-VC} = \frac{20\ 000}{20-10} = 2\ 000 (件)$$

销量下降幅度不能大于下值:

$$\frac{4\ 000 - 2\ 000}{4\ 000} \times 100\% = 50\%$$

计算结果表明,销量不能低于 2 000 件,亦即下降幅度不能超过 50%,否则企业就要发生亏损。

(2) 销售单价的最小允许值

$$SP_{min} = 10 + \frac{20\ 000}{4\ 000} = 15 (元)$$

单价下降幅度不能大于下值:

$$\frac{20-15}{20} \times 100\% = 25\%$$

计算结果表明,销售单价不能低于 15 元,亦即下降幅度不能超过 25%,否则企业就要发生亏损。

(3) 单位变动成本的最大允许值

$$VC_{max} = 20 - \frac{20\ 000}{4\ 000} = 15(元)$$

单位变动成本上升幅度不能大于下值：

$$\frac{15-10}{10} \times 100\% = 50\%$$

计算结果表明，单位变动成本不能高于 15 元，亦即上升幅度不能超过 50%，否则企业就会发生亏损。

(4) 固定成本的最大允许值

$$FC_{max} = 4\ 000 \times (20-10) = 40\ 000(元)$$

固定成本上升幅度不能大于下值：

$$\frac{40\ 000 - 20\ 000}{20\ 000} \times 100\% = 100\%$$

计算结果表明，固定成本不能高于 40 000 元，亦即上升幅度不能超过 100%，否则企业就会发生亏损。

(三) 敏感系数

现实中影响利润的因素，如销售单价、单位变动成本、销量和固定成本等，经常发生变化，由此导致利润发生相应变化。然而这些因素对利润的影响程度却大不相同，有的因素只要稍许变动就会导致利润的大幅度变动；而有的因素即使变动幅度较大，对利润也只能产生较小的影响。前一类因素称为强敏感性因素，而后一类因素称为弱敏感性因素。用于度量某因素的敏感程度的指标称为敏感系数，其计算公式为：

$$敏感系数 = \frac{利润变动百分比}{因素值变动百分比}$$

下面我们通过举例来说明敏感系数的计算。

【例 4-16】 假设企业所生产的某产品单价为 20 元，单位变动成本为 12 元，目标销量为 6 250 件，固定成本总额为 30 000 元，则：

目标利润 = 6 250×(20−12) − 30 000 = 20 000(元)

(1) 销量的敏感系数的计算

当销量增加 20% 时,销量 = 6 250×(1+20%) = 7 500(件)。

按照此销量计算的利润为:

利润 = 7 500×(20−12) − 30 000 = 30 000(元)

$$利润的变化率 = \frac{30\,000 - 20\,000}{20\,000} \times 100\% = 50\%$$

$$销售量的敏感系数 = \frac{50\%}{20\%} = 2.5$$

该计算结果表明,在其他条件不变的情况下,当销量增加 1% 时,会引起利润增加 2.5%。

(2) 单价的敏感系数的计算

当单价上升 20% 时,单价 = 20×(1+20%) = 24(元)。

按照此单价计算的利润为:

利润 = 6 250×(24−12) − 30 000 = 45 000(元)

$$利润的变化率 = \frac{45\,000 - 20\,000}{20\,000} \times 100\% = 125\%$$

$$单价的敏感系数 = \frac{125\%}{20\%} = 6.25$$

该计算结果表明,在其他条件不变的情况下,当单价提高 1% 时,会引起利润增加 6.25%。

(3) 单位变动成本的敏感系数的计算

当单位变动成本上升 20% 时,单位变动成本 = 12×(1+20%) = 14.4(元)。

按照此单位变动成本计算的利润为:

利润 = 6 250×(20−14.4) − 30 000 = 5 000(元)

$$利润的变动率 = \frac{5\,000 - 20\,000}{20\,000} \times 100\% = -75\%$$

$$单位变动成本的敏感系数 = \frac{-75\%}{20\%} = -3.75$$

该计算结果表明,在其他条件不变的情况下,当单位变动成本提高

1%时,会引起利润减少 3.75%。

(4) 固定成本的敏感系数

当固定成本增加 20% 时,固定成本 = 30 000 × (1 + 20%) = 36 000 (元)。

按照此固定成本计算的利润为:

利润 = 6 250 × (20 − 12) − 36 000 = 14 000(元)

利润的变动率 = $\frac{14\,000 - 20\,000}{20\,000} \times 100\% = -30\%$

固定成本的敏感系数 = $\frac{-30\%}{20\%} = -1.5$

该计算结果表明,在其他条件不变的情况下,当固定成本提高 1% 时,会引起利润减少 1.5%。

就本例而言,四个因素按敏感系数绝对值大小排列依次是:单价(敏感系数为 6.25)、单位变动成本(敏感系数为 −3.75)、销量(敏感系数为 2.5)、固定成本(敏感系数为 −1.5)。其中敏感系数为正,表明它与利润同方向变动;敏感系数为负,表明它与利润反方向变动。由以上敏感性分析可知,单价和单位变动成本是敏感程度最高的两个因素,决策者应该特别注意这两个因素变动对利润的影响。然而也不能只拘泥于敏感系数的高低,而忽视销量变动对利润的影响,特别是在单价变动幅度不是太大,而产品的销路看好,生产又有保证时,可以采用大幅度增加销量的策略;或者当市场销路欠佳,销量大幅度下降时,就宁可降低售价,采取薄利多销的方法,以打开销路。

一般情况下,敏感系数有助于决策者了解哪些因素对利润的影响程度强以及哪些因素对利润的影响程度弱,以便分清主次,采取适当的措施,确保目标利润的完成。

敏感系数虽然表现了各因素变动百分比和利润变动百分比之间的关系,但它不能直接显示因素变化后利润的值。为了能使决策者更直观地了解各个因素的敏感程度,还可以编制敏感分析表,列示各因素变动百分比及相应的利润值。仍以例 4-16 中的数据为例,编制敏感分析表,如表 4-4 所示。

敏感性分析表可以直接读出各个因素变动率下的利润值,如果想更具体,可以缩小变动率之间的间隔,比如以 5% 为间隔。但无论间隔多小,敏感分析表都不能连续表示变量之间的关系,而敏感性分析图则弥补了分析表的不足。仍以例 4-16 中的数据为例,绘制敏感性分析图,有关结果如图 4-8 所示。

表 4-4 敏感性分析表

项目 变动百分比 利润	－20%	－10%	0%	＋10%	＋20%
销量	10 000	15 000	20 000	25 000	30 000
单价	－5 000	7 500	20 000	32 500	45 000
单位变动成本	35 000	27 500	20 000	12 500	5 000
固定成本	26 000	23 000	20 000	17 000	14 000

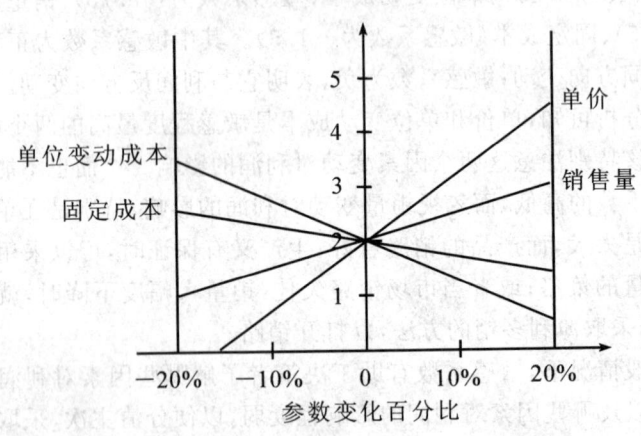

图 4-8 各因素敏感性分析图

图 4-8 中横轴表示单价、单位变动成本、固定成本、销量等因素变动的百分比,纵轴表示利润。根据原来的目标利润,在纵轴上找到一点(0,20 000),再根据变动后的单位变动成本,找到一点(20%,5 000),

连接这两点,即得到变动成本线,这条线表示单位变动成本在不同水平上所对应的利润值和利润变动百分比。其他因素的直线画法与此相似。这些直线与利润线的夹角越小,表明该因素对利润的敏感程度越高。

(四)关于敏感系数计算的进一步讨论

1. 敏感系数的计算公式

下面我们讨论一般意义上的敏感系数的计算公式。容易证明,本量利分析中的敏感系数有表 4-5 所示的计算公式。本章附录 2 中给出了这些公式的推导过程。

表 4-5 本量利分析中的敏感系数计算公式

因素名称	计算公式
销量	单位贡献毛益×销量/利润 或:贡献毛益总额/利润
单价	单价×销量/利润 或:总销售额/利润
单位变动成本	一单位变动成本×销量/利润 或:一变动成本总额/利润
固定成本	一固定成本/利润

下面我们通过例子说明表 4-5 所提供的敏感系数的计算公式的应用。

【例 4-17】 我们运用表 4-5 所提供的敏感系数的计算公式重新计算例 4-16 中各有关因素的敏感系数。

$$销量的敏感系数 = 单位贡献毛益 \times 销量/利润$$
$$= (20-12) \times 6\ 250 / 20\ 000$$
$$= 2.5$$
$$单价的敏感系数 = 单价 \times 销量/利润$$
$$= 20 \times 6\ 250 / 20\ 000$$
$$= 6.25$$
$$单位变动成本的敏感系数 = -单位变动成本 \times 销量/利润$$
$$= -12 \times 6\ 250 / 20\ 000$$

$$= -3.75$$

固定成本的敏感系数 = －固定成本/利润

$$= -30\,000/20\,000 = -1.5$$

本例的计算结果与例 4-16 的计算结果完全相同。显然,本例的算法较例 4-16 方便得多。

---

2. 敏感系数的排序

区分敏感因素强弱对于管理人员从事经营管理具有重要作用。但是在本量利分析中,影响利润的四个因素之间敏感程度强弱的顺序与特定情况有关。但是我们还是可以通过分析,从中找出一些具有普遍意义的结论。

表 4-5 提供的各因素敏感系数的计算公式表明,单价、销量、单位变动成本与固定成本四个因素对利润的敏感程度强弱排序取决于下面四个量之间的关系:(1)总销售额;(2)贡献毛益总额;(3)变动成本总额;(4)固定成本总额。

显然,在正常情况下(即利润大于零),有下述关系:

总销售额 ＞ 贡献毛益总额 ＞ 固定成本总额

总销售额 ＞ 变动成本总额

因此,单价、销量与固定成本三个因素的敏感程度依次递减。单位变动成本对于利润的敏感程度弱于单价的敏感程度。至于单位变动成本的敏感程度与单价和固定成本的敏感程度之间的强弱关系,还需要根据具体情况来判断。

思 考

一般而言,在正常情况下(利润大于零),我们有下述结论:当单价小于二倍的单位变动成本时,单位变动成本敏感的程度强于销量和固定成本的敏感程度。当变动成本总额低于固定成本时,单位变动成本的敏感程度最弱。请给出解释。

例 4-16 的有关结果验证了关于各因素敏感程度强弱的排序关系。该例中,单价为 20 元、单位变动成本为 12 元,属于"单价小于二倍的单位变动成本"这种情况,因而单位变动成本的敏感程度强弱排序位于第二。

本章小结

本量利分析是以数量化的模型或图形揭示企业的变动成本、固定成本、销量、销售单价和利润等有关因素在数量上相互影响、相互制约的关系。本量利分析是管理人员从事管理决策的有力工具。本量利分析是建立在一定的假设条件之上的,主要包括成本按性态分类、单一成本动因、相关范围、线性相关、产销平衡、产品品种结构不变,以及变动成本法等一系列假设;如果忽视了这一点,就可能造成决策失误。盈亏临界点是指企业经营达到收支相等、不盈不亏的状态。盈亏临界点分析是本量利分析的一项基本内容,它主要研究盈亏临界点的确定及有关因素变动对盈亏临界点的影响等问题,以便决策者清楚在何种情况下企业将盈利及在何种情况下企业将亏损。虽然盈亏临界点的计算已经为决策提供了非常有用的信息,但是大多数企业都愿意盈利而不是只达到盈亏平衡。本量利分析法提供了实现目标利润的销量计算模型。由于现实中在进行预测与决策过程中总会面临不确定性,因此在本量利分析中进行敏感性分析是至关重要的。

附录 4-1:多品种盈亏临界点的加权平均法的证明

我们以三个品种为例,证明多品种情况下加权平均法计算盈亏临界点的计算公式。

首先我们引入下面的记号:

x_1、x_2、x_3 分别表示三种产品的未来销量,是模型需要求解的变量;

p_1、p_2、p_3 分别表示三种产品的单价(已知常数);

b_1、b_2、b_3 分别表示三种产品的单位变动成本(已知常数);

a 表示总固定成本(已知常数);

S_1、S_2、S_3 分别表示三种产品的目前销售额(已知常数);

S 表示三种产品的目前销售额之和,即 $S=S_1+S_2+S_3$;

r_1、r_2、r_3 分别表示三种产品的贡献毛益率(已知常数);

π 表示利润变量。

于是我们有:

$$\pi = x_1(p_1-b_1)+x_2(p_2-b_2)+x_3(p_3-b_3)-a$$

令 π=0,则得到关于 x_1、x_2、x_3 的如下方程:

$$x_1(p_1-b_1)+x_2(p_2-b_2)+x_3(p_3-b_3)-a=0 \qquad (1)$$

显然,上面一个方程中同时含有 x_1、x_2、x_3 三个未知变量,因而有无穷多组解。它表明,如果没有品种结构不变的假定条件,多品种本量利分析的解有无穷多组。

假定企业各产品的品种结构维持不变,这意味着未来三种产品的销售额可以增加,也可以减少,但是如果第一种产品的销售额增加至目前销售额的 2 倍时,另外两种产品的销售额也必须是各自目前销售额的 2 倍。如果我们用 c 表示第一种产品销售额增长至目前销售额的 c 倍,那么另外两种产品的未来销售额也应是各自目前销售额的 c 倍。于是我们有以下结果:

$$\frac{x_1p_1}{S_1}=\frac{x_2p_2}{S_2}=\frac{x_3p_3}{S_3}=c$$

其中:c 为任何大于零的实数。

于是我们有:

$$x_1p_1=cS_1 \qquad (2)$$

$$x_2p_2=cS_2 \qquad (3)$$

$$x_3p_3=cS_3 \qquad (4)$$

显然,(1)式可改写为下式:

$$x_1p_1\frac{(p_1-b_1)}{p_1}+x_2p_2\frac{(p_2-b_2)}{p_2}+x_3p_3\frac{(p_3-b_3)}{p_3}=a$$

此即：

$$x_1p_1r_1+x_2p_2r_2+x_3p_3r_3=a \quad (5)$$

将(2)、(3)和(4)式代入(5)式得：

$$cS_1r_1+cS_2r_2+cS_3r_3=a$$

于是，当利润为零时，有以下结果：

$$c=\frac{a}{S_1r_1+S_2r_2+S_3r_3} \quad (6)$$

于是，利润为零时的销量 S_{BE} 为：

$$\begin{aligned}
S_{BE}&=x_1p_1+x_2p_2+x_3p_3\\
&=cS_1+cS_2+cS_3\\
&=c(S_1+S_2+S_3)\\
&=cS\\
&=\frac{a}{S_1r_1+S_2r_2+S_3r_3}S\\
&=\frac{a}{\frac{S_1}{S}r_1+\frac{S_2}{S}r_2+\frac{S_3}{S}r_3}
\end{aligned}$$

上式表明，当企业利润为零时，总销售额等于固定成本总额除以以各产品销售额比重为权数的贡献毛益率的加权平均值。

至此，我们证明了加权平均法下盈亏临界点总销售额的计算公式。据此，我们可容易地求出各种产品在盈亏临界点时的销售额与销量（证毕）。

从上面的证明过程中可以看出多品种盈亏临界点计算中品种结构保持不变假定的重要作用。

附录 4-2：敏感系数计算公式的推导

设 y 是我们所确定的决策指标，影响 y 的因素有 $x_1, x_2, \cdots, x_n$。y 与 $x_1, x_2, \cdots, x_n$ 之间的函数关系为：

$$y = f(x_1, x_2, \cdots, x_n)$$

如果 y 与 x_i 之间为线性关系,对于任何 i ($i=1, 2, \cdots, n$),由本章提供的敏感系数的定义,我们有:

$$x_i \text{ 的敏感系数} = \frac{\Delta y/y}{\Delta x_i/x_i} = \frac{\partial y}{\partial x_i} \cdot \frac{x_i}{y}$$

在本量利分析中,我们关心的是各有关变量变化对利润的影响,因而决策指标为利润,影响利润的因素有销量、单价、单位变动成本和固定成本四个因素。

为方便起见,我们引入下面的记号:

π——利润;

x——销量;

p——单价;

b——单位变动成本;

a——固定成本。

决策指标 π 与有关因素之间的函数关系为:

$$\pi = (p-b)x - a$$

利用上述敏感系数的计算公式,我们可得:

$$x \text{ 的敏感系数} = \frac{\partial \pi}{\partial x} \cdot \frac{x}{\pi} = (p-b)\frac{x}{\pi} = \frac{(p-b)x}{\pi}$$

$$p \text{ 的敏感系数} = \frac{\partial \pi}{\partial p} \cdot \frac{p}{\pi} = x\frac{p}{\pi} = \frac{xp}{\pi}$$

$$b \text{ 的敏感系数} = \frac{\partial \pi}{\partial b} \cdot \frac{b}{\pi} = -x\frac{b}{\pi} = -\frac{xb}{\pi}$$

$$a \text{ 的敏感系数} = \frac{\partial \pi}{\partial a} \cdot \frac{a}{\pi} = -\frac{a}{\pi}$$

证毕。

综合复习题

一、思考题

1. 什么是本量利分析?它的基本假设包括哪些?

2. 什么是贡献毛益？它有哪几种表现形式？如何计算？

3. 什么是贡献毛益率与变动成本率？它们之间有什么关系？

4. 什么是盈亏临界点分析？盈亏临界点的表现形式有哪几种？如何确定盈亏临界点？

5. 什么是安全边际？如何利用它计算销售利润与销售利润率？

6. 什么是盈亏临界图？它有哪几种形式？它们如何揭示本量利之间的规律性联系？

7. 多品种产品条件下，有哪些计算盈亏临界点的方法？如何计算？

8. 试述单价、单位变动成本、固定成本及产品品种结构变动对盈亏临界点的影响。

9. 实现目标利润销量预测的模型有哪些？试述单价、单位变动成本、固定成本的变动如何影响目标利润销量。

10. 何谓"本量利关系的敏感性分析"？影响利润变动的因素有哪些？如何计算它们的敏感系数？

二、单项选择题

1. 本量利分析的基础是（   ）。

   A. 盈亏临界点   B. 目标利润

   C. 成本性态分析   D. 目标销量

2. 某企业经营甲产品，其销售单价为200元，单位变动成本为120元，固定成本总额为400 000元，目标利润为400 000元。现要求目标利润增加20%，则以下哪种方式可以实现这个目标（   ）。

   A. 销量增加500件   B. 变动成本增加128元

   C. 单价上升2%   D. 固定成本减少80 000元

3. 在其他因素不变的情况下，能使盈亏临界点上升的因素是（   ）。

   A. 销售单价上升   B. 单位变动成本下降

   C. 固定成本下降   D. 销售单价下降

4. 下列指标中其数值与企业的经营安全程度呈反向变动的是（   ）。

   A. 安全边际率   B. 销售利润率

C. 达到盈亏临界点的作业率　　D. 贡献毛益率

5. 企业的盈亏临界点销售额为 12 000 元,而企业正常的销售收入为 24 000 元,公司若想获利,其作业率必须达到(　　)。

A. 20%　　B. 30%　　C. 40%　　D. 50%

三、多项选择题

1. 在其他条件不变的情况下,下述措施能导致利润上升的是(　　)。

A. 减少销量　　　　　　　B. 降低销售单价
C. 减少固定成本　　　　　D. 降低单位变动成本
E. 提高销售单价

2. 下列指标中受销量变动影响的指标是(　　)。

A. 利润　　　　　　　　　B. 安全边际
C. 贡献毛益总额　　　　　D. 单位贡献毛益
E. 贡献毛益率

3. 下列关于盈亏临界点的论述,正确的有(　　)。

A. 盈亏临界点不变,销量越大,企业获利越多
B. 销量不变,盈亏临界点越低,盈利越多
C. 销售收入不变,固定成本越高,盈亏临界点越高
D. 固定成本不变,销售收入越高,盈亏临界点越高
E. 单位变动成本越高,盈亏临界点越低

4. 下列关于本量利分析的基本假设的论述正确的有(　　)。

A. 单一成本动因假设　　　B. 变动成本法假设
C. 相关范围和线性相关假设　D. 产销平衡假设
E. 成本按性态分类假设

5. 下列关于安全边际的论述正确的是(　　)。

A. 安全边际是盈亏临界点以上的销量与销售额
B. 安全边际率=1-盈亏临界点作业率
C. 安全边际=现有或预计销量-盈亏临界点销量
D. 安全边际越大,企业亏损的可能性越大
E. 安全边际率+贡献毛益率=1

四、判断题

1. 敏感系数大于零的因素称为敏感因素。（　　）

2. 安全边际是现有或预计销售收入水平与贡献毛益之间的差额。（　　）

3. 在产销多种产品的条件下，若整个企业处于不盈不亏的状态，则说明各种产品也处于不盈不亏的状态。（　　）

4. 若产品的销售单价与单位变动成本保持同方向同比例变动，则盈亏临界点销量不变。（　　）

5. 销售利润率可以表示为贡献毛益率与安全边际率的乘积。（　　）

五、业务题

1. 某公司生产甲产品，单价为 20 元，单位变动成本为 12 元，销量为 4 000 件，固定成本总额 20 000 元。试计算：

(1) 单位贡献毛益与贡献毛益率。

(2) 盈亏临界点的销量与销售额。

(3) 安全边际与安全边际率。

(4) 销售利润与销售利润率。

2. 某企业生产甲、乙、丙三种产品，已知固定成本总额为 8 600 元，其他相关资料如表 1 所示。

表 1

产品	单价（元）	销量（件）	单位变动成本（元）	单位贡献毛益	贡献毛益率
甲	10	2 000	8	2	20%
乙	12	1 250	9	3	25%
丙	15	1 000	12	3	20%

要求：分别用加权平均法与联合单位法计算综合盈亏临界点销售额与各产品的盈亏临界点销量。

3. 某公司只产销一种产品，固定成本总额为 10 000 元，该产品的销售单价为 10 元，单位变动成本为 6 元，目标销量为 4 000 件。要求：

(1) 计算该产品的盈亏临界点销量、安全边际与安全边际率。

(2) 保持其他因素不变,固定成本降至 8 000 元,计算固定成本的变化对盈亏临界点、安全边际、安全边际率的影响。

(3) 保持其他因素不变,单位变动成本降为 5 元,计算变动成本的变动对盈亏临界点、安全边际、安全边际率的影响。

(4) 保持其他因素不变,单价提高到 14 元,计算单价的变动对盈亏临界点、安全边际、安全边际率的影响。

4. 某公司只生产经营一种产品,该产品单价为 100 元,单位变动成本为 60 元,固定成本总额为 400 000 元,目标销量为 15 000 件,试计算目标利润以及单价、单位变动成本、固定成本、销量的敏感系数。

六、案例分析题

LX 公司与 YS 公司产销同一种产品,但是两家公司竞争极为友善,可以自由交换成本、利润资料,而产品销售价格自由决定。

LX 公司与 YS 公司在管理上却极不相同。LX 公司的机械化程度比较高,直接人工按照固定工资来支付;而 YS 公司更多的是手工制造,以基本工资加奖金的形式来支付。同样,LX 公司的销售人员以最低工资加提成来支付。YS 公司经常对本公司成本能随产量变化而发生显著变化这一特点感到自豪,而取笑 LX 公司的成本缺乏弹性。

2001 年度,两家公司的销售额相等,均为 100 000 元,而且此时净利润也相等,为 10 000 元。然而 2002 年底比较结果时,YS 公司对表 2 所示的结果感到惊讶!

表 2   单位:元

	LX 公司		YS 公司	
	2001 年	2002 年	2001 年	2002 年
销售收入	100 000	120 000	100 000	150 000
成本费用	90 000	94 000	90 000	130 000
利润	10 000	26 000	10 000	20 000
利润占销售收入的比重	10%	21.67%	10%	13.33%

YS 公司对设备利用不足进行了调查,却没有发现成本不合理的任何证据。他们无法说明为何 2002 年销售量明显高于 LX 公司,而利

润却低于那家公司。

两家公司的固定成本及费用如下：

LX 公司每年 70 000 元

YS 公司每年 10 000 元

试分析：

(1) YS 公司销量较高，而净利却比 LX 公司低的原因。

(2) 计算 YS 公司若在 2002 年获得与 LX 公司相同的利润需要的销售额。

(3) 若两家公司的销售额减少，则两家公司的相对情况如何。

参考答案

二、单项选择题

1. C 2. D 3. D 4. C 5. D

三、多项选择题

1. CDE 2. ABC 3. ABC 4. ABCDE 5. ABC

四、判断题

1. × 2. × 3. × 4. × 5. √

行文思考

提示：沿用附录 2 中的记号，当 $p<2b$ 时，有：

$$bx > px - bx > a$$

再利用表 4-5 所提供的敏感系数计算公式即可得出第一个结论。当变动成本总额低于固定成本总额时，我们有：

$$总销售额 > 贡献毛益总额 > 固定成本总额 > 变动成本总额$$

由此即可得出第二个结论。

第五章 基于相关成本的短期决策

本章学习目的
1. 了解影响决策的各种成本概念
2. 了解基于成本进行决策时需考虑的因素
3. 掌握几种基本的短期经营决策方法
4. 掌握不同情况下的生产决策
5. 掌握产品价格决策的方法与应用
6. 掌握目标成本法的基本程序

第五章 基于相关成本的短期决策

 范　例

天海汽车制造公司销售部张经理收到富群货运公司的特殊订单,订购 20 辆四轮货车,而且提出特殊要求——安装车篷。其出价仅为 15 万元,比天海汽车制造公司标准四轮车的正常出厂价低 2 万元。由于该公司有 30% 的剩余生产能力,因此迫切需要扩大销量。为了慎重起见,张经理来到会计部向财务经理索取了标准四轮车每辆的制造成本。他发现富群货运公司的出价比标准四轮车每辆的制造成本还低 5 000 元,况且订单还有特殊要求,还会增加成本。"赔本的生意怎么能做!"张经理自语道。财务经理听罢忙问:"什么生意要赔本?"于是张经理将情况简要说了一遍。财务经理听后,又看了看这份成本资料,面带笑容地说道:"张经理,这可是一笔赚钱的买卖,咱们可不要放过这个机会!"张经理听后惊讶地说:"你没有搞错吧?! 这明明是赔本的买卖!"于是财务经理仔细向张经理作了解释。听完财务经理的话,张经理微微地笑了。学完本章,您就会知道其中的奥妙了。

第一节　相关成本与短期决策

管理人员在日常经营活动中会面临大量的短期决策问题。短期决策的主要目标是实现短期利润最大化。为实现该目标,管理人员必须充分、正确地运用各类成本信息。基于成本的短期决策方法是管理人员从事短期决策的有力工具。

一、常用的决策相关成本概念

有关成本的概念和分类,本书曾在第二章中作了初步论述。在第二章中我们重点讨论了成本按性态进行分类,本节我们将成本概念与成本分类面向于满足企业管理决策的需求。以下是管理决策过程中常用的成本概念。

(一)相关成本与非相关成本

相关成本(Relevant Cost)是指在进行特定决策时必须考虑的成本。管理人员所面临的各种日常决策通常是在各备选方案中选择最优方案的过程。因此,相关成本可以表述为:各个备选方案之间不同的未来成本。它有以下三层含义:

1. 成本是否相关具有一定的针对性。我们只能针对某一特定决策而言来判断一项成本是否属于相关成本。脱离开具体决策问题谈论成本的相关性是毫无意义的。因此相关成本是"决策相关成本"的简称,是针对特定决策而言的相关或非相关成本。

2. 相关成本一定是未来成本。由于所有决策都是面向未来的,因此只有未来成本才有可能成为决策相关成本。一项成本既然已经发生了,无论我们采取何种行动也不能改变它,因此它不可能成为决策相关成本。

3. 相关成本不仅应是未来成本,而且还应在各备选方案之间有所不同。如果一项成本在两个方案间没有区别,那么考虑这项成本对于不同方案之间的选择不会提供任何帮助,相反会使问题更为复杂。

收集决策非相关成本往往会付出很多代价——人力、财力和时间等,因而我们在收集成本信息时,尽量排除非相关成本。另外,在很多情况下,将非相关成本用于决策会导致决策失误。请看下面的例子:

HX 公司财务科 2002 年初以 1.5 万元购入一台电脑。2003 年初,该电脑的主要部件发生故障,需要更换。由于该部件的保修期只有一年,发生故障时,该部件的保修期已过,因此更换该部件所需的 7 000 元费用需要 HX 公司自己承担。发生故障时,该电脑的账面净值为 1.2 万元。企业面临应否将旧电脑报废而重新购置新电脑的决策问题。

该公司的一位会计员对此做了这样的分析:如果将该电脑报废处理,其残值收入大约仅为 500 元,而更换部件所需费用 7 000 元明显低于其账面净值 12 000 元。而且更换部件后,该电脑各项功能完全能达到故障前水平,因而不应将该电脑提前更新。

这位会计员的分析方法完全是错误的!因为账面价值是过去发生的成本,是典型的决策非相关成本。本问题涉及的是两个备选方案:一是维修故障电脑并继续使用,二是购置新电脑以取代故障电脑。因此该决策问题应收集与购置新电脑相关的成本信息。经过了解,由于电脑市场不断大幅降价,重新购买一台性能相当的同类新电脑只需花费 8 000 元,而且预计新电脑的使用寿命长于故障电脑维修好之后继续使用的寿命。考虑到新电脑的购置成本与故障电脑维修成本相差无几,而且新电脑具有更长的使用寿命,因此应购置新电脑。

(二)差别成本

差别成本是指两个备选方案之间的预计成本的差额。例如,工厂专门生产一种小家电产品。目前现有生产能力是每月生产 8 000 台。目前每月生产 6 000 台,生产能力只利用了 75%。每台产品的单位变动成本为 300 元,每月固定成本总额为 50 000 元。现在该厂收到两份订单。如接受订单 A 则会使月产量达到 7 200 台,生产能力利用率提高到 90%;如果接受订单 B,月产量可增至 9 600 台,超过了现有生产能力,因而需要新增固定资产,由此导致每月固定成本增至 60 000 元。本例涉及三个备选方案:(1)A、B 两个订单均不接受;(2)接受订单 A;(3)接受订单 B。下面我们来计算方案 1 与方案 2 的差别成本以及方案 1 与方案 3 的差别成本。有关结果如表 5-1 所示。接受订单 A 所增加的成本完全是因为变动成本增加所致;而接受订单 B 所增加的费用不仅包括变动成本的变动,还包括固定成本的变动。

表 5-1　差别成本　　　　　　　　　　金额:元

备选方案	AB 订单均不接受	接受订单 A	接受订单 B
月产量(台)	6 000	7 200	9 600
变动成本:每台 300 元	1 800 000	2 160 000	2 880 000
固定成本	50 000	50 000	60 000
总成本	1 850 000	2 210 000	2 940 000
差别成本		360 000	1 090 000

（三）机会成本

现实中每一种资源都具有稀缺性。在互斥的备选方案中，我们选定一种方案而必须放弃其他方案，这些被放弃的备选方案的最大收益构成了选定方案的机会成本(Opportunity Cost)。例如企业发现了 A、B、C 三种获利产品，经预测，这三种产品每年分别可给企业创利 100 万元、80 万元和 50 万元。但是受资源限制，该企业只能选择生产 A 产品，而不得不放弃了 B 产品和 C 产品的生产。于是生产 B 产品可能带来的年创利额 80 万元，就成为选择生产 A 产品的机会成本。

与会计学中的各种成本概念不同的是，机会成本永远不需要企业用资金去支付，因而在会计的各种账簿中并不能直接反映出来，这就容易被人们所忽视。但是，机会成本是客观存在的，而且是决策相关成本。对机会成本的忽视经常会导致错误决策。这一点在本章后面的各类决策问题中得到充分的验证。

（四）沉没成本

沉没成本(Sunk Cost)是指过去已经发生的成本。由于沉没成本属于非相关成本，因此不应将其列为现金流量。这一点在实际工作中，有时很容易被忽视。例如，某企业拟进行一项引进新产品生产线的投资，为此聘请某咨询公司进行项目可行性论证，并已支付该咨询公司 10 万元项目论证费。在可行性报告中，咨询公司未将该 10 万元列为现金流出量。论证结果：项目具有可行性。上述企业负责人对咨询公司未考虑项目论证费这一行为认为是该公司有意美化论证报告。其实咨询公司的做法是正确的。项目论证费从表面上看与该投资项目有关，在项目论证时应该予以考虑，但是无论该投资项目上还是不上，这 10 万元论证费都已经支付，因此它属于沉没成本，不应予以考虑。

（五）重置成本

产品的市场价格经常都会发生变动，因此当一项资产购置一段时间以后，从市场上再次购买该资产时的购置成本往往有所不同。重置成本就是指当前从市场上购买一项资产所必须支付的资金数额。财务会计所提供的成本资料通常都是历史成本而非重置成本。但很多决策，如定价决策,直接运用历史成本资料通常都会导致决策者作出错误决策。例如,一家商场在夏季购进一批皮衣,当时价格每件仅为 800 元。如果该商场以其账面价值定价,在旺销的冬季以每件 1 000 元出售似乎能给商场带来很多利润,但是冬季同类皮衣的进价已上升至 1 100 元,按 1 000 元的单价出售该皮衣显然是错误的。

(六)付现成本

在购买一项资产时,购买方可能不会全部用现金支付。通常情况下是支付一部分现金,其余部分在以后的一段时期内分期支付。付现成本就是指在购买支出时需要支付的现金数量。管理者可以根据本企业的现金流量情况,选择适合的购买方案。尤其是在企业现金状况不好的时候,决策者对付现成本的考虑有时候比对总成本的考虑还要重视。比如,A 公司打算从 H 公司购买一台新的设备,H 公司提供了以下三种不同的付款方案:

方案一,一次性全部现金支付,金额为 20 万元;

方案二,现金支付 10 万元,余款分 3 次在一年内支付,每次支付 4 万元。总计支出 22 万元。

方案三,现金支付 6 万元,余款分 5 次在两年内支付,每次支付3.5 万元。总计支出 23.5 万元。

通过上面的比较可以看出,如果企业现在的现金比较充裕,那么选择第一种支付方案比较有利。但是,若企业目前的现金不太充裕,那么可根据企业的现金状况选择第二或者第三种支付方式。

(七)可避免成本与不可避免成本

在日常决策过程中,企业经常遇到这种情况:当选择了某项方案时,就会发生某一项成本;而企业放弃该方案,该项成本就不会发生。在这种情况下,这种成本就是该项决策的可避免成本。反之,当企业无论是否选择该项方案,该成本总会发生时,这种成本就是该项决策的不可避免成本。

例如,当企业对一产品应否停产进行决策时,该产品的直接材料、直接人工等变动成本会因停产而消失,因此属于可避免成本。而该产品所分摊的、与其他产品生产设备共用的厂房折旧费不会因该产品的停产而消失,它会重新分配到其他产品上,因此该成本就是不可避免成本。正确区分成本的可避免性对于作出正确决策是至关重要的。

(八)可递延成本与不可递延成本

可递延成本是指在已选中的行动方案中,如果将该方案中的某一部分成本发生的时间推迟不会影响企业大局,那么这部分成本就是可递延成本。例如,某企业年初决定对一座办公楼进行装修改造,预计投资 100 万元,打算本年度 6 月份开始动工。但是 3 月份,该企业厂区仓库遭受了一场大火的洗劫,直接损失货物 50 万元,仓库建筑物损失 30 万元。同时,企业交货日期临近。于是,企业管理层迅速作出决策,暂时推迟上述办公楼装修改造工程,将该笔资金立即用于购买新的产品原料以保证及时交货,同时及时修建仓库以储备物资。原定 6 月份开工的办公楼装修改造工程推迟到本年 11 月份进行。在该例中,原决策预计发生的 100 万元办公楼装修改造费即为可递延成本,该成本的推迟发生不会对企业造成不良影响。

与可递延成本相反,不可递延成本发生的时间一旦推迟,将会对企业全局造成重要影响。例如,污水处理设施项目投资的推迟将导致企业被勒令关闭,那么与污水处理设施投入相关的成本就是不可递延成本。

将成本按其可递延性进行划分的目的在于能使管理人员明确哪些支出应该优先安排,以便使企业正常运转。

(九)专属成本与共同成本

专属成本是指可明确归属某一产品或某一部门的成本。例如,专门为生产某一产品而引进设备,该设备发生的折旧费用不应该由其他产品承担,因而是该产品的专属成本。又如,某一工厂生产 A、B 两种产品,生产 A 产品经过三个生产车间,生产 B 产品要经过四个生产车间。两种产品同在第一车间加工后再转入各自不同的生产车间。由于生产初期阶段危险性比较大,因此企业专门为生产 A、B 产品的第一阶段生产车间工人投保意外保险。因此,该项意外保险就成为第一生产车间的专属成本。由于该车间生产两种产品,则发生的保险费用就不能成为其中任何一种产品的专属成本,而必须在两种产品之间分配。

共同成本是指不可明确归属某一产品或某一部门的成本。例如,几种产品共用的生产设备的折旧费即为共同成本。在这种情况下,其中一种产品的停产不会导致该项折旧费的减少,因而在确定该产品应否停产时,此项成本属于决策非相关成本。

(十)联合成本与可分成本

有些企业利用相同的原料,在同一生产过程中生产出两种或两种以上不同的主要产品,这些产品称为联产品。例如石油炼油厂的汽油、煤油和柴油等是联产品的典型例子。联产品在分离点之前所发生的成本称为联合成本;在分离之后如果需要继续加工,就会增加成本,该种成本称为可分成本。企业经营过程中还会经常面临联产品分离后应否进一步加工再出售的决策问题。此类决策问题中,联合成本是决策不相关成本,只有可分成本才是决策相关成本。

二、正确辨别相关成本应注意的问题

(一)不是所有的变动成本都是决策相关成本

一般情况下营销费用都是变动成本,单位营销费用在某一特定时期都没有变化,营销费用的总额随着销售数量的上升而上升。因此,在大多数情况下营销费用都是决策相关成本。但是如果企业接受一批特殊订单,买方自己找到企业让其加工产品,而不需要企业自己推销生产的产品。在这样的情况下,营销费用虽然在性质上是变动成本,但已经和决策不相关了,管理层在进行决策时也就不需要考虑该项费用了。

(二)不是所有的固定成本都是决策非相关成本

在"相关范围"内,固定成本都是决策非相关成本。但是当选定某个备选方案时,将导致产量超出现有生产能力。在这种情况下,固定成本也会成为决策者需要考虑的因素之一,也就成了决策相关成本。

(三)各种决策相关成本之间的关系

一项成本可能不止一种成本属性,可能既是变动成本,又是专属成本。例如,专门为生产 A 才可能发生的成本为 A 的专属成本,并且随着生产的 A 产品数量的增加而增加。因此,该成本就具有了两种成本属性。在决策中意识到这一点可以帮助决策者更好地确定需要重点考虑的成本因素。

三、基于相关成本的短期决策的一般过程

企业管理人员在运用相关成本信息进行短期决策时,通常应遵循以下决策过程:

(一)确定要解决的决策问题

企业在日常经营过程中常常会面临各种各样的问题。当然并非所有的问题都适合运用相关成本信息进行决策。只有那些与成本密切相关、决策涉及时间跨度短,同时决策目标是以利润最大化为主的决策问题才适合采用此类决策方法来解决。

(二)选取备选方案

管理人员首先从考虑到的各项方案中,淘汰那些不可行的或者不太满意的方案。现实中,管理人员在进行决策时无法确定所有可行的备选方案。但是管理人员应该尽量把问题考虑周全,尽量获得更多可行的备选方案。这样就能最大限度地减少决策失误的风险。

(三)选取决策方法

当备选方案确定之后,需要将方案选择以数量化形式表示。为了增加决策方法的实用性,应对实际问题进行适当的简化,将最关键的条件突出出来。基于成本的短期决策常用的方法主要有差量分析法、贡献毛益分析法、成本无差别点决策法以及数学规划法等。这些方法将在本章后面的内容中作较详细的论述。

(四)收集相关信息

现实中的决策问题往往较为复杂,决策相关成本与决策非相关成本交织在一起。为抓住决策的实质,简化决策问题,首先应该排除那些

决策非相关成本与收入。与此同时，不要忽略任何对决策产生重要影响的相关收入与相关成本。某些成本，如机会成本，常常被决策者忽视。这种情况一旦出现，很可能导致管理人员决策失误。尽管现实中管理人员不可能获得所有的决策资料，但是在条件允许的情况下，应尽量广泛收集信息，全面考虑可能存在的相关成本和相关收入。

（五）对备选方案作出选择

管理人员需要选用适当的决策分析方法，从各备选方案中选出能使企业利润最大的行动方案。在各种基于成本的短期决策方法中最常用的是差量分析法。如果管理人员采用该方法，就需要对各备选方案比较相关成本与相关收入，在此基础上选出能使利润最大化的方案。当不同备选方案的收入没有差别时，利润最大化等同于成本最小化，在这种情况下，我们只需考虑不同方案的成本，从中选择成本最低的方案。当不同方案间所涉及的固定成本均在相关范围之内时，利润最大化也等同于贡献毛益最大化。在这种情况下，我们可以从不同方案中选择贡献毛益最大者，作为最优方案。

（六）考虑其他因素

当管理人员运用相关成本信息选择了能使企业利润达到最大的备选方案时，还不能急于将其作为最终的行动方案，管理人员应首先考虑选定的方案是否有利于支持企业战略。完美的短期决策意味着它不仅要达到企业短期经营目标——短期利润最大，还要服务于更大的目标——企业长远战略目标。战略决策的总目标是建立、维持竞争优势。短期决策必须为这一总目标服务。如果该方案不能很好地落实企业战略目标，那么管理人员就应重新选择行动方案。此外，一些非财务目标也应加以考虑，例如当管理人员在自制与外购的决策中选择了后者时，还应考虑诸如供应商的可信任程度以及企业内部人员变更的影响等方面的问题。

上述决策过程如图 5-1 所示。

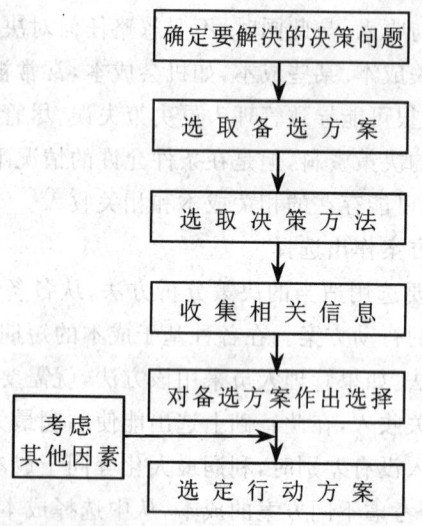

图 5-1 基于成本的管理决策过程

四、基于成本的短期决策的基本方法

案 例

FH 自行车厂所生产的自行车在市场上面临激烈的竞争。该厂生产能力利用率起伏不定。为了充分利用现有生产能力,企业展开市场调查,发现少年儿童用小型自行车的细分市场前景广阔,其特点是车型更新速度快、批量小、市场潜力大,同时有较大的利润空间。更重要的是,小型自行车的生产基本上可直接利用现有自行车的生产设备。经过进一步的市场调查,该厂确定了三种小型自行车的备选方案。此后,在会计人员的协助下,选定了一种车型进行生产,从而圆满地解决了生产能力不能充分利用的问题。

在日常经营过程中,管理人员不断面临各种各样的经营决策问题,而且几乎所有的决策问题都需要考虑其财务的可行性。于是,成本信息便成为管理人员十分关注的方面。但是,现有的财务会计信息直接用于经营决策,在很多情况下会误导管理人员作出错误决策。

对于短期经营决策,决策的目标通常是使短期利润最大化。下面所提供的几种常用决策方法能有效地帮助管理人员实现这一经营决策目标。

(一)差量分析法

差量分析法就是指在进行短期经营决策时,通过比较可选方案之间成本、收入以及利润的差异,选择最佳方案的方法。

这种方法是以差别成本或者差别利润为基础进行分析的。差量分析法的决策过程如图 5-2 所示。

图 5-2 差量分析法简化流程图

通过上面的简化流程图可以看出,使用差量分析法的时候,需要事先确定备选方案各自的成本、费用、收入以及预计的利润。然后列表将各种方案的情况进行综合,分别计算出差别成本、差别收入和差别利润。最后按照成本最小化或利润最大化原则确定最佳的方案。

差量分析法是其他很多分析方法的基础。并且,根据不同的方案决策需要选用不同的原则,当利用差量分析法比较利润大小时,此时为"利润差量决策",应该采用"利润最大化原则"。当不同方案之间所产生的收入完全相同时,差别利润就等同于差别成本,利润最大化就等同于成本最小化。此时差量分析法就演变为"成本差量决策",应该采用"成本最小化原则"。

(二)贡献毛益分析法

在一般情况下,不同方案下贡献毛益的差额就等于相应利润的差额,因而能使贡献毛益达到最大的方案通常也就是能给企业带来最大利润的方案。基于这种思想便产生了贡献毛益分析法。

贡献毛益分析法是指通过对比不同方案的贡献毛益大小,按照"贡献毛益最大化原则"选择最佳方案的方法。因此,在利用贡献毛益分析法进行方案选择的时候,也要用到差量分析法。可以说,贡献毛益分析法是建立在差量分析法基础上的。贡献毛益分析法的使用很广泛,可以用其进行生产产品决策、是否接受特殊订单决策以及是否开发新产品决策等等。

在使用贡献毛益分析法时,首先应当确定出各个方案的总收入,然后确定各个方案生产产品所需要的变动成本,然后用总收入减去总的变动成本就得到各个方案的贡献毛益总额。这时,通过比较各方案的贡献毛益的大小选择最佳方案。贡献毛益分析法的决策过程如图5-3所示。

图 5-3 贡献毛益分析法流程图

（三）成本无差别点决策法

该决策方法是通过建立两个及两个以上方案的成本与产量之间的关系,计算出每两个方案之间的成本无差别点,将产量数额分区,根据需要生产的产品数量落在不同区间作出不同的决策。该决策方法通常需要以下几个步骤:

第一步,列出各个方案中成本与产量之间的函数关系。

第二步,将上述各函数组成联立方程组,并对其进行求解,所得产量值即为成本无差别点。

第三步,在同一坐标中绘出成本—产量曲线。

第四步,根据企业所需产品数量选择成本最低的方案。

第二节 生产决策

在市场经济中,企业必须生产适应人们消费喜好的产品,才能用销售带动生产,促进企业蓬勃发展。但是,作为一个企业,不会单一地为了满足人们的需要而不管产品的生产成本进行生产。任何一个企业都是理性的,也就是说,每家企业都是在利润最大化的基础上作出生产品种选择、生产工艺选择等各方面生产决策的。

生产决策范围很广,由于篇幅所限,我们主要讨论生产决策中几种典型的决策问题,主要包括以下几方面的问题:(1)产品品种选择决策;(2)零件自制或外购决策;(3)特殊订单是否接受决策;(4)半成品是否进一步加工决策;(5)亏损产品是否停产或转产决策;(6)新产品开发决策;(7)有限资源最佳利用决策等等。

一、产品品种选择决策

通常,企业的机器设备可以用于多种产品的生产。企业生产产品是为了盈利,那么进行决策的标准就是哪种产品能够给企业带来更多的盈利,就选择哪种产品进行生产。当然,我们需要一些市场销量预测数据,这些不属于财务部门考虑的范围,应当由市场调研部门给出资料,财务部门利用这些资料进行分析,帮助决策者作出正确的决策。

【例 5-1】 迅捷自行车厂打算生产车辆变速器,现有的设备既可以生产自行车变速器,也可以生产摩托车变速器。该厂每月固定制造费用总额为 20 000 元。如果企业生产自行车变速器,现有设备每月可以生产 6 000 个;如果生产摩托车变速器,现有设备每月可以生产 4 000 个。利用市场调研的结果得知,自行车变速器的月需求量为 5 000 个,摩托车变速器的月需求量为 5 000 个。另外,有关生产成本资料如表 5-2 所示。

表 5-2 生产成本资料   金额:元

	自行车变速器	摩托车变速器
单位生产成本		
直接材料	10	15
直接人工	13	16
变动制造费用	4	4
变动销售及管理费用	3	4
合计	30	39
销售单价	60	80
固定制造费用总额	20 000	20 000
固定销售及管理费用总额	10 000	10 000

由于生产自行车变速器的生产能力大于能够销售的数量,因此在分析时应该按能够销售的数量进行决策。而生产摩托车变速器的生产能力小于能够销售的数量,因此,在分析时应该用生产能力的数据。即,自行车变速器的最大月产量为 5 000 个,摩托车变速器的最大月产量为 4 000 个。

我们首先采用差量分析法进行分析。

该例中,生产自行车变速器的单位变动成本为 30 元/件,生产摩托车变速器的单位变动成本为 39 元/件。

首先,计算各个方案的变动成本总额。

自行车变速器变动成本总额:$30 \times 5\ 000 = 150\ 000$(元)

摩托车变速器变动成本总额:$39 \times 4\ 000 = 156\ 000$(元)

其次算出各个方案的差别成本。

差别成本 $= 156\ 000 - 150\ 000 = 6\ 000$(元)

因为该企业使用同一台机器生产产品,因此无论生产自行车变速器还是生产摩托车变速器,固定成本(包括制造费用和固定销售与管理费用)都是一样的。因此,它属于决策非相关成本,在计算差别成本的时候不需要考虑。

下面算出各个方案的差别收入。

自行车变速器销售收入：$60 \times 5\,000 = 300\,000$（元）

摩托车变速器销售收入：$80 \times 4\,000 = 320\,000$（元）

差别收入：$320\,000 - 300\,000 = 20\,000$（元）

最后算出各个方案的差别收益。

差别收益：$20\,000 - 6\,000 = 14\,000$（元）

结论：应当生产摩托车变速器，它比生产自行车变速器多14 000元的利润。

除了上面的做法，本例还可以运用贡献毛益分析法进行分析，具体过程如下：

由于两个方案的固定成本总额相同，因此只需要考虑贡献毛益对决策的影响。

首先，计算单位产品的贡献毛益。

自行车变速器的单位贡献毛益：$60 - 30 = 30$（元）

摩托车变速器的单位贡献毛益：$80 - 39 = 41$（元）

然后，确定各个方案所能生产产品的最大数量。由题目给定的条件，易见：自行车变速器最多只能生产5 000个（超过该数量将无法售出），而摩托车变速器最多只能生产4 000个（超过该数量，企业现有生产能力无法达到）。

接下来就应该计算产品所能提供的贡献毛益总额。

自行车变速器的贡献毛益总额：$30 \times 5\,000 = 150\,000$（元）

摩托车变速器的贡献毛益总额：$41 \times 4\,000 = 164\,000$（元）

通过比较可以知道，生产摩托车变速器提供的贡献毛益总额大于生产自行车变速器提供的贡献毛益总额，应当选择生产摩托车变速器。两者差额为14 000元，说明选择生产摩托车变速器将比生产自行车变速器的利润多14 000元。这一分析结果与前述差量分析法完全相同。

二、零件自制或外购决策

当企业需要一批产品时，通常就会面对是自制还是外购的选择。进行该种情况的决策时可以采用差量分析法,也可以采用贡献毛益法,有时还会用到成本无差别点法。

(一)一般情况下的自制或外购决策

【例 5-2】 益民仪器厂每月生产 200 台 A 型测量仪。该仪器需要一种显示器。过去,该厂一直从市场上以每台 5 000 元的价格购买。近来,考虑到该厂第一车间有一定的剩余生产能力,恰好能满足每月生产 200 台该种显示器的需求。根据本厂有关部门的测算,生产此种显示器的单位成本为 6 000 元,其中包括 4 000 元的变动生产成本和 2 000 元的固定制造费用。问企业应该自制还是应该外购。

下面,我们使用差量分析法(成本差量法)从自制与外购两种方案中作出选择。

从上面的成本资料中我们似乎可以得出这样的结论:既然每件显示器的自制成本 6 000 元比外购成本 5 000 元高出 1 000 元,那么就应放弃自制而选择外购。但是这种分析方法是错误的!

应当看到,在上面的错误分析过程中,自制方案计算中所使用的单位成本是单位完全成本,其中每台显示器包含了固定制造费用 2 000 元。究竟这 200 台显示器是不是也应当承担这部分费用呢?这就涉及到区别决策相关成本与非相关成本了。在这里,每台 2 000 元的固定费用是针对企业正常生产的显示器而言的。由于现有剩余生产能力完全能够满足这 200 台显示器的生产,因而不需要每台另外增加固定制造费用。所以在决策时这部分固定性费用就属于决策非相关成本,决策时不应加以考虑。因而正确的决策分析方法如下:

自制方案的总成本:4 000×200＝800 000(元)
外购方案的总成本:5 000×200＝1 000 000(元)
方案之间的差别成本:800 000－1 000 000＝ －200 000(元)

(－200 000)元表明自制方案可以比外购方案节约 200 000 元。本例清楚地表明正确区分决策相关成本与非相关成本的重要性。

(二)存在机会成本情况下的自制或外购决策

【例 5-3】 沿用例 5-2 中的资料,如果企业自己不生产显示器,可用于生产另一产品的 M 部件,为此每月可节约 M 部件的外购成本 100 000元。问:企业在这种情况下,显示器应该自制还是应该外购?

如果企业不自制显示器,而将剩余生产能力用于生产 M 部件,则可在其他产品生产过程中每月节约成本 100 000 元;但如果企业自己生产显示器,就不能取得每月 100 000 元的成本节约。因此每月 100 000元的成本节约就构成益民仪器厂自己生产显示器的机会成本,在计算自制显示器方案总成本的时候就应该加上这部分成本。

自制方案的总成本:4 000×200+100 000=900 000(元)

外购方案的总成本:5 000×200=1 000 000(元)

方案之间的差别成本:900 000—1 000 000= — 100 000(元)

计算结果表明,自制方案可以比外购方案节约 100 000 元。此时还是应该选择自制方案,即应将剩余生产能力用于生产 200 台显示器。

思考 1

在例 5-3 中,如果生产 M 部件每月所带来的成本节约不是 100 000元,而是 250 000 元,那么还应选择自制方案吗?

(三)考虑"专属成本"

上面例子的一个隐含假设是:企业的现有设备完全能满足显示器的需要。但是在现实中,可能生产一种新产品或新部件,现有的设备无法完全胜任,需要另外增加其他辅助生产设备。在这种条件下,例5-2中的结论又将如何呢?请看下面的例子。

【例 5-4】 假如在例 5-2 中益民仪器厂尽管每月生产 200 台显示器不会超出现有的剩余生产能力范围,但是为了生产这种显示器,该厂还需要另外租用一台辅助设备。为此,每月需要支付 160 000 元的设备租金。问:在这种情况下,益民仪器厂的显示器应该自制还是外购?

方法一:差量分析法

由于为生产显示器需要补充辅助设备,需支出 160 000 元,这 160 000 元就是自制方案的专属成本。如果采用外购方案,那么这 160 000 元的辅助设备租金是不需要的。通过比较可知,该项成本是决策相关成本,因而在计算该方案的总成本时应当予以考虑。于是我们有:

自制方案的总成本:$4\ 000 \times 200 + 160\ 000 = 960\ 000$(元)

外购方案的总成本:$5\ 000 \times 200 = 1\ 000\ 000$(元)

两个方案的差别成本:$960\ 000 - 1\ 000\ 000 = -40\ 000$(元)

计算结果说明选用自制方案比选用外购方案成本低 40 000 元,因而应当选用自制方案。

方法二:成本无差别点法

下面我们改用成本无差别点法重新对本例进行决策分析,具体步骤如下:

(1)对于各个方案列出成本与产量之间的函数关系。

我们以 y 表示总相关成本,x 表示产量。

自制方案的总相关成本与产量之间的函数关系:

$y = 4\ 000x + 160\ 000$

外购方案的总相关成本与产量的函数关系:

$y = 5\ 000x$

(2)求出两种方案下成本相等时的产量,即成本无差别点。

当上述两种方案的成本相等时,产量 x 应满足下述关系:

$4\ 000x + 160\ 000 = 5\ 000x$

上式是关于产量 x 的方程,显然,该方程的解为 160 台。

(3)对于上述两个方案,在同一坐标中做出成本—产量曲线。

利用上面成本与产量的函数关系,我们得到自制与外购两个方案

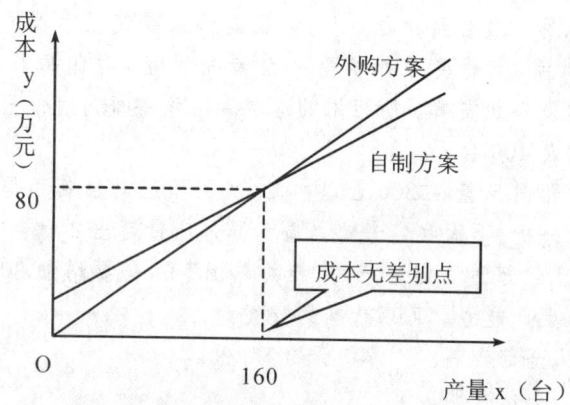

图 5-4 自制或外购决策——成本无差别点法

下的成本—产量曲线,有关结果如图 5-4 所示。

(4)确定企业所需产品数量所在区间,根据该区间选择相应的方案。

根据上面的图可以很直观地看出,当我们需要生产的产量在 160 台以上时(如该例),应当选择自制方案。但是如果产量要求没有超过 160 台,则应该选择外购方案。

(四)考虑固定成本相关范围

例 5-2 至例 5-4 中所考虑的自制方案没有超出企业现有生产能力,但实际中自制方案的实施有可能超出现有设备的生产能力。在这种情况下,上面的分析方法就需要作出适当调整。下面,我们通过例题进行说明。

【例 5-5】 我们仍沿用例 5-2 和例 5-4 中的有关资料。与前面三道例题不同的是,由于市场需求的增加,该厂每月需要生产 300 台 A 型测量仪,因而对前述显示器的月需要量提高到 300 台。如果该厂每月自制显示器 300 台,那么对于辅助设备需求仍为 1 台,因而每月辅助设备的租赁费仍为 160 000 元。实际上,所租用的一台辅助设备可满足每月 1 000 台显示器生产的需要。但是,由于第一车间目前的剩余生产能力

每月只能满足 200 台显示器的生产,因此如果要使显示器的月生产能力超过 200 台,就需要另外租用一台专用设备,为此每月需要支付 80 000 元的设备租赁费。所租用的这台专用设备每月可使显示器的月生产能力扩大 400 台。

当显示器月产量在 200 台以内时,我们已经对自制还是外购的决策问题作出分析。下面我们考虑当显示器月产量超出 200 台时的情况。此时,产量已经超过固定资产的"相关范围"了,需要增加 80 000 元以提高企业的生产能力。可以选择的方案为:

方案一,全部自制。

方案二,全部外购。

方案三,200 件自制,其余外购。

(1) 列出各个方案中成本与产量之间的函数关系。

我们仍以 y 表示总相关成本,x 表示产量,于是上述三个备选方案的成本与产量之间的函数关系分别为:

方案一:

$$y = 自制产品单位变动成本 \times 需求数量 + 增加的专属成本 + 增加的固定资产成本$$
$$= 4\,000x + 160\,000 + 80\,000 = 4\,000x + 240\,000$$

即:

$$y = 4\,000x + 240\,000$$

方案二:

$$y = 外购产品单位售价 \times 需求数量 = 5\,000x$$

即:

$$y = 5\,000x$$

方案三:

$$y = 200 \times 自制部分单位变动成本 + 增加的专属成本 + (需求数量 - 200) \times 外购产品单位售价$$
$$= 200 \cdot 4\,000 + 160\,000 + (x - 200) \cdot 5\,000 = 5\,000x - 40\,000$$

即:

$$y = 5\,000x - 40\,000$$

(2)确定成本无差异点。

通过上面几个总成本与产量关系式可以看出,方案三的总成本总是比方案二的总成本低。因此,当产量高于200台时,只需要计算方案一与方案三的成本无差别点。

显然,令方案一与方案三的成本相等,于是得到相应的产量 x 应满足的关系:

$$4\,000x + 240\,000 = 5\,000x - 40\,000$$

由此可解得:

$$x = 280(台)$$

(3)在同一坐标中做出成本—产量曲线,标出各个区间的使用成本产量曲线。

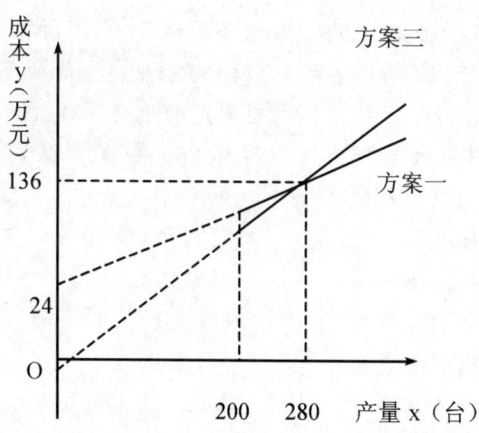

图 5-5　自制或外购决策
(考虑了专属成本和固定资产相关成本)

(4)确定企业所需产品数量所在区间,根据该区间选择相应的方案。

企业现在需要300台显示器,超过了成本无差异点280台的均衡产量。从图5-5可以很容易地看出来,当产量超过了280台后,方案一的成本曲线低于方案三的成本曲线,表明当需要的产量超过280台后,采用全部自制方案能取得比较低的成本。因此,该例应选择全部自制方案。

当然,该例也可以通过差量分析法得出同样的结论。

三、特殊订单是否接受决策

在企业日常经营过程中,有时会接到客户的特殊订单。特殊订单通常具有一次性特点,而且出价较低,另外还可能会在产品功能、外观或送货等方面提出特殊要求。企业有剩余生产能力时,遇到类似的特殊订单,需要采用正确的分析方法来决定其应否接受。

下面我们通过一些例题说明特殊订单能否接受的分析方法。

【例5-6】 企业H利用现有设备可生产A、B两种产品,不过现在企业仅生产A产品,每月生产1 000件。企业发生的固定制造费用每月为4 000元,因此,A产品每件负担固定制造费用4元。现在企业有剩余生产力,利用剩余生产力可以生产260件A产品或者300件B产品。A产品的单位生产成本资料如下:

直接材料	12(元)
直接人工	15(元)
变动制造费用	4(元)
固定制造费用	4(元)
单位成本合计	35(元)

某月该企业接到一个特殊订单,买方希望购买A产品200件,但是出价仅为33元,低于生产成本2元。已知特殊订单的接受不会引起销售及管理费用的增加。问:是否应该接受该订单?

下面我们采用贡献毛益法来进行分析,具体计算过程如下:

单位售价:	33(元)

单位变动成本： 31(元)
单位贡献毛益： 2(元)
贡献毛益总额： 2×200＝400(元)

由于企业发生的固定费用 4 000 元不会因为增加或减少产品数量而变动,因此,接受该特殊订单不会另外增加固定费用支出。也就是说,这 4 000 元的固定制造费用属于决策非相关成本。通过上面的计算可以看出,如果接受该特殊订单就会给企业提供 400 元的贡献毛益,这意味着利润将增加 400 元。企业应当接受该特殊订单。

上面的例子是一个简化了的决策模型。现实中,应否接受特殊订单的决策需要考虑很多因素。下面我们通过一系列例题予以说明。

【例 5-7】 顺达自行车厂所生产的小型自行车的单位生产成本为 220 元,其中含变动生产成本 120 元,固定制造费用 100 元。其市场正常售价每辆为 250 元。由于该型号自行车销量很好,因而宏润超级市场向顺达自行车厂销售部经理提出一份特殊订单,要求追加订购 300 辆该种自行车,条件是每辆车售价为 240 元,并且提出安装变速器的特殊要求。顺达自行车厂销售部经理经过初步了解得知,一件变速器的成本为 30 元,因而该特殊订单每辆车的变动生产成本比常规小型车(即不带变速器的小型自行车)多 30 元。已知特殊订单的接受不会引起销售及管理费用的增加。该厂常规小型自行车月生产能力为 1 500 辆,近几个月来每月产量均为 1 200 辆。

下面让我们采用差量分析法为顺达自行车厂销售部经理提出建议。

由于企业现有足够的剩余生产能力用于满足此特殊订单的自行车生产需求,因而该特殊订单的接受不会使该厂固定制造费用增加,因此固定制造费用属于决策非相关成本。类似地,销售与管理费用也属于决策非相关成本。于是,接受特殊订单的单位差别成本、差别收入和差别利润分别为:

单位差别成本:120＋30＝150(元)

差别成本总额：150×300＝45 000（元）
差别收入总额：240×300＝72 000（元）
差别利润：72 000－45 000＝27 000（元）

上述计算结果表明，企业如果接受了该订单，则可以增加27 000元的利润。因此，从企业利润最大化原则出发，应当接受该特殊订单。

思考2

本例如何采用贡献毛益法进行决策？

【例5-8】（续前例）顺达自行车厂经过上述初步论证，决定接受该特殊订单。于是组织有关部门进行生产。这时，技术部经理指出：为使常规小型车能够安装上变速器，必须对常规小型车的有关部件进行进一步加工，而本厂目前没有此类加工设备，惟一可以考虑的办法是租用一台辅助设备，为此需要一次性支付租金24 000元。在这种情况下，顺达自行车厂是否应当接受该特殊订单？

我们仍然可以采用差量分析法进行分析决策，具体过程如下：

首先算出接受特殊订单的单位差别成本。由于接受特殊订单以后，需要增加专属成本24 000元，因此24 000元也属于决策相关成本。

其次，差别成本、差别收入和差别利润分别为：

接受订单的差别成本总额：150×300＋24 000＝69 000（元）

差别收入总额：240×300＝72 000（元）

差别利润：72 000－69 000＝3 000（元）

上述计算结果表明，尽管专属成本的存在增加了相应的差别成本，但是差别成本总额仍低于其差别收入，最终仍可使企业总利润增加3 000元。所以应当接受该特殊订单。

思 考 3

本例如何采用贡献毛益法进行决策?

【例 5-9】 (续前例)经过充分论证后,顺达自行车厂销售部经理决定接受宏润超级市场所提出的特殊订单。这时,宏润超级市场提出将特殊订单中的订购数量由先前的 300 辆提高到 400 辆。经了解得知,生产 400 辆带有变速器的小型自行车仍只需一台辅助设备,因而前述辅助设备的租金仍为 24 000 元。但是,小型自行车目前的剩余生产能力只有 300 辆。技术人员提出建议:租用一台简单装置可使生产能力提高 100 辆,为此需要支出 8 000 元。在这种情况下,顺达自行车厂是否应当接受该特殊订单?

在这里,企业为了提高小型自行车的生产能力而一次性支出的 8 000 元租金属于决策相关成本。因此我们有:

接受订单的差别成本总额:$150 \times 400 + 24\,000 + 8\,000 = 92\,000$(元)

差别收入总额:$240 \times 400 = 96\,000$(元)

差别利润:$96\,000 - 92\,000 = 4\,000$(元)

上述计算结果表明,接受特殊订单将会使企业增加 4 000 元的利润。所以企业应当接受该特殊订单。

【例 5-10】 (续前例)正当顺达自行车厂销售部经理准备与宏润超级市场正式签订合同时,一位业务员反映了一个重要情况:经过这位业务员的市场调查发现,带有变速器的小型自行车 300 辆一旦推向市场,将会使常规小型自行车的销量减少 80 辆。面对这样一个新情况,我们能向顺达自行车厂销售部经理提出何种建议呢?

我们首先考虑,接受特殊订单给现有正常业务所带来的损失构成接受该特殊订单的机会成本,该项机会成本的计算过程如下:

少销售一辆常规小型车减少的收入:250(元)

少销售一辆常规小型车减少的成本:120(元)

因此,少销售一辆常规小型车减少的利润:250−120=130(元)

减少80辆常规小型车销量所减少的总利润:130×80=10 400(元)

这就是说,由于常规小型自行车销量减少,利润下降10 400元,它构成了特殊订单的机会成本。

其次,运用差量分析法,我们分别计算相应的差别收入、差别成本和差别利润,有关结果如下:

差别成本总额:150×400+24 000+8 000+10 400=102 400(元)

差别收入总额:240×400=96 000(元)

差别利润 = 96 000−102 400= −6 400(元)

在考虑了接受特殊订单对原有产品的影响后,利用差量分析法得出的结论是:接受特殊订单以后不但不会给企业带来好处,反而会使企业利润减少6 400元。因此,本例所得出的结论与上例截然相反。

上面的几个例题说明,在进行分析决策的时候应当考虑多方面的因素,一旦忽略了某种因素,可能就会作出完全错误的决策。因而,管理人员在进行决策时,应广泛收集信息,在获得新的信息后应该重新审视原有决策结果的正确性。

四、半成品或联产品应否进一步加工后出售的决策

通常情况下,生产产品需要经过许多步骤。并且,每个步骤生产出来的半成品可能都可以出售。比如,在纺织行业,既可以将纱线直接出售,也可以将纱线织成布匹再出售;在木材行业,可以将原木出售,也可以将原木加工成标准木材按立方米出售,也可以进一步加工成家具出售。因此,确定半成品出售有利还是进一步加工后出售有利就显得十分重要。

下面我们通过例题说明此类问题的决策过程。

【例 5-11】 雅丽纺织厂所生产的白布可直接投放市场,也可进一

步加工成花布后再出售。该厂每月生产白布10 000米,每米的变动成本为9元,固定成本总额为20 000元,市场销售价格为每米15元。如果将白布加工成花布后出售,每米需要追加成本4元,每米售价可提高至20元。下面我们来分析一下该厂应否将白布加工成花布后出售。

情形1:目前该厂有足够的剩余生产能力将每月所产的全部白布加工为花布。

情形2:需要租用一套设备才能将每月所产的全部白布加工为花布,为此每月需要支付租金5 000元。

我们仍采用差量分析法进行分析,过程如下:

情形1:

差别收入　10 000×20－10 000×15＝50 000(元)

差别成本　4×10 000 ＝ 40 000(元)

差别收益　50 000 － 40 000 ＝ 10 000(元)

通过以上的计算可以看出,如果将白布加工成花布后出售,可使每月利润增加10 000元。因此企业应当将白布进一步加工以后出售。

情形2:

差别收入　10 000×20－10 000×15＝50 000(元)

差别成本　4×10 000 ＋ 5 000＝ 45 000(元)

差别收益　50 000 － 45 000 ＝ 5 000(元)

通过以上的计算可以看出,即便该厂需要租用一套设备才能将白布加工为花布,仍可使每月利润增加5 000元。因此企业仍应将白布进一步加工以后出售。

下面我们通过一个例题说明联产品应否进一步加工后出售的决策方法。

【例5-12】　某厂所生产的甲、乙两种产品在加工初期处于同一加工过程。在分离前投入的材料成本和加工成本共计25 000元。分离后,得到甲产品1 000千克,乙产品2 000千克。甲产品在分离后直接出售,每千克15元。而乙产品在分离后既可直接出售,也可进一步加工为丙

产品后再出售。乙产品如果直接出售,价格为每千克 10 元;如果进一步加工为丙产品后再出售,每千克需要追加成本 6 元,同时售价可提高到每千克 20 元。另外,已知每千克的乙产品经过进一步加工后可得到 1 千克的丙产品。该企业需要对乙产品应否进一步加工后再出售作出决策。

该问题的具体分析过程如下:

由于分离前所发生的成本(即联合成本)在乙产品直接出售与进一步加工这两个备选方案间没有差别,因而属于决策非相关成本,无需考虑。于是,我们只需考虑分离后乙产品进一步加工所增加的收入和所增加的成本。对于本例而言,有关计算结果如表 5-3 所示。

表 5-3　乙产品两种方案下的差别收入与差别成本　　单位:元

	直接出售	进一步加工后出售	差额
销售收入	20 000	40 000	20 000
可分成本	0	12 000	12 000

计算结果表明,乙产品如果进一步加工后再出售,所增加的收入为 20 000 元,增加的成本为 12 000 元。因此,进一步加工将使企业利润增加 8 000 元。于是我们得出结论,乙产品不宜直接出售,而应进一步加工后再出售。

五、亏损产品是否停产或转产决策

当发现某种产品亏损时,管理人员首先考虑的就是停止该产品生产。但是在很多情况下,亏损产品一旦停产,企业的总利润不但没能像预期那样上升,反而降下来了。对于亏损产品而言,需要通过具体分析,才能正确作出应否停产的决策。

为什么亏损产品停产有可能导致企业利润反降不升呢?其原因在于,当亏损产品停产后,并非该产品所承担的所有成本都会彻底消除,只有该产品的可避免成本才会因其停产而消失。变动成本通常情况下都是可避免成本。但是对于固定成本而言,有的是可避免成本,有的则不是。固定成本分为可避免固定成本和不可避免固定成本两类。许多共同固定成本属于不可避免固定成本,例如各种产品共用的设备与厂房的折旧费。而专属固定成本往往是可避免的,例如专门用于制造特定产品的设备、专门负责该产品的销售及管理人员的固定工资等。总之,对于特定产品而言,判别一项固定成本是否属于可避免成本的标准是:如果停止这种产品生产将导致该项固定成本不再发生,那么该项固定成本即为可避免成本,否则就属于不可避免成本。在进行亏损产品应否停产的决策时,可避免固定成本是决策相关成本。

这就是说,并非只有变动成本属于决策相关成本,实际上,可避免固定成本也是决策相关成本,因而在决策过程中必须加以考虑。

下面我们通过一个例题说明亏损产品应否停产的决策分析方法。

【例 5-13】 荣庆酒业有限公司生产白酒、啤酒和红酒。这三种酒生产用专用设备、销售及管理人员固定工资等可避免固定成本分别为 4 000 元、5 000 元和 3 000 元。其销售额分别为 48 000 元、12 000 元和 180 000 元。另外,三种酒生产共用的厂房与公司一般管理人员工资等不可避免固定成本总额为 48 000 元,按照各自的销量占销量总额的比率进行分配。

$$\text{分配给各种酒的不可避免固定成本} = \frac{\text{各自的销售额}}{\text{总销售额}} \times \text{固定成本总额}$$

$$\text{分配给白酒的固定成本} = \frac{48\ 000}{240\ 000} \times 48\ 000$$
$$= 0.2 \times 48\ 000 = 9\ 600(元)$$

$$\text{分配给啤酒的固定成本} = \frac{12\ 000}{240\ 000} \times 48\ 000$$
$$= 0.05 \times 48\ 000 = 2\ 400(元)$$

$$\text{分配给红酒的固定成本} = \frac{180\ 000}{240\ 000} \times 48\ 000$$
$$= 0.75 \times 48\ 000 = 36\ 000(元)$$

表 5-4 为荣庆酒业有限公司各类酒的成本和利润的有关资料。

表 5-4　荣庆酒业有限公司成本利润资料　　　　金额:元

	白酒	啤酒	红酒	合计
单位售价(元/箱)	240	40	600	
单位变动成本(元/箱)	120	16	280	
销售量	200	300	300	
销售收入总额	48 000	12 000	180 000	240 000
变动成本总额	24 000	4 800	84 000	112 800
贡献毛益总额	24 000	7 200	96 000	127 200
固定成本				
可避免固定成本	4 000	5 000	3 000	12 000
不可避免固定成本	9 600	2 400	36 000	48 000
固定成本总额	13 600	7 400	39 000	60 000
利润总额	10 400	−200	57 000	67 200

通过上面的利润计算表可以看出,生产啤酒是亏损的,生产另外两种酒是盈利的。但是,是不是可以做出停止生产啤酒的决策呢?这个就属于是否停产、转产决策的研究范围了。

表 5-5 给出了维持现状与停止啤酒生产两方案的差异分析结果。该分析结果表明,当亏损产品(啤酒)停产后,企业总的利润不仅没有上升,反而下降了 2 200 元。造成这一结果的原因在于:当啤酒停产后,并非所有由啤酒承担的成本全部消除,只有其可避免成本(包括全部变动成本和可避免固定成本)才可消除,但是啤酒生产的不可避免成本不会因为其停产而消失。从本例可以看出,尽管一种产品处于亏损状态,但我们并不能马上断言应该停止其生产;只有当该产品所提供的贡献毛益不能弥补其可避免固定成本时,才应作出停产的决定。反之,如果该产品所产生的贡献毛益可全部弥补其可避免成本,而且弥补全部可避免固定成本后尚有剩余,则应继续生产该产品。否则将会使企业总利润减少,其减少幅度恰好为该产品所提供的贡献毛益弥补完其可避免固定成本后的余额。例如本例中,啤酒所提供的贡献毛益为 7 200 元,弥补完其可避免固定成本 5 000 元后的余额为 2 200 元,停止啤酒生产必然使企业总利润下降 2 200 元。计算结果也证实了这一结论:啤酒停产后,企业总利润由原来的 67 200 元降为 65 000 元,两者差额恰好为

2 200元。

表 5-5 两方案企业整体差异分析　　　　　　单位:元

	维持现状	停止啤酒生产	两方案差异
销售收入	240 000	228 000	12 000(减少)
变动成本	112 800	108 000	4 800(减少)
贡献毛益	127 200	120 000	7 200(减少)
固定成本			
可避免固定成本	12 000	7 000	5 000(减少)
不可避免固定成本	48 000	48 000	0
固定成本总额	60 000	55 000	5 000(减少)
利润	67 200	65 000	2 200(减少)

【例 5-14】 我们沿用上例中的有关数据。与上例有所不同的是，企业如果停止生产啤酒，还可以利用原设备生产并销售葡萄酒 150 箱，每箱葡萄酒的售价为 400 元，每箱单位变动成本为 280 元。生产葡萄酒的可避免固定成本为 3 000 元。另外，由于利用了原有的设备和原有的销售及管理人员，因而转产不会使企业不可避免固定成本总额发生变化。在这种情况下，该公司应否停止生产啤酒，转而生产葡萄酒？

我们计算转产后企业的总体利润，具体计算过程如表 5-6 所示。

表 5-6　转产后公司整体利润计算过程　　　　　　单位:元

	停止啤酒生产 (1)	增加葡萄酒生产后 新增收入与成本 (2)	转产后总额 (3)=(1)+(2)
销售收入	228 000	60 000	288 000
变动成本	108 000	42 000	150 000
贡献毛益	120 000	18 000	138 000
固定成本			
可避免固定成本	7 000	3 000	10 000
不可避免固定成本	48 000	0	48 000
固定成本总额	55 000	3 000	58 000
利润	65 000	15 000	80 000

计算结果表明，转产后企业总利润为 80 000 元，比停产啤酒后的

利润(65 000 元)和维持现状下的利润(68 200 元)都要高。因此在本例情况下,转产是最佳方案。

六、新产品开发决策

在现代商业竞争中,科技发展日新月异,新产品层出不穷。企业为了满足消费者的需要,为了赢得更多的利润,都在奋力地推陈出新。因此,不断开发新产品、淘汰老产品就十分必要。这关系到一家企业是否能争取到市场的主动权,是否能够正常地生存、发展。这里我们所要讨论的是利用现有的生产能力开发新产品的决策问题,至于通过扩大生产规模开发新产品则不属于短期决策范畴,需要通过长期投资决策才能解决。

【例 5-15】 金华钢笔厂打算利用生产能力开发新型的钢笔。现在有两种方案可供选择:方案一为生产 A 型钢笔,方案二为生产 B 型钢笔。根据预测,现有生产能力每月可以生产 2 000 支 A 型钢笔。这种新型钢笔的单位变动成本为 25 元,预计单位售价为 60 元。现有生产能力每月可以生产 1 500 支 B 型钢笔。B 型钢笔的单位变动成本为 35 元,预计单位售价为 80 元。金华钢笔厂如果生产 A 型钢笔便不能生产 B 型钢笔。问:金华钢笔厂应该开发哪种型号的钢笔?

采用差量分析法和贡献毛益分析法结合的方式进行分析:

表 5-7 新产品开发决策分析　　　　单位:元

	A 型	B 型	差量
单位产品价格	60	80	
单位变动成本	25	35	
单位贡献毛益	35	45	
产量	2 000	1 500	
贡献毛益总额	70 000	67 500	-2 500

表 5-7 最后一行计算出的差量告诉我们,生产 A 型钢笔比生产 B

型钢笔更加有利。因此,应当选择开发 A 型钢笔。

当然,这都是在没有考虑开发新产品需要增加专属成本或需要改进原设备支出的简单情况下的决策。如果开发某种新产品需要额外支出费用,就应该从贡献毛益总额中减去该项费用,重新计算贡献毛益净额。

例如,开发 A 型电器的钢笔需要租用一台辅助设备,因而每月需要增加租金 8 000 元。在这种情况下,开发 A 型电器的贡献毛益净额就只有 62 000 元(70 000－8 000),比 B 型电器的贡献毛益 67 000 元少了 5 000 元。因此,在这样的情况下就应当放弃开发 A 型钢笔,转而开发生产 B 型钢笔。

七、有限资源最佳利用决策

企业所拥有的资源是有限的,比如企业的设备生产能力限制、加工能力限制、原材料供应限制等。因此,一种有利于企业的产品是不可能无休止地生产下去的。同时,市场上也有需求限制。如果企业在自己的可利用资源范围内,最大限度地生产而不顾市场需求,则可能导致产品价格下降,甚至会引起产品滞销。所以,如何充分、合理地利用企业资源,使其为企业提供最大的贡献毛益就显得十分必要。

有限资源最佳利用决策一般情况下采用线性规划的方法进行分析。线性规划是在满足一定约束条件下求解目标函数最佳值的数学模型。线性规划的求解方法有多种,我们下面分别通过例题向读者介绍。

(一)单位资源贡献毛益分析法

在产品组合决策中,在联合约束条件只有一个(如机器小时总数)的情况下,我们可以采用较为简单的解法——单位资源贡献毛益法来简化求解过程。这种方法的具体做法是:首先计算每种产品消耗 1 单位资源所能产生的贡献毛益。然后按照单位资源贡献毛益由高到低的顺序,在各种资源允许的范围内安排生产。

下面我们通过一个例题来说明上述方法的应用过程。

【例 5-16】 钟意电器厂可以生产两种型号的小型电器:A 型电器和 B 型电器。该电器厂的生产车间能提供的最大生产能力为 1 600 机器小时。A 型电器需要在该生产车间加工 2 小时,B 型电器需要在该生产车间加工 1.25 小时。A 型电器由于受原材料约束,最多只能生产 500 件;B 型电器因为受市场约束,最多只能生产 1 000 件。根据钟意电器厂的成本资料,A 型电器的单位产品能够提供的贡献毛益为 8 元,B 型电器的单位产品能够提供的贡献毛益为 6 元。钟意电器厂应该如何组合这两种产品,才能最佳利用有限的资源?

为方便起见,我们以 A 代表 A 型电器的产量,B 代表 B 型电器的产量。用 Z 表示两种产品所产生的贡献毛益总额。根据上面的资料,我们可以建立下述线性规划模型:

$$\max Z = 8A + 6B$$

$$\text{满足} \begin{cases} 2A + 1.25B \leqslant 1\ 600 & \text{(机器小时约束)} \\ A \leqslant 500 & \text{(原材料约束)} \\ B \leqslant 1\ 000 & \text{(市场约束)} \\ A \geqslant 0 \\ B \geqslant 0 \end{cases}$$

该线性规划的含义是,在上述约束条件下,求目标函数的最大值。

由于该例中 A 型电器和 B 型电器联合的约束只有生产车间的机器工时,因此,可以采用单位资源贡献毛益法。我们先计算各种型号的产品单位机器工时所能提供的贡献毛益:

$$\text{A 型电器的单位机器工时提供的贡献毛益} = \frac{\text{单位产品能提供的贡献毛益}}{\text{单位产品需要的机器工时}}$$

$$= \frac{8}{2} = 4(元/小时)$$

$$\text{B 型电器的单位机器工时提供的贡献毛益} = \frac{\text{单位产品能提供的贡献毛益}}{\text{单位产品需要的机器工时}}$$

$$= \frac{6}{1.25} = 4.8(元/小时)$$

根据单位机器工时能提供的贡献毛益来排序可以得知,生产 B 型电器比生产 A 型电器的单位机器工时能提供更多的贡献毛益。因此，对于有限的机器小时这一资源，我们应该先安排生产 B 型电器，如果 B 型电器安排完后，机器小时数还有剩余，再考虑安排生产 A 型电器。

由于每件 B 型电器的生产需用 1.25 个机器小时，因而现有的 1 600 机器小时可满足 1 280 件 B 型电器的生产。考虑到 B 型电器的市场约束，所以我们只能安排生产 1 000 件。

显然，B 型电器的生产安排妥当之后，尚有一定的剩余机器小时数，下面我们来计算剩余的机器小时数：

剩余的机器小时数 = 1 600 − 1.25×1 000 = 350(机器小时)

由于每件 A 型电器生产需要 2 机器小时，因而剩余的 350 机器小时可生产 175 件 A 型电器。这一产量同时也满足 A 产品原材料约束条件。

因此，电器厂利用资源的最佳产品组合方式是生产 A 型电器的产品 175 件，生产 B 型电器的产品 1 000 件。此时贡献毛益总额为 8×175+6×1 000=7 400 元。

(二)图解法

【例 5-17】 我们采用图解法对上例重新求解。具体过程如下：

(1)将各约束条件中的不等号改为等号，得到 5 个直线方程，并将其在同一坐标系中绘出。

(2)在坐标系中确定同时满足各约束条件的区域，该区域称为"可行域"。

图 5-6 中的阴影部分即为可行域，该区域中的任何点都满足所有的约束条件。我们下面需要做的就是从可行域中找出一点，该点对应的行动方案能使目标函数达到最大值。

(3)根据目标函数绘制等贡献毛益线。

对于任何常数 C，由目标函数值等于 C 所得直线即为等贡献毛益线：

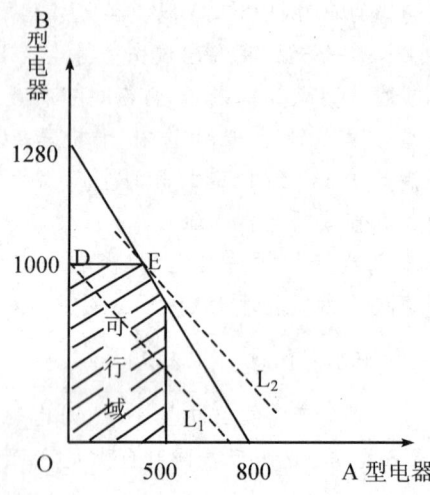

图 5-6 线性规划的图解法

$8A+6B=C$

由于常数 C 可任意取值,因此等贡献毛益线有无数条。任何斜率为(-1.33)的直线均为等贡献毛益线。

例如,我们选取图 5-6 中的 D 点,该点 A 型电器产量为零,同时 B 型电器产量为 1 000。该点对应的目标函数值为 $8\times 0+6\times 1\,000=6\,000$(元)。于是,过该点的直线 $8A+6B=6\,000$ 上的所有点对应的贡献毛益总额均为 6 000 元。该线在图 5-6 中以 L_1 表示。将等贡献毛益线 L_1 不断向右上方平行移动,所得直线上的点对应的贡献毛益不断增大,当我们将等贡献毛益线 L_1 向右上方平行移动至与可行域仅有一个交点时(图 5-6 中的 L_2),该交点为图中的 E 点,所对应的两种产品产量即为最优解。该解与上例的结果完全相同。

第三节　定价决策

定价决策是企业短期决策的重要组成部分。用于定价决策的工具有很多,本节主要讨论如何利用成本信息完成定价决策,同时也向读者简要介绍影响定价决策的相关因素。

一、影响定价决策的主要因素

企业生产各种产品,最终需要销售出去才能实现资金的循环周转,才能使企业的经营活动持续进行。在市场经济条件下,价格不是以人们的主观意愿为转移的。作为产品生产商、服务提供商自然希望价格定得越高越好,因为在其他条件不变的情况下,价格与利润呈正相关关系。然而,商品购买方则希望价格定得越低越好。在他们消费相同数量的产品或服务的情况下,产品或服务的价格越低,消费者的花费越少。因此,价格的制定是各方博弈的结果。

在完全竞争条件下,价格是由供需达到平衡决定的。这是在西方经济学中学到的重要原理。从消费者的需求方面来看,价格越低,则消费者倾向于消费更多的产品;如果价格提高,则消费者倾向于减少产品的消费数量。因此,需求的产品数量与价格成反比关系。从供给者的供给方面来看,价格越高,产品制造商倾向于提供更多的产品。因此,供给的产品数量与价格成正比关系。将这两种关系反映在同一坐标系中,就会得到需求与供给曲线,如图5-7所示。该图中两条曲线的交点对应的产量称为均衡产量。从图中可以看出,当产量低于均衡产量时,商品的价格低于均衡价格,消费者的价格曲线高于供给方的价格曲线,因此出现供不应求的现象,导致价格上涨,一直上涨到均衡价格才停止。同样,当产量高于均衡产量时,供过于求,价格必须下降,一直下降到均衡价格才停止。通过这个过程可以看出,市场的需求量是影响价格的一个因素。企业要对市场的产品需求量进行预测,同时确定一个相应的价格。因此,市场需求是影响价格的一个重要因素,也成为影响定价决策的重要因素之一。

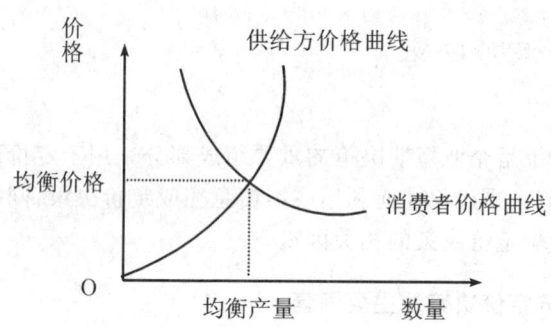

图 5-7　完全竞争条件下的价格决定

在非完全竞争的市场经济中,虽然供需是影响价格的重要因素之一,但价格不仅仅由供需决定。现实生活大多都属于非完全竞争的市场经济,但是这也分为很多种情况,如卖方市场、买方市场等。

卖方市场是指在该种类型的市场经济中卖方占有主导地位。当市场被生产方垄断后,资源被进一步稀缺化,价格不断提升。买方购买该产品具有刚性,也就是说,买方不能随意降低对该产品的需求。因此,在卖方市场经济条件下,价格决定权就属于垄断了资源的生产一方。在卖方市场情况下,虽然均衡价格也是由供求关系决定的,但是供给方在很大程度上影响了供给曲线,在价格决定中占主导地位。

买方市场是指在该种类型的市场经济中买方占有主导地位。现在世界上大多数国家的消费品行业都属于该类型。比如,食品、服装、小家电行业等。这些行业的产品数量极为丰富,产品种类多样,消费者可以随意选择自己需要的产品。可以说,这些行业的产品的替代品十分多,同时也十分相似,因此,导致各个厂家之间激烈竞争,消费者处于有利的地位。消费者是否喜好某种商品决定了该种商品是否能够卖出及厂家是否能够收回成本、获取利润。但是,由于市场上有很多同类产品或相似的替代品,因此,消费者选择的余地加大;并且,消费者的选择直接影响到厂家的生存、发展、壮大。虽然在这些行业中也是由供需决定产品价格的,但是消费者行为在很大程度上影响了需求曲线,在价格决定中占有主导地位。

另外，国家的某些行为也会影响价格。比如，国家一般都对农产品实行补贴，而对某些行业（烟酒行业等）征税。政府如果取消对这些行业的限制，则这些行业的产品价格就完全由市场决定。但是一旦政府介入，就必须考虑政府税收和补贴对产品价格的影响。一般来说，政府对产品实行补贴可以使产品的价格维持在一定的水平上，而不剧烈地上下波动。政府对产品征税，生产者就会将部分税收转嫁给消费者，从而提高了产品价格。

当然，产品的成本也是一个很重要的决定价格的因素。企业生产产品、卖出产品的目的是弥补成本、各项费用并获得利润，实现企业的利润最大化目标，促进企业快速成长。因此，企业产品的价格要高于成本。如果企业产品的价格长期低于成本，那么销售产品所获得的收入就不能弥补产品的成本，更不能弥补企业的各项费用（财务费用、管理费用以及营业费用等），企业无法获得利润，更无法实现自身发展。本节接下来主要论述如何运用成本信息进行定价决策。

二、成本加成定价法

成本加成定价法（Cost－Plus Pricing）是在单位成本的基础上按一定的加成率计算相应的加成额，进而确定产品销售价格的方法。

根据确定的成本基础不同，可以分为以完全成本为基础的成本加成法和以变动成本为基础的成本加成法。下面分别介绍这两种方法的具体使用过程。

（一）以完全成本为基础的成本加成法

该定价法的成本基础为单位产品的制造成本，加成内容为非制造成本及目标利润，计算公式如下：

$$目标售价＝单位产品的制造成本\times(1＋成本加成率)$$

【例 5-18】 农乐压缩机厂生产一种新型的压缩机，产销量为 500 台/月，每月发生的固定制造费用为 24 万元，固定销售及管理费用为 8 万元。另外，各项单位变动成本资料如下：

单位直接材料	600 元
单位直接人工	350 元
单位变动制造费用	70 元
单位变动销售费用	50 元

可以计算出每台压缩机承担的固定制造费用为 480 元,承担的固定销售费用为 160 元。

该厂经研究决定,在制造成本的基础上加成 50%,作为产品的目标售价。

下面我们运用以完全成本为基础的成本加成定价法为该产品定价。具体过程如下:

单位直接材料	600 元
单位直接人工	350 元
单位固定制造费用	480 元
单位变动制造费用	70 元
单位制造成本	1 500 元
成本加成部分	750 元
单位产品的售价为	2 250 元

(二)以变动成本为基础的成本加成法

以变动成本为基础的成本加成法,其成本基础为单位产品的全部变动成本(既包括变动生产成本,也包括变动销售及管理费用),加成内容为全部固定成本及目标利润,其计算公式为:

$$目标售价 = 单位产品变动成本 \times (1 + 成本加成率)$$

【例 5-19】 沿用上例资料。现在采用以变动成本为基础的成本加成法确定产品价格。假设该厂经研究决定,该产品在变动成本的基础上加成 100% 进行定价。

| 单位直接材料 | 600 元 |
| 单位直接人工 | 350 元 |

单位变动制造费用	70 元
单位变动销售费用	50 元
单位产品变动成本	1 070(元)
成本加成	1 070(元)
单位产品售价	2 140(元)

(三)加成百分比的确定

在运用成本加成定价法进行定价决策时,最关键的就是如何确定加成百分比。我们下面给出了完全成本加成定价法与变动成本加成定价法下加成百分比的计算公式。在附录 5-2 中提供了这两个公式的证明过程。有兴趣的读者可参考该附录。

(1)完全成本加成定价法加成百分比的计算公式

在完全成本法下,成本加成百分比可按下面的公式确定:

$$加成百分比 = \frac{(投资额 \times 期望的投资报酬率 + 非制造成本总额)}{制造成本总额}$$

(2)变动成本加成定价法加成百分比的计算公式

在变动成本法下,成本加成百分比可按下面的公式确定:

$$加成百分比 = \frac{(投资额 \times 期望的投资报酬率 + 全部固定成本总额)}{变动成本总额}$$

【例 5-20】 上例中,假定该企业的投资总额为 2 000 000 元,预期投资报酬率为 13.5%。

要求:分别计算采用完全成本加成法和变动成本加成法时的加成百分比。

解:

非制造成本总额 = 50×500 + 80 000 = 105 000(元)

制造成本总额 = 1 500×500 = 750 000(元)

于是,在完全成本加成法下的加成百分比为:

$$加成百分比 = \frac{(2\ 000\ 000 \times 13.5\%) + 105\ 000}{750\ 000} = 50\%$$

全部固定成本总额＝240 000＋80 000＝320 000(元)
全部变动成本总额＝1 070×500＝535 000(元)
在变动成本加成法下的加成百分比为：

$$加成百分比 = \frac{(2\ 000\ 000 \times 13.5\%) + 320\ 000}{535\ 000} = 110.28\%$$

成本加成定价法单纯根据产品成本制定价格，没有考虑到市场的接受程度，也没有考虑到消费者的反应。因此依据该定价法所得到的定价结果通常不能立即用于实际，还应在考虑影响价格的其他因素的基础上作出适当调整。

三、特殊订单定价法

前述特殊订单是否接受决策中，一般是购买方提出一个价格，产品生产方根据该价格以及产品生产所需要的各种成本进行比较，根据产品是否能给企业提供额外的利润或贡献毛益，作出是否接受该特殊订单的决策。然而，在实际的商业活动中，任何一家企业都不会轻易放弃一个可能盈利的机会。因此，当企业接到特殊订单时，虽然买方给出的价格不能接受，但是企业也应该根据自身的情况给出一个可接受价格的底线，然后责成商业谈判代表与产品购买方进行磋商，充分利用每一个机会。

特殊订单定价法分为两种情况：一种是需要增加专属成本的特殊订单定价，一种是为了占领市场等特殊目的而获取的特殊订单的定价。

(一)需要增加专属成本的特殊订单定价

在这种情况下，企业可接受的特殊订单价格不仅要弥补生产该特殊订单要求的产品的各项变动成本，同时也要弥补增加的专属成本的摊销。这时应采用贡献毛益分析法定价。

贡献毛益分析法定价是指利用贡献毛益与增加的专属固定成本之间的联系，确定最低单位贡献毛益，然后在最低单位贡献毛益的基础上加上单位变动成本以及单位目标利润即为单位产品的目标售价。

相关的公式为：

$$最低单位贡献毛益 = \frac{增加的专属成本}{该订单需要的产品数量}$$

最低售价 = 单位产品的变动成本 + 最低单位贡献毛益

【例 5-21】 美方家具厂收到宏大公司的特殊订单,要求加工一批办公桌 50 张,提供的价格为每张桌子 600 元。为了能加工符合要求的办公桌,美方家具厂需要租用一台辅助设备,需要支出 20 000 元租金,办公桌的单位变动成本为 260 元。问:企业是否会接受该特殊订单?

计算出贡献毛益总额为 17 000 元(600×50−260×50),小于需要增加的专属成本,因此企业应当作出拒绝该特殊订单的决策。但是,一旦了解了特殊订单定价法后,就可以计算出一个企业产品的最低售价,然后去同特殊订单的购买方进行磋商,以达到双赢的结果。

$$最低单位贡献毛益 = \frac{20\ 000}{50} = 400(元)$$

最低售价 = 单位变动成本 + 最低单位贡献毛益 = 260 + 400 = 660(元)

因此,企业需要的单位产品价格至少为 660 元。如果企业要求有 10 000 元的利润,则计算最低贡献毛益时就应该把 10 000 元的目标利润考虑进去。相关的公式就应该变成:

$$最低单位贡献毛益 = \frac{增加的专属成本 + 目标利润}{该订单需要的产品数量}$$

$$= \frac{20\ 000 + 10\ 000}{50} = 600(元)$$

最低售价 = 单位变动成本 + 最低贡献毛益 = 260 + 600 = 860(元)

通过上面的计算可以看出,就该特殊订单而言,如果美方家具厂能够与宏大公司进行交流,最终将该订单的价格确定在 660 元以上,那么美方家具厂就可以在弥补了增加的专属成本以外获得收益。经过艰苦的商业谈判,双方就该订单的产品价格达成一致:价格确定为 750 元。按照这个价格,美方家具厂每张办公桌都可以提供 90 元(750−660)的利润。

（二）特殊目的下的特殊订单定价法

当一家企业为了达到某一特殊的目的，如占领某一消费领域或提升公司的品牌地位等时，往往会有意将价格定于成本之下，也就是亏本销售。

在上例中，美方家具厂要求的最低单位产品售价是 660 元，其中包括为了弥补专属成本的贡献毛益 400 元。如果美方公司预测宏大公司只会和本公司发生这一次交易，那么企业就必须坚持产品价格底线 660 元。但是，如果经过预测，宏大公司正处于发展壮大阶段，还会购买许多家具；同时，根据可靠消息，宏大公司正在建设一栋职工宿舍楼，不久以后就需要一大批家具，那么，企业可以重新考虑是否接受该特殊订单。比如，美方家具厂可以和宏大公司达成一系列的共识，签订一揽子合同。虽然接受该特殊订单可能会有一部分损失，但是从总体上来看企业还是盈利的。

【例 5-22】 沿用前面的例子。美方家具厂收到该特殊订单后进行了上面的分析，也知道了产品的价格底线为 660 元。但是宏大公司十分坚决。同时，美方家具厂得知宏大公司马上就要建成的一栋职工宿舍楼需要大批的家具。经过分析，美方家具厂决定再与宏大公司进行磋商。双方经过紧张激烈的谈判，最终达成了一个协议。该协议规定美方家具厂按照 600 元的单位价格向宏大公司提供 50 张办公桌。但是，该协议同时规定了宏大公司即将建成的职工宿舍楼的所有家具都由美方家具厂提供。在这样的情况下，美方家具厂同意按照单位价格 600 元为宏大公司提供办公桌 50 张。在以后的几个月内，美方家具厂通过为宏大公司提供 2 000 张单人床赚取了 10 万元，大大超过了前面特殊订单的损失，获得了长远的盈利。

通过本例可以看出，在特定情况下，"价格可以低于成本"。基于成本的定价方法往往需要考虑其他因素后作出适当调整。

四、基于目标成本法的定价决策方法

上面讨论的定价方法只适用于这样的情况:待定价的产品已经完成设计,已经投产并已生产出产成品,因而成本已经发生,并且成本水平已经确定,一旦确定了价格,可立即投放市场。这种定价模式在很大程度上忽视了顾客的需求,因而现实中,不少企业的产品在市场上受到冷落。正是由于传统定价决策法的上述弊端,使得在西方很多管理先进的企业中改用与上述方法完全相反的做法来确定产品价格,这就是所谓的基于目标成本法的定价方法。

目标成本法的基本程序如下:

(1)通过市场调查确定消费者对新产品的质量与功能要求,以及他们愿意为该产品支付的价格,此价格即作为该产品的目标售价;

(2)用目标售价减去合理的目标利润确定该产品的目标成本;

(3)研究新产品开发的可行性,确定公司能否以目标成本生产出顾客需要的产品;

(4)当新产品通过可行性分析后,公司即以该目标成本作为标准要求,着手设计新产品。

当新产品设计完成后,如果该设计方案预计生产成本高于目标成本时,就需要修订产品设计方案,直至新方案预计成本低于目标成本为止。

目标成本法的基本公式如下:

$$目标成本 = 目标售价 - 目标利润$$

其中:目标利润 = 投资额 × 目标投资报酬率。

下面我们通过一个例题简要说明目标成本法的基本过程。

【例 5-23】 兴旺玩具厂准备生产一种新型儿童玩具。市场调查结果显示,消费者可以接受的售价为 80 元。该厂预计每年可以销售该产品 10 000 件。为设计、开发和生产该产品,需投资 2 000 000 元。公司要求的投资报酬率为 16%。另外,相关的销售及管理费用每年为

20 000元。要求根据资料为该公司确定目标生产成本及应否开发此产品。

预计销售收入　　　　　　　80×10 000＝800 000（元）
减：目标利润　　　　　　　2 000 000×16％＝320 000（元）
　销售与管理费用　　　　　　　　　　　20 000（元）
目标生产成本　　　　　　　　　　　　460 000（元）
单位目标生产成本＝460 000÷10 000＝46（元）

计算结果表明，如果该厂能够通过合理设计而使单位产品生产成本不超过46元，则应组织设计、开发该产品。如果在设计和技术上达不到这一要求，那么该厂就应该放弃此项计划，这样可避免盲目生产所产生的不良影响。

本章小结

企业管理人员每天都要面对许多决策问题，为此会接触到各类成本信息，例如差别成本、机会成本、重置成本、付现成本、可避免成本、可递延成本、专属成本和可分成本等。在进行特定决策时，这些成本中有的与决策相关，有的则与决策不相关。基于相关成本的短期决策的目标通常是成本最小化或利润最大化。主要决策方法包括差量分析法、贡献毛益分析法、成本无差别点分析法。决策过程大致需要经过以下阶段：确定要解决的决策问题，选取备选方案，选取决策方法，收集相关信息，对备选方案作出选择，最后还需要考虑其他因素。运用相关成本信息主要能够进行生产和定价等方面的决策。生产决策主要包括生产品种决策、零件自制还是外购决策、特殊订单是否接受决策、半成品是否进一步加工决策、亏损产品是否停产或转产决策、新产品开发决策、有限资源最佳利用决策等。定价决策主要包括成本加成定价法、特殊订单定价法等。

附录 5-1：运用 Excel 求解线性规划

线性规划是一种技术上较为成熟的数学模型。其求解软件有很多。由于读者最为熟悉 Excel 软件，所以我们简要介绍如何将其用于求解线性规划。我们还是通过一个例题进行论述。

【例】 钟意电器厂可以生产两种型号的小电器：A 型电器和 B 型电器。这两种型号的产品需要经过两个生产车间：车间 M 和车间 N。该电器厂的车间 M 能提供的最大生产能力为 1 600 机器小时。A 型电器每件需要在该生产车间加工 2 小时，B 型电器每件需要在该生产车间加工 1.25 小时。该电器厂的车间 N 能提供的最大生产能力为 1 000 机器小时。A 型电器每件需要在该生产车间加工 0.8 小时，B 型电器每件需要在该生产车间加工 1 小时。A 型电器由于受原材料约束，最多只能生产 500 件；B 型电器因为受市场约束，最多只能生产 1 000 件。根据钟意电器厂的成本资料，A 型电器的单位产品能够提供的贡献毛益为 8 元，B 型电器的单位产品能够提供的贡献毛益为 6 元。问：现在钟意电器厂应该如何组合这两种产品才能最佳利用两个车间的有限资源？

我们首先建立线性规划模型。
列出生产 A 型电器和 B 型电器的约束条件：

$$\max Z = 8A + 6B$$

约束条件 $\begin{cases} 2A+1.25B \leqslant 1\,600 & \text{（车间 M 机器小时约束）} \\ A \leqslant 500 & \text{（材料约束）} \\ B \leqslant 1\,000 & \text{（市场约束）} \\ 0.8A+B \leqslant 1\,000 & \text{（车间 N 机器小时约束）} \\ A \geqslant 0 \\ B \geqslant 0 \end{cases}$

为便于对比，我们将图解法分析结果提供给读者。
附图 5-1 表明，b 点为最优点。通过下面的联立方程求解：

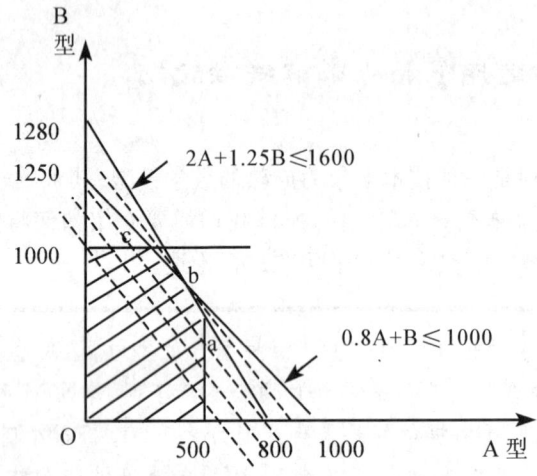

附图 5-1 线性规划的图解法

$2A+1.25B=1\,600$

$0.8A+B=1\,000$

解得：$A=350, B=720$。该点的贡献毛益值为：

最高贡献毛益 $=8A+6B=8\times 350+6\times 720=7\,120$

其次，我们来看运用 Excel 求解的简要步骤，以及计算机输出结果的简要说明。

(1) 建立 Excel 电子表格

附表 5-1 提供了本例中电子表格的示例。

附表 5-1 求解线性规划的电子表格示例

	A	B	C	D
1		A 型电器	B 型电器	总额
2	单位贡献毛益	8	6	
3	产销量			
4	贡献毛益总额			
5	约束条件			

(2) 在该表格中输入有关数据并定义相关公式

我们将单元格 B3 和 C3 分别用于存放 A、B 两种型号电器的产销量数值,并均输入初值 100。初值的选取有很大的灵活性,我们当然可以选择其他初值,所选初值不同一般不会影响计算结果,只是对计算速度有所影响。接下来,在 B4 和 C4 单元格中分别输入"=B2*B3","=C2*C3",分别表示两种产品的贡献毛益。在 D4 单元格中输入"=B4+C4",表示贡献毛益总额。在 B5 和 C5 单元格中分别输入"=2*B3+1.25*C3","=0.8*B3+C3",分别表示两种产品所消耗的车间 M 和车间 N 的机器小时数。

(3) 打开"规划求解参数"对话框

在 Excel 的"工具"下拉菜单中,点击"规划求解"选项,即可打开相应的对话框。通常,初次使用求解线性规划功能时,在"工具"下拉菜单中找不到"规划求解"选项,这时需要在该菜单中选择并点击"加载宏",在打开的对话框中,选中"规划求解"选项后,点击"确定"即可。

(4) 对"规划求解参数"对话框进行设置

按照系统提示,完成该对话框设置。附图 5-2 显示了设置好的该对话框。

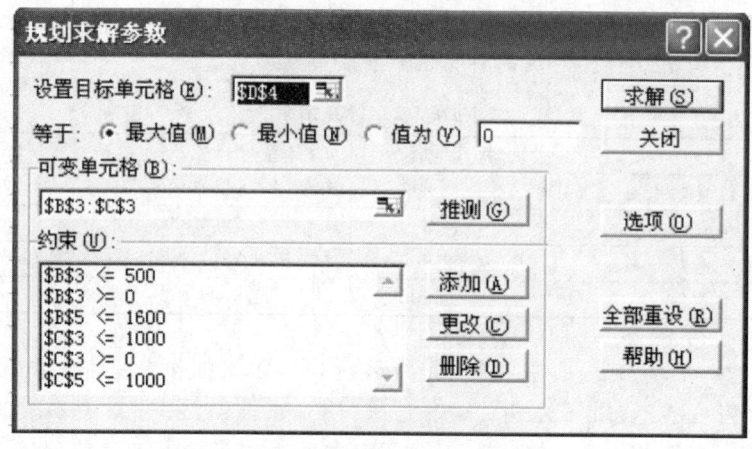

附图 5-2　规划求解参数设置

需要说明的是,可变单元格是指存放决策变量(本例为两种产品的产销量)的单元格(本例为 B3 和 C3)。另外,约束条件的设置需要点击

"添加"按钮,并打开"添加约束"对话框(如附图 5-3 所示)。在该对话框的"单元格引用位置"应选择约束条件不等号左端表达式或变量所存放的单元格位置。例如,本例中第一个约束条件的表达式存放于 B5 中,因而应点击电子表格中的 B5 单元格,这时"单元格引用位置"的方框中就会出现"＄B＄5",或直接在该方框中输入"＄B＄5"。

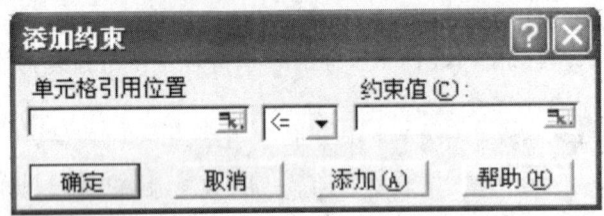

附图 5-3 "添加约束"对话框

另外,在点击"选项"后打开的对话框中,选中"采用线性模型"和"假定非负"并确定。最后,点击"求解"按钮后,就会立即得到计算结果。

(5)查看结果

我们可直接以先前建立的电子表格中获得计算结果。本例计算结果如附表 5-2 所示。该表显示,A 型电器和 B 型电器的最优产量分别为 350 台和 720 台。对应的目标函数值为 7 120 元。

附表 5-2 计算结果

	A 型电器	B 型电器	总额
单位贡献毛益	8	6	
产销量	350	720	
贡献毛益总额	2 800	4 320	7 120
约束条件	1 600	1 000	

另外,也可通过保存"运算结果报告",在该报告中获得更多的信息。附表 5-3 给出了本例的运算结果报告。该报告显示了对于最优方案而言,哪些资源已全部用尽(达到限制值),哪些资源尚有剩余。本例中,两个车间的机器小时资源均达到了限制值。这与图解法所反映的情况是一致的——在图解法中,最优解位于两车间机器小时约束条件所对应的直线的交点。而且从分析数值结果来看,Excel 软件的计算结果与

图解法的计算结果完全吻合。值得一提的是，图解法仅适用于两个决策变量情况，而运用 Excel 软件，可以轻而易举地推广至更多变量的情形。

附表 5-3　运算结果报告

目标单元格（最大值）

单元格	名字	初值	终值		
$D$4	贡献毛益总额	1 400	7 120		

可变单元格

单元格	名字	初值	终值		
$B$3	产销量 A 型电器	100	350		
$C$3	产销量 B 型电器	100	720		

约束

单元格	名字	单元格值	公式	状态	松弛值
$B$5	约束条件 A 型电器	1 600	$B$5<=1 600	达到限制值	0
$C$5	约束条件 B 型电器	1 000	$C$5<=1 000	达到限制值	0
$B$3	产销量 A 型电器	350	$B$3<=500	未到限制值	150
$C$3	产销量 B 型电器	720	$C$3<=1 000	未到限制值	280
$B$3	产销量 A 型电器	350	$B$3>=0	未到限制值	350
$C$3	产销量 B 型电器	720	$C$3>=0	未到限制值	720

由于篇幅所限，我们这里仅粗略地介绍了 Excel 在求解线性规划中的简单应用。其实，该软件在线性规划求解方面还提供了更多的决策信息。

附录 5-2：关于加成百分比计算公式的证明

我们以 α 表示成本加成百分比。另外，我们可以把目标利润总额表示为投资额与期望的投资报酬率的乘积，即：

目标利润总额＝投资额×期望的投资报酬率

1. 完全成本加成法

$$\text{单价} = \text{单位制造成本} \cdot (1+\alpha) \quad (1)$$

$$\text{单价} = \text{单位制造成本} + (\text{单位非制造成本} + \text{单位目标利润}) \quad (2)$$

将(1)式代入(2)式并整理得:

$$\alpha = \frac{\text{单位非制造成本} + \text{单位目标利润}}{\text{单位制造成本}}$$

$$= \frac{\text{非制造成本总额} + \text{目标利润总额}}{\text{制造成本总额}}$$

$$= \frac{\text{非制造成本总额} + \text{投资额} \times \text{期望的投资报酬率}}{\text{制造成本总额}}$$

2. 变动成本加成法

$$\text{单价} = \text{单位变动成本} \cdot (1+\alpha) \quad (3)$$

$$\text{单价} = \text{单位变动成本} + (\text{单位固定成本} + \text{单位目标利润}) \quad (4)$$

将(3)式代入(4)式并整理得:

$$\alpha = \frac{\text{单位固定成本} + \text{单位目标利润}}{\text{单位变动成本}}$$

$$= \frac{\text{固定成本总额} + \text{目标利润总额}}{\text{变动成本总额}}$$

$$= \frac{\text{固定成本总额} + \text{投资额} \times \text{期望的投资报酬率}}{\text{变动成本总额}}$$

证毕。

综合复习题

一、思考题

1. 什么是决策相关成本？决策相关成本有哪两个特征？
2. 常见的决策相关成本有哪几种？
3. 产品生产决策一般包括哪几种典型问题？
4. 利用相关成本信息进行短期决策常用的方法主要有哪几种？
5. 什么是差别成本？什么是机会成本？
6. 什么是可避免成本？什么是专属成本？

7."变动成本总是相关的,固定成本总是不相关的"这种说法对吗? 为什么?

8."企业应当优先生产单位贡献毛益最大的产品"这种说法对吗?

9.影响产品价格的主要因素有哪些?

10.成本加成定价法中"加成"的基础有哪几种?"加成"的内容包括什么?

二、单项选择题

1.可明确归属某一产品或某一部门的成本是( )。

　　A.专属成本　　　　B.沉没成本

　　C.付现成本　　　　D.可分成本

2.某企业打算将一台闲置机器用于生产新产品,该机器购买时成本为48万元,已提折旧36万元,账面净值为12万元。现该机器若出售,可获得10万元收入,则该项决策的相关成本为( )。

　　A.48万元　　　　　B.12万元

　　C.10万元　　　　　D.36万元

3.某企业同时生产甲、乙、丙三种产品,其中甲产品亏损而乙和丙两种产品盈利,那么甲产品( )。

　　A.应立即停产

　　B.如果贡献毛益大于变动成本就应停产

　　C.如果贡献毛益大于零就应停产

　　D.如果贡献毛益大于其可避免固定成本就应停产

4.在联产品是直接出售还是进一步加工后出售的决策中,联合成本属于不相关成本的原因是该项成本( )。

　　A.不会因决策结果而改变

　　B.基于销售额分配给各联产品

　　C.属于机会成本

　　D.可造成盈利产品亏损的假象

5.某企业生产甲乙两种产品,这两种产品的单位贡献毛益分别为2元和5元,每件产品所消耗的机器小时数分别为0.5小时和2小时,该企业每月的生产能力为1 000机器小时,则该企业的最佳方案是生产（　　）。

　　A. 1 000 件甲产品　　　B. 500 件乙产品

　　C. 2 000 件甲产品　　　D. 1 000 件乙产品

三、多项选择题

1. 下列成本通常属于决策相关成本的有（　　）。

　　A. 可避免成本　　　B. 沉没成本

　　C. 机会成本　　　　D. 可分成本

　　E. 差别成本

2. 在基于相关成本的短期决策中，常用的决策方法主要包括（　　）。

　　A. 差量分析法　　　B. 贡献毛益法

　　C. 变动成本法　　　D. 成本性态分析法

　　E. 成本无差别点法

3. 以变动成本为基础的成本加成法，其成本基础为单位产品的（　　）。

　　A. 直接材料成本　　　B. 直接人工成本

　　C. 变动制造费用　　　D. 变动销售费用

　　E. 变动管理费用

4. 某公司一分厂在决定是否将一亏损产品停产时，下面的成本项目中属于相关成本的是（　　）。

　　A. 该产品的变动制造费用

　　B. 分配给该产品的厂房折旧费

　　C. 公司总部分配的成本

　　D. 该产品的直接材料

　　E. 该产品的直接人工成本

5. 下述关于目标成本法下目标售价的论述正确的有（　　）。

　　A. 目标售价是基于生产成本制定的

　　B. 目标售价是企业根据目标利润确定的

　　C. 目标成本是通过目标售价与目标利润确定的

　　D. 目标售价往往难以被消费者接受

E. 运用目标成本法所制定的目标售价有利于企业避免盲目生产

四、判断题

1. 机会成本并不包含在企业成本核算范围内,因此在决策时不应考虑。(　)

2. 在联产品分离后应立即出售还是应进一步加工后再出售的决策中,联合成本是不需要考虑的。(　)

3. 企业打算将某种零件由自制改为外购,由此所产生的剩余设备可用于出租,该租金收入应作为自制方案的机会成本。(　)

4. 以完全成本为基础的成本加成定价法,"加成"内容为非制造成本。(　)

5. 在两个备选方案中相同的成本属于决策非相关成本,因而在决策过程中无需考虑。(　)

五、业务题

1. LC公司打算利用剩余生产设备生产某种产品。可以选择的方案有两个,分别是生产A产品和生产B产品,相应产量分别为100件和50件。但是如果生产A产品就不能生产B产品。这两种产品的售价和部分成本资料如下:

表1　　　　　　　　　　　　　　　　　　　　　　单位:元

产品	单位售价	直接材料	直接人工	变动制造费用	变动成本总额
A产品	50	18	12	8	38
B产品	60	11	16	10	37

另外,A、B两种产品的变动销售及管理费用均为零。试问该企业应当选择生产哪种产品?

2. 赛格齿轮厂收到利达机械厂的一个特殊订单,要求加工小型齿轮200个,每个齿轮出价50元。赛格齿轮厂现有足够的剩余生产能力用于生产该特殊订单所需小型齿轮。该厂如不生产这批小型齿轮,剩余生产能力没有其他用途。但是为生产这批小型齿轮,赛格齿轮厂还需另外租用一台辅助设备,为此需要支付租金500元。据测算,生产该齿轮的单位成本为52元,其中:直接材料18元,直接人工12元,变动制造费用8元,固定制造费用14元。已知该特殊订单的接受不会增加该厂的销售及管理费用。

问:赛格齿轮厂应否接受该特殊订单?

3. 在上题中,赛格齿轮厂接受上述特殊订单会对该厂A产品的生产量造成影响,导致该产品减产100件;而该产品的销售单价为60元,单位成本为:直接材料15元,直接人工16元,变动制造费用10元,固定制造费用8元,变动销售及管理费用2元。在这种情况下,赛格齿轮厂应否接受上述特殊订单?

4. 某企业生产的半成品可以单独直接出售,也可以进一步加工为成品后出售。该企业年产该半成品8 000件,其单位变动成本为48元,单位固定制造费用为60元。每件该半成品加工为成品的过程中需要追加的成本为:直接材料15元,直接人工8元,变动制造费用12元;需要增加的专属成本为200 000元。半成品销售单价为120元,加工为成品后的销售单价为175元。另外,将半成品加工为成品出售不会增加企业的销售与管理费用。

试问:企业是否应该将半成品加工为成品后再出售?

5. 企业现有设备的年生产能力为20 000机器小时,可以用于生产甲、乙、丙三种产品。三种产品的相关成本资料如下:

表2

产品	单位售价	单位变动成本	单位产品消耗机器工时	市场最大需要	原材料约束
甲	150	86	8	600	900
乙	120	75	5	1 600	1 500
丙	80	50	4	2 800	2 500

问:企业应该选择什么样的产品组合才能充分利用企业的设备资源?可以获得多大的贡献毛益?

六、案例分析题

GW家具厂是一家小企业,目前生产销售"经济型"、"标准型"和"豪华型"三种家具。2002年度的有关资料如表3所示。

表 3　　　　　　　　　　　　　　　　　　　　　单位：元

	经济型	标准型	豪华型	合计
销售收入	500 000	2 000 000	800 000	3 300 000
各项成本	420 000	2 040 000	712 000	3 172 000
利润	80 000	(40 000)	88 000	128 000

为了提供企业总体利润，管理人员提出了以下两项措施：

(1) 停止生产亏损的标准型家具；

(2) 对豪华型家具增加广告费投入 200 000 元，预计可提高产销量 50%。由于目前尚有足够的剩余生产能力，因此这一措施不需要该厂增添设备和其他固定资产。

财务部门会同其他部门整理出该厂各产品的如下资料：

表 4　　　　　　　　　　　　　　　　　　　　　单位：元

	经济型	标准型	豪华型	合计
销售量（套）	100	200	10	
单价	5 000	10 000	80 000	
销售收入	500 000	2 000 000	800 000	3 300 000
减：变动成本				
直接材料	200 000	1 200 000	300 000	1 700 000
直接人工	20 000	250 000	200 000	470 000
制造费用	80 000	200 000	20 000	300 000
销售及管理费用	50 000	300 000	80 000	430 000
贡献毛益	150 000	50 000	200 000	400 000
减：可避免固定成本	50 000	10 000	80 000	140 000
不可避免固定成本	20 000	80 000	32 000	132 000
利润	80 000	(40 000)	88 000	128 000

表 4 中可避免成本包括专门用于各类家具生产的机器折旧费，不

可避免成本包括各类型家具共用机器和厂房等的折旧费等成本。不可避免成本按照三种产品销售收入的比重进行分配。

要求：对管理人员提出的上述两项措施的合理性进行判断与分析。

参考答案

二、单项选择题

1. A　2. C　3. D　4. A　5. C

三、多项选择题

1. ACDE　2. ABE　3. ABCDE　4. ADE　5. CE

四、判断题

1. ×　2. √　3. √　4. ×　5. √

行文思考

行文思考 1

提示：

如果租金涨到了 250 000 元，情况就不同了。计算过程如下：

自制方案的总成本：$4\,000 \times 200 + 250\,000 = 1\,050\,000$（元）

外购方案的总成本：$5\,000 \times 200 = 1\,000\,000$（元）

方案之间的差别成本：$1\,050\,000 - 1\,000\,000 = 50\,000$（元）

计算结果表明，自制方案比外购方案多花费 50 000 元。因此，在该种情况下，应当选用外购方案。同时应当把闲置的机器设备用于生产 M 部件，以获得每月 250 000 元的成本节约。

行文思考 2

提示：

计算单位贡献毛益：$240 - 120 - 30 = 90$（元）

计算贡献毛益总额：$90 \times 300 = 27\,000$（元）

由于贡献毛益大于零，因此企业应当选择接受宏润超级市场的该批特殊订单进行生产。

行文思考 3

提示：

单位贡献毛益：$240 - 120 - 30 = 90$（元）

贡献毛益总额：90×300＝27 000(元)

专属成本：24 000(元)

贡献毛益净额：3 000(元)

由于贡献毛益净额大于零,因而可得出与使用差量分析法一样的结论:企业应当接受这批特殊订单。

第六章 长期投资决策

本章学习目的
1. 了解长期投资决策的含义与特点
2. 了解长期投资决策的一般程序
3. 理解影响长期投资决策的主要因素
4. 掌握现金流量的概念与计算方法
5. 掌握回收期法
6. 掌握会计收益率法
7. 掌握净现值法
8. 掌握内部报酬率法
9. 掌握获利指数法

范　例

　　GW 机电厂的产品在当地市场上占有一席之地。由于市场需求逐步扩大,该厂打算购置一套新的生产设备。经过初步论证后,得出的结论是,该设备投资额约 1 000 万元,每年可收回的资金不超过 100 万元,设备的投资回收期在 10 年以上。该厂认为回收期超过 5 年的项目不可接受,最终放弃了该项方案。XC 机电厂是 GW 厂的主要竞争对手,对购置新设备有不同观点,并不惜重金购买了当初 GW 机电厂放弃购买的设备。新设备投产后使得产品在用料、人工方面的成本大大节约,而且产品的次品率也显著降低。更重要的是,新设备的投入使产品质量显著提高,投产仅一年就收回 200 余万元资金。照此速度,用不了 5 年即可收回全部投资。新设备的投入使 XC 的产品在当地市场上的份额显著提高,竞争优势逐步形成。

第一节　长期投资决策概述

　　为维持生存与发展,企业必须不断进行长期投资。由于这类投资通常需要投入大量资金,因而决策的好坏将影响企业未来多年的盈利状况。企业如能作出合理决策,将使企业稳定发展,在市场竞争中取得有利的竞争地位。但是长期投资决策一旦失误,常常会导致灾难性的后果。正确的长期投资决策对每个企业的生存发展都是至关重要的。

一、长期投资及其特点

(一)长期投资的含义

　　从广义上讲,长期投资既包括固定资产投资,也包括无形资产投资和长期有价证券投资等内容。由于长期投资中,固定资产投资所占比重较大,所以从狭义上讲,长期投资特指固定资产投资。本章主要从狭义的角度对长期投资决策展开论述。

固定资产投资是指以获取未来收益为目的,将资金投放于固定资产及由固定资产投资所引起的其他生产经营性资产上的投资行为。由于固定资产投资活动所形成的各项支出通常不能用当年的销售收入来补偿,所以此类投资称为"资本性支出"。

(二)长期投资的特点

长期投资有以下一些特点:

1. 投资金额大、回收期长。企业的固定资产单位价值较大、使用期限较长,所以其投资额一般都较大,投资项目一旦实施便会在较长时间内影响企业。固定资产投资决策对企业今后长期的经济效益,乃至对企业的整个命运都有着决定性的影响。

2. 影响企业的长远发展方向。固定资产是企业从事经营的物质基础,直接决定了企业的产品品种、类型,从而决定了企业经营战略和市场定位。当企业选择了现代化程度较高的设备进行投资时,自然就排除了利用低劳动力成本的生产经营方式。当企业建造了一条大众化、低成本的产品生产线时,企业的目标市场自然就定位于普通家庭消费者。如果打算将目标市场转向少数高薪阶层,则需要对现有固定资产进行较大改造。

3. 变现性与流动性较差。固定资产投资的实物形态主要是厂房、机器、设备、器具等固定资产。这些资产不易改变用途,也难于出售,因此其变现能力及流动性在企业资产中是最差的。固定资产投资一经实现,再想改变用途,不是无法实现,就是代价太大。企业在进行固定资产投资决策时应充分考虑这一特点要求。

4. 面临较高的风险。固定资产投资能否取得理想效果主要取决于对未来各方面因素预测的准确程度。由于固定资产有效期长,影响因素复杂,如产品市场需求情况、原材料供应状况、通货膨胀水平、未来行业竞争激烈程度、设备技术老化速度以及政府经济政策等等,都会影响到投资的实际效果,所以固定资产投资会面临较高的风险。

二、长期投资决策及其分类

长期投资决策是指企业对长期投资项目的可行性进行分析,并对各可行的投资项目备选方案进行对比,从中确定出最优方案的过程。

长期投资决策的分类与投资方案的分类密切相关。我们首先对投资方案的分类进行论述。

(一)投资方案的分类

对于投资方案的分类方式有多种,但是从不同投资方案之间相互关系的角度进行分类是重要的和必不可少的。投资项目的相互关系大致可分为以下两类:

1. 独立方案

假如某个投资方案的接受或拒绝并不影响另一个投资方案的现金流量,反过来,另一个投资方案的接受或拒绝也不影响该投资方案的现金流量,则称这两个投资方案在经济上是独立的。例如,两条生产不同产品的生产线项目是相互独立的。如果某两个项目在经济上是相互独立的,那么其中一个项目的接受或拒绝并不影响另一个项目的接受或拒绝的决策。

2. 互斥方案

如果几个备选方案中,公司需要进行挑选,采纳某一方案,就会排除接受其他方案的可能,那么这些方案称为互斥方案。例如,企业为生产某产品,可以购置设备,也可以租赁设备,这样两个投资方案是互斥的。当评估两个相互排斥的投资方案时,至多只能接受一个项目。

(二)长期投资决策分类

由于投资方案可分为上述两种类型,相应地,长期投资决策也可分为两类:

1. 独立方案的评价

对于各相互独立方案的评价,我们只需分别评价每个方案能否接受,或者说是否可行。只要可行,无论有几个,我们都可以着手实施。

2. 互斥方案的评价

对于互斥的多个方案,由于只能选择其一实施,因此对这类投资方案的评价可归为对不同方案优劣的排序。只有排在第一位的方案才是企业应该实施的投资方案。

三、长期投资决策的一般程序

长期投资决策通常需经以下几个阶段：

（一）提出投资意向性方案并进行初步筛选

管理人员应首先考虑是否应该维持目前产品的种类和生产规模；其次要考虑是否应该扩大生产规模，增加或改变产品种类等。由此会提出设备更新、增添同类设备数量或引进新产品生产线等投资意向性方案。有许多意向性方案无需作大量细致的研究论证，决策者凭借其经验和粗略的估算即可排除。意向性方案被排除的原因主要包括：获利能力不强，资金需求难以承受，技术不够成熟，风险过大等等。

（二）拟订投资项目的备选方案

一个资本投资项目要付诸实施，可以通过不同的途径，采用不同的方式，其所涉及的各种主要经济技术指标也因为需要与可能的双重制约而必须作出审慎的选择。为了寻找到最合理的投资途径与方式，使投资项目的主要指标既满足公司发展的基本需要，又具备实现的可能性，并为投资效益的最大化提供保证，就必须确定出科学的投资项目方案，而这首先又要求根据项目建议拟订出若干个全面、详细的备选方案。投资项目备选方案的拟订，需要在广泛调查研究、掌握足够的市场与政策信息的基础上进行。

（三）估计投资项目各年净现金流量

现金流量是评价投资项目过程中所使用的最基本概念。现金流量的估计是整个投资决策过程中最为复杂的环节，需要决策者进行大量细致的市场调查，在积累丰富的信息资料的基础上，通过科学的预测才能达到预期目的。现实中许多投资决策失误的原因在于对投资项目各年现金流量的估计过于草率。因此，能否合理预计投资项目各年现金流量是投资决策成败的关键。

（四）利用有关决策指标对投资方案进行评价

投资决策方法有很多，不同方法各具特色，选择适当的决策方法是作出合理投资决策的基本前提。决策指标选定之后,利用有关决策指标的计算公式求出评价指标值,然后根据相应的决策规则对投资方案作出相应评价。

(五)对投资方案进行风险性分析

固定资产投资特点之一就是风险大。由于未来经济环境的不确定性,决策者对投资项目各年现金流量的估计结果或多或少地与实际结果相偏离。为了避免企业冒较大的投资风险,风险分析是投资决策的必要环节。只有对投资项目风险性大小事先有充分的了解,才能最大限度地减少决策失误的可能性。

(六)在决策方案执行过程中不断调整与完善

投资项目着手实施后,应重视项目的执行效果,应及时组织信息反馈,以发现存在的各种问题,纠正原来决策存在的错误,弥补其缺陷,使决策内容日臻完善。

(七)进行事后分析与评估

这是长期投资决策全过程中的最后一环。在长期投资活动结束后,决策者应及时地对决策情况进行总结,以从成功中总结经验、从问题中汲取教训,揭示出某些带规律性的东西,从而为今后的长期投资决策提供借鉴。一项长期投资决策无论成功与否,都是相对而言的。成功的决策中不会没有任何问题,而不成功的决策也不意味着毫无可取之处。企业长期投资决策水平的逐步提高正是通过不断总结、分析得以实现的。

第二节 长期投资决策的主要影响因素

长期投资决策是一项复杂的经营决策,需要考虑多种因素。其中较为重要的因素包括货币的时间价值、与投资方案相关的现金流量,以及资本成本等方面。

一、货币的时间价值

货币的时间价值是指同一货币量在不同时间的价值量的差额。如果银行存款利率为 10%,现在的 1 元钱如果存入银行,一年以后就不再是 1 元,而是 1.1 元。可见,一年后的 1 元与现在的 1 元不等值,现在的 1 元相当于一年后的 1.1 元,这 0.1 元的差额就是货币的时间价值。由于长期投资决策所涉及的投资方案通常具有较长的使用年限,所以在评价投资方案可行与否,以及评价不同方案的优劣时,考虑项目投资的货币时间价值是至关重要的。忽视项目投资的时间价值因素,往往会导致重大决策失误,从而给企业带来难以挽回的损失。从理论上讲,长期投资决策应以复利计息方式计算货币的时间价值。下面我们对复利方式下货币时间价值的计算进行简要论述。

(一)复利终值与现值

1. 复利终值的计算

终值又称将来值,是指现在一定金额的货币折合成未来一定时间货币的价值。借用利息计算的术语,终值的计算是已知本金(现值)、利率、期数,求本利和的过程。复利终值的计算公式如下:

$$F=P(1+i)^n$$

其中:F —— 终值
P —— 现值
n —— 期数
i —— 利率

式中的 $(1+i)^n$ 称为复利终值系数,通常用记号 $(F/P, i, n)$ 来表示。因而复利终值的计算公式可表示为:

$$F=P \cdot (F/P, i, n)$$

复利终值系数 $(F/P, i, n)$ 之值可通过查本书附表 1 求得。

【例 6-1】 企业将 100 万元存入银行,年利率为 2%,且以复利计息。问:5 年后该项存款本利和是多少?

解:利用上面公式知,5 年后的本利和为:

$$F=100 \times (1+2\%)^5 = 110.41(万元)$$

当然,本题也可通过查附表 1 求解,方法如下:

$$F=100 \cdot (F/P, 2\%, 5)=100 \times 1.104=110.4(万元)$$

2.复利现值的计算

现值是指未来某一时期一定数额的货币折合成现在的货币的价值。与终值相反,现值的计算是已知本利和(终值)、利率和期间,求本金数额大小。将上述复利终值计算公式变形,即可得到复利现值计算公式:

$$P=F \cdot \frac{1}{(1+i)^n}$$

公式中的有关符号含义同前。与复利终值计算的情形相类似,通常称 $\frac{1}{(1+i)^n}$ 为复利现值系数,用记号(P/F,i,n)表示,该系数可通过查本书附表 2 求得。

【例 6-2】 某企业 3 年后需用 200 万元资金,已知银行存款年利率为 3%,且以复利计息。问:现在应该存入银行多少资金才能保证 3 年后的存款余额恰好为 200 万元?

解:利用上述公式,我们有:

$$P=200 \times \frac{1}{(1+3\%)^3}=183.03(万元)$$

同样,我们亦可通过查表来求解。通过查附表 2,我们有:

$$P=200 \cdot (P/F, 3\%, 3)=200 \times 0.915=183(万元)$$

(二)年金的终值与现值

年金是指一定时期内,以相同的时间间隔连续发生的等额收付款项。根据各款项发生的时间不同,年金大致可分为两类:一类是普通年金,另一类是预付年金。普通年金是指每笔收付款项都发生在期末,因此,这类年金又称后付年金。预付年金是指每笔收付款项都发生在期初,故又称之为期初年金。由于普通年金在实际中使用较多,所以如不作特殊说明,均指这类年金。

下面仅对普通年金的现值和终值的计算进行讨论,其他类型年金终值与现值的计算原理与之相似,并且可以利用普通年金的终值与现值计算公式求出,故此处不再多述。

1. 年金终值的计算

如果用 A 表示每年发生的等额款项,其他符号同前,则年金终值 F_A 的计算公式如下:

$$F_A = A \cdot \frac{(1+i)^n - 1}{i}$$

上式右端的分数项称为年金终值系数,用记号 $(FA/A, i, n)$ 表示,可通过查附表 3 求得。于是年金终值的计算公式又可表示为:

$$F_A = A \cdot (FA/A, i, n)$$

下面,我们通过例题说明年金终值的计算方法。

【例 6-3】 今后 5 年中,每年年底将 200 元存入银行,存款年利率为 10%,求第 5 年年末存款余额。

$$F_A = 200 \times \frac{(1+10\%)^5 - 1}{10\%} = 1\,221.02(元)$$

另外,我们也可以通过查附表 3 来进行计算,方法如下:

$$F_A = 200 \cdot (FA/A, 10\%, 5) = 200 \times 6.105 = 1\,221(元)$$

2. 年金现值的计算

如果沿用前面的有关记号,则年金现值 P_A 的计算公式如下:

$$P_A = A \cdot \frac{1 - (1+i)^{-n}}{i}$$

上式右端的分数项称为年金现值系数,用记号 $(PA/A, i, n)$ 表示,可通过查附表 4 求得。于是年金现值的计算公式又可表示为：

$$P_A = A \cdot (PA/A, i, n)$$

下面,我们通过例题说明年金现值的计算方法。

【例 6-4】 某企业在年初租入一座办公楼,为期 4 年,出租方要求每年年底支付该年的房租 10 万元。如果该企业打算在开始租入房屋时存入银行一笔资金,使得在今后的 4 年中,每年年末能取出 10 万元以支付房租,假定银行存款利率为 3％,该企业应存入银行多少资金？

解：本题属于求年金现值问题,计算过程如下：

$$P_A = 10 \times \cdot \frac{1-(1+3\%)^{-4}}{3\%} = 37.17(万元)$$

当然,我们可以通过查年金现值系数表求出年金现值,方法如下：

$$P_A = 10 \times (PA/A, 3\%, 4) = 10 \times 3.717 = 37.17(万元)$$

二、投资项目的净现金流量

对于投资项目的评价,通常需要以其各年净现金流量为依据。能否合理估计投资项目各年净现金流量是投资项目评价效果好坏的基本前提。

(一)现金流量的概念

1.现金流量的含义

通常意义下的现金流量是指现金的收入或支出,但是在长期投资决策中,现金流量是指投资项目所引起的现金流入和现金流出的数量,是由于投资方案实施而引起的企业现金收支的改变量,它表示在采纳投资方案以后公司现金流量总量的变化情况。

现金流量具体可分为现金流入量、现金流出量和净现金流量等几个概念。

(1)现金流入量

现金流入量是指由于投资项目实施而引起的现金收入的增加或现金支出的减少。现金流入量的内容主要包括经营收入、固定资产残值收入、垫支流动资金的收回等。

(2)现金流出量

现金流出量是指由于投资项目实施而引起的现金支出的增加或现金收入的减少。现金流出量主要包括固定资产的购置与安装等支出、无形资产及开办费等项的支出、垫支流动资金以及项目投产后生产经营过程中发生的各项现金支出等。

(3)净现金流量

净现金流量是指现金流入量与现金流出量之差。在长期投资决策过程中,净现金流量是评价投资项目可行性以及投资项目优劣的主要工具。

2. 确定现金流量的几点注意事项

在确定现金流量时需要注意的是,只有增量现金流量才是与项目有关的现金流量。所谓增量的现金流量,是指实施或放弃某一投资方案后公司总现金流量因此而发生的变动。只有那些由于采纳某个项目引起的现金支出增加额,才是该项目的现金流出;只有那些由于采纳某个项目引起的现金收入增加额,才是该项目的现金流入。为了正确地计算投资方案的增量现金流量,需要正确判断哪些支出会引起公司总现金流量的变动,哪些支出不会引起公司总现金流量的变动。为此,应特别注意以下几方面:

(1)区别相关成本和沉没成本。沉没成本是指那些已被指定用途或已经发生的支出。由于这类成本不是增量成本,不会影响公司投资方案的取舍,故在分析时不要将其包含在相关成本之内。例如,某企业拟进行一项引进新产品生产线的投资,为此聘请某咨询公司进行项目可行性论证,并已支付该咨询公司 10 万元项目论证费。该项目论证费从表面上看与该投资项目有关,在项目论证时似乎应该予以考虑;但是无论该投资项目实施与否,这 10 万元论证费都已经支付,无法避免,因此它属于沉没成本,不应予以考虑。

(2)不要忽视机会成本。机会成本在投资决策中可以定义为:由于进行某项投资而失去其他收益机会所少收到的收益。例如企业准备将一台闲置多年的废旧机器进行改造,用于生产一种新产品。在确定该投资项目现金流出量时,应对该废旧机器的变现价值予以考虑。可以设想,如果企业不对该废旧机器进行改造,而将其清理掉,预计可得清理净收入2万元;现对其进行改造,因此失去获得2万元清理净收入的机会,于是这2万元属于该投资项目的机会成本,应将其确定为现金流出量。

(3)不应忽略营运资金的垫支与回收。一般来说,当公司接受一项投资方案时,其对流动资产的需求将会随之增加,这样公司必须筹集资本以满足投资方案的额外需求。与此同时,公司应付账款及应付费用等流动负债也会增加,而它们增加可以在一定程度上降低公司对融通存货或应收账款的资金需要。净营运资金变化是指流动资产增量与流动负债增量之间的差额。此外,当投资方案的寿命期结束时,公司可以将与该方案有关的存货出售,应收账款被转换成现金,应付账款或应付费用也需一一支付。

(4)正确区分会计利润与净现金流量。现金流量是建立在收付实现制基础之上的成本与收益概念,在长期投资决策中,它比权责发生制基础上的利润具有更重要的决策意义。首先,应用现金流量的概念可以更恰当地进行时间价值的计算。其次,企业会计利润会受到多种主观因素的影响,比如存货计价、折旧、收入确定等方法的不同,都将导致不同的利润结果。因此,将现金流量作为长期投资决策的依据更为可靠。

3. 投资项目净现金流量的假设

为了便于理解并且简化现金流量的计算,在实际中,通常对投资项目各年净现金流量作如下假设:

(1)假设现金流量以年为时间单位发生,并且由第0年开始,至第n年结束。

(2)假设现金流量均发生于某时点,主要是各年年初或年末。

(3)假设赊销、赊购等应计项目的期初、期末余额相当,可以忽略不计其对各期现金流量产生的影响。

(二)净现金流量的分类与构成

1. 投资项目净现金流量的分类

根据投资项目所处时期不同，现金流量可分为以下三种类型：

(1) 初始投资现金流量。初始投资是指建设期所发生的现金流量总额，是自投资项目开始实施到固定资产投入使用之前这段期间所产生的现金流量，主要包括购建固定资产等建设性支出及流动资金的垫支。这类净现金流量通常为负值。

(2) 营运现金流量。营运现金流量是指项目投产后，在整个经营期内正常经营所发生的现金流量，主要包括经营收入和经营支出两大部分。在这段时间内，企业固定资产投入使用，能生产出产品或提供服务，从而为企业创造收益，因此这类现金流量通常为正值。

(3) 终结现金流量。终结现金流量是指当固定资产因报废或技术老化等原因，而企业不再继续使用时，将其进行清理所发生的各种现金收支。

2. 各类现金流量的构成

(1) 初始现金流量的构成。初始现金流量又称初始投资，是指开始投资时发生的现金流量。一般包括固定资产的构建、净营运资金的垫支、与该投资项目相关的机会成本等。

(2) 营业现金流量。营业现金流量是指投资项目投入使用后，在其寿命周期内由于生产经营所带来的现金流入和流出的数量。营业现金流量通常按下式计算：

$$营业净现金流量 = 净利 + 折旧$$

(3) 终结现金流量。终结现金流量是指投资项目经济寿命终结时所发生的现金流量。一般包括资产的残值收入或变卖收入、收回原垫支各种流动资产上的资金，以及停止使用的土地的市价等。

3. 确定投资项目净现金流量的例题

下面，我们通过一个例子简要说明投资项目净现金流量的确定方法。

【例 6-5】 某厂准备购买一台设备用于生产甲产品。预计该设备购入后可立即投产。经预测,该项固定资产投资总额 850 万元,在第一年年初一次投入。固定资产寿命期为 8 年,终结时有净残值 50 万元,用直线法计提折旧。所需垫支的营运资金 60 万元,需要在第一年年初一次投入。预计该项目投产后所生产的甲产品,年销售量与产量相同,均为 2 000 台。其单价为 2 万元,单位成本为 1.2 万元。所得税率为 33%。

要求:确定该项目各年净现金流量。

解:

(1)初始投资净现金流量的计算

本例中,初始投资净现金流量包括两项内容:一是固定资产投资 850 万元,另一项是垫支的流动资金 60 万元。两项合计为 910 万元。

(2)营业净现金流量的计算

本例中,项目投产后各年营业净现金流量相同,计算过程如下:

$$年折旧额 = \frac{850-50}{8} = 100(万元)$$

销售收入 = 2×2 000 = 4 000(万元)

销售成本 = 1.2×2 000 = 2 400(万元)

税前利润 = 销售收入 — 销售成本 = 4 000 — 2 400 = 1 600(万元)

所得税 = 1 600×33% = 528(万元)

税后净利 = 1 600 — 528 = 1 072(万元)

营业净现金流量 = 税后净利 + 折旧 = 1 072 + 100 = 1 172(万元)

(3)终结净现金流量的计算

本例中,终结净现金流量包括固定资产清理净残值和最初垫支的营运资金的收回,它们分别为 50 万元和 60 万元。两项之和为 110 万元。

(4)各年净现金流量的汇总

将上述计算结果汇总于表 6-1,得到该投资项目各年净现金流量。

许多实际投资项目寿命期内各年净现金流量具有如下模式:在项目建设期内,各年净现金流量为负值,而在此之后,各年净现金流量为正值,即各年净现金流量的符号只改变一次。为方便起见,在下面讨论投资项目决策方法时,都假定各年净现金流量具有表 6-2 所示的模式,并将这种模式称为净现金流量的常规模式。由于这种模式中只有第一年为负的净现金流量,表示投资项目开始时用于购建固定资产而投入的资金,因此习惯上将其称为初始投资。

表 6-1 各年净现金流量   单位:万元

年份	0	1	2	3	4	5	6	7	8
固定资产投资	－850								
营运资金垫支	－60								
营业净现金流量		1 172	1 172	1 172	1 172	1 172	1 172	1 172	1 172
固定资产净残值									50
营运资金收回									60
各期净现金流量合计	－910	1 172	1 172	1 172	1 172	1 172	1 172	1 172	1 282

表 6-2 净现金流量的常规模式

年份	0	1	2	3	…	n
各年净现金流量	－	＋	＋	＋	…	＋

三、资本成本

企业无论采用何种方式筹集资金都会付出代价,这种代价便是资本成本。不同筹资方式下的资本成本往往有较大差别。在长期投资决策中使用到的资本成本通常是加权平均的资本成本。它不仅与各种筹资方式下的筹资成本直接相关,而且还直接受企业资本结构的制约。因而,资本成本的确定会涉及诸多的财务管理理论。由于本书内容所限,对这方面的内容不作过多论述,而是假定企业加权平均的资本成本(以下简称资本成本)为已知。读者如果希望对这部分内容作进一步的了解,可参考有关财务管理方面的教材。

资本成本是评价长期投资决策项目可行性的标准,只有当投资项目的预期投资报酬率大于其资本成本时,项目才可取;反之,若投资项目的预期投资报酬率小于资本成本,则该项目应该被舍弃。资本成本在长期投资决策分析中通常以贴现率的方式体现。

第三节 常用投资决策方法

长期投资决策方法可以分为两大类：一是非贴现法，二是贴现法。非贴现法不考虑货币的时间价值，而贴现法则考虑货币的时间价值。尽管非贴现法在理论上有较大缺陷，但实际上，许多公司似乎同时使用两类方法。这表明两类方法从不同的角度提供有用信息。下面我们将分别论述这两类方法。

一、非贴现的现金流量法

非贴现的现金流量法是指不考虑货币时间价值的长期投资决策方法，这类方法主要包括回收期法、会计报酬率法等。

（一）回收期法

1. 回收期法的基本概念

投资者通常期望所投入的资金能够在较短的时期内足额收回。用于衡量投资项目初始投资回收速度的评价指标称为投资回收期（Payback Period，PP），它是指收回初始投资所需年限。

当各年净现金流量为年金形式时，可采用下述简便算法：

$$回收期 = \frac{初始投资}{每年净现金流量}$$

2. 回收期法的决策规则

利用回收期法进行投资决策时，首先要确定一个回收期标准（例如5年），当投资方案回收期不超过此标准时，则接受该投资方案；当投资方案回收期超过此标准时，则拒绝该方案。如果要从多个可接受的互斥方案中进行选择，则应该选择回收期最短的方案。

【例6-6】 某企业有A、B两个备选方案，各年净现金流量如表6-3

所示。已知此类项目可接受的回收期为4年,求这两个方案的回收期,并利用回收期指标对这两个方案进行评价。

表 6-3　各年净现金流量　　　　　　单位:万元

年份	0	1	2	3	4	5
A方案	−1 000	400	400	400	400	400
B方案	−1 000	200	300	400	500	300

由于甲方案各年净现金流量为年金形式,所以有:

$$A 方案回收期 = \frac{1\ 000}{400} = 2.5(年)$$

对于B方案,由于前三年收回的金额共为900(即200+300+400)万元,小于初始投资额1 000万元,还差100(即1 000−900)万元尚未收回而第4年全年可收回500万元,所以该投资方案的回收期为3.2年。

由于A、B两方案的回收期都不超过4年的回收期标准,所以这两个项目都应接受。如果甲乙两方案互斥,那么由于A方案的回收期短于B方案,故应选择A方案。

3.回收期法的特点

回收期法的主要优点:

(1)有利于企业在一定程度上避免投资风险。投资项目的不确定性因素很多,其初始投资的回收期间越长,公司在该投资项目上承担的风险也就越大。因此,有必要规定合理的回收期间,以便尽早地收回全部投资,避免使公司承担过多的风险。为了减少承担的风险,公司可能不考虑投资收益的货币时间价值因素,而只考虑初始投资的回收期间。

(2)该方法比较简便,分析费用也比较低廉。因此,在分析规模较小的投资项目时,公司乐意采用回收期法。

回收期法也有其局限性,主要体现在以下几方面:

(1)没有考虑资金的时间价值;

(2)不考虑回收期以外各年净现金流量,所以不利于对投资项目进行整体评价；

(3)回收期标准的确定不够客观,主要依赖于决策者对风险的态度。

(二)会计收益率法

1.会计收益率的概念

会计收益率(Accounting Rate of Return,ARR)是另一种常用的非贴现的评价指标。会计收益率以收益,而不是以现金流量来衡量方案的投资报酬。会计收益率可用如下公式计算：

$$ARR = \frac{年平均净利润}{(初始投资-残值)/2}$$

2.会计收益率法的决策规则

采用会计收益率法时,应事先确定一个企业要求达到的收益率。在进行投资项目决策时,凡是高于该收益率的项目都可以接受。而在多个互斥项目的选择中,应选择会计收益率最高的项目。

3.会计收益率法的特点

会计收益率法的优点是简明、易算、易懂。其缺点是忽略了货币的时间价值,可能会导致错误的资本预算决策,所以它仅作为投资项目评价的辅助参考指标。

【例 6-7】 企业有一投资项目,其初始投资为 2 000 万元,使用年限为 6 年,预计无残值。各年净利润如表 6-4 所示。

表 6-4　各年利润　　　　　　　　　　单位:万元

年份	1	2	3	4	5	6
净利润	120	140	150	140	150	150

该方案的会计报酬率为：

$$ARR = \frac{(120+140+150+140+150+150)/6}{2\ 000/2} = 14.17\%$$

如果决策者规定的会计报酬率标准为 12%,则应接受该投资方案。

二、贴现的现金流量法

贴现的现金流量法又称 DCF 法,是指考虑货币时间价值的一类决策方法,常见的主要有净现值法、内部报酬率法和获利指数法等。

(一)净现值法

1. 净现值的概念

投资方案未来现金收入与支出的多少是评价投资方案优劣的关键因素。由于长期投资项目时间跨度较大,因而考虑货币时间价值是至关重要的。投资方案未来多笔现金收支发生在不同时期,由于在不同时点上的现金收支不具有可比性,所以在考核投资方案的收入与支出时,只有把它们折算到同一时点上,才能对投资项目作出较为客观的评价。净现值法(Net Present Value,NPV)就是根据这一基本原理进行分析的。该方法是将投资方案未来各年现金收支按资金成本折成现值,同时把投资金额也按资金成本折成现值,以净现值表示两者的差额。如果净现值大于零,则说明该方案的投资报酬率大于资金成本,投资方案可以取得收益;反之,净现值小于零,则表示该投资方案的投资报酬率低于资金成本,投资方案不可行。

对于净现值,我们可作如下的定义:

$$NPV = \sum_{t=1}^{n} \frac{NCF_t}{(1+k)^t} - C$$

式中:NPV——净现值

NCFt——第 t 年的净现金流量

C——初始投资

n——投资项目寿命期

k——贴现率(通常取资本成本或投资者要求的报酬率)

2. 净现值法的决策规则

(1)对于独立方案,当投资方案的净现值为正时才能接受,当净现值为负时应拒绝;

(2)对于多个净现值为正的互斥方案,应该选择净现值最大者。

下面,我们通过例题说明净现值的计算方法,以及如何利用净现值指标进行长期投资决策分析。

【例6-8】 甲乙两个互斥的投资方案各年的净现金流量如表6-5所示,已知资本成本为10%,试利用净现值法判断甲乙两方案的可行性。如果都可行,企业应该选择哪个方案?

表6-5 各年净现金流量　　　　　　　　单位:万元

年份	0	1	2	3	4	5
甲方案净现金流量	-1 000	400	400	400	400	400
乙方案净现金流量	-1 000	300	500	400	400	500

甲方案净现值为:

$$NPV_{甲} = \frac{400}{(1+10\%)^1} + \frac{400}{(1+10\%)^2} + \frac{400}{(1+10\%)^3} + \frac{400}{(1+10\%)^4} + \frac{400}{(1+10\%)^5} - 1\,000 = 516.31(万元)$$

或者,由于甲方案各年净现金流量为年金形式,所以还可以通过查年金现值系数表求得:

$$NPV_{甲} = 400 \times (PA/A, 10\%, 5) - 1\,000 = 400 \times 3.791 - 1\,000$$
$$= 516.4(万元)$$

乙方案净现值为:

$$NPV_{乙} = \frac{300}{(1+10\%)^1} + \frac{500}{(1+10\%)^2} + \frac{400}{(1+10\%)^3} + \frac{400}{(1+10\%)^4} + \frac{500}{(1+10\%)^5} - 1\,000 = 570.14(万元)$$

由于甲乙两方案的净现值都大于零,因此这两个方案都可以接受。又由于乙方案的净现值大于甲方案,所以企业应该选择乙方案。

3. 净现值法的特点

(1)净现值法的主要优点

首先,净现值指标考虑了货币的时间价值;其次,净现值指标是一绝对指标,能明确反映出从事一项投资会使企业增值(或减值)的数额大小,从而能为企业投资决策提供最为有用的信息。

(2)净现值法的主要缺点

净现值法没有揭示出投资方案可能达到的实际投资报酬率到底是多少,所以,依据净现值的大小不能对投资获利水平作出正确评价,而必须结合其他方法作出分析评价。另外,净现值是投资方案未来报酬总现值与初始投资额的差额,净现值法依据净现值绝对数的大小分析投资方案。但是如果存在几个初始投资额不相同的方案,就无法利用净现值指标进行分析判断。为了对投资额不同的投资方案进行比较,应采用其他方法,如下面将要论述的内部报酬率法和获利指数法等。

思 考

前面讲述了不考虑货币时间价值的回收期法,其实在回收期法中也可以考虑货币的时间价值,即所谓的动态回收期。试想动态回收期法如何计算投资项目的回收期?

(二)内部报酬率法

1. 内部报酬率的定义

由前所述我们知道,一个投资项目净现值的大小不仅与各年净现金流量有关,而且还与贴现率有关:贴现率取值越大,则净现值越小。所谓内部报酬率(Internal Rate of Return,IRR)是使现金流入现值之和等于现金流出现值之和的贴现率。通常,内部报酬率以 IRR 表示。由定义可知,内部报酬率也可以等价地定义为使投资项目净现值等于零的贴现率。

2. 内部报酬率的计算方法

由上述定义知道,内部报酬率 IRR 实际上是下述关于 k 的方程的解,其几何意义如图 6-1 所示。

$$\sum_{t=1}^{n} \frac{NCF_t}{(1+k)^t} - C = 0$$

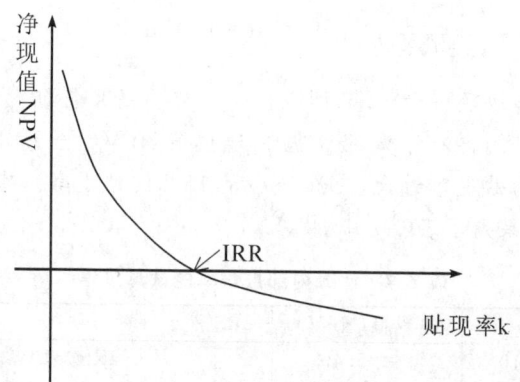

图 6-1　IRR 的几何意义

可以证明,当 n>2 时,上述方程无公式解。因此,要计算 IRR 只能采用数值计算方法。下面我们将介绍几种计算方法。

(1)试算法

由图 6-1 可以看出,随着贴现率的不断提高,净现值越来越小;当贴现率提高到某一数值时,净现值为零(此时的贴现率即为 IRR);此后随着贴现率的继续提高,净现值变为负值。利用这个特点,我们即可通过试算,求出内部报酬率。下面通过一个例题来说明利用试算法求内部报酬率的具体过程。

【例 6-9】　已知投资项目各年净现金流量如表 6-6 所示,求该项目的内部报酬率。

表 6-6　各年净现金流量　　　　　　　单位:万元

年份	0	1	2	3	4	5
净现金流量	−120	30	40	30	35	30

解:作为试算的起点,可任选一个贴现率 k 值,计算相应的净现值。例如,我们不妨取 k=10%,进行试算,其相应的净现值为:

$$NPV = \frac{30}{(1+10\%)^1} + \frac{40}{(1+10\%)^2} + \frac{30}{(1+10\%)^3} + \frac{35}{(1+10\%)^4} +$$

$$\frac{30}{(1+10\%)^5} - 120 = 5.4 (万元)$$

由于所得净现值大于零,所以应进一步提高 k 值进行试算。例如取贴现率 k=15% 再次计算,得相应的净现值 NPV=-9.02。NPV 小于零表明所取的贴现率过大,应选择小于 15% 的贴现率。重复这种试算过程,试算结果列于表 6-7 中。

表 6-7 计算内部报酬率的试算过程

序号	贴现率(k)	净现值(NPV)	结 论
1	10%	5.40	IRR>10%
2	15%	-9.02	10%<IRR<15%
3	12%	-0.71	10%<IRR<12%
4	11%	2.29	11%<IRR<12%
5	11.5%	0.77	11.5%<IRR<12%
6	11.7%	0.18	11.7%<IRR<12%
7	11.8%	-0.12	11.7%<IRR<11.8%
8	11.75%	0.03	11.75%<IRR<11.8%
9	11.77%	-0.03	11.75%<IRR<11.77%
10	11.76%	-0.005	11.75%<IRR<11.76%

表 6-7 的结果表明上述投资项目内部报酬率 IRR=11.76%(误差不超过 0.01%)。

(2)插值法

在上面所介绍的试算法中,为获得比较精确的 IRR 值,通常需要反复多次试算,因此这种方法的计算量较大。为克服这一缺点,同时又为使 IRR 的计算结果具有较高的精确度,我们可以采用所谓的插值法。该方面开始也需要进行试算,这与试算法的开始是相同的。但是插值法不需要大量的试算过程,而只需要少数几步粗略的试算,然后再利用插值公式即可得到较满意的 IRR 近似解。有关步骤如下:

首先,通过试算得到两个贴现率 k_1 及 k_2,使之满足:

$$NPV_1 = \sum_{t=1}^{n} \frac{NCF_t}{(1+k_1)^t} - C > 0$$

$$NPV_2 = \sum_{t=1}^{n} \frac{NCF_t}{(1+k_2)^t} - C < 0$$

然后,利用下述公式求近似的内部报酬率:

$$IRR \approx k_1 + (k_2 - k_1) \cdot \frac{NPV_1}{|NPV_1| + |NPV_2|}$$

插值法的直观解释如图 6-2 所示。

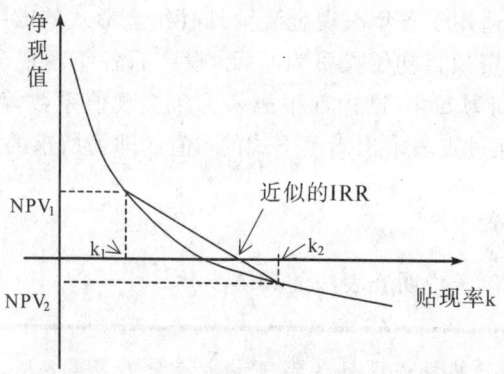

图 6-2　IRR 的近似计算原理

显然,k_1 与 k_2 越接近,误差越小。实际中,当两者之差不超过 2% 时,近似效果通常较为满意;如果两者之差不超过 1%,那么近似效果非常满意。

【例 6-10】 我们利用插值法求上例中投资项目的近似 IRR。

由上例的前 3 步试算知,当贴现率为 10% 时,相应的 NPV 为 5.40;当贴现率为 12% 时,相应的 NPV 为 -0.71。

于是,我们可取 $k_1 = 10\%$,$k_2 = 12\%$,相应的净现值分别为:$NPV_1 = 5.40$,$NPV_2 = -0.71$。利用上述近似公式得:

$$IRR \approx 10\% + (12\% - 10\%) \times \frac{5.40}{|5.40| + |-0.71|} = 11.76\%$$

此结果与前述试算结果极为接近。

(3) 查表法

上面介绍的两种 IRR 的计算方法具有普遍的适用性。如果投资项目每期现金净流量相等（即年金形式），就可以利用年金现值系数表来求得 IRR。

查表法只适用于各年净现金流量具有年金形式的内部报酬率的计算问题。若投资项目初始投资为 C 元，投产后各年净现金流量均为 A 元，项目寿命期为 n 年，则内部报酬率为年金现值系数等于 C/A 所对应的利率，即通过查表求出满足下式的 i 值，i 即为所求的 IRR。

$$(PA/A, i, n) = \frac{C}{A}$$

下面通过例子说明查表法的具体步骤。

【例 6-11】 某投资项目各年净现金流量如表 6-8 所示。求该项目的 IRR。

表 6-8　各年净现金流量　　　　　单位：万元

年份	0	1	2	3	4	5	6
净现金流量	−737	200	200	200	200	200	200

解：本题中的投资项目属于年金形式，因而可以运用查表法计算 IRR。

(1) 按下式计算年金现值系数值：

$$(PA/A, i, 6) = \frac{737}{200} = 3.685$$

(2) 查年金现值系数表（附表 4），在该表中查看期数为 6 一行的年金现值系数，由该表可知，i = 16% 时，期数为 6 的年金现值系数恰好为

3.685，所以该投资项目的 IRR 为 16%。

3. 内部报酬率的决策规则

由内部报酬率的经济意义容易看出,利用该指标进行决策的规则如下：

(1)对于独立方案,当 IRR 大于或等于资金成本或投资者要求的报酬率时,接受投资方案；否则,就拒绝投资方案。

(2)对于多个可行的互斥方案应该选择 IRR 最大者。

4. 内部报酬率法的特点

内部报酬率决策方法主要具有以下优点：

(1)内部报酬率的计算考虑了货币的时间价值；

(2)内部报酬率的计算不需要首先确定资金成本或企业所要求的报酬率；

(3)内部报酬率表示投资项目内在报酬率,所以能在一定程度上反映投资效率的高低。

内部报酬率法的缺点主要表现在：

(1)内部报酬率不能明确反映出从事一项投资会使企业价值增加或减少的数额大小；

(2)内部报酬率的计算较为复杂；

(3)当投资项目各年净现金流量不是常规模式时,一个投资项目的内部报酬率可能存在多个解或无解,此时内部报酬率无明确的经济意义。

(三)获利指数法

净现值指标虽然有许多优点,但是由于它是个绝对指标,所以无法反映投资项目获利效率的高低。例如 A 项目的初始投资为 100 万元,净现值为 20 万元；B 项目的初始投资为 50 万元,净现值为 18 万元。如果按照净现值标准,则会得出 A 项目优于 B 项目的结论；但是如果考虑到这两个投资项目的投资规模差异,显然 B 项目具有较高的获利效率。为克服净现值指标的这种缺点,提出了获利指数概念。

获利指数(Profitability Index,PI)是指投资项目未来净现金流量

总现值与初始投资之比,即:

$$PI = \frac{\sum_{t=1}^{n} \frac{NCF_t}{(1+k)^t}}{C}$$

式中有关符号同前。

获利指数的经济意义是平均每 1 元的资金投入后能够收回资金的现值。因此只有当获利指数大于 1 时,投资项目才能被决策者接受。如果有多个可行的互斥方案时,应该选择获利指数最大者。

【例 6-12】 甲乙两个互斥投资方案各年净现金流量如表 6-9 所示,已知贴现率为 10%,求甲乙两方案的获利指数。如果甲乙两方案都为可行方案,应该选择哪个方案?

表 6-9 各年净现金流量　　　　　　　　单位:万元

年份	0	1	2	3	4	5
甲方案	−50	20	20	20	20	20
乙方案	−100	20	40	50	60	50

甲方案获利指数为:

$$PI_{甲} = \frac{20 \times (PA/A, 10\%, 5)}{50} = \frac{20 \times 3.791}{50} = 1.52$$

乙方案获利指数为:

$$PI_Z = \frac{\frac{20}{(1+10\%)^1} + \frac{40}{(1+10\%)^2} + \frac{50}{(1+10\%)^3} + \frac{60}{(1+10\%)^4} + \frac{50}{(1+10\%)^5}}{100}$$

$$= 1.61$$

由于甲乙两方案的获利指数均大于 1,故这两个方案都是可行方案。因为乙方案的获利指数大于甲方案的获利指数,故乙方案优于甲方案。

容易验证,净现值与获利指数有如下关系:

$$PI = 1 + \frac{NPV}{C}$$

因此,当净现值大于 0 时,获利指数大于 1;当净现值小于 0 时,获利指数小于 1。因此对独立方案进行可行性评价时,采用净现值法与采用获利指数法所得结论总是一致的。

获利指数决策法的优点主要是考虑了货币的时间价值,并且在一定意义上反映了投资效率的高低。缺点主要在于,获利指数法的计算需要首先确定贴现率,贴现率越大则获利指数越小,这就会使一个本来获利能力很好的投资项目只因企业所确定的贴现率较大而使其获利指数较小。净现值法同样存在此问题。

(四)三种贴现决策法的比较

1. 净现值法与内部报酬率法的对比

对于独立方案,运用 NPV 和 IRR,能够作出相同的决策。例如,如果 NPV 大于 0,那么 IRR 也将大于最低要求的投资报酬率,两个评价指标都能得出一致结论。然而,对于两个互斥投资方案而言,用这两种方法可能导致相互矛盾的结论。

NPV 与 IRR 的区别主要表现在下列几方面:

(1)经济意义不同。净现值表示从事一项投资会使企业价值增加或减少的现值,而内部报酬率则表示投资项目的内在报酬率。

(2)计算净现值需要首先确定贴现率大小,而内部报酬率的计算则不需如此。

(3)在对多个互斥方案排序时有时会得出不同结论。

下面通过一个例子说明,采用 NPV 法与 IRR 法评价互斥投资方案时有时会得出相互矛盾的结论。

【例 6-13】 甲乙两个互斥投资方案各年净现金流量如表 6-10 所示,则甲乙两方案净现值与贴现率的关系如表 6-11 所示。

表 6-10　各年净现金流量　　　　　单位：万元

年份	0	1	2	3	4
甲方案净现金流量	−110	40	40	40	40
乙方案净现金流量	−210	60	80	70	85

表 6-11

贴现率 k	甲方案	乙方案
0%	50.00	85.00
3%	38.68	63.24
5%	31.84	50.10
8%	22.49	32.19
10%	16.79	21.31
12%	11.49	11.19
15%	4.20	−2.71
17%	−0.27	−11.21
20%	−6.45	−22.94

甲乙两方案净现值与贴现率之间的关系如图 6-3 所示。图中两条曲线大约在 k＝12% 处相交，曲线 A（对应于甲方案）与横轴交于 17.0%，曲线 B（对应于乙方案）与横轴交于 14.4%，它们分别是 A、B 两方案的内部报酬率。从该图可以看出，当贴现率大于 12% 时，采用净现值法与采用内部报酬率法会得出相同结论——甲方案优于乙方案；但当贴现率小于 12% 时，采用净现值法与采用内部报酬率法会得出相反结论。

NPV 与 IRR 出现矛盾的原因主要有两方面：一是两个投资方案投资规模不同，二是两种决策法对再投资报酬率的假定不同。NPV 法假定能够按最低要求的投资报酬率（资本成本）将每笔现金流入进行再投资，而 IRR 法假定能够按计算出的内部报酬率 IRR 将每笔现金流入进行再投资。在比较互斥方案时，按照最低要求的投资报酬率进行再投资显得更切合实际，能得出更为可靠的结果。

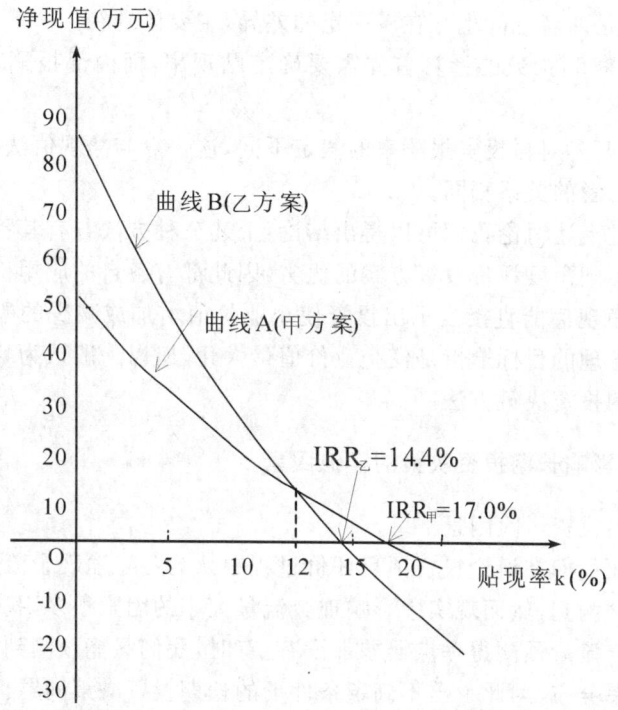

图 6-3 NPV 与 IRR 比较

2. 净现值法与获利指数法的比较

净现值法与获利指数法有很多相似之处，例如，两者都需要将未来各年净现金流量按给定的贴现率(通常取作资本成本)进行贴现；但是两者还是有些不同，主要表现在以下两方面：

(1)经济意义不同，净现值表示投资使企业价值增减的大小，而获利指数则表示每一元资金的投入能获得净现金流入的现值。

(2)在进行互斥方案排序决策时，两种方法可能会得出不同的结论，其原因在于初始投资不同。

3. 内部报酬率法与获利指数法的比较

虽然内部报酬率与获利指数都可以在一定意义上表明投资效率的

高低,但是两者之间也存在着一定的差异,主要体现在:

(1)获利指数的计算首先需要确定贴现率,而内部报酬率则不需要;

(2)两者对再投资报酬率的假定不同,这一点与净现值法和内部报酬率法两者的关系相同。

通过上述讨论我们可以得出结论:上述三种方法各有其特点,它们分别从不同角度评价投资方案的优劣,因此都有各自的应用价值。但是考虑到净现值能直接表示出投资使企业价值增加或减少的幅度大小,而财务管理的目标恰恰是使企业价值最大化,所以一般认为,净现值法是最优的投资决策方法。

三、影响长期投资决策的其他因素

(一)投资风险因素

前面我们在讨论投资项目评价过程中认为各年净现金流量的实际值可以预测到,然而现实中影响现金流量大小的因素很多,我们不可能将净现金流量预测得一点误差都没有。有时,我们只能预测到净现金流量的概率分布,因此引出不确定条件下的长期投资决策问题。由于篇幅所限,本书不准备对此作进一步的阐述。

(二)道德因素

经理人员的道德问题也是影响长期投资决策的重要因素。由于资源的稀缺性,企业不同部门出于自身利益的考虑,为了获得公司总部的支持,有时会提供虚假信息。例如,为了争夺公司有限的资金,同时生产部门为了能购置一台新设备,可能会夸大该设备投产后各年所能产生的收益,以便在论证该设备投资的可行性时容易获得通过。为了避免虚假财务信息给投资决策带来的不良影响,一方面公司应该强化有关人员的职业道德教育,另一方面也要关注基层提供的用于投资项目评价的财务信息的真实性。

案 例

一家公司的部门经理想要获得一套电脑系统。当时的电脑系统价格远远高于现在的价格,其支出额超过公司规定的资本支出报批限额,因而部门无权自主决定购买。该部门经理觉得,如果按正常的程序购买,获得批准的可能性不大,于是采用了这样一种办法:不直接购买整机,而是分别购买散件,等到散件购买齐全后,再组装起来。这样一方面个人的目的实现了,另一方面又没有违反公司的任何制度,因为电脑散件的成本远远低于资本支出的报批限额。[①]

本章小结

长期投资决策是指对一年以上的收支盈亏产生重要影响的投资活动的决策。正确的长期投资决策对每个企业的生存发展都是至关重要的。长期投资决策主要分为独立方案评价与互斥方案评价两类。货币时间价值是长期投资决策的重要影响因素,是指同一货币量在不同时间的价值量的差额。长期投资决策方法可以分为两大类:一类是不考虑货币时间价值的非贴现法,主要包括回收期法、会计收益率法;另一类是考虑货币时间价值的贴现法,主要包括净现值法、内部报酬率法、获利指数法。不同决策方法各有其特点,企业应根据具体情况适当选取不同的决策方法。

---

① [美]唐·R.汉森、玛利安·M.莫文著:《管理会计》,北京大学出版社,2000年版,第778页。

附录：运用 Excel 计算内部报酬率

我们以本章例 6-11 中的问题为背景，讲述如何通过 Excel 计算内部报酬率。具体步骤如下：

1. 将各年现金流量输入到 Excel 电子表格中，例如，我们将各年净现金流量分别输入到 A1 至 A7 单元格中，然后选中 B1 单元格，用于存放计算结果，有关结果如附图 6-1 所示。

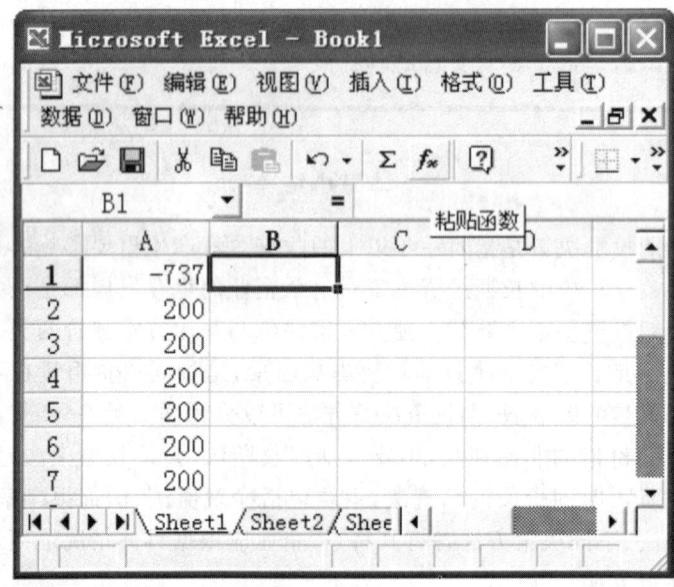

附图 6-1　输入数据

2. 点击标有"fx"的工具按钮（粘贴函数按钮），打开"粘贴函数"对话框，如附图 6-1 和附图 6-2 所示。

3. 在"粘贴函数"对话框的左侧窗口选中"财务"，在右侧窗口选择"IRR"，点击"确定"后，弹出"IRR 参数设置"对话框，如附图 6-3 所示。

4. 在附图 6-3 所示的"IRR 参数设置"对话框中，将各年净现金流量所在单元格的位置输入到"Values"框中,本例输入"A1∶A7",而"Guess"框用于输入初始值,通常保持空白即可(系统默认为10%)。点击确定后,就会在电子表格中用于存放计算结果的单元格中出现计算结果。如附图6-4所示,计算结果显示为16%,与前面采用查表法计算的结果完全相同。

需要说明的是,如果用于输入初始值的"Guess"框按默认值无法得到计算结果时,存放计算结果的单元格计算值显示为"♯NUM!",此时需要适当设置初始值。另外,当上述过程完成后,如果在电子表格中改动原来有关年份的净现金流量,则IRR的计算结果会自动更新。顺便指出,运用Excel还可以计算净现值,并能解决其他货币时间价值的计算问题。

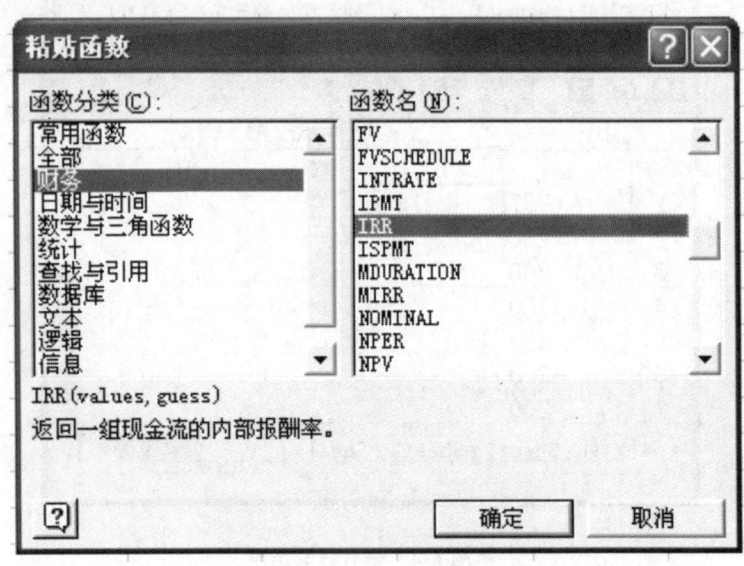

附图6-2 打开"粘贴函数"窗口

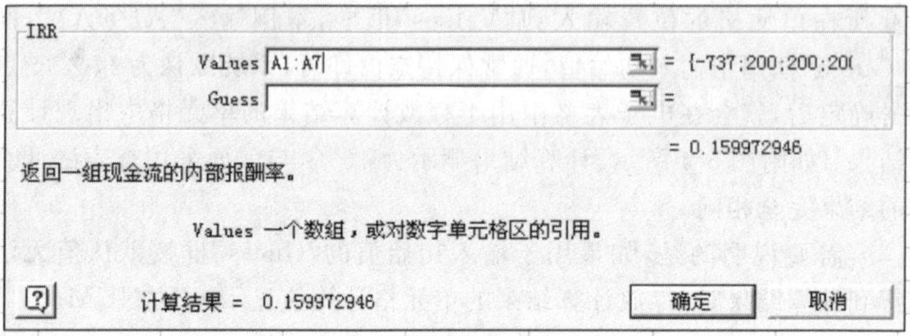

附图 6-3 输入参数

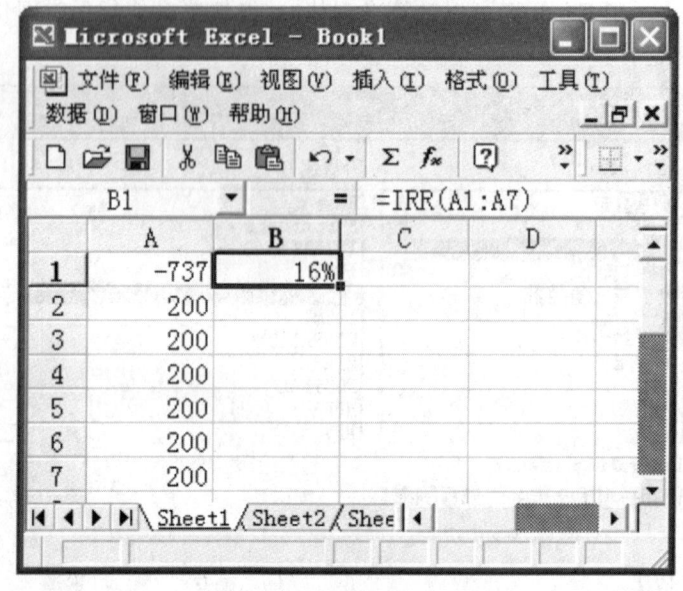

附图 6-4 查看计算结果

综合复习题

一、思考题

1. 长期投资决策的含义是什么？
2. 长期投资的特点主要有哪些？

3. 长期投资决策的一般程序是什么？
4. 影响长期投资决策的主要因素有哪些？
5. 现金流量有哪些类型？
6. 查表只能直接求得哪种类型的年金现值与终值？
7. 确定现金流量需要注意的事项有哪些？
8. 回收期法的优缺点有哪些？
9. 净现值法的特点是什么？
10. NPV 与 IRR 的区别主要表现在哪几方面？

二、单项选择题

1. 长期投资中不需着重考虑的因素有（　　）。
   A. 现金流量　　　　　B. 货币时间价值
   C. 历史成本　　　　　D. 投资项目寿命期
2. 在评价两投资项目的优劣时，下述论点正确的是（　　）。
   A. 获利指数较大的项目必有较高的净现值
   B. 净现值大于 0 的项目，其获利指数必定大于 1
   C. 回收期较短的项目必有较高的内部报酬率
   D. 内部报酬率高的项目必有较高的净现值
3. 下述各因素中，不影响投资方案内部报酬率的因素是（　　）。
   A. 初始投资　　　　　B. 各年净现金流量
   C. 投资项目年限　　　D. 资本成本
4. 下述关于回收期法的论述正确的是（　　）。
   A. 考虑货币的时间价值
   B. 回收期越长则投资项目越好
   C. 不考虑回收期以外年份的净现金流量情况
   D. 与获利指数法所得结论永远相同
5. 在其他条件不变的情况下，提高利率能使（　　）。
   A. 复利现值系数提高　　B. 复利终值系数减小
   C. 年金现值系数减小　　D. 年金终值系数减小

三、多项选择题

1. 下列项目中属于现金流出量的内容有（　　）。

A. 所得税　　　　　　B. 折旧
C. 购置设备投资　　　D. 垫支的流动资金
E. 项目寿命

2. 在进行投资方案的评价时,需要事前确定贴现率的评价指标是(　　)。

A. 净现值　　　　　　B. 获利指数
C. 回收期　　　　　　D. 内部报酬率
E. 会计收益率

3. 当某项投资项目的净现值大于0时,下列论述正确的有(　　)。

A. 获利指数大于1
B. 获利指数大于0、小于1
C. 内部报酬率大于资金成本
D. 各年净现金流量现值小于初始投资
E. 回收期低于规定的标准

4. 为了便于理解并且简化现金流量的计算,通常对投资项目各年净现金流量作如下假设(　　)。

A. 现金流量以年为时间单位发生
B. 现金流量均发生于各年年初或年末
C. 赊销、赊购等应计项目的期初、期末余额大体相当
D. 每年现金流量在年内均匀、连续发生
E. 现金流量均发生于各年7月1日

5. 在对独立方案进行可行性评价时,下列指标中总能得出相同结论的指标包括(　　)。

A. 会计收益率　　　　B. 内部报酬率
C. 回收期　　　　　　D. 获利指数
E. 净现值

四、判断题

1. 只有当会计收益率大于资本成本时,投资项目才能被决策者接受。(　　)

2. 获利指数决策法在一定意义上反映了投资效率的高低。(　　)

3. 评价一独立方案的可行性时，运用回收期法和会计收益率法有时会得出相互矛盾的结论。（　　）

4. 净现值法与获利指数法在比较不同方案的优劣时可能会得出不同的结论。（　　）

5. 投资项目在投产前所投入的流动资金不应列入该项目的现金流量中。（　　）

五、业务题

1. 今后4年中，每年年初将100元存入银行，存款年利率为10%（复利计息），试计算：

(1) 第4年年末存款余额；

(2) 第7年年末存款余额。

2. 甲厂是一个设备制造厂，它所生产的设备售价为200万元。今年初，乙厂打算从甲厂购买一台上述设备，并向甲厂销售人员要求在今后的3年中每年年末分期等额支付。如果甲厂销售人员认为应该按年利率10%加收利息，问：应该要求乙厂在今后的3年中每年年末支付多少现金？

3. 甲乙两个投资方案各年净现金流量如下表所示：

单位：万元

年份	0	1	2	3	4
甲方案	−200	60	70	90	100
乙方案	−200	60	60	60	60

已知企业的资本成本为10%。

(1) 求甲乙两方案净现值及获利指数，并判别这两个方案的可行性。

(2) 甲乙两方案的内部报酬率低于10%还是高于10%？为什么？

4. 某投资项目的寿命期为4年，各年净现金流量相同，该项目的回收期为2.69年。求该投资项目的内部报酬率。

5. 某投资方案，当贴现率为16%时，其净现值为338元；当贴现率为18%时，净现值为(−22)元。求该方案的内部报酬率。

六、案例分析题

一家电器公司主要靠手工方式组装生产小型家电,因而人工成本较高。为此厂长找来几位部门经理商议购买新设备,以提高生产效率。

技术部经理说:"经过初步了解,我们所要购买的设备需要投资50万元,预计使用年限为14年。设备投产后,每年由于人工成本降低所产生的节约额为6万元。"

"投资回收期太长了。投资风险太高了!不能接受!"厂长说道。

"但是您忽略了材料成本的节约!有了这套设备,用料更省。另外,次品率和返工率将显著降低,由此每年可节约至少1.5万元。"生产部经理说道。

"由于产品质量提高,预计每年可以增加30%的销售额,因此至少可以增加1万元的利润。"销售部经理说道。

"由于产品质量提高,预计每年的售后服务成本至少可以节约5 000元。"财务部经理说道。

"看来这套设备的回收期并不是很长,可以考虑购买!"厂长听完各位部门经理的话后高兴地说。

"据我所知,这类设备更新速度快,因而投资所面临的风险较大,此类项目适用的贴现率一般为15%!"技术部经理补充道。

"看来我们还不能急于作出结论!"财务部经理说道。

要求:

(1)根据上面的有关资料,对该设备投资的可行性进行分析。不考虑所得税。

(2)除了上面提到的因素外,你认为还有哪些因素对该投资项目会产生影响?

参考答案

二、单项选择题

1. C 2. B 3. D 4. C 5. C

三、多项选择题

1. ACD 2. AB 3. AC 4. ABC 5. BDE

四、判断题

1. × 2. √ 3. √ 4. √ 5. ×

行文思考

提示：首先根据给定的贴现率计算各年净现金流量的现值，然后对这些现值按前述回收期的计算方法计算即可。

第三篇
规划与控制

随着我国市场经济的蓬勃发展,越来越多的企业推行全面预算管理,涌现出一批以宝钢集团公司等为代表的实行全面预算管理的成功企业,使管理会计的规划与控制职能在我国企业中逐步得到广泛应用。本篇分四章集中讨论管理会计如何发挥规划与控制职能。第七章主要论述全面预算的基本概念和编制方法,以及全面预算管理的实施及行为问题。全面预算的编制,为企业预算期提供了具体的工作目标。全面预算的组织实施主要依靠责任会计系统。因此本篇第八章阐述了企业如何建立责任会计系统,如何通过责任会计系统对预算执行过程实施控制。由于管理控制的内容较为广泛,因此本篇其余两章对两类财务控制的专门领域——成本控制与存货控制分别展开讨论。第九章主要阐述了产品生命周期成本控制、标准成本控制和质量成本控制的主要内容和常用方法。第十章讨论了存货控制的常用方法,并简要介绍了较为先进的及时制存货控制方法。

第七章 全面预算

本章学习目的
1. 了解什么是全面预算
2. 了解全面预算在企业经营管理中的作用
3. 掌握全面预算的编制方法及流程
4. 了解预算编制中人的行为因素
5. 掌握几种不同的预算编制方法
6. 了解预算管理的运行机制

范 例

全面预算管理是以资金有效运作为主线,通过事前预算、事中控制,解决传统经营管理中管事与管钱分离的问题,大大提高了资金的可控性及利用效果,减少不必要的支出,实现资金流和物流的合理整合。辽宁清河发电有限责任公司是中国电力国际有限公司控股的独立发电公司,2002年开始实施全面预算管理。该公司仅半年各项成本分别比去年同期下降5%,收到了预期的效果。① 全面预算为何如此行之有效,其奥秘何在?让我们从下面的内容中寻找答案吧!

第一节 全面预算概述

在发达国家中,编制预算的企业相当普遍。对日本公司的一项调查表明,预算的编制和管理是降低成本的一个最重要的成本管理技术。全面预算无论是对大公司还是对小企业的成本管理都会产生积极的影响。

一、全面预算的含义

预算是企业管理的基本手段。管理学家认为,计划是各项管理职能中较为重要的职能。管理者的职能就是运用其权限范围内的资源组织其他人来完成要做的工作,从而达到预期的目的。计划是管理者合理利用稀缺资源,协调和组织各方面力量以实现目标的重要手段。计划工作

---

① 参见辽宁清河发电有限公司副总经理李峰的文章:《如何实施全面预算管理》,《中国电力企业管理》,2002年第9期,第30页。

要在所有其他管理职能之前进行。

预算是对计划的数量说明,是把有关企业经济活动的计划用数字和表格形式反映出来,并以此作为控制未来行动和评价其结果的依据。全面预算是一种涵盖未来一定期间内企业所有营运活动过程的计划,它是企业最高管理者为整个企业及其各部门所预先设定的目标、策略及方案的数量表现。全面预算是指用货币来计量、规划与控制企业未来的全部经营活动。利用预算来对企业未来的经营活动进行控制则称为预算控制。

全面预算主要有以下一些特点:

(1)预期性。全面预算反映的是企业在未来预算期内经过努力可以达到的状况或可实现的经营成果。

(2)全面性。全面预算包括企业经营性业务预算、专门决策预算、财务总预算,它既能反映企业某一方面经济活动的预算,也能反映企业资本性支出以及财务资金筹措和使用的预算。

(3)目标性。全面预算是整个企业预算年度的具体工作目标。企业从上到下,各个部门都必须为完成预算指标而努力工作。

(4)指令性。企业预算一经确定,作为考核的依据,没有特别的理由不能轻易调整。

二、全面预算的分类

全面预算通常分为业务预算、专门决策预算和财务预算三类。

1. 业务预算

业务预算是反映企业在计划期间日常发生的各种具有实质性的基本活动的预算。主要包括:销售预算、生产预算、直接材料采购预算、直接人工预算、制造费用预算、生产成本预算、销售及管理费用预算等。

2. 专门决策预算

专门决策预算是指企业为不经常发生的长期投资项目或一次性专门业务所编制的预算。专门决策预算可分为两类:资本支出预算和一次性专门业务预算。

3. 财务预算

财务预算是指企业在计划期间内有关现金收支、经营成果和财务状况的预算。财务预算分为现金预算、预计损益表和预计资产负债表等。由于前两类预算最终都可以反映在财务预算内,财务预算就成为各项经营业务和专门决策的整体计划,因此财务预算又称为"总预算"(Master Budget),各项业务预算和专门决策预算又称为"分预算"(Partial Budget)。

三、全面预算的作用

全面预算的作用主要有以下几个方面:

(一)全面预算是将企业战略规划落实到操作层面的有效途径

企业的战略规划可以帮助企业内部各方面明确经营重点,集中有限的人力、物力、财力,服务于企业的发展目标。但企业的发展战略往往是抽象的,需要以可操作的方式加以落实,而预算正起到了这种"承上启下"的作用。预算的出发点和立足点是企业战略目标,预算体现的是企业战略意图,其实质是根据企业战略来配置资源。全面预算管理是与企业发展战略相配合的战略保障体系。

(二)全面预算能使组织管理者和员工明确各自奋斗的目标

预算的编制与执行是一个复杂的过程,它始于企业的战略目标,将组织的战略目标转化为中长期预算目标,进而再细化为短期预算总目标,把短期总目标分解为各级部门的具体目标,并确定实现这些目标所要采取的方法和措施。预算系统上述过程如图7-1所示。[1] 全面预算有助于组织与员工的沟通,使所有员工都了解本部门的经济活动与整个企业经营目标之间的关系,明确自己的工作在业务量、收入和成本各个方面应达到的水平和努力方向,有利于动员每个员工想方设法从各自的角度去完成企业的战略目标。

---

[1] 参考汤谷良:《以预算管理为轴心重构企业管理体系》,选自陈毓圭主编,《财务学术前沿课题》,经济科学出版社,2002年版,第65页。

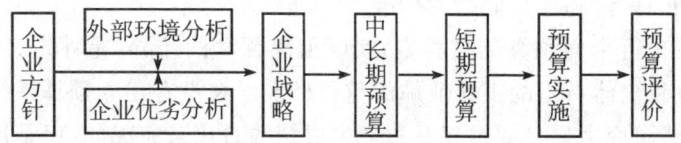

图 7-1 预算系统运作过程

(三)协调各职能部门的工作

现代企业各个职能部门和企业整体之间都存在着局部与整体的关系,每个部门都有自己的局部利益,但是局部利益的最大化可能对于总体来说并不是最好的。正确处理整体与局部、局部与局部各要素之间的关系,力求局部的良好分工与合作,使之充分发挥各自的职能和作用,必须对人、财、物等稀缺资源进行科学组织、调节和运用,做到"人尽其才、物尽其用、财尽其利"。全面预算通过将组织整体目标分解为各个局部的目标使各个职能部门向着共同的、总的战略目标前进,全面预算能够使组织中所有的职能部门的经济活动密切配合,相互协调,统筹兼顾。譬如,生产预算一定要以销售预算和企业的存货政策为依据,材料采购预算必须与生产预算相衔接等。

(四)全面预算是控制企业日常经济活动控制的依据

全面预算是企业控制日常经济活动的依据,也是衡量各项经济活动合理性的标准。在日常经济活动中,企业各有关部门和单位应以全面预算为依据,通过计量、对比,及时提供实际偏离预算的差异额并分析其原因,然后采取有效措施,挖掘潜力,克服缺点,确保目标的完成。预算目标未能圆满完成的原因一般有两个,一是预算编制的不合理,预算指标定得过高或过低都是不理想的,一经发现就必须进行调整。理想的预算目标应具有挑战性,同时也具有现实性,员工通过努力应可以达到。导致预算目标未能圆满完成的另一个原因是相关人员的不努力或工作失误,在这种情况下需要对有关责任人进行适当的教育或惩罚,以保证预算指标能够顺利完成。

(五)评价和考核业绩的标准

在执行全面预算的过程中,实际偏离预算的差异,是评定各部门、各单位和全体员工的工作业绩的重要标准。在没有建立预算系统的企业,业绩评价主要是通过现在和过去成绩的对比来完成的。但是用历史数据评价业绩的一个主要缺点是过去的经营活动中可能存在无效劳动,一项良好的预算编制制度会迫使经理们用计划检验业务,可以从中发现一些平时注意不到的无效劳动,提醒雇员不要重复这样的无效劳动,从而加强对业务的监督。使用历史数据评价业绩的第二个不足是将来的一些机会可能因过去不存在而被忽视,如技术、人员、产品、竞争和经济形势的变化使得现在与过去的业绩之间缺乏可比性。

总之,全面预算是企业落实战略目标、管理沟通和协调的理想工具,是管理控制的标准,也是业绩评价的重要依据。

第二节 全面预算的编制

一、全面预算编制的原则

为了能使预算系统在企业管理中发挥应有的作用,在编制全面预算之前,应了解全面预算编制的原则。这些原则主要包括以下几方面:

1. 编制预算要以明确的经营目标为前提。全面预算是为适应目标管理的需要而产生的,是为了实现企业目标而将企业的总目标分解为各职能部门的分目标。因此,预算编制的起点必须是企业的整体经营目标。

2. 编制预算时要做到全面、完整,有关预算指标之间要相互衔接,勾稽关系要明确,确保整个预算的综合平衡。

3. 全面预算要留有余地。留有余地是指为了应付未来可能变化的环境,预算必须具有一定的灵活性,以免在意外发生时,造成被动,影响平衡。

二、全面预算的编制方法

企业年度预算一般包括业务预算、专门决策预算和财务预算三大类。按照企业以销定产的经营思路,编制全面预算必须根据企业目标从销售预算开始,然后根据销售预算和企业存货政策编制生产预算,再根据生产预算编制直接材料采购预算、直接人工预算、制造费用预算、生产成本预算,再编制销售及管理费用预算、专门决策预算,最后编制财务预算。所有这些预算项目之间的关系如图 7-2 所示。

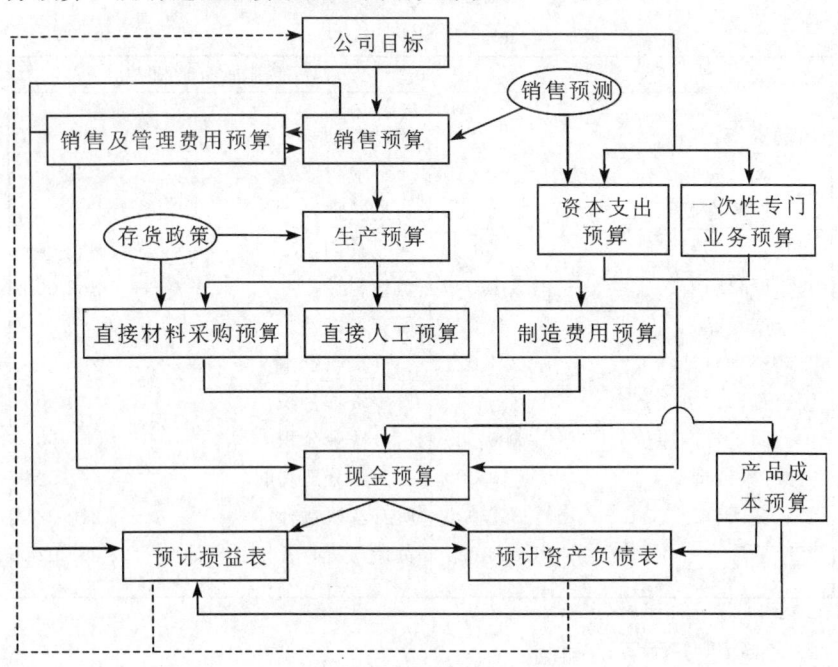

图 7-2　全面预算的关系

下面我们通过一个例子来说明全面预算的具体编制方法与流程。

红叶公司只生产和销售一种产品。该公司按定额计算单位产品消耗的直接材料和直接人工成本。产品定额明细表如表 7-1 所示。

表 7-1 产品定额明细表　　　　　　　　　　单位：元

项目	单价	单位产品定额耗用数量	单位产品定额金额
直接材料			
101 材料	13.5	4(千克)	54
102 材料	10	2(千克)	20
直接人工	4	5.5(小时)	22

红叶公司 2003 年 12 月 31 日的资产负债表如表 7-2 所示。

表 7-2　红叶公司资产负债表

2003 年 12 月 31 日　　　　　　　　　　单位：元

资产		负债和所有者权益	
流动资产：		流动负债：	
货币资金	50 000	应付账款	33 000
应收账款	80 000	长期负债：	
存货：		长期借款	820 000
原材料	10 000	负债合计	853 000
产成品	81 024	所有者权益：	
流动资产合计	221 024	实收资本	200 000
固定资产：		资本公积	9 000
固定资产原价	860 000	盈余公积	500
减：累计折旧	18 000	未分配利润	524
固定资产合计	842 000	所有者权益合计	210 024
资产总计	1 063 024	负债与所有者权益合计	1 063 024

(一)业务预算的编制

业务预算是反映企业在计划期间日常发生的各种实质性基本活动的预算，包括销售预算、生产预算、直接材料采购预算、直接人工预算、制造费用预算、产品生产成本预算、销售及管理费用预算等。

1.销售预算的编制

销售预算不仅是全面预算的开始，而且是编制其他预算的前提，所以销售预算在企业全面预算中占有举足轻重的地位。销售预算由销售部门编制。在编制该项预算之前通常要考虑企业的目标利润、过去的销售量、宏观经济形势和产业状况、相对产品获利能力、市场情况、定价策略、广告及其他促销方法、销售人员品质、同类产品市场竞争情况、产品销售的季节性变动、企业生产能力和产品的长期销售趋势等因素。

在实际工作中,销售预算正表还附有计划期间的预计现金收入表,其中包括前期应收销货款的收回情况,以及本期销售货款的现金收入。这主要是为了便于下一步编制现金预算。

【例 7-1】 假定红叶公司在预算年度(2004 年)预计销售产品 7 500 件,其中前两季度销量均为 1 500 件,而第三、第四季度分别为 2 000 件和 2 500 件,销售单价为 150 元,销售折扣与折让为 2%。每季的商品销售当季收到货款的占 60%,其余 40% 下季收讫。2003 年末的应收账款余额为 80 000 元(见表 7-2),该公司计划年度的分季销售预算如表 7-3 所示。

表 7-3 红叶公司 2004 年度销售预算 单位:元

摘要	第一季度	第二季度	第三季度	第四季度	全年
预计销售量(件)	1 500	1 500	2 000	2 500	7 500
销售单价(元)	150	150	150	150	150
销售总额	225 000	225 000	300 000	375 000	1 125 000
减:2%折扣与折让	4 500	4 500	6 000	7 500	22 500
销货净额	220 500	220 500	294 000	367 500	1 102 500
预计现金收入					
上年应收账款收回	80 000				80 000
第一季度销售收入	132 300	88 200			220 500
第二季度销售收入		132 300	88 200		220 500
第三季度销售收入			176 400	117 600	294 000
第四季度销售收入				220 500	220 500
现金收入合计	212 300	220 500	264 600	338 100	1 035 500

从销售预算的编制过程可以看出,该预计还有第四季度销售收入的 40%,也就是 147 000 的应收账款。

2. 生产预算的编制

生产预算由生产部门参照销售预算编制。但是,计划期间除了必须有足够的产品销售外,还应考虑计划期初和计划期末的存货水平。生产预算的编制依据有两个:(1)预计每季销售量;(2)计划期间每季的期初、期末存货。

生产预算的编制公式为:

$$预计生产量＝预计销售量＋预计期末存货量－预计期初存货量$$

生产预算一般只确定计划期间的预计产量,不涉及任何成本金额,所以不用编制现金附表。

【例 7-2】 依前例,假定红叶公司每个季度的期末存货由销售部门根据各季预计销售量以及企业生产和仓储等各方面的具体情况,预计各季度期末存货除了第三季度为 400 件,其余各季度均为 300 件。另外,一季度期初存货为 800 件。

根据表 7-3 中的预计销量和上述预计的存货资料,我们便可编制生产预算,有关结果如表 7-4 所示。

表 7-4　红叶公司 2004 年度生产预算　　　　　单位:件

摘要	第一季度	第二季度	第三季度	第四季度	全年
预计销售量	1 500	1 500	2 000	2 500	7 500
加:所需期末存货	300	300	400	300	300
预计需要量合计	1 800	1 800	2 400	2 800	7 800
减:期初存货量	800	300	300	400	800
预计生产量	1 000	1 500	2 100	2 400	7 000

思　考

在本例中,如果红叶公司产成品存货政策为每季末产成品存货为次季度销售量的 20%,第四季度末预计产成品存货仍为 300 件,在这种情况下,生产预算的结果如何?

年度生产预算编制完成以后,还应根据企业的生产进度,按月排出生产进度日程表,以确定预算期生产任务的具体完成计划。

3. 直接材料采购预算的编制

确定了生产预算之后,就应该根据生产预算与存货政策编制直接材料采购预算。直接材料采购预算由采购部门会同生产部门共同决定。直接材料采购预算编制的主要依据是生产预算的每季生产量、单位产品的材料消耗定额、材料的计划单价、计划期间期初、期末的原材料存货量和材料采购的付款条件等。在实际工作中,直接材料采购预算的正表还附有计划期间的预计现金支出表,其中包括前期应付购料款的偿还和本期购料款的支付。其目的是为了便于下一步编制现金预算。

直接材料采购应按材料类别分别根据以下公式计算预计采购量,然后乘以计划单价,得出预计采购额:

预计材料采购量＝预计生产需要量＋预计材料期末存货量
　　　　　　　－预计材料期初存货量
预计生产需要量＝预计生产量×单位产品材料定额

【例7-3】 依前例,假定红叶公司预算期间每季度期末所有原材料存货按下一期生产需要量的20%计算。假定101、102材料预算年度末的存货量分别为1 200千克和600千克,预算年度初存货量分别为600千克和190千克。在预算年度期初33 000元应付账款中,应付101材料采购款为20 000元,应付102材料采购款为13 000元,期初原材料中101材料600千克,102材料190千克。每季度的购料款当季付50%,其余在下季付讫。红叶公司分别按101、102编制的直接材料采购预算,如表7-5、7-6所示。

表 7-5　红叶公司 2004 年度 101 材料采购预算　　　单位:元

摘要	第一季度	第二季度	第三季度	第四季度	全年
预计生产量(件)	1 000	1 500	2 100	2 400	7 000
单位产品材料用量(千克)	4	4	4	4	4
生产需要量(千克)	4 000	6 000	8 400	9 600	28 000
加:预计期末存量(千克)	1 200	1 680	1 920	1 200	1 200
减:预计期初存量(千克)	600	1 200	1 680	1 920	600
预计材料采购量(千克)	4 600	6 480	8 640	8 880	28 600
单价(元)	13.5	13.5	13.5	13.5	13.5
预计采购金额(元)	62 100	87 480	116 640	119 880	386 100
预计现金支出					
上年应付账款	20 000				20 000
第一季度采购支出	31 050	31 050			62 100
第二季度采购支出		43 740	43 740		87 480
第三季度采购支出			58 320	58 320	116 640
第四季度采购支出				59 940	59 940
现金支出合计	51 050	74 790	102 060	118 260	346 160

表 7-6　红叶公司 2004 年度 102 材料采购预算　　　单位:元

摘要	第一季度	第二季度	第三季度	第四季度	全年
预计生产量(件)	1 000	1 500	2 100	2 400	7 000
单位产品材料用量(千克)	2	2	2	2	2
生产需要量(千克)	2 000	3 000	4 200	4 800	14 000
加:预计期末存量(千克)	600	840	960	600	600
减:预计期初存量(千克)	190	600	840	960	190
预计材料采购量(千克)	2 410	3 240	4 320	4 440	14 410
单价(元)	10	10	10	10	10
预计采购金额(元)	24 100	32 400	43 200	44 400	144 100
预计现金支出					
上年应付账款	13 000				13 000
第一季度采购支出	12 050	12 050			24 100
第二季度采购支出		16 200	16 200		32 400
第三季度采购支出			21 600	21 600	43 200
第四季度采购支出				22 200	22 200
现金支出合计	25 050	28 250	37 800	43 800	134 900

4. 直接人工预算的编制

与直接材料采购预算相类似，直接人工预算的编制也是在生产预算的基础上进行的。直接人工预算是为生产工人的人工耗费而编制的预算。直接人工预算应由人事部门会同生产部门编制。在通常情况下，企业产品生产要耗用不同工种的人工，由于直接人工种类不同，小时工资率也不一样，直接人工预算必须按工种类别分别计算，再汇总求得直接人工总成本。直接人工的计算公式如下：

$$预计直接人工成本总额 = 预计生产量 \times \sum(小时工资率 \times 单位产品所需工时)$$

由于直接人工需要在当季（月）以现金全额支付，所以直接人工预计数即为当季（月）现金支出数，无需再编制预计现金支出表。

【例 7-4】 依前例，假定红叶公司只用一类工人，单位产品工时定额为 5.5 小时，单位小时工资率为 4 元，按照计划期生产预算的预计产量，编制直接人工预算，如表 7-7 所示。

表 7-7 红叶公司 2004 年度直接人工预算　　单位：元

摘要	第一季度	第二季度	第三季度	第四季度	全年
预计产量	1 000	1 500	2 100	2 400	7 000
单位产品工时	5.5	5.5	5.5	5.5	5.5
人工总工时	5 500	8 250	11 550	13 200	38 500
每小时人工成本	4	4	4	4	4
人工总成本	22 000	33 000	46 200	52 800	154 000

5. 制造费用预算的编制

在全面预算中，由于制造费用在企业制造成本中所占的比例有逐渐增加的趋势，因此该项预算的重要性日益增加。

制造费用预算通常由生产部门负责编制，凡是生产成本中除直接材料、直接人工外的其他一切费用都应包括在内。制造费用预算是根据预算期的生产量、各种费用发生的情况和有关价格资料编制而成的。

编制制造费用预算应将制造费用中各明细项目按成本形态划分为变动费用和固定费用两大类,并分别按费用的明细项目编制。变动费用通常根据预计生产工时和预计变动费用分配率计算,固定费用按基期资料编制或采用零基预算方法编制。①

制造费用中大部分需要在当期用现金支付,但也有一部分以前年度支付的待摊费用在本期的摊销不需要支付现金,固定资产折旧也不需要支付现金。另外,对于那些计入当期费用但要在以后期间支付的预提费用也不需要在当期以现金支付。为了便于下一步编制现金预算,在编制制造费用预算的同时,还要编制预计现金支出计算表。

【例 7-5】 依前例,红叶公司制造费用预算表如表 7-8 所示。其中变动制造费用与固定制造费用分配率以预计产量的直接人工总工时为标准。

表 7-8 红叶公司 2004 年度制造费用预算　　　　单位:元

	成本明细项目	金额	制造费用分配率计算
变动制造费用	间接人工	9 000	变动制造费用分配率
	间接材料	5 500	=变动费用预算合计/预计产量工时总额
	修理费	3 800	=21 050/38 500
	水电费	2 750	=0.55 元/小时
	合计	21 050	
固定制造费用	修理费	670	固定制造费用分配率
	折旧	12 000	=固定费用预算合计/预计产量工时总额
	车间管理人员工资	2 400	=15 750/38 500
	保险费	680	=0.41 元/小时
	合计	15 750	

如前所述,编制完制造费用预算之后,就要编制制造费用现金支出预算表。变动费用现金支出应根据预计生产工时和预计变动费用分配

---

① 关于零基预算的有关内容我们将在本章第三节中论述。

率计算,固定制造费用在每期平均分摊。变动制造费用计算公式如下:

$$变动制造费用 = 预计直接人工工时 \times 变动费用分配率$$

【例 7-6】 依前例,红叶公司制造费用现金支出计算表如表 7-9 所示。

表 7-9 红叶公司 2004 年度制造费用现金支出计算表　　单位:元

摘要		第一季度	第二季度	第三季度	第四季度	全年
变动费用	预计直接人工小时(见直接人工预算)	5 500	8 250	11 550	13 200	38 500
	变动费用分配率	0.55	0.55	0.55	0.55	0.55
现金支出小计		3 025	4 537.5	6 352.5	7 135*	21 050
固定费用	固定费用	3 937.5	3 937.5	3 937.5	3 937.5	15 750
	减:折旧	3 000	3 000	3 000	3 000	12 000
现金支出合计		3 962.5	5 475	7 290	8 072.5	24 800

* 按照公式计算的金额应为 7 260,差额为 125,这是计算时保留小数点位数造成的。

6.产品成本预算表的编制

为正确计算预计资产负债表中的期末产品存货价值和预计损益表中的本期产品销售成本,在编制直接材料、直接人工、制造费用预算的基础上,就应编制产品单位成本、本期销货成本以及期末存货成本的预算了。产品成本预算应由财务部门会同采购部门、生产部门和人事部门共同编制。

【例 7-7】 依前例,在红叶公司产品定额资料、直接材料、直接人工、制造费用预算的基础上,红叶公司产品成本预算表如表 7-10 所示。

表 7-10　红叶公司 2004 年度产品成本预算表　　　单位:元

成本项目	价格标准	用量标准	单位成本	本期生产成本 (7 000 件)	期末存货成本 (300 件)	本期销售成本 (7 500 件)
直接材料						
101 材料	13.5	4 千克	54	378 000	16 200	405 000
102 材料	10	2 千克	20	140 000	6 000	150 000
直接人工	4	5.5 工时	22	154 000	6 600	165 000
变动制造费用	0.55	5.5 工时	3.025	21 050*	907.5	22 687.5
单位变动成本			99.025			
加:固定制造费用	0.41	5.5 工时	2.255	15 750**	676.5	16 912.5
产品成本			101.28	708 800	30 224***	759 600

　*按照公式计算应为 21 175,差额为 125,这是变动制造费用分配率误差造成的。
　**按照公式计算应为 15 785,差额为 35,这是固定制造费用分配率误差造成的。
　***按照公式计算金额应为 30 384,差额为 160,这是计算时保留小数点位数造成的。

7.销售及管理费用预算的编制

销售及管理费用预算包括预算期内有关销售产品和日常行政管理活动中所产生的各种费用项目。其编制方法与制造费用预算的编制方法类似,也是按成本形态划分为固定费用和变动费用两部分。销售及管理费用预算通常应由企业销售部门和管理部门负责编制。

编制销售及管理费用的主要依据是:(1)计划期的业务量;(2)企业往年的历史成本资料;(3)企业的成本控制目标等。

【例 7-8】　依前例,红叶公司销售及管理费用预算如表 7-11 所示。

表 7-11　红叶公司 2004 年度销售及管理费用预算　　　单位:元

季度	第一季度	第二季度	第三季度	第四季度	全年
预计销售量(件)	1 500	1 500	2 000	2 500	7 500
变动费用:					
销售佣金*	2 000	2 000	2 666.7	3 333.3	10 000
销售人员工资**	3 000	3 000	4 000	5 000	15 000
合计	5 000	5 000	6 666.7	8 333.3	25 000

续表

季度	第一季度	第二季度	第三季度	第四季度	全年
固定费用：					
广告费	2 000	2 000	2 000	2 000	8 000
管理人员工资	5 000	5 000	5 000	5 000	20 000
保险费	500	500	500	500	2 000
办公费	375	375	375	375	1 500
合计	7 875	7 875	7 875	7 875	31 500
费用合计	12 875	12 875	14 541.7	16 208.3	56 500

＊分配率＝10 000/7 500＝1.33元/件。

＊＊分配率＝15 000/7 500＝2元/件。

(二)专门决策预算的编制

业务预算编制完成后,就应该编制专门决策预算了。专门决策预算包括资本支出预算和一次性专门业务预算两类。

1.资本支出预算的编制

资本支出预算是为购置固定资产、无形资产以及企业技术改造等长期投资决策而编制的预算。资本支出预算应由生产部门提出,经审核批准后,可作为资本支出预算的编制依据。资本支出预算需要详细列出该项目在寿命周期内各个年度的现金流出量和现金流入量的详细资料。由于长期投资决策的时间跨度大,现金流包含的内容比较丰富,资本支出预算仅仅反映各项长期投资决策在预算年度内的现金支出。长期投资决策在其他年份发生的现金支出应在相应年度的预算中加以反映,而因实施长期投资决策而引起的相应年度其他现金支出,如直接材料、直接人工等项支出则分别在直接材料预算、直接人工预算中加以反映。

【例7-9】 依前例,红叶公司资本支出预算如表7-12所示。

表 7-12　红叶公司 2004 年度资本支出预算　　　　　单位:元

资本支出项目	购置期间	投资额	估计使用年限	估计残值	资金来源	资本成本	投产后每年NCF	NPV*	投资回收期PP**
购置固定设备一台	二季度初	100 000	10 年	2 000	银行借款	10%	19 800	22 434.08	5.05 年

* NPV=19 800×6.1446+2 000×0.3855−100 000=22 434.08 元。

** PP=100 000/19 800=5.05 年。

2.一次性专门业务预算的编制

企业为保证经营业务、资本性支出对资金的需求,应经常保持一定的现金数量,以支付各项费用和偿还到期债务。但如果企业现金持有数过多,大大超过正常支付需要的金额,就会造成资金的闲置,降低资金的营运效率。因此,财务部门在资金筹措、归还贷款、发放股利和交纳税金等问题上要进行专门决策。

【例 7-10】 依前例,红叶公司财务部门根据计划期间现金收支情况,预计第二季度期初为购置固定资产从银行取得短期借款 20 000 元(其余 80 000 元利用企业自有的现金),第三季度末偿还第二季度的借款 20 000 元,同时支付利息 1 000 元。另外,预计预算期间每季度末预付所得税 10 000 元,全年 40 000 元,董事会决定计划期间每季末支付股利 3 000 元,全年共 12 000 元。根据以上资料,红叶公司融资预算表如表 7-13 所示,纳税、发放股利以及支付长期借款利息预算如表 7-14 所示。

表 7-13　红叶公司 2004 年度一次性专门业务(融资)预算　　　单位:元

项目	日期		
	4 月 1 日	6 月 30 日	10 月 1 日
借入资金	20 000		50 000
归还借款		20 000	
支付利息		1 000	

表 7-14　一次性专门业务预算
（交纳税金、发放股利预算）
2004 年度　　　　　　　　　　　　　　　　单位：元

项目	支付日期				合计
	第一季度	第二季度	第三季度	第四季度	
预付股利	3 000	3 000	3 000	3 000	12 000
预付所得税	10 000	10 000	10 000	10 000	40 000
支付长期借款利息				164 000	164 000

一次性专门决策预算编制完成以后，所有的预算工作就完成了，接下来就可以编制整体预算了，也就是编制财务预算。

（三）财务预算的编制

财务预算是预算期内反映预计现金流入、现金支出、经营成果和财务状况的预算。它是以业务预算和专门决策预算为基础编制的，以货币为计量单位对预算期内企业的全部经济活动进行全面综合反映。财务预算包括现金预算、预计损益表、预计资产负债表。财务预算通常由企业财务部门负责汇总编制。

1. 现金预算的编制

现金预算能够反映预算期内企业现金流转的情况，是与全部经济活动有关的现金收支方面的汇总反映，现金预算包括现金收入、现金支出、现金余缺和资金融通四项内容。

现金收入包括期初现金余额和预算期内发生的现金收入，如产品销售收入、期初应收账款收回、票据贴现等，资料可从期初资产负债表（表 7-2）和销售预算的附表（表 7-3）中获得。

现金支出包括预算期内发生的各项现金支出，如材料采购款、工资、制造费用、销售及管理费用、交纳税金、支付股利、资本性支出等，资料可从直接材料采购预算（表 7-5、表 7-6）、直接人工预算（表 7-7）、制造费用现金支出预算（表 7-9）、销售及管理费用预算（表 7-11）、交纳税金、发放股利预算（表 7-14）、资本支出预算（表 7-12）中获得。

现金余缺是指预算期内每一分期可动用现金数与现金支出数的差

额,根据现金余缺情况可采用适当的融资方式来调剂余缺。

资金融通是指预算期末现金存量低于最低库存金额而引起的资金借入,或者期末现金存量高于最低库存现金余额时归还借款或进行短期投放的行为。资料可从融资预算(表 7-13)获得。现金预算编制的主要目的在于加强计划期间对现金流量的控制,也是编制资本支出预算和一次性专门预算的重要依据。

【例 7-11】 依前例,红叶公司是按年度分季编制现金预算的。该公司规定,计划期间最低现金库存余额为 100 000 元,根据以上各预算表中的有关资料编制的现金预算如表 7-15 所示。

表 7-15 红叶公司 2004 年度现金预算　　单位:元

摘要	第一季度	第二季度	第三季度	第四季度	全年
期初现金余额	50 000	134 362.5	107 472.5	130 180.8	50 000
加:现金收入					
应收账款收回及					
销售现金收入	212 300	220 500	264 600	338 100	1 035 500
可供使用现金	262 300	354 862.5	372 072.5	468 280.8	1 085 500
减:现金支出					
采购直接材料	76 100	103 040	139 860	162 060	481 060
支付直接人工	22 000	33 000	46 200	52 800	154 000
制造费用	3 962.5	5 475	7 290	8 072.5	24 800
销售及管理费用	12 875	12 875	14 541.7	16 208.3	56 500
购置固定资产		100 000			100 000
支付长期借款利息				164 000	164 000
支付所得税	10 000	10 000	10 000	10 000	40 000
支付股利	3 000	3 000	3 000	3 000	12 000
现金支出合计	127 937.5	267 390	220 891.7	416 140.8	1 032 360
现金盈余或不足	134 362.5	87 472.5	151 180.8	52 140	53 140
融资:					
向银行借款(期初)		20 000	—	50 000	70 000

续表

摘要	第一季度	第二季度	第三季度	第四季度	全年
归还借款本金(期末)			(20 000)	—	(20 000)
支付利息(期末)			(1 000)	—	(1 000)
融资合计				—	49 000
期末现金余额	134 362.5	107 472.5	130 180.8	102 140	102 140

2. 预计损益表

预计损益表能够反映预算期内企业的经营成果。汇总后的税后净收益可与目标利润相比较,如有差距,应进行单一项目或综合性的调整,争取达到或超过目标利润。预计损益表可以按年编制,也可以根据管理上的需要按季编制。

预计损益表主要依据销售预算(表 7-3)、生产成本预算(表 7-10)、销售及管理费用预算(表 7-11)和有关的专门决策预算(表 7-12、7-13、7-14)来编制。

【例 7-12】 依前例,红叶公司根据以上预算表编制 2004 年度的预计损益表,如表 7-16 所示。

表 7-16 红叶公司预计损益表
2004 年度　　　　　　　　　　单位:元

摘要	金额
销售收入总额(表 7-3)	1 125 000
减:折扣与折让(表 7-3)	22 500
销售收入净额(表 7-3)	1 102 500
减:销货成本(表 7-10)	759 600
毛利	342 900
减:销售及管理费用(表 7-11)	56 500
利息费用(表 7-13)	165 000
利润总额	121 400
所得税(表 7-14)	40 000
税后净收益	81 400

3. 预计资产负债表

预计资产负债表主要用来反映预算期期末的财务状况。它是以预算期期初的资产负债表为基础,结合各项经营业务预算、专门决策预算和其他财务预算编制而成。

依前例红叶公司预计资产负债表如表 7-17 所示。

表 7-17　红叶公司预计资产负债表

2004 年 12 月 31 日　　　　　　　　　　　　　单位:元

资产			负债和所有者权益		
项目	年初	年末	项目	年初	年末
货币资金	50 000	102 140	流动负债:		
应收账款	80 000	147 000	应付账款	33 000	82 140
			短期借款		50 000
存货:			长期负债:		
原材料	10 000	22 200	长期借款	820 000	820 000
产成品	81 024	30 224	负债合计	853 000	952 140
流动资产合计	221 024	301 564	所有者权益:		
固定资产:			实收资本	200 000	200 000
固定资产原价	860 000	960 000	资本公积	9 000	9 000
减:累计折旧	18 000	30 000	盈余公积	500	16 780
固定资产净值	842 000	930 000	未分配利润	524	53 644
			所有者权益合计	210 024	279 424
资产总计	1 063 024	1 231 564	负债与所有者权益合计	1 063 024	1 231 564

表中的某些数据来源是:货币资金来自现金预算的全年期末现金余额,应收账款来自第四季度销售额的 40%,产成品来自生产成本预算的期末存货成本,原材料等于原材料期初数加本期购进数减去本期耗用数,固定资产原价变动是由于本期购进 100 000 元固定资产所导致的,累计折旧是由期初数加上本期计提的 12 000 元(表 7-9)构成的,应付账款是由第四季度购进直接材料款的 50%构成的,短期借款是第四季度借入的 50 000 元,盈余公积(含法定盈余公积和任意盈余公积)变动是由于期末各计提了 20%的税后净收益,未分配利润是由预计税

后净收益减去计提的法定盈余公积、任意盈余公积以及发放的股利的余额加上期初数构成的。

至此,企业的全面预算编制全部完成。

三、预算编制中人的行为因素

全面预算是用来帮助管理人员规划和控制各项经济活动的重要工具。它是由人编制的,并且最终要由人来执行。整个预算编制过程和执行过程都包含着人的行为因素。从人的行为因素来考虑,预算的编制主要有两种典型的方式,一是强加性预算,二是参与性预算。下面我们来分析这两种预算编制方式中的行为问题。①

(一)强加性预算

强加性预算(Imposed Budget)采用自上而下的编制方法。所有的决策都由高层管理者作出,并不征求下级管理人员和职工的意见。高层管理者依据企业的总体规划,确定总预算体系和预算指标,从上而下逐级落实到各级管理部门和各个员工。预算指标指令性强,主要体现了高层管理者对企业过去运作的评价和对未来的预期。预算的执行具有刚性和强制性的特点。

强加性预算的主要优点是:(1)参与预算编制的人数少,时间短,决策迅速;(2)它从企业整体的角度考虑问题,着眼于全局利益;(3)有利于贯彻高层管理者的意图;(4)能够充分发挥集权管理的优势。

在强加性预算方式下,预算指标是由上级管理部门确定的,下级的任务是执行。但下级并不认为他们必须对上级的政策和目标负责,在预算的实际执行过程中,容易产生被动、消极和抵触情绪,在雇员和管理者之间以及各级管理者之间容易产生不信任感。企业是按预算标准进行业绩评价的,实际与预算的偏差越小越好。以此为标准衡量下级行为,会产生以下问题:

1. 目标不一致。目标不一致主要体现为员工、部门与企业整体之间

---

① 张鸣、张美霞:《预算管理的行为观及其模式》,《财经研究》,1999年第3期,第44~50页。

的利益冲突。一般来说,基层管理者和员工往往倾向于维护其个人和本部门的局部利益,而不是企业整体的长远利益。其主要目的是想借助于企业目标达成个人目标,但并不因此认为自己对上级下达的预算负有不可推卸的责任。当企业目标与个人目标不一致时,如果对他们施加压力,强令预算的执行,会引起厌恶心理,导致不利于预算实现的行为。

2. 短期行为。以预算标准评价业绩,容易导致短期行为。相对来说,企业是固定的,人员却是流动的。下级管理者为了谋求短期业绩,会不惜牺牲企业的长远利益。比如,管理人员为了不超过费用预算,会削减研究与开发支出、减少营销活动、降低维修标准,以此控制费用支出,迅速提高当期利润水平。从长远来看,这种行为损害了企业发展的潜力和后劲。

3. 操纵信息。下级管理者为了得到好的业绩评价,会尽量发出对自己有利的信息。比如,当生产的实际产量高于计划产量时,生产部门经理会低报产量。这样做,一方面建立了一定的"储备",可以调节未来低产量期的报告水平;另一方面,也避免了上级借此提高未来的预算产量标准,以求呈现出产量逐年提高的良好迹象。操纵信息可以规避不确定性带来的风险。

(二)参与性预算

参与性预算(Participative Budget)是指所有层级的管理人员和关键岗位的雇员都要参与预算的编制。预算编制采用自下而上和自上而下相结合的方法,首先,由高层管理者提出企业总目标和部门分目标;其次,各基层单位据以制定本单位的预算方案,呈报分部门;再次,分部门再根据各下属单位的预算方案,制定本部门的预算草案,呈报预算委员会;最后,预算委员会审查各分部预算草案,进行综合平衡,拟订整个组织的预算方案,预算方案再反馈回各部门征求意见。经过自下而上、自上而下的多次反复,形成最终预算。经总经理或董事会审批后,成为正式预算,逐级下达各部门执行。

1. 参与性预算的优点

与强加性预算相比,参与性预算具有以下优点:

(1)提高了预算指标的可靠性。上下级对预算指标的标准有不同的看法,一项上级认为富有挑战性的指标,而在下级看来可能不切实际,难以达到;预算指标太低,能轻易地实现,又起不到激励作用。因此,参与性预算应充分考虑预算执行者的意见。由于预算执行者直接参与企业活动,更了解本部门的现实、需要、发展的潜力以及未来的变化,以他们的估计制定的预算指标更接近实际,对实际工作的指导意义更大。

(2)改变了预算执行者对预算的认识。对预算执行者来说,一方面,亲自参与制定本部门预算可以得到精神上的满足,增强其作为企业一员的责任感,有助于在企业内部培养公开、民主和信任的气氛,增强企业的凝聚力;另一方面,预算执行者能深刻理解和自觉接受他们亲自制定的预算标准,从而把预算的执行,看作是自己义不容辞的责任,而不会视之为上级强加的任务。由于预算指标是以预算执行者提供的信息为基础的,其客观性、可控制性和可实现性已为执行者所认可,因此若人们不能实现预算,也会先从自身找原因。

(3)促进了企业预算目标与个人目标的融合。参与本身是一个联合决策的过程,联合决策可使企业目标整体化。预算执行者在参与预算编制过程中,会融入个人的目标和预期,使个人目标和预算目标与企业目标相一致。

(4)促进部间的协调与沟通,帮助各部门为企业的共同目标而通力合作,增强其行动和决策与企业目标的和谐性,促进企业资源的合理配置和有效利用。

2. 参与性预算的缺点

很明显,预算编制程序不是简单的和机械的,它综合了资源分配、组织目标、人的动机和行为等各个方面因素。预算涉及很多方面的利益,它代表着多方面谈判的结果。虽然预算是计划、协调和资源分配的一个工具,但它也是评价业绩的标准并最终影响和控制人的行为。由于许多管理人员的实际经济利益是和预算目标联系在一起的,其中一些管理人员就可能会为了自身的利益从事对组织不利的活动,通过操纵预算目标来实现高额奖金。这种行为最可能发生在全员参与性的预算编制程序中,这种预算编制程序为参与者提供了不按组织利益最大化原则影响预算的机会。例如,下层管理人员可能要求超出他们完成计划目标所需要的资源,这种行为导致了组织资源的错误分配。还有,下层管理人员可能歪曲信息以降低高层管理者对他们的业绩预期。如果下层管理人员的这些要求在预算谈判中被采纳,他们就能够轻易达到或超过他们的预算目标并且实现他们的私人经济利益。然而这对组织整体来说是很不利的,这种预算目标与对于组织是最优的预算目标之间的差异称为预算松弛。

3. 预算松弛产生的原因

在参与性预算方式下,会出现预算松弛的现象,其原因主要有以下几方面:

(1)目标不一致和利益冲突。只要企业是按是否达到预算目标进行业绩评价的,就会产生目标不一致的问题。在强加性预算中,目标不一致主要体现在预算的执行过程,表现为一种消极的对抗或抵触的行为。在参与性预算中,目标不一致主要体现在预算的编制过程,表现为预算指标的松弛。

(2)信息不对称。在预算管理中,信息不对称是指下级拥有与预算有关的信息而上级不拥有,这种不对称既表现在预算编制过程中,也表现在预算执行过程中。下级参与预算使得上级有机会了解各部门的真实情况,接触到各部门的一些私有信息,但这种接触不是直接的。下级可以修饰提供给上级的信息,或限制信息的供应量,上级得到的可能是不完整的和非原始的信息。在这种情况下,下级凭借自己的信息优势,自然会利用参与预算的机会,建立较为松弛的预算。这就是预算管理中由于信息不对称产生的道德风险和逆向选择问题。

(3)规避不确定性风险。预算的编制通常在预算期开始前一段时间进行,主要的依据是过去的工作实绩和对未来的预测,而未来和过去不可能完全相同。企业面临的环境复杂多变,充满了不确定性,预算执行过程中,难免会出现某些偶发性事件,造成难以预料的开支,妨碍预算的顺利完成。大部分人是厌恶风险追求稳健的,一个松弛的预算可以为预算的执行留出余地,抵消客观环境发生的不利变化的影响。

(4)防备上级的层层削减或层层加码。参与预算意味着参与者可以为达成自己的意愿"讨价还价"。通常,下级预算方案上报后,上级会根据整个部门或整个企业的目标和资源配置情况对预算进行调整、协调与平衡。下级为了防备上级的层层削减或层层加码而将各项指标定得很宽松,上级管理者也会考虑到这一点,必然会采取相反的措施。这就形成了一种恶性循环,后果是预算松弛逐步制度化。

4. 如何降低预算松弛程度

(1)采用反复预算方法。尽管预算松弛不可能被彻底消除,但是可以通过一些方法降低它的影响。企业可以对成本费用水平长期相对稳定的项目用反复预算方法来降低它的影响。首先,由下层管理人员递交一个初步的预算草案,然后经高层管理人员审核之后再发回下层管理人员修改。这个过程要反复很多次,直到高层管理人员认为已经最大限度地消除了预算松弛。反复预算的另一个优点是,随着时间的推移,预算各方逐步认同了预算目标。

(2)采用综合业绩评价指标。企业可以采用综合业绩指标方法来降低预算松弛。组织一旦选择了业绩计量指标,就向该组织的所有成员传递信号,即哪些方面才是组织重视和优先考虑的。如果组织随意选择业绩计量指标,就必然会发生与组织整体利益不一致的行为。为了鼓励所有员工都完成组织期望的目标,避免对组织不利的行为,设计一个有效的业绩评价系统是非常必要的。企业不应该仅以是否完成预算作为惟一的衡量指标,对企业来说,完成预算并不意味着就是最优的。比如,对于销售人员来说,不应仅以完成销售预算作为惟一指标,客户满意度、客户流失率、产品市场占有率以及广告费用等指标都可以用来衡量销售人员的业绩。企业可以根据自己的需要对各个指标设置不同的权重,如果认为预算完成很重要,就可以对销售额设置较大的权重。一旦所有员工都知道完成预算不是惟一衡量其业绩的标准时,预算松弛程度就会降低,因为他们与其花大量的时间和精力使"松弛"的预算通过审核,还不如努力去完成"不松弛"的指标。

(3)采用员工建议式预算编制程序。这种预算编制程序是高层管理人员要求中下层管理人员讨论他们对预算的看法,但是并不是将下层管理人员的意见综合起来编制预算,而是高层管理人员知道中下层管理人员的想法后独自决定最终预算。对于许多大的组织来说,全员参与式的预算编制程序是不实际的,而员工建议式的编制程序则是可行的。当基层管理人员相信他们的建议将被直接用来编制预算时,即使高层管理人员没有考虑他们的建议,基层管理人员也不至于对高层管理部门所下达的预算指标产生太大的抵触心理,从而有利于缩小企业目标与基层局部目标的差距,进而降低预算松弛的程度。

第三节 预算编制的几种方法

在上一节中,我们论述了传统的全面预算的编制方法,但是这种传统的预算编制方法有很多缺陷,为了弥补这些缺陷,管理会计发展了几种较为先进的预算编制方法。

一、弹性预算

上一节所讨论销售预算、生产预算以及销售及管理费用预算都是以预算期内一定的业务量为基础编制的,这种传统的预算编制方法叫做固定预算(Fixed Budget)或静态预算(Static Budget)。由于现实经济环境瞬息万变,市场形势的变化或季节性原因都有可能使各季度的实际业务量起伏不定,致使实际业务量偏离预算业务量。在这种情况下,实际收入与支出和预算数就不具有可比性。如果要进行比较的话,就必须根据实际业务量的变动率对原预算数进行调整。

为了弥补传统预算编制方法的缺陷,产生了弹性预算(Flexible Budget)的编制方法。所谓弹性预算,就是在编制预算时,预先估计到计划期间业务量可能发生的变动,编制出一套能适应多种业务量的预算,以便能分别反映各业务量水平情况下的收支情况。正是由于这种预算可以随着业务量的变化而反映各业务量水平下的收支数,具有一定的伸缩性,因而称为弹性预算。

编制弹性预算的基本步骤如下:
(1)选择业务量的计量单位;
(2)确定适用的业务量范围;

(3) 逐项研究各项成本与业务量之间的关系;

(4) 针对几种可预见的业务量水平计算各项成本的预算值。

弹性预算中所有的费用都必须分为变动费用和固定费用以配合不同业务量。在很大程度上弹性预算质量高低取决于成本性态分析的水平。

弹性预算的编制可以采用公式法和多水平法两种方式。

1. 公式法

因为任何成本都可分为变动成本和固定成本,可以用 $y=a+bx$ 来近似表示,所以只要在预算中列示 a(固定成本)和 b(单位变动成本),便可随时利用公式计算任何一项业务量(x)的预算成本(y)。

公式法的优点是便于计算业务量的预算成本。但是并不是所有的成本和业务量都是直线关系的,阶梯成本和曲线成本只能用数学方法修正为直线。必要时,可以在不同的业务量范围内采用不同的固定成本和单位变动成本。

2. 多水平法

多水平法又叫列表法,顾名思义就是在确定的业务量范围之内划分出若干个不同的业务量水平,然后分别计算各项预算成本,汇总列入一个预算表格。不同业务量水平之间的间隔可以根据需要或大或小,间隔太大,虽然可以简化编制工作,但是失去了弹性预算的优点;间隔太小,控制成本较为准确,但增加了编制的工作量。

多水平法的优点是:不管实际业务量是多少,不必经过计算即可找到与实际业务量相近的预算成本,控制成本比较方便,但是单纯运用多水平法评价和考核实际成本时,往往需要用插值法来计算实际业务量的预算成本。因此在实际工作中,可以将两种方法同时使用,以发挥各自的优点。

下面我们用一个例子来说明弹性预算的编制方法。

【例 7-13】 根据表 7-8 提供的制造费用资料,为红叶公司编制制造费用的弹性预算。假定该公司管理人员认为全年总工时的可能变动范围是 35 750 至 46 750 工时。

首先采用公式法，求出各变动制造费用明细项目的单位变动成本，以及各固定成本明细项目的成本总额。我们以"间接人工"这项变动制造费用为例说明其单位变动成本的计算过程。由表 7-8 可知，总工时为 38 500 小时的间接人工成本为 9 000 元，则：

单位间接人工成本 = 9 000/38 500 = 0.23(元/工时)

类似地，我们可以求出变动制造费用其他明细项目的单位变动成本，有关结果列于表 7-18。对于固定制造费用中的各明细项目，我们可以直接从表 7-8 中获得有关结果。

表 7-18　红叶公司制造费用弹性预算（公式法）　　　单位：元

业务量范围	35 750～46 750(工时)	
项目	固定成本 （元/年）	单位变动成本 （元/工时）
间接人工		0.23
间接材料		0.14
修理费		0.10
水电费		0.07
修理费	670	
折旧	12 000	
车间管理人员工资	2 400	
保险费	680	
合计	15 750	0.54

其次采用多水平法编制制造费用的弹性预算。利用表 7-18 的有关数据，可以得到多水平法下的制造费用的弹性预算，有关结果如表 7-19 所示。

表 7-19　红叶公司制造费用弹性预算（多水平法）　　　单位：元

直接人工工时	每工时变动 成本分配率	几种可能的业务量（直接人工工时）			
		35 750	38 500	41 250	44 000
变动成本：					
间接人工	0.23	8 222.5	8 855	9 487.5	10 120
间接材料	0.14	5 005	5 390	5 775	6 160

续表

直接人工工时	每工时变动成本分配率	几种可能的业务量（直接人工工时）			
		35 750	38 500	41 250	44 000
修理费	0.10	3 575	3 850	4 125	4 400
水电费	0.07	2 502.5	2 695	2 887.5	3 080
合计	0.54	19 305	20 790	22 275	23 760
固定成本：					
修理费		670	670	670	670
折旧		12 000	12 000	12 000	12 000
车间管理人员工资		2 400	2 400	2 400	2 400
保险费		680	680	680	680
合计		15 750	15 750	15 750	15 750
总计		35 055	36 540	38 025	39 510

二、滚动预算

上一节中描述的业务预算、一次性专门业务预算和财务预算都是以一年为期的,这种预算方法称为定期预算(Periodic Budget)循环。虽然预算编制人员可能会在计划期间更新或修正预算,定期预算仍然是典型地按每一个计划期间进行预算编制。定期预算存在一些缺陷：

1. 未来的客观经济情况具有很大的不确定性,因而预算与将来的实际情况难免有一定差异,使原来的预算数不能适应实际情况。

2. 以一年为期的预算,在执行一段期间后,管理人员往往只考虑剩下几个月的经济活动,缺乏长期打算。

3. 定期预算中,组织的计划、评价和战略性决策仅仅考虑计划期间的一年,这不能适应组织长期规划的要求。

为了克服定期预算的这些缺陷,按照"近细远粗"的原则,根据上一期的预算完成情况,调整和具体编制下一期预算,并将编制预算的时间逐期连续向前滚动,使预算总是保持一定的时间幅度。按照这种方法编制的预算就叫滚动预算(Rolling Budget)或连续预算(Continuous Budgeting)。在滚动预算中,当一个预算期间(通常是一个月或一季)结束,就立即在期末增加一个未来的预算期间,例如,当 2000 年第一季度结束时,预算编制人员应从全面预算中划掉 2000 年第一季度的预算数字,并增加 2001 年第一季度的预算数字。这样使预算期能够永远保持 12 个月。这种预算能够使企业各级管理人员永远保持 12 个月时间的考虑和规划,进而保证企业的经营管理工作能够持续、稳定、有秩序地进行。

按照"长计划、短安排"的原则,在编制滚动预算时,可以先按年分季,并将其中第一个季度按月划分,建立各月的明细预算数字,至于其他三季预算可以粗一点,只列各季总数,不按月划分。

如果企业的预算每 1 个月滚动一次,那么到 1 月份结束后,企业根据预算完成情况和本月所获得的新信息,对剩余 11 个月的预算指标进行修正,列出 2 至 4 月的预算明细数字,并添加下 1 年 1 月份的预算数字,完成第 1 次滚动。这一过程不断重复,使未来要执行的预算始终保持 1 年期的时间跨度。

如果企业预算每 3 个月滚动一次,滚动预算编制过程如图 7-3 所示。

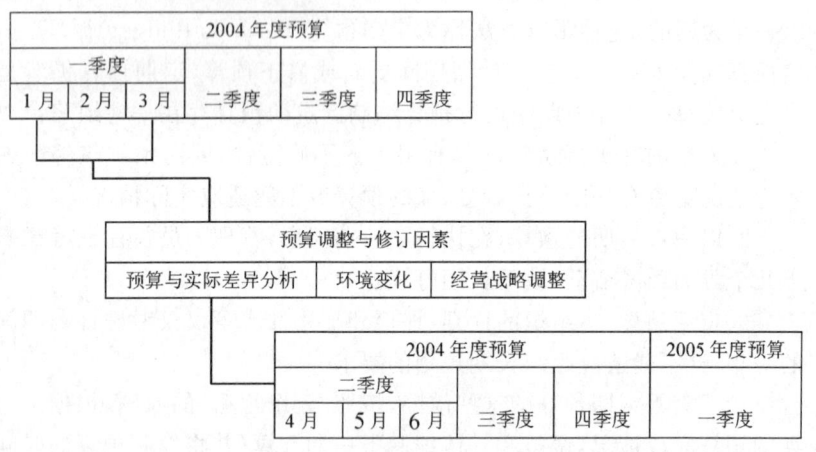

图 7-3 滚动预算编制示意图

【例 7-14】 我们仍以前述红叶公司制造费用的例子来说明滚动预算的编制,运用该公司生产预算中各季度的预计产量(表 7-4)以及单位产品工时数 5.5,可确定各季预计总工时数。另外,预计一季度中各月的产量分别为 300 件、300 件和 400 件。根据前例中各项变动制造费用明细项目的单位变动成本,以及各项固定制造费用明细项目全年预计成本,我们可以编制出该公司制造费用的滚动预算,有关结果如表 7-20 所示。

表 7-20 红叶公司制造费用滚动预算

摘要	1~3月			4~6月	7~9月	10~12月
	1月	2月	3月			
业务量(直接人工工时)	1 650	1 650	2 200	8 250	11 550	13 200
	(300×5.5)	(300×5.5)	(400×5.5)	(1 500×5.5)	(2 100×5.5)	(2 400×5.5)
变动成本:						
间接人工						
(0.23元/工时)	379.5	379.5	506	1 897.5	2 656.5	3 036
间接材料						
(0.14元/工时)	231	231	308	1 155	1 617	1 848
修理费(0.10元/工时)	165	165	220	825	1 155	1 320
水电费(0.07元/工时)	115.5	115.5	154	577.5	808.5	924
合计	891	891	1 188	4 455	6 237	7 128
固定成本:						
修理费	55.8	55.8	55.9	167.5	167.5	167.5
折旧	1 000	1 000	1 000	3 000	3 000	3 000
车间管理人员工资	200	200	200	600	600	600
保险费	56.67	56.67	56.66	170	170	170
合计	1 312.47	1 312.47	1 312.56	3 937.5	3 937.5	3 937.5
总计	2 203.47	2 203.47	2 500.56	8 392.5	10 174.5	11 065.5

该公司在 1 月末,将预算值与实际值进行对比,并对各有关情况进行分析,在此基础上,对 2、3 月份的预算进行了修订,将 4 月份的预算细化,并将 2005 年 1 月预算补充进来,使得预算期仍保持一年。

表 7-21 列示了按月经过第一次滚动后的滚动预算结果,表中省略了具体编制过程。

表 7-21　红叶公司制造费用滚动预算(第一次滚动)

摘要	2~4月			5~7月	8~10月	11~1月 (2005年)
	2月	3月	4月			
变动成本：						
间接人工	370	500	630	2 277	2 783	2 909.5
间接材料	230	300	385	1 386	1 694	1 770
修理费	165	220	275	990	1 210	1 265
水电费	115	150	190	693	847	885.5
合计	880	1 170	1 480	5 346	6 534	6 831
固定成本：						
修理费	56	55.9	55.9	167.5	167.5	167.5
折旧	1 000	1 000	1 000	3 000	3 000	3 000
车间管理人员工资	200	200	200	600	600	600
保险费	56.67	56.66	56.66	170	170	170
合计	1 312.67	1 312.56	1 312.56	3 937.5	3 937.5	3 937.5
总计	2 192.67	2 482.56	2 792.56	9 283.5	10 471.5	10 768.5

三、零基预算

传统的编制费用预算的方法一般都是采用调整法，都是以上年度各个费用项目的实际发生额为基础，结合计划期间可能会使该费用发生变动的有关因素加以考虑，然后确定计划期间费用发生的预算数。如果费用预算是在上一年度实际费用的基础上加一定的百分比来计算的，就叫做"增量预算法"(Incremental Budgeting)；如果费用预算是在上一年度实际费用的基础上减一定的百分比，就叫做"减量预算法"(Decremental Budgeting)。这种预算编制方法简便易行，但有很大的缺陷：由于以调整法编制的费用预算是以前期实际费用发生额为基础，容易使预算中的某些不合理因素得以长期沿袭。为了克服调整法带来的弊病，于是产生了零基预算。

零基预算的基本原理是：计划期间的任何一个费用项目的开支数，不从往年的实际数出发，而是一切以零为起点，完全按照预算期内应该达到的经营目标，重新考虑每个费用项目支出的必要性及其开支规模。

零基预算可分为三个步骤:

1. 要求企业各部门职工根据企业预算期的总体经营目标和本部门的具体任务,详细讨论预算期内本部门将发生哪些费用项目,并对每一费用项目编写一套说明,说明费用开支的目的,以及需要开支的数额。

2. 对每一费用项目进行成本—效益分析,将费用发生数额与因该项费用发生而形成的收益额进行比较,然后按成本效益的大小和费用的多少将各项目排列出先后顺序,并划分若干等级。

(3) 根据以上分析结果及企业现有经济资源,特别是预算期内的资金情况,本着统筹兼顾,保证重点的原则,按顺序和等级将资金在各项目之间进行分配,落实预算。

下面我们以销售费用为例说明零基预算的编制方法。

【例 7-15】 红叶公司 2004 年度销售费用的可用资金只有 120 000 元,显著低于往年该项费用的实际数。为此,该公司决定采用零基预算法编制预算。有关步骤如下:

第一步,假定该公司销售部门的全体职工根据企业 2004 年度的总体经营目标和本部门的具体任务,经过详细论证之后,拟订出费用说明书,最终确认该部门预算年度需要发生的费用如表 7-22 所示。

表 7-22 红叶公司预计销售费用项目　　　　单位:元

项目	金额
广告费	50 000
销售佣金	30 000
销售人员工资	40 000
办公费	10 000
差旅费	5 000
合计	135 000

第二步,经研究认为,销售人员工资、办公费、差旅费是约束性成本,在计划期间必须全额保证。对于酌量性成本的广告费和销售佣金,公司根据历史资料进行成本—效益分析,发现平均每 1 元广告费可以为企业增加 12 元的利润,而每 1 元销售佣金则可以为企业增加 20 元的利润。

第三步，根据以上分析，按照各个费用项目的具体性质和重要程度将销售部门计划期间的费用开支分为三层：

第一层：约束性成本，即销售人员工资、办公费和差旅费，共 55 000 元。

第二层：酌量性成本中的销售佣金，按照成本—效益分析，它优先于广告费。

第三层：酌量性成本中的广告费。

对于第二层和第三层的费用项目来说，由于它们属于酌量性成本，所以可以根据计划期间企业的财力酌情增减。

由于该公司 2004 年度对于销售费用的可动用资金只有 120 000 元，因此，根据以上排列的层次安排资金如下：

第一层次的销售人员工资 40 000 元、办公费 10 000 元，差旅费 5 000 元全额保证，还剩下 65 000 元在广告费和销售佣金两者之间根据其成本收益率的比例关系进行分配。

分配如下：

销售佣金应分配的资金数 $= 65\ 000 \times \dfrac{20}{20+12} = 40\ 625$（元）

广告费应分配的资金数 $= 65\ 000 \times \dfrac{12}{20+12} = 24\ 375$（元）

综上所述，在零基预算法下，预算制定者将组织的稀缺资源分配到他们认为能最大限度地实现组织目标的费用项目上去。但是零基预算不以历史数据为依据，完全从头算起，所以工作任务十分繁重，要耗费大量的人力资源。企业可以间隔若干年（比如 5 年）实行一次比较全面的零基预算，或者对个别部门（如资源浪费较严重的部门）或个别产品（如新产品）的相关成本实行零基预算。

第四节 全面预算管理的运行机制

为使全面预算顺利运行，企业还需要有一整套完善的运行机制，包括预算管理的组织机构、全面预算的编制程序、预算管理制度以及预算管理的保障体系等。

一、预算管理的组织机构

预算管理能否取得良好效果的前提是企业拥有完善的预算管理组织机构。预算管理的组织机构由预算管理委员会、预算专职部门以及预算执行单位三个层次组成。

1. 预算管理委员会

预算管理委员会在组织体系中居于领导核心地位,是由企业的董事长或总经理任主任委员,吸纳企业内各相关部门的主管组成。预算管理委员会是预算管理的最高管理机构。预算管理委员会主要拟订财务预算的目标、政策,制定财务预算管理的具体措施和办法,审议、平衡财务预算方案,组织下达财务预算,协调解决财务预算编制和执行中的问题,组织审计、考核财务预算的执行情况,督促企业完成财务预算目标。

2. 预算专职部门

预算专职部门(例如预算办公室)在预算管理委员会的领导下,具体负责组织企业财务预算的编制、审查、汇总、上报、下达、报告等具体工作,监督财务预算的执行情况,分析财务预算与实际执行的差异及原因,提出改进管理的措施和建议。

3. 预算执行单位

企业所属基层单位是主要的预算执行单位,在企业财务管理部门的指导下,负责本单位现金流量、经营成果和各项成本费用预算的编制、控制、分析工作,接受企业的检查与考核。其主要负责人对本单位财务预算的执行结果承担责任。根据权利与义务的不同,各基层单位可分为投资中心、利润中心和成本中心等类型。[①]

二、全面预算的编制程序

企业编制预算,一般应按照"上下结合、分级编制、逐级汇总"的程

---

① 关于责任中心的有关讨论我们将在下一章中详细论述。

序进行。①

1. 下达目标。企业董事会或经理办公会根据企业发展战略和预算期对经济形势的初步预测并一般于每年 9 月底以前提出下一年度企业财务预算目标,包括销售或营业目标、成本费用目标、利润目标和现金流量目标,并确定财务预算编制的政策,由财务预算委员会下达各预算执行单位。

2. 编制上报。各预算执行单位按照企业财务预算委员会下达的财务预算目标和政策,结合自身特点以及预测的执行条件,提出详细的本单位财务预算方案,于 10 月底前上报企业财务管理部门。

3. 审查平衡。企业财务管理部门对各预算执行单位上报的财务预算方案进行审查、汇总,提出综合平衡的建议。在审查、平衡过程中,财务预算委员会应当进行充分协调,对发现的问题提出初步调整的意见,并反馈给有关预算执行单位予以修正。

4. 审议批准。企业财务管理部门在经预算执行单位修订、调整的基础上,编制出企业财务预算方案,报财务预算委员会讨论。对于不符合企业发展战略或者财务预算目标的事项,企业财务预算委员会应当责成有关预算执行单位进一步修订、调整。在讨论、调整的基础上,企业财务管理部门正式编制企业年度财务预算草案,提交董事会或经理办公会审议批准。

5. 下达执行。企业财务管理部门对董事会或经理办公会审议批准的年度总预算,一般在次年 3 月底以前,分解成一系列的具体指标,由财务预算委员会逐级下达各预算执行单位执行。在下达后 15 日内,母公司应当将企业财务预算报送主管财政机关备案。

案 例

四川长虹公司全面预算的编制流程:②

---

① 参见财政部《关于企业实行财务预算管理的指导意见》财企[2002]102 号。
② 引自景荣:《推行全面预算管理 建立新型财务管理体系》,《四川会计》,2002 年第 11 期,第 42~43 页。

(1) 全面预算以销售预算为基础,采取自上而下、自下而上、上下结合的程序编制;

(2) 公司预算管理委员会提出长期战略目标和销售预测,初步确定年度预算的重大前提条件;

(3) 财务本部编制《年度预算大纲》,并报预算管理委员会审议批准;

(4) 预算管理委员会将审议批准的《年度预算大纲》中各项规划指标下达给公司各单位;

(5) 公司各单位组织本部门基层单位成本控制人员自行草编预算,使预算较为可靠,较为符合实际;

(6) 公司各单位汇总本部门预算,并初步协调本部门预算,编出销售、生产、采购、财务等业务预算;

(7) 财务本部审查、平衡各单位提交的业务预算,汇总出公司的总预算;

(8) 预算管理委员会审议、批准财务本部提交的公司总预算,或者驳回修改预算;

(9) 主要预算指标报告给董事会和股东大会,讨论通过或者驳回修改预算;

(10) 批准后的全面预算下达给公司各单位执行,各单位将本部门的预算指标分解到下级单位,做到预算指标层层分解、全面落实;

(11) 根据全面预算指标,公司与各单位签订《目标责任书》,各单位可根据自身情况,自行决定是否与本部门内下级单位签订《目标责任书》。

三、预算管理制度的建立

预算管理的实施需要有健全的预算管理制度,如预算反馈控制制度、预算调整制度以及预算考核与奖惩制度等。

1. 预算反馈控制制度

为保证预算目标的顺利实现,在预算执行过程中各级预算单位应定期召开预算例会,对照预算指标及时总结预算执行情况、计算差异、分析原因,最后提出改进措施。预算例会按照召开的频度应当形成不同形式的预算报告。另外,公司还要制定日常跟踪分析制度。要求企业内部各部门在营销、管理等各项经济活动中,严格按预算办事,紧紧围绕实现预算目标开展经济活动,明确各部门要对自己执行预算情况进行日常跟踪和分析。

2. 预算调整制度[①]

(1)企业正式下达执行的财务预算,一般不再调整。预算执行单位在执行中由于市场环境、经营条件、政策法规等发生重大变化,致使财务预算的编制基础不成立,或者将导致财务预算执行结果产生重大偏差的,可以调整财务预算。

(2)企业应当建立内部的弹性预算机制,对于不影响财务预算目标的业务预算、资本预算、筹资预算之间的调整,企业可以按照内部授权批准制度执行,鼓励预算执行单位及时采取有效的经营管理对策,保证财务预算目标的实现。

(3)企业调整财务预算,应当由预算执行单位逐级向企业财务预算委员会提出书面报告,阐述财务预算执行具体情况、客观因素变化情况及其对财务预算执行造成的影响程度,提出财务预算的调整幅度。企业财务管理部门应当对预算执行单位的财务预算调整报告进行审核分析,集中编制企业年度财务预算调整方案,提交财务预算委员会以至企业董事会或经理办公会审议批准,然后下达执行。母公司审议批准的财务预算调整方案,应当在下达执行15日内报送主管财政机关备案。

(4)对于预算执行单位提出的财务预算调整事项,企业在决策时,一般应当遵循以下要求:

①预算调整事项不能偏离企业发展战略和年度财务预算目标;

②预算调整方案应当在经济上能够实现最优化;

③预算调整重点应当放在财务预算执行中出现的重要的、非正常的、不符合常规的关键性差异方面。

---

① 参见财政部《关于企业实行财务预算管理的指导意见》财企[2002]102号。

3. 预算考核与奖惩制度

对企业预算进行考核是企业效绩评价的主要内容之一,应当结合年度内部经济责任制进行考核,与预算执行单位负责人的奖惩挂钩,并作为企业内部人力资源管理的参考。预算执行情况的考核通常应由预算专职机构完成,并经预算委员会批准后及时兑现奖励和惩罚措施。预算责任单位的负责人应对本单位预算进行考核,预算专职机构根据批准的预算指标对各预算单位的负责人进行考核。

四、预算管理的保障体系

预算管理既然是一个内部管理系统,是一种科学的内部管理机制,就必然有其内在的系统构成要素和条件,这些要素和条件相互联系、相互影响,共同形成预算管理的内在控制功能。因此,企业集团要实施预算管理,要充分发挥预算管理的应有作用,就必须具备相应的保障体系。[①]

1. 要有科学的法人治理结构

实行预算管理,企业首先要明确区分企业内部的决策层、管理层、执行层和监督层,并按"分层决策、决策与管理分开、管理与监督和执行分开"的原则,分别赋予其相应的权力和责任,从组织机构的设置上实现权力制衡,明确权责归属。

2. 权、责、利相统一的管理机制

企业要明确划分基层责任单位,并根据它们各自的工作责任赋予其对等的权和利,同时尽可能把事权与财权统一起来,形成有效的内部激励和约束机制,充分调动企业集团各单位、各个层次的积极性和主动性,并保证他们的工作到位而不越位,从而确保预算目标的实现。

3. 要有扎实的基础管理工作

每个企业都可以不同程度地实施预算管理,但不同的基础管理工作对预算管理的推进作用及其最终收效是不同的。作为一个基本保障

[①] 王京红、汤保国:《企业集团预算管理系统构建》,《煤炭经济研究》,2002 年第 1 期,第 56～57 页。

条件,扎实的基础管理工作要求建立健全业务工作规范,完善业务管理工作程序与基础。在基础管理工作中,会计工作在其中起关键性作用,要真正搞好预算管理,必须切实加强会计基础管理工作,包括完备而准确的业务发生原始记录,系统而有效的会计数据结构,高效的内部会计信息支持系统和传递系统,灵敏的会计反馈系统,会计信息与业务信息的高度偶合性,财务预警系统和预算自调节系统,权威性的预算决算与考评系统等。

4.要有完善的内部相关制度体系

预算管理首先是一种管理制度与规则,其次才是制度与规则的实施与绩效评价。完善的制度体系是落实预算管理的前提,因此,要建立健全全方位的内部管理制度,如完善生产管理制度,健全质量管理制度,改革人事管理制度,优化工资酬劳制度等。

本章小结

全面预算是一种涵盖企业未来一定期间内所有营运活动过程的计划,它是企业最高管理者为整个企业及其各部门预先设定的目标、策略及方案的数量表现。它包括业务预算、专门决策预算和财务预算三大类。全面预算先从销货预算开始,循序渐进,再到现金预算、预计损益表、预计资产负债表。预算的编制不应该仅仅注意其技术层面,还要注意到人的行为方面,因为预算是由人来编制的,并最终靠人来执行。人的行为因素决定着预算系统的成败。弹性预算、滚动预算、零基预算,这三种预算编制方法都是管理会计为适应预算管理的不断发展和企业的不同需要而产生的。全面预算的实行需要企业拥有良好的运行机制,包括预算管理的组织机构、预算编制程序、预算管理制度以及预算管理的保障体系等。

综合复习题

一、思考题

1.什么是全面预算?为什么要编制全面预算?

2.全面预算的特点是什么?

3. 全面预算包含哪些内容？各预算之间的相互关系怎样？
4. 全面预算与整体预算有何区别？
5. 为什么编制全面预算要以销售预算为起点？
6. 如何理解预算编制中人的行为因素？
7. 什么是弹性预算？为什么要编制弹性预算？
8. 零基预算有哪些优点？
9. 滚动预算是怎样产生的？它有何优点？
10. 预算管理制度的主要内容是什么？

二、单项选择题

1. 全面预算编制的关键和起点是（　　）。
　　A. 生产预算　　　　B. 现金预算
　　C. 销售预算　　　　D. 直接材料预算

2. 不需另外预计现金支出，直接参加现金预算汇总的预算是（　　）。
　　A. 成本预算　　　　B. 销售预算
　　C. 直接人工预算　　D. 制造费用预算

3. 某企业在每季度销售收入中，本季度收到销货款60%，其余的40%下季度收讫。若预算年度的第四季度销售收入为60 000元，则预计资产负债表中年末应收账款项目的金额为（　　）。
　　A. 24 000　　　　　B. 60 000
　　C. 20 000　　　　　D. 36 000

4. 编制生产预算最终要确定（　　）。
　　A. 预计销售数量　　B. 预计生产量
　　C. 期初存货量　　　D. 预计销售单价

5. 全面预算的内容可分为三大类，即业务预算、专门决策预算和（　　）。
　　A. 销售预算　　　　B. 现金预算
　　C. 财务预算　　　　D. 产品成本预算

三、多项选择题

1. 编制生产预算中的"预计生产量"项目时，需要考虑的因素有

( )。
A. 预计销售量　　　B. 预计期初存货
C. 预计期末存货　　D. 前期实际销量
E. 预计资金需要量

2. 现金预算的内容包括( )。
A. 现金多余或不足　B. 资金的筹集与还款计划
C. 销售收入　　　　D. 现金支出
E. 现金收入

3. 下列各项中属于业务预算的内容有( )。
A. 直接材料预算　　B. 产品成本预算
C. 资本支出预算　　D. 销售及管理费用预算
E. 生产预算

4. 下述预算中属于全面预算的是( )。
A. 生产预算　　　　B. 弹性预算
C. 材料采购预算　　D. 预计资产负债表
E. 现金预算

5. 财务预算包括( )。
A. 资本支出预算　　B. 现金预算
C. 产品成本预算　　D. 预计资产负债表
E. 预计损益表

四、判断题

1. 直接人工预算是直接在销售预算的基础上编制的( )。
2. 财务预算又称总预算( )。
3. 零基预算的特点是一切成本费用的预算均以零为起点,以成本效益分析为依据( )。
4. 销售量预测的准确性直接影响企业全面预算的质量( )。
5. 编制现金预算的主要目的在于了解企业预算年度各季度末现金余额有多少( )。

五、业务题

1. 假定巨龙公司计划期间2003年第一季度甲产品各月的销售预

测值分别为:1 000件、1 500件、2 000件,销售单价为50元。已知该公司销售货款中当月收款60%,次月收款30%,第三个月收款10%,又假定2003年初应收账款余额为23 000元,其中包括上年度11月份销售的应收账款5 000元,12月份销售的应收账款18 000元。

要求:

(1)计算巨龙公司上年度11、12月份的销售总额各为多少?

(2)编制巨龙公司2003年第一季度的分月销售预算以及第一季度的预计现金收入计算表。

2.假定华夏公司根据销售预测,对甲产品2003年四个月的销售量预计如表1所示。

表 1

月份	4	5	6	7
预计销售量	50 000件	60 000件	70 000件	80 000件

按照该公司以往的经验,每个季度的期末存货量为下一个季度预计销售量的25%较为合适,若该公司3月份的期末存货量为11 500件。

要求:根据上述资料,编制华夏公司2003年第二季度各月份的生产预算。

3.假定昌隆公司计划年度(2003年)生产A产品,一至四季度预计生产分别为450件、520件、600件和540件。该产品只需要一种材料,每件产品的材料消耗定额为5千克,材料的计划单价为4元。每季期末原材料存货量为下季生产需要量的20%,2002年末的原材料为800千克,2004年第一季度的生产需要量为3 200千克。又假定计划期间每季度的购料款,当季付50%,其余的50%在下季付讫。2002年末的应付购料款为5 000元。

要求:根据上述资料,为昌隆公司编制2003年的年度分季的直接材料采购预算。

4.假定长安公司规定各季必须保证最低的现金余额5 000元,表2是该公司年度分季的现金预算的基本内容。

表 2 长安公司现金预算　　　　　单位:元

摘要	1 季度	2 季度	3 季度	4 季度	全年
期初现金余额	8 000				
加:现金收入		70 000	96 000		321 000
可动用现金合计	68 000				
减:现金支出					
采购材料	35 000	45 000		35 000	
营业费用		30 000	30 000		113 000
购置设备	8 000	8 000	10 000		36 000
支付股利	2 000	2 000	2 000	2 000	
现金支出合计		85000			
现金盈余和不足	(2 000)		11 000		
融通资金:					
银行借款		15 000			
归还本息			(6 000)	(17 000)	
融通资金合计					
期末现金余额					

要求:将长安公司年度分季的现金预算中空缺部分通过计算逐一填列。

5.假定春兰公司预算年度只生产一种甲产品,其贡献毛益率为 40%。另外,根据以往历史经验,销售额在 80 000~120 000 元之间时,其固定成本总额将保持在 15 000 元不变。

要求:若预算年度甲产品的销售额分别为 85 000 元、95 000 元、100 000 元、110 000 元时,请为该公司编制弹性利润预算。

6.某企业生产某种产品,在正常生产能力为 10 000~16 000 直接人工小时的相关范围内,该产品制造费用的有关资料如表 3 所示。

表 3

项目	固定费用(元)	变动费用分配率 (元/小时)
间接人工	1 000	0.16
间接材料	500	0.25
机修费用	1 500	0.18
水费		0.05
电费		0.10
折旧费	10 000	
劳保费	6 000	

要求:在某产品生产能力为10 000~14 500直接人工小时的限度内,编制制造费用弹性预算(生产能力间隔为1 500小时)。

7.假定草原贸易公司基期末(2002年度)的资产负债表及其有关资料如下:

(1)基期末资产负债表如表4所示。

表4 草原贸易公司资产负债表

2002年12月31日 单位:元

资产		负债及所有者权益	
现金	10 000	应付账款	35 000
应收账款	55 000	银行借款	—
存货	30 000	所有者权益	140 600
房屋及设备	90 000		
累计折旧	(9 400)		
资产合计	175 600	负债及所有者权益合计	175 600

(2)若计划年度(2003年)一月份该公司预计销售甲商品12 000件,销售单价10元,其中现销60%,余款为40%下月收讫。

(3)采购甲商品的进价与存货成本均为每件5元。购入商品时,50%当月付讫,其余为次月付款。

(4)计划年度1月份的期末存货,预计为5 000件。

(5)2003年1月份预计将开支以下营业费用:

职工工资	16 000元
办公费	5 200元
水电费	4 500元
保险费	2 100元
折旧费	800元
广告费	4 000元

(6)一月份预计将购置一台电脑,价格25 000元。

(7)该公司规定计划期间现金的最低库存限额为20 000元,如不足此数,可全额向银行借款。

要求:根据以上资料,为该公司编制2003年1月份的全面预算。

六、案例题

CH公司是一家大公司,拥有多个事业部,每个事业部下面又有多个工厂。CH公司把全面预算制度作为其营业规划和业绩评价的工具。公司预算编制工作在每年的8月份开始,首先由各事业部经理提出销货、生产、存货和费用的预算,并提出资本支出的要求,成本费用预算包括直接人工成本预算、变动及固定制造费用预算。为了便于编制生产及存货明细表,直接材料预算是各个工厂单独编制的。每一事业部的预算是按所属工厂的资料编制的,并以当前年度前六个月的成本费用实际降低百分比同公司预先所设定的目标降低百分比进行比较,根据比较结果来决定各个工厂下年度的费用降低百分比。公司审议通过预算后,下年度公司、各事业部及各个工厂的最终预算就确定了。

2001年,CH公司买进HL工厂(CH公司某事业部的主要工厂之一)附近的土地,该项支出未列入公司2001年的资本支出预算内,公司管理人员决定将另一工厂某一计划的资本支出转列。

2001年CH公司产品销售不景气,为了达到利润预算指标,公司管理人员于8月份宣布各个工厂年度的费用需要裁减8%,HL工厂为达到减少费用的目的,将预防性的维护费用减少,必要的设备大修延期,员工培训推延,原材料、低值易耗品和产成品存货也减至正常水平之下。

试分析:

(1) 以业务规划及控制效果,评论 CH 公司的预算程序。
(2) 分析说明 HL 工厂经理 2001 年的行为。

参考答案

二、单项选择题
1. C   2. C   3. A   4. B   5. C

三、多项选择题
1. ABC   2. ABDE   3. ABDE   4. ACDE   5. BDE

四、判断题
1. ×   2. √   3. √   4. √   5. ×

行文思考
提示:

红叶公司 2004 年度生产预算

单位:件

摘要	第一季度	第二季度	第三季度	第四季度	全年
预计销售量	1 500	1 500	2 000	2 500	7 500
加:所需期末存货	300	400	500	300	300
预计需要量合计	1 800	1 900	2 500	2 800	7 800
减:期初存货量	300	300	400	500	300
预计生产量	1 500	1 600	2 100	2 300	7 500

第八章 责任会计

本章学习目的
1. 了解企业实行分权管理的原因
2. 掌握责任会计的基本概念
3. 掌握责任中心的三种类型
4. 掌握各种责任中心的业绩评价方法
5. 了解各类责任中心的业绩报告的基本内容
6. 了解内部转移价格的主要作用
7. 了解内部转移价格的主要类型

第八章 责任会计

范 例

经过多年的辛勤努力,李总经理一手将原来的小厂发展成现在拥有五个分公司的大企业。他习惯了以前的那种小厂管理方式——大事、小事,事事亲自过问。公司上上下下的所有决策都须经他之手来进行。尽管李总经理每天忙得不可开交,但是公司还是一团糟。由于许多问题没能及时处理,分公司失去了不少的客户和市场;由于整天急于应付大量烦杂的具体业务问题,他也没有精力去考虑企业的长远发展和战略规划,使得企业在同行业中的竞争地位日益下降。李总的困境应如何摆脱呢?本章对此将给出满意的解决方案。

第一节 责任会计概述

在传统的集权管理模式下,企业的组织结构为金字塔形,自总经理而下,依次经过副总经理、中层管理人员和低层管理人员。当企业规模逐渐扩大,业务呈现多样化和复杂化时,这种管理模式使企业管理层级越来越多,而且各层次管理人员数量也不断增加,导致组织机构臃肿,管理效率日益低下。为此,许多企业将决策权下放给各个基层管理人员,这种管理模式就是所谓的分权管理。在这种管理模式下,组织层次大为减少,组织结构扁平化。由于管理会计系统是管理系统的重要组成部分,因而理想的管理会计系统应能反映并支持整个公司的组织结构,适应分权管理的要求。

一、分权管理与责任会计的产生

在全球化市场竞争日益激烈的环境下,分权管理所具有的优点日益显现出来，因而越来越多的大型企业实行分权管理。与传统的集权管理相比，分权管理具有以下一些优点：

1. 有利于基层部门及时作出管理决策

当公司的各基层单位所处地理位置分散，在集权管理模式下，当地的信息传到公司总部以及总部的决策传回到当地需要一定的时间，而且在两地间信息传递增加了信息失真的可能。高层管理部门不可能对各个基层单位所面临的决策问题作出快速、及时地反映。相比之下，基层部门直接面对问题，并且更了解实际情况，因而易于及时作出正确的决策。对于跨国公司，基层部门的这种优势尤为明显。

2. 有利于高层经理人员从事战略规划与决策

高层经理人员不可能拥有众多的专业技术特长和接受所有相关训练，因而没有能力处理来自基层的方方面面的事务。在分权管理模式下，高层管理人员将日常管理工作交给下级处理，就能从具体事务中解脱出来，将有限的精力从事与企业战略有关的长远性规划上。更重要的是，对于高层经理人员而言，企业的长远规划与决策远比日常事务重要得多。

3. 有利于形成高层经理后备力量

分权管理能为基层经理人员提供大量的决策和管理机会，有利于基层经理人员提高管理技能，积累管理经验，同时也有利于高层管理人员考核基层经理人员的管理才能，发现人才。

4. 有利于激发基层经理人员的工作热情

在分权管理模式下，通过赋予基层经理一定的决策权，使他们有工作成就感，有利于提高工作积极性，便于发挥其创造能力，从而产生有效的激励机制。当然，这种激励机制效果如何，很大程度上依赖于企业评价与奖励基层管理人员业绩的具体措施。

5. 有利于产生竞争机制

在高度集权化的公司，利润总额会掩盖基层部门的不良效益。大公司保留那些竞争能力差的部门是无益的。在许多情况下，提高一个基层部门业绩的最佳方法是将其推向市场。

当然，分权管理模式并非完美无缺。在实行分权管理的企业中，各分权单位由于注重自身局部利益,难免会牺牲企业的总体利益和长远利益,而且分权单位之间缺乏协作精神,容易产生目标不一致的问题。因此,企业在实行分权管理过程中,尽管将管理与决策权下放至基层单位,但是为尽量避免上述分权管理所产生的问题,通常企业不会允许各个分权单位在所有方面都像一个独立的组织那样经营。企业有其自身的目标,它们将采用事先计划好的分权管理政策来实现企业局部与整体目标的一致性。在这种管理背景下便产生了责任会计制度。

二、责任会计的概念

责任会计是管理会计的重要组成部分,是现代分权管理模式的产物。它是通过在企业内部建立若干个责任中心,编制科学的责任预算,并对其分工负责的责任预算进行规划与控制,实现责任核算、考核与评价的一种内部控制会计。

关于责任会计,我们可以从以下几方面来理解:

1.责任会计本质上是一种控制系统。在责任会计制度下,企业将其内部各基层单位划分为不同的责任单位,称为责任中心,并赋予各责任中心一定的经济权力,以保证有效地履行各自的经济责任。通过评价和考核各单位的经济责任和经营成果,与它们的经济利益结合起来。通过一系列措施与方法,再把各责任单位的经济责任完成情况等信息反馈到各责任单位和管理部门,以便及时纠正偏差,使企业目标能够顺利实现。

2.责任会计的重心是控制与考核。为了实施分权管理,使不同的责任单位目标与企业总体目标一致,就必须在企业内部建立严密的控制与考核系统,使不同责任单位的各种生产经营信息能够及时地反馈到企业最高决策阶层,且迅速对各种不利因素作出反应,并能得到调整,以保证企业总体目标的实现。

3.责任会计系统能产生有效的管理激励机制。责任会计通过制定各级责任单位的具体预算目标,评价各方面的工作业绩,并据此提供奖励,极大地调动了各级经理人员和企业员工的工作热情,使企业目标、责任中心局部目标和个人目标相互协调,推动企业经营沿着预计轨道前进。

国内外大量的成功经验表明,实行责任会计是企业提高经济效益的有效措施,完善的责任会计系统是企业拥有较强竞争能力的重要标志。

案 例

江苏省电力公司自 1994 年以来,经过七年的艰苦努力,构建了财务管理信息系统,使预算管理、内部控制、会计核算三位一体,其中责任会计的各项功能有机地融入了该系统之中。该系统实施的当年,谏壁发电厂就提前一个季度完成了全年的利润预算指标,极大地增强了江苏电力行业全面推广该系统的信心和决心。而且,以往被大量事务性工作所困扰的高层领导,如今有充沛精力考虑企业战略及长远发展等重大问题。①

三、责任会计的基本内容

责任会计是企业制定全面预算工作的延伸,也是企业全面预算管理的重要组成部分。完整的预算管理系统不仅包括全面预算的编制,同时也涵盖全面预算的组织实施,后者正是责任会计的主要议题。责任会计的内容主要包括以下方面:

1. 设置责任中心

为实行责任会计制度,企业应首先根据自身的管理需要,将整个企业划分为若干既相互区别又相互联系的责任中心,并规定这些中心的负责人向其上级承担责任的制度。责任中心通常分为成本责任中心、利润责任中心和投资责任中心。这三类责任中心的设置,应当根据企业的实际情况来完成。

---

① 本案例取材于杨雄胜等:《管理会计应用与发展的典型案例研究——江苏电力公司财务管理信息系统研究》,经济科学出版社,2002 年版,第 1～11 页。

2.编制责任预算,确定考核标准

责任预算是按照责任中心来落实企业的总体经营目标的,即将企业的总体经营目标层层分解,逐级落实到不同层次、不同种类的责任中心,并以此作为各责任中心开展经营活动、评价工作成果的主要依据和基本标准。这种预算明确了各责任中心应完成的预算任务和应控制的事项。因此,编制的责任预算应既先进又可行。

3.制定各责任中心之间的内部转移价格

为了准确反映各责任中心的工作业绩,对企业内部各责任中心之间相互提供的产品或劳务都应进行结算,这就需要对企业内所转移的各种产品和劳务确定其转让价格。由于内部转移价格的确定合理与否直接关系到与之相关的各责任中心的利益,因此,内部转移价格的确定要具有科学性和合理性,并应根据各种产品或劳务的具体情况来决定转移价格的确定方式。在此基础上,建立完善的内部结算制度,及时、准确地反映各责任中心之间的相互联系和责任关系。

4.建立跟踪系统,进行反馈控制

对责任预算的执行情况,每个责任中心应建立一套健全的跟踪系统和反馈系统,定期编制业绩报告,使各个责任中心不仅能保持良好完善的记录和报告制度,及时掌握预算的执行情况,而且通过实际数与预算数的对比,找出差异,分析原因,控制和调节各责任中心的经营活动,保证企业预定目标的实现。

5.建立奖罚制度

根据责任信息记录编制的业绩报告,全面分析和评价各个责任中心的工作实绩,并按工作实绩的好坏作相应的奖罚,把责任者的物质利益同任务完成情况的好坏紧密联系起来,最大限度地调动各个责任中心的积极性,做到责、权、利相结合。

四、责任会计的作用

责任会计系统的建立与实施在企业中能发挥重要作用,主要包括激励、推进分权管理、规划与控制等。

(一)激励作用①

责任会计的激励作用主要表现在以下几方面：

1. 内在激励

责任会计根据责权范围的不同，将企业内部各级单位划分为不同的责任中心。一方面，划清责任可以避免工作中出现相互推卸责任的现象；另一方面，通过决策授权，激发责任中心管理人员的积极性和创造力，让人们的自身价值得以实现，为提高企业的经济效益作出贡献。

2. 目标激励

一般来说，目标激励主要受目标的难度、明确性、人们对目标的接受程序等几个因素的影响。责任会计综合考虑了这些因素来实施目标激励。首先，责任会计根据企业的整体目标来为各责任中心分别编制责任预算。责任预算规定了责任中心今后的努力方向以及所要达到的目标，成为激励他们的有形的、可测量的成功标准。其次，责任会计通过各责任中心自己参与编制预算，能够使责任预算难度适中，切实可行。同时，这样也可以激发广大职工参与经营管理的热情。再次，根据预算的完成情况对责任中心人员进行奖励，有利于企业整体目标与局部目标的融合，增强员工对责任目标的接受程度。

3. 过程激励

生产经营过程中反馈的信息是过程激励的主要手段。企业管理者通过责任会计定期核算和编制报告，获取反馈信息，及时纠正不足，对表现良好者给予表扬和奖励。而且各责任中心可定期从报告中了解自己的经营状况，从取得的成果中，获得一种成就感，从不足中找出差距，再接再厉。

4. 业绩评价激励

绩效考评是对实现的劳动成果的总结与评价，也是责任会计评定组织效能和进行激励的重要手段。责任会计能准确核算出每个考核指标，对此进行分析与评价。首先，责任会计在进行绩效考评时，遵循可控性原则，即考核只限于责任中心所能控制的活动。因此，只要各责任中

---

① 李涛：《责任会计的激励职能及其实现》，《辽宁财税》，1999年第7期，第19~20页。

心员工努力工作,就能达到上级所要求的目标。其次,绩效考评可以产生比较效应,激发责任中心员工的集体荣誉感,引导各责任中心相互竞争,相互赶超。最后,绩效考评也为企业的事后奖励提供公开、客观的依据,从而使责、权、利更紧密地结合,起到奖励先进、鞭策落后的作用。

5. 群体报酬激励

群体报酬激励就是根据群体的工作成果以及对企业的贡献进行奖励。责任会计对责任中心的事后奖励正是这种方法的具体运用。责任会计在对责任中心进行绩效考评后,根据其预算完成情况和经营成果的好坏,确定其成员应得的报酬,把责任中心员工的切身利益与责任中心经营的好坏紧密联系在一起。这样做可以激发职工的群体协作精神,提高群体行为,增强职工和管理者之间的密切合作关系,同时,也能对群体中行为较差者产生压力,促使其做好工作。

(二)推进分权管理作用

实行分权管理的企业往往会产生基层局部利益与企业整体利益不一致问题。基层单位拥有较强的独立决策权与管理权,企业高层又不便于过分干涉。通过建立责任会计制度,合理设置业绩评价指标,可引导基层部门的目标与企业总体目标保持一致,保证企业整体目标的实现。

企业各项经营活动是由各责任单位共同来完成的,每个责任单位都各有自己的责任和权限。各责任中心不能为了各自的利益而损害其他责任中心的利益或总体利益。当各责任中心目标与企业总体目标不一致时,就需要责任会计这种经营机制来协调各责任单位间的经济活动,使之统一于企业总体目标之下,并通过一定的激励手段来培养各单位的协作精神和全局观念,使各责任中心齐心协力,更好地实现企业整体目标。

(三)规划与控制作用

1. 规划作用

责任会计的规划作用是指在企业内部管理过程中,对各责任单位的经济责任、生产经营活动进行规划。为了保证企业总体目标的实现,企业在编制全面预算的基础上,将各种预算分解到各个责任单位。各个责任单位应根据企业全面预算、本责任单位的经济责任、经济权力大小进行规划,确保各责任单位目标与企业总目标一致。

2.管理控制作用

责任会计系统及时收集各责任单位预算实际执行情况的有关信息,对其进行加工整理后,及时反馈给有关责任部门,有利于管理人员及时了解预算执行情况,随时发现预算执行中出现的偏差,并在必要时及时采取纠正措施。

五、建立责任会计系统的基本原则

建立责任会计系统应遵循以下几项基本原则:

(一)目标一致性原则

责任会计作为企业内部的一种控制手段,首先,在为每个责任单位编制预算时,就必须要求他们与企业的整体目标一致;其次,通过一系列的控制步骤,促使各责任单位自觉地去实现目标。经营目标一致性是评价责任会计制度是否有效的重要标准。因此,在建立责任会计制度时,必须从企业整体目标出发,把各个责任中心的经营目标与整个企业的经营总目标统一起来,促使每个责任中心为保证企业经营总目标的实现而努力工作。

(二)可控性原则

可控性原则是指责任中心只能对在职权范围内可以控制的经济活动负责。在建立责任会计制度时,首先要明确划分各责任单位的职责范围,使其在真正能行使控制权的区域内承担经营责任,即每个责任单位只能对其可控成本、收入、利润和资金负责。在责任预算和业绩报告中,对他们不能控制的因素则应排除在外,或只作为参考资料列明。

(三)及时反馈性原则

反馈是企业决策的基础,决策是根据反馈而作出的符合客观实际的判断,只有正确的决策,才能产生正确的行动和良好的效果。为了保证企业总体目标的实现,各责任中心必须对其经营业绩进行有效的控制,及时、准确、可靠地反馈其在生产经营过程中的各种信息,既能使各责任中心及时了解预算的执行情况,不断调整差异,同时又能使上一级责任中心及时了解全部责任范围的情况。

(四)激励原则

实行责任会计制度的目的就是为了最大限度地调动企业职工的积极性和创造性,保证企业整体利益的实现。因此,责任预算的制定和责任业绩的评价考核标准要具有激励作用。

在责任会计中,影响责任激励的因素主要有责任是否清晰、明确、责任目标的完成难度和达到目标后的奖励等三个重要因素。责任目标制定要合理,太高会挫伤员工工作的积极性,太低又不利于提高企业的经济利益。

(五)例外管理原则

例外管理原则是在分析评价各责任中心的责任执行和编制责任报告时,应重点分析对各责任中心和企业有重大影响的事项或差异,这样能使各层次的管理人员有足够的时间和精力去研究和解决对生产经营过程产生重大影响的主要问题和薄弱环节,避免在不十分重要的事务工作中耗费过多的时间和精力,使关键问题和重要指标总是处于各级责任中心主管人员的关注和控制下,保证工作有计划、高效率地运行。

第二节 成本(费用)中心的业绩评价与考核

一、成本(费用)中心的概念

成本中心是指那些只发生成本而无收入来源的责任中心,这类责任中心只能控制成本,并对成本负责,而无需对收入、收益或投资负责。任何只发生成本而无收入来源的责任领域都可以确定为成本中心。成本中心的大小差异较大。一个大的成本中心通常可以进一步划分为若干个小的成本中心,这些小的成本中心还可以再进一步划分为更小的成本中心,从而形成多层次的成本中心。例如,一个公司中有一个分厂,这个分厂负责为公司其他分厂加工零部件,那么前一个分厂就是一个大的成本中心。它可划分为多个生产车间,而每个生产车间又可以划分为若干个工段,而每个工段可进一步划分为多个班组。这些车间、工段和班组都是不同层次的成本中心。对于企业中的非经营而提供专业服务的单位，如行政管理部门、研究开发部门、财务部门、人事部门、后勤部门等，可以称为"费用中心"。费用中心属于广义的成本中心。

二、成本（费用）中心业绩评价与考核的内容

在业绩评价过程中，应遵循可控性原则。对于成本中心而言，评价的范围不应是发生在该成本中心的所有成本，而仅限于其可控成本。某种成本，其发生金额大小，如能为某一责任中心所能决定，则此成本为该责任中心的可控制成本。一般来说，可控成本应同时具备以下三个条件：

(1) 责任中心能够通过一定的方式了解将要发生的成本；
(2) 责任中心能够对发生的成本进行计量；
(3) 责任中心能够通过自己的行为对成本加以协调和控制。

实践证明，区分成本是否可控并不容易。现实中很少有某项成本可为某一人或某一责任中心完全控制。例如，维修费，其实际成本的高低与生产车间机器使用是否得当密切相关，也与维修部门的工作质量和资源消耗数量的多少紧密相关。此外，一项成本是否具有可控性并非一成不变，从短期来看是不可控成本，从长期看却是可控的。

成本的可控性是相对的，它与责任中心所处管理层次的高低和控制范围大小直接相关。一项成本不属于某责任中心的可控成本，却可能是另外一个责任中心的可控成本。例如，原材料采购成本不是生产车间可控制的成本，但却是采购部门的可控成本。较高层次成本中心的一项可控成本，对于其下属较低层次的成本中心来说可能是不可控的。例如，设备租金，往往不为生产车间下属班组所控制，但为该生产车间所控制。

一项成本之发生如涉及数个部门时，其可控性常不易决定。为了推行责任会计制度，必须对责任进行合理划分，并为各有关部门主管人员所能接受。如上所述，维修费涉及生产和维修两个不同部门。该项成本受生产部门要求维修次数的影响，因而维修部门所无法控制。但是维修部门工人的工作效率也影响维修成本高低。在此种情况下，维修费应由

生产部门及维修部门共同负责。为分清责任,有些公司先制定出提供维修服务的标准价格,当生产部门接受服务时,按标准价格分配维修成本,超过标准成本部分则由维修部门承担。

将成本分为可控成本与不可控成本是极为重要的。在评价成本中心业绩时,应以其可控成本为主要依据,而不可控成本只能作为参考。通常将一个成本中心所有可控成本构成的集合称为责任成本。所以对于一个成本中心考核的内容并非所有成本,而是该成本中心的责任成本。

责任成本和产品成本两者的主要区别是:

(1)核算目的不同。责任成本的核算目的是对责任中心实行管理控制,产品成本的核算目的是按会计准则确定期间损益和存货成本。

(2)成本对象不同。责任成本是以具体责任单位即责任中心为核算对象。而产品成本是以特定产品为核算对象。

(3)核算的范围不同。完全成本计算的范围是生产产品所发生的全部费用,包括直接材料、直接工人及制造费用等;责任成本核算的范围是各责任中心的可控成本,尽管有些成本发生在某责任中心,但是不为该责任中心所控制,那么该项成本就不属于这个责任中心的责任成本核算范围。

(4)成本归集的原则不同。责任成本法是按可控性原则把成本归属于不同责任中心,谁能控制谁负责,产品成本是按受益原则归集和分摊费用,谁受益谁承担。

三、成本(费用)中心业绩报告

编制业绩报告是实施管理控制和业绩评价的重要内容。在编制业绩报告时,无论是成本中心还是利润中心与投资中心,都应遵循以下几项原则:

(1)业绩报告的数量应力求精简,每一业绩报告必须有其特定用途;

(2)报告须迅速而及时提出,在必要时,可适当牺牲信息的准确性;

(3)报告应能传送足够而重要的资料;

(4) 报告应提供比较数字,即实际数与预算数的比较数及差异数;
(5) 报告应具有可分析性,以便了解差异发生的原因;
(6) 为基层管理人员编制的报告,可将金额及实体单位并列;
(7) 报告作为沟通工具可起到激励员工的作用。

为便于评价成本中心的业绩,考核其工作成果,成本中心的责任报告按全部可控成本的明细项目列示其预算数、实际数以及两者之间的差异。为了使成本中心责任人全面了解有关成本,通常也将不可控成本列入业绩报告中,但是不可控成本列入报告时,应与可控成本分开,它不再考核范围之内。表 8-1 是成本中心业绩报告的基本形式。对该业绩报告分析之后,从中找出产生差异的原因,再结合该责任中心的具体情况,对该责任中心的业绩作出评价。

表 8-1 成本中心的业绩报告 单位:元

项目	预算数	实际数	差异
本车间可控成本			
间接材料	30 000	30 900	900(不利)
间接人工	14 000	14 300	300(不利)
管理人员工资	12 000	12 500	500(不利)
设备维修费	8 600	8 000	600(有利)
小计	64 600	65 700	1 100(不利)
本车间不可控成本			
设备租金	—	51 700	—
厂房折旧	—	88 000	—
其他不可控成本	—	2 000	—
小计		141 700	
合计	64 600	207 400	—

对费用中心来说,其业绩评价内容、业绩报告格式和评价方法与上述成本中心大致相同。此处不再赘述。

第三节 利润中心的业绩评价与考核

一、利润中心的概念

利润中心是指既能控制成本,又能控制收入的责任中心。它不仅要对成本负责,而且要对收入和利润负责。利润中心同时具有生产和销售两项职能时,其自主权明显高于成本中心。它有权进行各种短期经营决策,如如何利用现有生产能力,对所生产的产品进行定价和决定推销产品具体方案等。一般来说,利润中心比成本中心处于更高的层次。例如,一个集团公司中的分公司或分厂等,对利润中心的业绩评价主要是通过一定期间的实际利润与责任预算中所确定的预算数字进行比较来完成的。

利润中心大致可以分为两类,一是自然的利润中心,它直接对外销售产品;二是人为的利润中心,它主要是在企业内部按内部转移价格出售产品或提供服务,如内部修理、供电、供水等辅助部门。

二、利润中心的业绩评价与考核内容

利润中心的业绩评价与考核主要是通过一定期间实际实现的利润同责任预算所确定的预计利润数进行对比,并对差异形成的原因和责任进行具体剖析,进而对其经营上的得失和有关人员的功过作出全面而公正的评价。

为了对利润中心及其经理作出合理业绩评价,我们首先需要对与利润中心的固定成本进行严格区分。利润中心固定成本的分类如图8-1所示。

$$\text{利润中心固定成本} \begin{cases} \text{专属固定成本} \begin{cases} \text{部门经理可控专属固定成本} \\ \text{部门经理不可控专属固定成本} \end{cases} \\ \text{上级分配的共同固定成本} \end{cases}$$

图 8-1 利润中心的固定成本分类

利润中心固定成本分为专属固定成本与上级分配的共同固定成本两大类。

1. 利润中心的专属固定成本

特定利润中心的专属固定成本中有些是该利润中心经理可控成本,有些则不是。一项具体的专属固定成本是否由利润中心所属部门经理所控制,完全取决于该经理的管理权限。同样是广告费,有的公司的利润中心所属部门经理有权决定其数额大小,而有的公司可能统筹安排广告费支出。因而前一种情况下,广告费就是相应利润中心所属部门经理的可控固定成本,而后一种情况下,广告费则不是相应利润中心所属部门经理的可控固定成本。

2. 上级分配的共同固定成本

上级分配的共同固定成本是指由该利润中心的上级责任中心分配的固定成本。例如,公司总部的有关固定成本,此类固定成本不具有可追溯性,即它是"分配"来的,而不是根据产生成本的因果关系而确定的。

对利润中心的业绩进行评价时,主要涉及以下三个与利润相关的指标,它们分别是:(1)部门经理可控毛益;(2)部门毛益;(3)部门营业利润。这三个指标的计算公式如下:

部门经理可控毛益＝销售收入－变动成本总额
　　　　　　　　－部门经理可控专属固定成本总额
部门毛益＝部门经理可控毛益－部门经理不可控专属固定成本总额
部门营业利润＝部门毛益－上级分配的共同固定成本

对利润中心所属部门的业绩进行评价时,应采用部门毛益指标,而部门营业利润指标只是为了让该利润中心对本部门的总体利润情况有较为全面的认识。在对于利润中心所属部门经理的业绩评价时,根据可控性原则,在计算利润指标时,只应将其可控成本考虑在内。其中,变动成本一般都是可控成本,而固定成本中,只有该部门的可控专属固定成本对该部门经理具有可控性。因此,对于利润中心所属部门经理的业绩评价应采用部门经理可控毛益指标。

上述评价利润中心业绩指标尽管具有很强的综合性,但是企业在评价利润中心业绩时,还应根据具体实际情况,结合市场地位、产品质量等进行全面综合评价。

三、利润中心的业绩报告

利润中心的业绩报告应自下而上编制。业绩报告中涉及的主要内容包括销售收入、变动成本、贡献毛益、分部经理可控专属固定成本、分部经理可控毛益、分部经理不可控专属固定成本、部门毛益、上级分配的共同固定成本,以及分部营业利润等项目,并将有关栏目中的预算数、实际数以及两者之间的差异分栏列示。上级分配的共同成本和分部营业利润仅作参考,不纳入考核范围,在业绩报告中只提供实际数,而不提供预算数和差异数。

某企业的一个利润中心的业绩报告如表 8-2 所示。

表 8-2　利润中心的业绩报告　　　　　单位:元

项目	预算数	实际数	差异
销售收入	500 000	560 000	60 000(有利)
减:变动成本			
变动生产成本	240 000	255 000	15 000(不利)
变动销售与管理费用	120 000	160 000	40 000(不利)
贡献毛益	140 000	145 000	5 000(有利)
减:部门经理可控专属固定成本	45 000	40 000	5 000(有利)
部门经理可控毛益	95 000	105 000	10 000(有利)
减:部门经理不可控专属固定成本	30 000	29 000	1 000(有利)
部门毛益	65 000	76 000	11 000(有利)
减:上级分配的共同固定成本		5 000	—
部门营业利润	—	71 000	

第四节 投资中心的业绩评价与考核

一、投资中心的概念

一个责任中心如果不仅在生产和销售上享有较大的自主权,能够独立进行短期经营决策,而且能相对独立地运用所掌握的资金,并有权增减价值较大的固定资产,从事有关的项目投资,那么对于这种责任中心的考核不能仅限于利润,还必须考核其资金使用效果。这类责任中心就是所谓的投资中心。投资中心在所有类型的责任中心中处于最高层次。在许多大型集团公司下面的分公司、子公司往往都是投资中心。在组织形式上,成本中心一般不是独立的法人,利润中心有些是独立的法人,有些不是,而投资中心一般都是独立的法人。

二、投资中心的业绩评价与考核内容

由于投资中心在短期经营决策方面有较大自主权,同时在投资方面也同样有较大自主权,因此对投资中心来说,既要考核收入、成本和利润等指标,又要考核其投资效果。考核投资中心业绩的综合指标有两个,一是投资报酬率,二是剩余收益。

(一)投资报酬率
1. 投资报酬率的概念
投资报酬率是指一定期间投资中心的营业利润与平均营业资产之比。其计算公式如下:

$$投资报酬率 = \frac{营业利润}{平均营业资产}$$

其中,营业利润是指息税前利润。营业资产是指用以产生营业利润的资产,包括现金、应收账款、存货、土地、房屋和机器等。平均营业资产通常是按年初数与年末数的平均数计算。

在投资报酬率的计算公式中使用的是息税前利润而非税前利润或

税后净利,其原因在于债务利息成本高低直接与融资决策相关,因而无法由投资中心管理人员所控制。类似地,所得税通常也无法由投资中心管理人员所控制。

由于营业资产反映投资中心的投资规模,因此投资报酬率的经济意义可以解释为"平均每元投资额所赚取的利润"。

2. 投资报酬率指标分解

为了便于分析实际投资报酬率与预算指标产生差异的详细原因,通常可将投资报酬率分解为销售利润率和营业资产周转率的乘积,即:

$$投资报酬率 = \frac{营业利润}{销售收入} \times \frac{销售收入}{平均营业资产} = 销售利润率 \times 营业资产周转率$$

销售利润率表明营业利润占销售收入的比重,而营业资产周转率表明运用资产产生收入的效率。

【例 8-1】 某投资中心 2002 年、2003 年投资报酬率由 20% 降至 18%,具体资料如表 8-3 所示。

表 8-3 投资中心资料

项 目	2002 年	2003 年
销售收入(万元)	2500	2100
营业利润(万元)	200	180
平均营业资产(万元)	1000	1000
投资报酬率(%)	20%	18%

下面我们来分析导致该投资中心投资报酬率下降的原因。为此,我们首先计算该投资中心上述两年的销售利润率和营业资产周转率,有关结果如表 8-4 所示。

表 8-4 投资报酬率指标分解

项 目	2002 年	2003 年
销售利润率(万元)	8%	8.57%
营业资产周转率(万元)	2.5	2.1
投资报酬率(%)	20%	18%

由表 8-4 可以看出,尽管该投资中心 2003 年销售利润率比 2002 年提高了 0.57%(可能由于降低成本,或提高售价,或两者兼有之所致),但是营业资产周转率却由 2.5 降至 2.1(其中一种可能是采取更为宽松的信用条件,使得应收账款的平均收账期延长),最终其投资报酬率由 2002 年的 20% 降为 2003 年的 18%。

3.投资报酬率的优缺点
(1)投资报酬率优点
投资报酬率综合反映了投资中心的经营业绩。作为评价考核指标,它主要有以下几方面的优点:

第一,它是根据投资中心已有的会计资料计算的相对指标,可用于不同投资中心或不同企业、不同时期的比较,具有广泛的用途。

第二,投资报酬率可以促使经理人员关注销售收入、费用、投资之间的关系,关注成本和资产的使用效率。

第三,该指标可以分解为投资周转率和销售利润率两者的乘积,并可进一步分解为资产和收支的明细项目,能对各经营环节作出评价。

(2)投资报酬率的缺点
尽管投资报酬率具有上述优点而被很多公司在评价投资中心业绩时所采用,但是该评价指标也有明显的缺陷,过分强调投资报酬率会产生以下两方面问题:

第一,导致只关心分部的盈利而不顾公司整体盈利的行为。投资中心所属部门经理会从自身利益考虑,放弃高于资本成本而低于目前部门投资报酬率的投资机会,或减少那些低于现有的投资报酬率但高于资金成本的资产,这样可以提高投资报酬率,使投资中心的业绩获得好评。但是,这一做法却违背了企业价值最大化的财务目标。

第二,容易导致投资中心短期行为。投资报酬率通常是作为年度考核指标。由该指标的计算公式可知,只要想办法提高当年的营业利润,即可改善该年度的投资报酬率。在很多情况下,投资中心牺牲长远利益来提高投资报酬率,以获取当前利益。下面的例子说明了投资报酬率的上述缺点。

【例 8-2】 某公司下属的一个投资中心的有关资料如表 8-5 所示。

表 8-5 投资中心资料

项 目	甲项目	乙项目
投资额（万元）	1 000	2 000
年营业利润（万元）	140	360
投资报酬率	14%	18%

公司融资成本为 12%，有充足的资金满足该投资中心同时投资甲乙两个项目。该投资中心目前的投资报酬率为 16%，营业资产为 10 000 万元，年营业利润为 1 600 万元。现在，该投资中心有以下四种方案可供选择：(1) 只投资甲项目；(2) 只投资乙项目；(3) 同时投资甲乙两项目；(4) 甲乙两个项目均不投资。如果公司以投资报酬率作为评价该投资中心业绩的惟一指标，并据此提供奖励，那么该投资中心在对上述四种方案进行选择时，必然选择能使该投资中心投资报酬率达到最大的方案。

表 8-6 给出了各备选方案下该投资中心的投资报酬率。

表 8-6 各种方案下投资中心的投资报酬率

项 目	备选方案			
	方案一 投资甲项目	方案二 投资乙项目	方案三 投资甲乙两项目	方案四 甲乙项目均不投资
营业收益	1 740	1 960	2 100	1 600
营业资产	11 000	12 000	13 000	10 000
投资报酬率	15.82%	16.33%	16.15%	16.00%

从表 8-6 的计算结果可以看出，该投资中心必定选择第二方案，这样可以使该投资中心的投资报酬率最大。但是，从公司整体来看，上述两个项目的报酬率均显著高于公司融资成本。在这种情况下，该投资中心同时实施甲乙两项目，对于公司整体最为有利。但是由于投资中心有独立的投资决策自主权，公司总部又不能强制该投资中心对甲乙两个项目同时投资，因此公司失去了获得更多利润的机会，公司整体利益受损。

案　例

某电器公司的第一分公司是该公司的投资中心。该分公司2003年上半年的实际投资报酬率只有4.5%。如果下半年的利润与上半年持平，全年的投资报酬率也只能达到9%，而公司下达的指标为14%。何况往年经验表明，下半年是第一分公司的销售淡季，利润显著低于上半年。为了能完成总公司下达14%的投资报酬率考核指标，第一分公司经理采取了以下一系列"立竿见影"措施：(1)停止下半年广告费支出；(2)将机器维修费削减至预算额的40%；(3)强行辞退部分工资较高的职工；(4)使用质次价低的原材料进行生产；(5)取消正常的职工技术培训计划等。这些措施的实施，使得第一分公司下半年的成本大为降低，从而使下半年的投资报酬率"陡然"上升。但是上述措施极大地影响了该分公司的长远发展。

投资报酬率除了上述缺点之外，由于约束性固定成本这一不可控因素的存在，使投资报酬率难以被分部经理所控制，从而为区分经理人员的业绩与分部本身的业绩带来困难。

(二)剩余收益

为克服利用投资报酬率评价投资中心业绩的上述缺陷，许多企业采用绝对数指标来考核利润与投资之间的关系，这便产生了剩余收益(Residual Income, RI)指标。

剩余收益是指分部的营业利润和公司要求的最低投资报酬之间的差额。其计算公式为：

剩余收益＝营业利润－(公司要求的最低投资报酬率×营业资产)

与投资报酬率相比，剩余收益主要具有以下优点：

(1)使投资中心局部利益与公司整体利益相一致。引导部门经理采纳所有高于其资本成本的投资项目，从而弥补了投资报酬率的第一个缺点。

(2)在使用剩余收益指标时，公司对不同资产或部门可视其性质、风险及财务状况，要求不同的最低报酬率，使剩余收益指标更加灵活。

【例 8-3】 朝阳公司下设 A、B 两个投资中心。A 投资中心的投资额为 100 万元,营业利润 7 万元。B 投资中心的投资额为 200 万元,营业利润为 32 万元。该公司最低投资报酬率为 10%。现在 A 投资中心有一投资项目,需要投资 50 万元,项目投产后年营业利润 4 万元。该公司将投资报酬率作为投资中心业绩评价惟一指标。下面我们从 A 投资中心和总公司两个角度考察应否接受该投资项目。

有关的投资报酬率、剩余收益计算结果如表 8-7 所示。

表 8-7 投资报酬率与剩余收益计算   单位:万元

		投资额	营业利润	投资报酬率	剩余收益
目前状况	A 投资中心	100	7	7%	7−100×10%=−3
	B 投资中心	200	32	16%	32−200×10%=12
	总公司	300	39	13%	39−300×10%=9
A 对新项目投资后	A 投资中心	150	11	7.33%	11−150×10%=−4
	B 投资中心	200	32	16%	32−200×10%=12
	总公司	350	43	12.28%	43−350×10%=8

表 8-7 计算结果表明,对 A 投资中心而言,新项目投资后能提高投资报酬率,它会接受该投资风险项目。然而,该项目实施后,总公司的投资报酬率却下降了。我们看到利用投资报酬率评价投资中心业绩会导致投资中心作出损害公司整体利益的行为。再看剩余收益指标,表 8-7 计算结果显示,接受上述项目,无论是 A 公司还是总公司,剩余收益指标均下降了,两者变动方向一致。如果使用剩余收益评价投资中心业绩,A 公司就不会接受上述项目。这就是说,剩余收益确实能够克服投资报酬率所具有的上述缺陷。

剩余收益也非完美无缺,其不足之处主要在于与投资报酬率指标相类似,也会造成短期行为。另外,直接比较两个规模不同的投资中心的业绩往往会得出错误结论。

【例 8-4】 A、B 两个投资中心平均营业资产、年营业利润和该公司要求的最低投资报酬率分别如表 8-8 所示。

表 8-8　A、B 两个投资中心资料

	A 投资中心	B 投资中心
平均营业资产（万元）	1 000	10 000
营业利润（万元）	200	1 200
最低投资报酬率	10%	10%
剩余收益（万元）	100	200

我们首先计算上述两个投资中心的剩余收益。

A 投资中心剩余收益＝200－1 000×10％＝100（万元）

B 投资中心剩余收益＝1200－10 000×10％＝200（万元）

计算结果表明，B 投资中心剩余收益是 A 投资中心剩余收益的两倍。如果该公司单纯以剩余收益评价投资中心业绩，则会得出 B 投资中心的业绩优于 A 投资中心的结论。但是进一步分析，我们可以发现，B 投资中心的平均营业资产是 A 投资中心的 10 倍，而其剩余收益仅为 A 投资中心的两倍。通过这种对比可以看出，B 投资中心的投资效率远不如 A 投资中心。

为了克服剩余收益的上述缺陷，我们可以同时使用投资报酬率和剩余收益两个指标来评价投资中心的业绩。例如上例中，A、B 两个投资中心的投资报酬率分别为 20％和 12％，前者明显高于后者。

（三）投资中心评价指标中营业资产的确定

投资报酬率与剩余收益指标的计算均涉及营业资产。如果投资中心的设备等固定资产的使用效率在各年间基本保持不变，并且设备维修保养费各年基本相同，则每年利润基本保持不变，在没有新增固定资产投资的情况下，固定资产净值逐年递减，每年计算出的投资报酬率和剩余收益均将逐年递增，会产生业绩虚增的假象。在这种情况下，实际业绩并无实质性改善，只是因业绩评价方法运用不当而造成的。如果以固定资产原值为基础计算营业资产，则计算出的各年投资报酬率和剩余收益保持不变，从而避免上述业绩虚增问题的产生。下面的例子说明了上述情况。

【例 8-5】 大华公司下属分公司为一投资中心。该投资中心 2001 年初营业资产为 200 000 元,其中固定资产原值为 150 000 元。预计固定资产可使用 3 年,期满无残值,使用直线法计提折旧。假定该投资中心未来 3 年营业资产保持不变,每年的营业利润均为 20 000 元。公司要求的最低投资报酬率为 10%。

首先按账面净值计算固定资产在总营业资产中的价值,以此为基础,计算该投资中心 3 年的投资报酬率。有关结果如表 8-9 所示。

表 8-9 营业资产按净值计算时的投资报酬率　　　　单位:元

年份	营业利润	年末营业资产	年均营业资产	投资报酬率	剩余收益
20×1	20 000	150 000	175 000	11.43%	2 500
20×2	20 000	100 000	125 000	16.00%	7 500
20×3	20 000	50 000	75 000	26.67%	12 500

该投资中心在上述 3 年中各年营业利润完全相同,而所有资产也没有改变。3 年之间除了固定资产的累计折旧逐年增加,账面净值逐年减少之外,没有任何其他变化。因而 3 年间的业绩应该是没有什么区别的。然而表 8-9 显示,3 年的投资报酬率逐年大幅提高。

我们再按原值计算固定资产在营业资产中的价值,以此为基础,计算该投资中心 3 年的投资报酬率。有关结果如表 8-10 所示。该表显示,该投资中心各年投资报酬率完全相同,即均为 10%。这与该公司 3 年业绩相同的事实是一致的。

表 8-10 营业资产按原值计算时的投资报酬率　　　　单位:元

年份	营业利润	年末营业资产	年均营业资产	投资报酬率	剩余收益
20×1	20 000	200 000	200 000	10.00%	0
20×2	20 000	200 000	200 000	10.00%	0
20×3	20 000	200 000	200 000	10.00%	0

当企业使用固定资产账面净值为基础计算投资报酬率时,并以此进行业绩评价时,投资中心就会失去固定资产更新的动力,甚至千方百计拖延设备更新。试想上例中,当2003年的投资报酬率高达26.67%,即便以与当初相同的价格重新购置同样的设备,该投资中心下年度的投资报酬率将降至11.43%,同时剩余收益也将由12 500元跌至2 500元,给人以"业绩大滑坡"的错觉,进而影响到整个投资中心所有员工的利益,同时该投资中心经理人员的职位晋升等也会受到影响。在这种情况下,投资中心尽量延缓设备更新,更不会有动力购置价格昂贵的先进设备。这样显然不利于投资中心以及整个公司的长远利益。如果在计算投资报酬率时,固定资产以账面原值为基础,上述问题就会迎刃而解。

当然,有些企业固定资产的使用效率逐年递减,其维修保养费逐年递增,导致利润逐年递减。在这种情况下,如采用固定资产账面原值为基础计算营业资产,在此基础上计算出的投资报酬率和剩余收益也将逐年递减,投资中心会被误认为工作不努力。如果以固定资产净值为基础计算,因营业资产与利润同时递减,计算出的投资报酬率和剩余收益则不会递减。

在计算投资报酬率和剩余收益时,营业资产中的固定资产究竟是以账面原值计算还是以账面净值计算,需要企业根据自身情况作出合理选择。

(四)投资中心业绩评价指标的多元化

由于投资报酬率和剩余收益只能用来评价投资中心短期经营业绩,会使经理们以公司长远利益为代价换取短期利益,因此实际运用中,经理们应采用多元化的业绩评价指标,包括财务性指标和非财务性指标。例如,除了投资报酬率和剩余收益以外,高级管理层还可以考核市场占有率、客户意见、员工能力发展情况等。只有综合考虑各方面的相关因素之后,才能客观地对投资中心的业绩进行评价,也只有这样才能解决引导决策与评价业绩之间的矛盾。

案 例

为弥补单纯使用财务指标进行业绩评价的缺陷,美国通用电气公司使用包括财务指标及非财务指标在内的多种业绩计量方法。该公司使用以下八种业绩指标来衡量业绩:(1)获利能力;(2)市场地位;(3)生产力;(4)产品领先地位;(5)人员发展状况;(6)员工工作态度;(7)社会责任;(8)长期目标与短期目标之间的均衡。[①]

三、投资中心的业绩报告

如前所述,由于投资中心业绩评价的主要指标是投资报酬率和剩余收益,因此在投资中心的业绩报告中除了提供收入、成本、利润等预算数与实际数以及差异数之外,更重要的是提供投资报酬率和剩余收益两个指标及其相关指标——平均营业资产、营业资产周转率和销售利润率等指标的预算数、实际数以及两者之间的差异数。

一般地,投资中心的业绩报告如表8-11所示。

表8-11 投资中心的业绩报告　　　　　单位:元

项目		预算数	实际数	差异
销售收入	(1)	700 000	720 000	20 000(有利)
减:变动成本		520 000	535 000	15 000(不利)
贡献毛益		180 000	185 000	5 000(有利)
减:本部门专属固定成本		50 000	48 000	2 000(有利)
部门毛益		130 000	137 000	7 000(有利)
减:上级分配的共同成本		90 000	89 000	1 000(有利)
部门营业利润	(2)	40 000	48 000	8 000(有利)
平均营业资产				
现金		20 000	20 500	500(不利)

[①] 李宏健著:《现代管理会计》,中国财政经济出版社,1998年版,第440页。

续表

项目		预算数	实际数	差异
应收账款		10 000	10 500	500(不利)
存货		20 000	29 000	9 000(不利)
固定资产(原值)		150 000	150 000	0
平均营业资产合计	(3)	200 000	210 000	10 000(不利)
营业资产周转率(1)÷(3)	(4)	3.5次	3.43次	0.07次(不利)
销售利润率(2)÷(1)	(5)	5.71%	6.67%	0.96%(有利)
投资报酬率(4)×(5)	(6)	19.99%	22.88%	2.89%(有利)
公司要求的最低投资报酬率	(7)	10%	10%	—
要求的最低投资报酬(3)×(7)	(8)	20 000	21 000	1 000(不利)
剩余收益(2)−(8)	(9)	20 000	27 000	7 000(有利)

当公司同时拥有多个责任中心时,为激励各投资中心努力工作,公司经常将各投资中心的业绩进行对比。公司中的不同投资中心,其经营业务性质可能差异较大,如不同投资中心虽然都属于制造业,但是生产和销售的产品在市场上的竞争激烈程度差异较大,利润空间差异较大;或者一个公司中有的投资中心属于制造业,而另一投资中心则属于服务业等。因此,不同投资中心的风险与收益差异较大。在这种情况下,总公司应为每一投资中心设置目标投资报酬率与目标剩余收益,并将各投资中心实际值与目标值进行对比,以此评价各投资中心业绩。并且公司将某一投资中心的投资报酬率和剩余收益,与同行业另一公司相应的投资中心进行对比。这种做法比同一公司内不同投资中心进行比较更合理。

第五节 内部转移价格

内部转移价格又称内部结算价格,是指企业各责任中心相互提供产品或劳务,或相互结转责任成本所使用的一种内部结算价格。合理制定内部转移价格是实行责任会计的重要前提。

一、合理制定内部转移价格的意义

合理制定内部转移价格的重要意义表现在以下几方面：

(一)有利于责任会计制度的实施

实行责任会计的前提是明确不同责任中心的经济责任。如果内部转移价格制定得不合理可能会导致卖方责任中心的过失或不良业绩直接转嫁给买方责任中心，从而使得原本应由卖方责任中心承担的责任，却让买方承担。另外，如果内部转移价格制定得不合理，买卖双方经常产生纠纷，导致企业高层的过分干预，使各责任中心失去了独立自主的决策权力，违背了责任会计的初衷。

(二)有助于评价责任中心的工作业绩

内部转移价格是评价责任中心工作业绩的重要依据，有了内部转移价格，就能准确地计量和考核各责任中心责任预算的实际执行情况，客观公正地评价各责任中心的工作成绩。

(三)有利于建立有效的激励机制

内部转移价格制定得是否得当直接关系到有关责任中心的业绩优劣。对于利润中心和投资中心而言，在其他条件不变的情况下，内部转移价格定得越高，卖方的利润越高，因而业绩越好；而卖方的利润越低，业绩越差。如果内部转移价格制定不当，可能就会损害买方或卖方的利益，那么就会使员工失去工作热情。

(四)有利于引导责任中心与企业保持目标一致

在分权管理方式下，各责任中心可以独立进行决策。如果内部转移价格制定得不合理，可能会出现有的责任中心作出有利于自身局部利益而侵害企业整体利益的决策。例如，某公司有甲、乙两个利润中心，甲利润中心生产的产品在市场上出售，同时也向本公司的乙利润中心出售。由于内部转移价格定得过高，乙利润中心拒绝从甲利润中心购买，而选择从市场上购买。这样使得甲利润中心的生产能力大量闲置，使得企业整体利润受到影响。

(五)有利于制定正确的经营决策

在责任会计制度下，各责任中心都是相对独立的核算单位，企业可以根据建立在内部转移价格基础上的业绩报告,从全局出发,决定哪些部门的业务应当发展,哪些部门的业务应当缩小,哪些部门的产品或劳务应当自制或是外购,以便使企业整体利益最大化,防止各责任中心为片面追求本中心利益最大化而出现有损于企业整体利益的行为。

二、内部转移价格的种类

企业经常使用的内部转移价格的种类主要包括市场价格、以成本为基础的内部转移价格、协商价格和双重价格等。

(一)市场价格

以市场价格作为内部转移价格是比较合理的,它是制定内部转移价格的最好依据。卖方不会因内部转移而损失可望得到的利润,买方不会因内部转移而增加成本费用。

以市场价格为基础来制定内部转移价格,必须遵守以下三项规则:

1.如果卖方责任中心愿意对内销售,且产品的质量合格,售价与市价相符,买方有购买的义务,不得拒绝;

2.若卖方责任中心售价高于市价,则买方责任中心有向外部市场购入的自由;

3.若卖方愿意对外界销售自己的产品,则应有不对内销售的权利。

以市场价格作为内部转移价格时,并不是十分完善的,也有其局限性,主要表现在以下两方面:一是部门之间提供的中间产品常很难确定它的市价;二是对卖方有利,因为产品在企业内部销售,销售费用可以减少到最低限度。基于上述这些问题,内部转移价格在市价基础上作适当的调整,才能公平合理,价格调低部分应反映销售部门由于在企业内部供应它的产品可以多得到的利益,这样结转价格才能反映企业内部的供求状况。

(二)以成本为基础的内部转移价格

以成本为基础的内部转移价格主要包括标准成本价格、变动成本价格和标准成本加成价格等不同定价方法。

1.标准成本价格

以中间产品的标准成本作为内部转移价格对各成本中心是适合

的,尤其是中间产品没有市价时更是必要的。它既不会把卖方的浪费、低效转嫁给买方,也不会把卖方成本控制的良好业绩误记入买方的成果。但这种方法对利润中心是不适合的,因为这样卖方无法获得任何利润。

2. 变动成本价格

以变动成本作为内部转移价格的一种方法,它适用于采用变动成本计算方法计算产品成本中心间的往来结算。该方法能够明确指示成本与产量的依存关系,便于考核各责任中心的工作业绩,有利于企业和各责任中心进行生产经营决策。这种方法对利润中心同样也是不适合的。

3. 标准成本加成价格

当中间产品的转移涉及利润中心或投资中心时,可用标准成本加成价格作为内部转移价格。它的优点是能分清卖方单位与买方单位的经济责任,但方法的关键是应该加的利润率的合理性,在确定加成利润率时应根据企业内部各单位的工作难度、深度及一般通用的盈利率来综合考虑计算,反复协商、权衡利得和损失来制订,以实现公允合理之原则。

(三)协商价格

协商价格是买卖双方通过协商确定的双方都同意接受的转移价格。如果中间产品没有市场价格,或者虽有市场价格,但不是完全竞争的市场价格,可采用协商价格。在存在市场价格的情况下,协商价格通常要比市场价格略低,主要原因在于卖方向企业内部销售可以节省广告费、包装费和运输费等多项费用。另外,由于内部转移中间产品一般数量较大,所以单位产品成本较低。此外,当卖方责任中心有剩余生产能力时,单位中间产品的内部转移价格只要在单位变动成本之上即可接受。这时中间产品的内部转移适宜采用协商价格。这一协商价格应小于市场价格而大于中间产品单位变动成本。究竟该价格定在何种水平,取决于买卖双方协商结果。无论该中间产品的内部转移价格制定结果如何,其结果对买卖双方以及企业整体来说均总是有利的。

协商价格的主要缺点在于:一是参与协商的一方可能会利用内部

信息的优势从对方获得利益;二是责任中心的获利能力大小与谈判人员的谈判技巧有较大关系,所以协商价格有时不能真实反映责任中心的业绩;三是协商中的讨价还价不可避免地花费很多时间和精力,有时还会损害各责任中心之间的协作精神;四是有时各责任中心之间的协商很久无法达成一致意见,在这种情况下,就不得不由企业上级作出裁决。这就大大伤害了责任中心员工的工作积极性。

(四)双重价格

所谓双重价格,是指对中间产品的买卖双方分别采用不同的转移价格,维护整体利益,同时也使买卖双方的积极性得到充分发挥。在双重价格方式下,对卖方可定较高的转移价格,但以不超过市场价格为度;对买方可定较低的转移价格,但以不低于卖方的中间产品单位变动成本为度。

思 考

采用双重内部转移价格是否会高估买卖双方投资中心的利润?公司总利润是否会因此而虚增?这样会损害公司总体利益吗?

双重价格的优点表现在:购买单位按出售单位的变动成本计价是可行的,因为如果出售单位的计价高于变动成本且高于市价时,购买单位宁可向外购买,这时从出售单位来看,它的生产能力可能闲置,不仅对出售单位不利,而且对整个企业也不利。然而,如卖方只按变动成本进行内部结算,固定成本得不到补偿,更无法获得利润。为了弥补这一缺点,用双重的内部转移价格取代单一的内部转移价格,使得买方与卖方都可获利。

【例8-6】 霞光公司有甲、乙两个下属分公司,均为利润中心,并且均有较大的剩余生产能力。甲分公司专门生产A部件,该部件有一部分按市价卖给乙分公司,另一部分A部件在市场上直接出售,单价为100元,单位变动生产成本为85元。

乙分公司生产 B 产品，在市场上的销售单价为 260 元，单位变动成本资料如下：

  直接材料   150 元
  其中：
   A 部件   100 元
   其他材料   50 元
  直接人工   20 元
  变动制造费用   30 元
  变动销售及管理费用 15 元
  单位变动成本合计 215 元

现在有一客户要求订购 100 万件 B 产品（数量较大），出价仅为 190 元。虽然这笔订单不需增加销售及管理费用，但是其出价还是太低——低于单位变动生产成本。由于有大量的剩余生产能力，所以乙分公司经理不甘心放走这笔大生意。想来想去，乙分公司经理打起甲分公司的主意，并向甲分公司提议，A 部件按 85 元卖给乙分公司，高于此价格，乙分公司将不愿接受上述订单。由于 A 部件的单位变动生产成本已达 85 元，因而甲分公司坚决不同意乙分公司的上述提议，认为 A 部件的内部转移价格起码应在 95 元以上才可接受。假定内销 A 部件无需销售及管理费。究竟这笔订单应如何处置？

从总公司的立场看，每件 B 产品新增成本仅为 185 元，具体分析过程如下：

  直接材料   135 元
  其中：
   A 部件   85 元
   其他材料   50 元
  直接人工   20 元
  变动制造费用   30 元
  合计   185 元

由于订单价格为 190 元，因而每件产品可使公司增加利润 5 元，100 万件能使公司总体利润增加 500 万元。

为了促成 B 分公司接下此订单,较为理想的办法是实行双重内部转移价格,卖方按 95 元计价,而买方按 85 元计价。否则这笔有利于增加公司利润的订单难以被乙分公司所接受。

本例表明,在特定情况下,使用双重内部转移价格能够发挥重要作用。

三、制定内部转移价格的原则

内部转移价格的制定是一项较为复杂的工作。不同企业,其做法差异较大。企业可根据自身特点,灵活运用上述内部转移价格的制定方法。通常,企业在制定内部转移价格时,应遵循以下几项原则:

(一) 一致性原则

制定内部转移价格应强调企业的整体利益高于各责任中心局部利益。各责任中心实行单独核算后,不可避免地会追求自身局部利益最大化,因而总会要求制定对自己有利的内部转移价格。但是,局部利益最大化,并不代表整体利益最大化。因此,企业制定内部转移价格,要从全局出发,使局部利益和整体利益协调统一,力争使企业整体利益最大化。

(二) 激励原则

内部转移价格的制定应有利于调动各责任中心员工的工作积极性,要考虑到对各责任中心都有激励作用,激励程度是大致相同的。内部转移价格的制定应公平合理,防止某些部门因价格上的缺陷而获得一些额外的利益或损失;否则,可能会挫伤某一责任中心经理及员工的工作热情。另外,在制定内部转移价格时,如果双方意见不一致,任何一方都无权强制对方接受自己的主张。只有通过协商确定的内部转移价格,才能为各方所接受。

(三) 突出重点原则

企业需要制定得内部转移价格的对象往往成百上千。如果事无巨细,都制定一个详细、准确的价格,不但不必要,而且很难实施。这就需要根据具体对象的重要程度来定价。对于那些品种比重虽小,但价高量大且耗用频繁的具体对象应考虑全面,从严定价;对其他比重虽大,但价低量小,不常耗用的具体对象,可以从简定价。

(四)相对稳定、定期调整的原则

内部转移价格一经制定,就要保持相对稳定,在考核期内不予调整。但是,如果长期不调整,又将给企业带来至少两方面的不利影响:一方面,价格脱离价值,不能做到等价交换和有效调节内部资源配置;另一方面,形成较大的价格差异,影响成本信息的准确程度。因此,必须定期对内部转移价格进行调整。

本章小结

责任会计是为适应企业分权管理的需要而产生的,其主要内容包括设置责任中心、编制责任预算、制定内部转移价格、进行反馈控制与评价业绩等内容。责任中心主要包括成本中心、利润中心和投资中心等类型。成本中心的业绩评价内容主要是其全部的可控成本。利润中心所属部门的业绩评价指标是分部毛益。投资中心业绩评价的综合指标有两个,一是投资报酬率,二是剩余收益。这两个评价指标各有利弊,因而应同时用于投资中心的业绩评价。内部转移价格的制定方法有多种,包括市场价格、标准成本及标准成本加成、协商价格和双重价格等。企业应根据自身具体情况选用不同的定价方法。

综合复习题

一、思考题

1. 企业实行分权管理的优点有哪些?
2. 责任会计的主要内容是什么?
3. 责任中心的基本形式主要有哪几种?
4. 责任成本与产品成本有何区别?
5. 企业对成本中心如何进行业绩评价?
6. 企业对利润中心如何进行业绩评价?
7. 投资中心业绩评价的主要指标是什么?
8. 成本中心、利润中心和投资中心的业绩报告的内容包括哪些?

9. 制定内部转移价格的意义有哪些？

10. 内部转移价格的种类有哪些？

二、单项选择题

1. 责任会计产生的主要原因是（　　）。
   A. 集权管理　　　　　B. 分权管理
   C. 跨国经营　　　　　D. 多角化经营

2. 剩余收益用于评价（　　）。
   A. 成本中心业绩　　　B. 费用中心业绩
   C. 利润中心业绩　　　D. 投资中心业绩

3. 在计算投资报酬率时，营业资产应按（　　）计算。
   A. 账面原值　　　　　B. 账面净值
   C. 重置成本　　　　　D. 更新成本

4. 在下列内部转移价格的制定方法中不合理的是（　　）。
   A. 标准成本定价　　　B. 实际成本定价
   C. 标准成本加成定价　D. 预算成本定价

5. 成本中心的责任成本是指（　　）。
   A. 生产成本　　　　　B. 产品成本
   C. 可控成本　　　　　D. 期间成本

三、多项选择题

1. 在下列业绩评价指标中，只用于投资中心的是（　　）。
   A. 责任成本　　　　　B. 可控成本
   C. 利润　　　　　　　D. 投资报酬率
   E. 剩余收益

2. 提高投资报酬率的有效措施包括（　　）。
   A. 提高销售利润率　　B. 提高营业资产周转率
   C. 提高营业利润　　　D. 减少不必要的固定资产
   E. 增收节支

3. 下列内容属于责任会计的有（　　）。
   A. 设立责任中心　　　B. 制定全面预算
   C. 编制责任预算　　　D. 从事经营决策

E. 评价责任中心业绩
4. 属于利润中心负责的项目包括(　　)。
   A. 成本　　　　　　B. 费用
   C. 收入　　　　　　D. 利润
   E. 投资效果
5. 内部转移价格的种类包括(　　)。
   A. 标准成本　　　　B. 标准成本加成
   C. 市场价格　　　　D. 协商价格
   E. 双重价格

四、判断题

1. 只有独立法人资格的下属分公司才有资格成为利润中心。(　　)
2. 成本中心的考核范围是其发生的全部成本。(　　)
3. 投资中心的主要业绩评价指标是利润。(　　)
4. 责任会计的成本核算对象是各种产品。(　　)
5. 利用投资报酬率评价投资中心业绩时,可能导致投资中心作出损害公司整体利益的决策。(　　)

五、业务题

1. 假定某公司有A、B两个投资中心,它们最近一年的营业利润和投资额的资料如下:

	A投资中心	B投资中心
利润	55 000元	131 250元
投资额	250 000元	750 000元

若该公司为投资中心规定的最低报酬率为14%。

要求:

(1)先试用剩余收益指标来评价A、B两个投资中心的业绩,通过计算,你认为哪个投资中心的业绩较优?

(2)再试用投资报酬率指标来评价A、B两个投资中心的业绩,通过计算,你认为哪个投资中心的业绩较优?

(3)结合两个投资中心投资额情况,你认为哪个指标的评价比较正确?为什么?

2. 某公司下属四个投资中心2002年12月的有关资料如下表所示:

摘要	甲投资中心	乙投资中心	丙投资中心	丁投资中心
销售收入	500 000	A	450 000	B
经营利润	20 000	C	22 500	10 000
经营资产	D	100 000	90 000	E
销售利润率	F	8%	G	4%
营业资产周转率	H	3次	I次	J
投资报酬率	10%	K	L	16%

要求:通过计算,将表中的空缺数字填上(请写明计算过程)。

3. 某企业电机生产部门的生产能力没有充分利用。企业的装配部门此时承接了一份装配1 000台A产品的订货合同,每台A产品都需用一台电机。生产部门有能力制造这种电机。这两个部门都是拥有自主权的投资中心,且通过营业利润和投资报酬率这两个指标来评价部门业绩。若装配部门已知生产部门生产电机的单位变动成本为1 500元,据此装配部门要求生产部门以每台1 800元的价格提供电机1 000台。但生产部门的要价为每台2 200元(对外正常销售价格),双方都不愿作出让步。极端的结果是装配部门以2200元的价格从外部供应商处购得该电机,而生产部门的生产能力继续处于闲置状态。

要求:
(1)计算这两个部门的做法使企业付出了多大的代价。
(2)请提供解决上述问题的建议。

六、案例分析题

某公司的一分厂为利润中心,专门生产A部件,该部件可直接在市场上以20元价格出售,生产该部件的单位成本如下:

  单位变动生产成本   10元
  单位固定制造费用   5元
  单位成本合计   15元

该公司的二分厂生产B产品,在生产过程中每件B产品需用1件

A部件,目前一直以20元的内部转移价格从该公司一分厂购买。B产品的单位售价和单位成本资料如下:

单价 100元
成本:
其中A部件 20元
其他材料 55元
直接人工 5元
变动制造费用 5元
变动销售及管理费用 2元
固定制造费用 3元
固定销售及管理费用 5元
利润 5元

现有一客户向二分厂提出订货10 000件B产品。目前上述两个分厂均有一定剩余生产能力可满足该订单的要求,而且该订单无需销售及管理费用。但是该客户出价仅为80元。

要求:
如果你是二分厂经理,你对该订单会作何反映?

参考答案

二、单项选择题
1. B　2. D　3. A　4. B　5. C

三、多项选择题
1. DE　2. ABCDE　3. ACE　4. ABCD　5. ABCDE

四、判断题
1. ×　2. ×　3. ×　4. ×　5. √

行文思考

提示:会高估买卖双方的利润,但是在这种方式下计算出的利润仅用于评价各责任中心业绩,而不直接用于计算企业整体利润。在这种情况下,企业整体利润不会受到损害;相反,由于促成了内部交易,买卖双方的生产积极性得到充分调动,最终使企业整体利益得到提高。

第九章 成本控制

本章学习目的
1. 了解成本控制的含义和作用
2. 了解成本控制的分类
3. 掌握成本控制的原则
4. 了解事前成本控制的含义
5. 了解产品生命周期成本
6. 掌握价值工程的运作程序
7. 了解标准成本的含义并理解其制定过程
8. 掌握标准成本法的差异分析
9. 了解质量成本的概念

范 例

　　2003年伊始,商用汽车市场竞争即呈白热化状态,各汽车厂家为在激烈的市场竞争中赢得优势,纷纷出招,以"配置战"和"价格战"等形式挑战微利时代的卡车市场。如增加配置或提升产品档次,不提高价格;加强服务、健全网络,使用户更方便;加强管理,以提高企业综合竞争力。中国汽车"3+6"的格局已进入"战国时代",未来的车市不仅要靠品牌也要靠技术,不仅要看外观更要看质量,不仅要看性能更要看价格。为了适应当前市场竞争环境,东风载重车公司2003年提出了降低成本2亿元的具体目标,其中采购成本将降低8%,机关可控费用将在2002年的基础上降低20%。[①]在中国,像东风载重车公司那样的企业有很多。为了能在激烈的市场竞争中立于不败之地,将成本控制作为企业的头等大事来抓。本章内容正是满足了企业对成本控制的要求。

第一节　成本控制概述

　　为了保证全面预算所确定的各项成本、费用目标能顺利实现,就必须对企业日常发生的一切与成本有关的经济活动进行控制。

一、成本控制的概念

　　控制是指为了确保工作目标以及为此而拟定的计划能够顺利实现,各级主管人员根据事先确定的目标或因发展需要而重新拟定的标

---

① 王俊、詹小敏:《东风载重车公司实行成本控制提高公司赢利水平》,《商用汽车》,2003年第4期,第46页。

准，对下级的工作进行衡量和评价，并在出现偏差时进行纠正，以防止偏差继续发展或今后再度发生。成本控制主要包括以下几方面：

（1）事先进行成本规划，使得产品成本在设计、开发等投产前阶段得到有效控制；

（2）事中进行指导、限制和监督，使之符合有关成本的方针、政策、目标、计划和标准，发现偏差，及时采取纠正措施，使各项费用耗费控制在预定的范围内；

（3）事后进行分析评价，并在总结先进经验和实施改进措施的基础上，修订和建立新的成本目标，促使企业严格控制成本。

总之，成本控制就是确立成本标准，衡量成本绩效，纠正成本偏差，不断降低成本的整个过程。

二、成本控制的意义

成本控制的意义主要有以下几个方面：

1. 成本控制是企业求得生存的主要手段

企业外有同业竞争、政府征税和经济环境波动等不利因素，内有职工要求改善待遇和股东要求分红的压力。企业用以抵抗内外压力的武器主要就是降低成本、提高产品质量、创新产品设计和增加产销量。企业成本低了，就可减价扩销，经营基础巩固了，才有力量寻求新的发展。许多企业陷入困境的重要原因之一，就是在成本失控的情况下盲目发展，一味在促销和开发新产品上冒险，一旦市场萎缩或决策失误，企业没有抵抗能力，很快就会倒闭。

2. 成本控制是企业增加盈利的重要途径

市场经济中所有的企业都以盈利为目的。而企业盈利的途径不外乎增加收入和降低成本两条途径。现在市场竞争越来越激烈，价格战此起彼伏，因而增加收入的难度越来越大。降低成本往往是企业提高利润的有效途径，而且也有利于降低产品市场售价，进而提高收入。

3. 成本控制也是贯彻企业战略的重要手段

战略管理的根本目的在于获得并保持竞争优势。无论企业采取何种竞争战略，都需要最大限度地降低成本。只有成本得到有效控制，企业才能在激烈的市场竞争中获得竞争优势。

4. 成本控制是实施全面预算的重要保障

预算确定了企业近期具体的行动目标。预算指标中绝大多数指标都与成本有关。只有对成本实行有效控制，企业才能顺利实现预算所确定的企业经营目标。从这个意义上讲，成本控制是预算管理的一个重要组成部分，是预算管理实施的有利工具。

三、成本控制的分类

成本控制按时间先后划分为事前控制、事中控制和事后控制三类。

(一)事前成本控制

事前成本控制，即在产品投产前对影响成本的经营活动所进行的事前预测、规划、审核和监督。它又可以按照具体做法的不同分为以下两类：

1. 通过建立有效的成本控制制度实现事前成本控制。企业在产品投产前的设计、研制阶段，对影响成本的各有关因素进行分析研究，并制定出一套能适应本企业具体情况的各种成本控制制度。这类控制的特点在于通过设置规章制度对不同类型的成本进行约束，预防偏差和浪费的发生。

2. 运用现代成本管理方法实行事前成本控制。企业可以在产品处于研究开发和设计等阶段，运用产品生命周期成本法、价值工程等方法，选择最优设计方案，制定生命周期目标成本，实现有效的事前成本控制。

(二)事中成本控制

事中成本控制是指在产品投入生产过程中，对实际成本与目标成本之间的差异进行的日常控制。在该阶段，企业随时把各种成本偏差信息反馈给责任者，要求他们及时分析差异原因，并采取有效措施保证成本目标的实现。这类控制的重点在于严格按照既定的标准把关，并根据已发生的偏差来指导和调节相关经济活动。

(三)事后成本控制

事后成本控制是指当成本已经形成后，企业认真对成本进行综合分析与考核,为下一个生产循环提供反馈信息。

四、成本控制的原则

成本控制是一项极为复杂的管理活动。成本控制工作不仅具有很强的技术性,而且还具有很强的艺术性。尽管管理会计提供了一些行之有效的成本控制方法,但是这些方法的使用是非常灵活的,企业应结合自身情况来运用这些方法。企业在实施成本控制时,通常应遵循以下几项原则:

(一)全面性原则

1. 全过程控制

成本控制应贯穿成本形成的全过程,决不能只局限于生产过程的制造成本,必须扩大到产品生命周期成本的全部内容,包括产品投产前的设计成本、研制成本、工艺成本以及生产过程各个环节的成本,例如采购成本、制造成本、销售成本、管理成本,还有产品在用户使用过程中所发生的运行成本、维修成本、保养成本等各个方面。全过程成本控制就是以产品形成的全过程为对象,结合产品生命周期各阶段的不同性质和特点进行有效控制。

2. 全员控制

成本控制涉及企业所有部门和全体职工的最终工作业绩。为了真正达到成本控制的目的,必须上下结合,专群结合,充分发挥每个部门和广大职工控制成本、降低成本的主动性和积极性,必须对每个部门和广大职工进行成本思想教育,实施奖惩制度。必须按照组织适宜性原则来实施。组织结构设计越明确、完整、完善,它所设计的控制系统越符合组织机构中的职责和职务的要求,就越有助于纠正脱离计划的偏差。

3. 全方位控制

企业在实施成本控制过程中,不应一味单纯追求降低成本而忽视产品质量和客户对产品和售后服务的要求,不应为了实现成本指标而采取牺牲顾客利益或企业长远利益的短期行为。

(二)事前、事中、事后控制相结合的原则

成本控制必须树立新的观念,决不能只是消极地限制和监督,更应该积极地引导和干预。最早的成本控制是事后成本控制,它只是强调事后的成本分析和检查,主要采用各种节约措施,精打细算,消灭浪费,严格按照成本开支范围和各项规章制度进行监督和限制。后来,发展到了事中控制,即以标准成本和成本责任预算为控制的依据,当发现实际数与预算数发生差异时,迅速反馈给有关责任部门进行调节,纠正错误。现在,为了从源头上控制成本,必须重点实施事前控制。在产品设计投产前就对产品生命周期成本实施控制,如设定产品的目标成本,加强质量成本管理和售后成本管理等。

事前、事中、事后成本控制是企业成本控制的一个整体,三者缺一不可,事前控制是从源头决定产品的目标成本,事中控制是保证实际产品成本不脱离目标成本太远的有效方法,事后成本控制是决定成本差异责任归属和考核成本目标是否合理的依据。整个成本控制过程的示意图如图 9-1 所示。

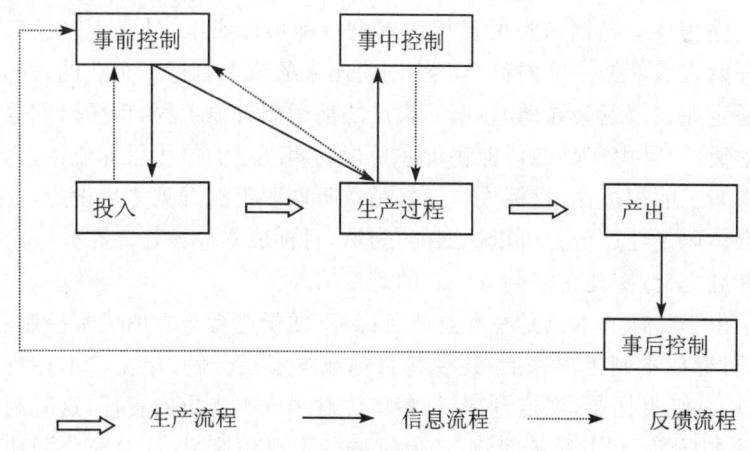

图 9-1 成本控制过程示意图

(三)责权利相结合原则

要使成本控制真正发挥作用,还必须严格按照经济责任的要求,贯彻责权利相结合的原则。成本控制发生作用的前提是企业按组织系统对与成本发生有关的人员授权并设定责任。任何一个成本中心在计划期开始以前,都要根据全面预算的综合指标编制出本中心的责任成本预算。每一个成本中心只对本中心的可控成本负责,如果没有赋予成本中心规定范围内的权力,对于这个成本中心来说一切成本都是不可控的,当然也就谈不上成本控制了。一旦授予了成本中心规定范围内的权力,可控成本不偏离目标就是成本中心的责任。另外,为了充分调动各个成本中心在成本控制方面的主动性和积极性,还必须定期对他们的业绩进行评价和考核,并同每个职工切身的经济利益挂钩,做到奖优罚劣,奖惩分明,使每个职工感到既有外在的压力,又有内在的动力。

(四)目标管理原则

全面预算就是为了满足目标管理的要求而产生的,成本控制既然以完成全面预算为目标,当然也要以目标管理为原则。成本控制必须以目标成本为依据,对企业的各项成本进行严格地限制、监督和指导,力求以最小的成本获得最大的收益。

作为成本控制依据的目标成本是一种预计成本,是在生产经营活动开始之前依据一定的科学方法制定出来的成本目标。企业的目标成本是企业以市场为导向,在产品投产之前运用价值工程、市场研究等手段达成的,是由产品的可能售价和目标利润决定的最优目标成本。为了发挥职工的积极性,目标成本最好是在听取职工的意见之后设定,并且是全体职工经过努力可以达到的。当然,目标成本应该建立在先进定额的基础之上,实现它需要有一定的难度。

由于目标成本只是一个总体目标,不便于进行日常的成本控制。因此,目标成本制定出来后,还要将目标成本层层分解,建立成本控制的归口、分级责任制,规定各部门、各单位对于成本支出的责任,这有利于把成本分解、落实到各部门、各单位进行管理和控制,从而充分调动各方面的积极性,使他们各负其责。为了实现成本控制的归口、分级责任制,要求分解下达的成本必须是确实属于归口分级单位的可控成本。

目标成本在具体执行过程中,各成本中心还要不断累计实际成本信息,同责任成本相比较,计算实际与预算的差异数,分析差异产生的原因,并编制业绩报告。

(五)例外管理原则

例外管理(Management by Exception)原则是许多发达国家进行日常管理控制的有效方法,特别是在成本指标控制方面采用更多。

由于日常成本控制的工作重点是通过对各种责任成本的实际数与预算数的差异进行分析,从中发现问题,提出改进工作和纠正缺点的具体措施和建议。而每个企业日常出现的成本差异很多,管不胜管的,为了提高成本控制的工作效率,管理人员要把精力集中在例外差异上。

确定差异例外的标准通常有以下四个:

1. 差异的重要性

差异的重要性主要由成本差异的大小来决定。差异大小通常是按差异数占预算数的百分比,以及最低金额的绝对数来反映,差异只要超过二者之中的任何一个就视为重要,将其视为"例外"。例如,凡差异数占原预算数 10% 以上,或者绝对金额超过 10 000 元以上的,均视为重要差异。百分比或绝对金额的确定应该按照企业的规模、所处行业以及差异的性质来确定。规模较大企业的百分比可以小一些,绝对数额可以大一些。

2. 差异的持续性

这主要是指有些成本差异虽未超过重要性规定的百分比或最低金额,但却在成本差异额附近徘徊,这种差异也应视为"例外"。这种差异可能反映原先制定的预算标准已经失效或者成本控制不严,必须迅速纠正。

3. 差异的可控性

前已述及,成本控制的对象必须是可控成本,对于不可控成本,例如,因为公用事业费(电话费、水电费)的收费标准、国家税率变动而发生的金额较大的差异,即使达到了重要性标准,由于企业管理人员对它无能为力,不应该视为"例外"。

4. 差异的性质

在偏离标准的各种情况中,有些是无关紧要的,有些则是至关重要的,某些微小的偏差可能比某些较大的偏差影响更大。例如,经理对于车间制造费用上升了 5% 可能不以为然,但是管理费用上升了 5% 可能就说明了很大的铺张浪费。对于那些性质比较严重的差异,即使它们没有达到重要性标准,也应将其视为"例外"。

成本差异包含"有利差异"和"不利差异"。在例外管理原则中,不应只注意不利差异,还应注意有利差异中隐藏的不利因素。因为某一责任中心的顺差,往往可能给另一责任中心带来不利影响,还有可能是事前的目标定得过低或是成本责任分配不合理。

(六)管理制度健全原则

成本控制是与其他管理手段紧密相连的,开展成本控制必须做好相应的基础工作和其他准备工作,否则成本控制将流于形式。这就要求制定各种消耗定额、材料单价、内部转移价格和工资率,以及费用预算的限额,要有一套完整、完善的原始记录和考核报告。

第二节 产品生命周期成本控制

由于产品成本水平往往是在设计阶段决定的,产品投产之后想要大幅度降低成本是很困难的。为了提高企业经济效益,提高产品市场竞争能力,在产品设计阶段就进行成本控制是至关重要的。而产品成本不仅仅包括制造成本,还应该考虑诸如研发成本、设计成本、工艺成本、维修费用、顾客服务费用等前期和后期成本。所有这些成本综合起来称为产品生命周期成本。

一、产品生命周期成本

产品生命周期(Product Life Cycle)是指从产品最初的研制、开发到撤销对该产品客户的技术支持和服务的期间。对汽车来说,这一期间可能是 5 年~10 年,对某些药品来说,这一周期大概为 3 年~5 年,而对新流行的服饰来说,这一周期可能不足一年。

运用生命周期预算(Life-Circle Budgeting),管理人员可以估计属于每一产品的成本与收入,即从最初的研制开发到售后服务以及处置的成本与收入。在生命周期预算中,需要考虑产品的机会成本,因为企业在某一个特定的时间段只能生产有限品种和数量的产品,这就需要进行成本-收益分析,选择对企业最有利的方案。

由于产品随着它们在价值链上的移动不断地累积成本,所以就有必要对于产品价值链上的所有成本进行管理。生命周期成本法(Life-Cycle Costing)正是基于这个目的产生的。生命周期成本法可以给管理人员提供从产品设计、开发、制造、市场宣传、运输、维护、客户服务直到处置阶段的成本信息。有人又把生命周期成本喻为"从摇篮到坟墓"的成本管理方法。

在生命周期这一概念出现之前,许多生命周期的概念,诸如研发与设计、售后服务以及处置已经出现在企业不同业务功能区。虽然每一个单独的概念都有它独自的功能范围,但是生命周期成本将产品生命周期的研发与设计、制造、售后服务与处置作为一个整体来考虑。下面对产品生命周期各阶段分别进行说明。

1. 研发与设计阶段

研发与设计主要包括以下三个阶段:

(1)市场调查阶段,这个阶段主要是调查客户需求并且产生新产品的初始概念。

(2)产品设计阶段,在这个阶段,企业的工程师们解决新产品技术层面的问题,肯定新产品在技术上是可行的。

(3)产品开发阶段,在这个阶段,企业适应客户的需求开发出产品的关键功能并设计出产品样本,还要制造一些生产新产品所需要的特殊工具。

据调查表明,80%到85%的产品生命周期成本都在产品的研发与设计阶段就决定了。

2. 制造阶段

在研发与设计阶段之后,就进入了制造阶段,这个阶段发生的成本是产品制造成本。在这个阶段,及时存货制的运用有助于降低产品制造成本。企业也可以实施作业管理,通过鉴别和消除非增值作业,来降低产品的制造成本。企业还可以采取其他措施,挖掘降低成本的潜力。

3. 售后服务和处置阶段

虽然产品的售后服务和处置成本大部分已在研发与设计阶段就决定了,但是实际的服务阶段开始于顾客购买了第一件产品。服务阶段一般也是由三个阶段组成:

(1)从第一批产品销售开始到销售高峰的快速增长期;
(2)从产品的销售高峰到服务高峰的过渡期;
(3)从服务的高峰期到最后一批产品售出的成熟期。

处置阶段发生在产品生命的末期并且持续到最后一件产品废弃时为止。处置成本通常包括消除那些产品生命结束时产生的有不利影响的成本。有些产品,像有放射性污染和有害的化学污染的产品,可能会发生很高的处置成本。

二、价值工程

价值工程是在产品的设计阶段用于设计目标成本的重要方法。价值工程有以下三个方面的含义:

1. 价值工程的目的是以最低的成本去实现或创造某种产品或作业应具备的必要功能,以使该产品或作业达到最佳的价值。

其中,功能是指某产品或作业所能起到的作用,也就是产品的使用价值。就像汽车的主要功能是运输一样。功能应首先以满足消费者的需求为前提。之所以说"必要"功能,是因为产品功能的提高是无限的,就像冰箱既可以具有冷藏功能,也可以设计成还带有播放音乐功能一样。但是产品功能又受一定的用途所支配,受用户的需求制约,并与一定的成本相联系。厂商当然可以设计带有音乐播放功能的冰箱,但顾客购买冰箱主要是为了它的冷藏功能,可能并不在乎它是否具有音乐播放功能,这样的话,厂商花费了更高的成本,但是得不到更好的收益。价值工程就是要确定产品的必要功能,避免产品功能过剩(某些功能并非用户所必需)和功能不足(达不到用户的要求)的现象发生。在这里,成本是指产品的生命周期成本,即从产品研发设计一直到售后服务和处置成本,因为所有这些成本都是为了使产品具有必要功能所发生的。价值工程就是要在保证产品必要功能的前提下,使其生命周期成本最低。

价值工程中的"价值"不同于传统的价值,不能从价值构成的角度

去理解,而要从功能与成本的关系上去理解,即产品的价值是产品的功能与成本的比值。价值与功能和成本之间的关系如下:

$$价值 = \frac{功能}{成本}$$

价值工程就是要根据产品成本和功能的内在联系,通过科学的比较分析,从中找出最佳价值。由于产品功能受用户需求的限制,而用户的需求又受产品或作业生命周期成本的制约。因此,开展价值工程,既不能脱离用户的需要,片面追求不切实际的高功能,也不能片面地为降低成本导致产品必要功能不足。开展价值工程的真正目的是追求既实现产品的必要功能,又降低产品的生命周期成本,达到产品价值最大化。

思 考

根据价值工程的思想,提高产品价值的途径有哪些方面?

2. 价值工程的核心问题是对产品或作业进行功能分析。在产品设计和研制阶段,通过功能分析,确定哪些功能是消费者需要的,哪些功能是不必要的,哪些功能是过剩的,哪些功能是不足的。去掉不必要的功能,补充不足的功能,为实现必要功能找到一个最优的方案。达到既保证产品的必要功能,又降低产品生命周期成本的目的。

3. 价值工程是一整套的科学方法,要依靠全体职工的智慧来开展。价值工程是功能与成本的统一,既要降低成本,又要提高功能,这就涉及全体职工管理思想的改变:管理人员不仅仅要关心成本的降低,还要关心产品功能的提高,技术人员不能仅仅关心提高产品功能,还要考虑如何降低产品成本。正是由于价值工程非常复杂,且涉及面非常广,所以就需要企业各部门和各专业人员通力合作,紧密配合,充分发挥集体力量。企业开展价值工程的日常管理主要有两种组织形式:一是设置价值工程的常设机构,二是建立专题价值工程机构。这两种方法各有利弊,企业可以根据自己的情况和需要选择。

案 例

鹤壁环燕轮胎有限责任公司是河南省重点轮胎生产企业,产品包括农用、轻型、微型和载重四大系列40多个品种规格,畅销全国20多个省区。由于原材料价格上涨,配方成本较高,同行业竞争激烈,该公司决定运用价值工程,优化改进配方设计,降低产品成本。通过合理运用价值工程取得了令人满意的质量效果和经济效果。改进后硫化胶的各项物理性能不仅优于国家标准,也优于原生产配方。新配方每千克成本由原配方的6.47元降低到6.39元,全年降低成本241 841.60元。[①]

三、价值工程的基本程序

开展价值工程最终是要按找出的最优方案确定新产品的目标成本,对产品生命周期成本进行事前控制。为了达到这个目标,需要经过选择对象、收集情报、产品功能分析、功能成本分析、找出最优方案、试验并形成提案等步骤。

1. 选择分析对象

现代化企业的产品或作业不仅名目繁多,而且每个产品所需要的零部件都有很多种,企业由于资源有限并要考虑成本收益,所以没有必要也不可能对所有产品或作业都进行价值分析,也不可能对一个产品的所有零部件都进行价值分析,企业必须有所选择。那么究竟什么产品或作业以及产品的零部件应该进行价值分析呢?价值工程选择对象的原则是什么呢?

价值工程选择对象的原则主要是按照企业发展方向,找出那些存在问题的薄弱环节,特别是企业的瓶颈项目,当然还要考虑开展价值工

---

① 本案例参考李成民、郭红波:《运用价值工程优化配方设计》,《轮胎工业》,2002年第8期,第503~505页。

程的成本与收益。一般来说,实务中,需要从以下四个方面来考虑选择价值工程的对象:

(1)在产品设计方面,要选择那些结构复杂、体积庞大、原材料昂贵、性能差、技术水平低的产品;

(2)在生产方面,要选择那些批量大、工艺复杂、原材料消耗高、能源消耗大、废品率高的产品;

(3)在销售方面,要选择那些用户意见多、竞争力差、长期没有改进的产品;

(4)在成本方面,要选择那些成本高于同类或功能相近产品的产品和产品成本结构中过高的部分。

企业在具体应用上述原则时,要结合自身的实际情况,灵活掌握。

2. 收集情报

对象确定之后,就要根据对象的性质、范围和要求,制定收集情报的计划,寻找可靠的信息来源。一般来说,收集情报的内容主要包括以下几方面:

(1)本企业的基本情况,如经营方针、设备能力、产品品种、产量、质量以及存在的问题等;

(2)相关的技术资料,主要是本企业和国内外同行业、同类产品的技术资料,如产品的结构、性能、设计方案、加工工艺、材料品种、产品的废品率等;

(3)相关的经济资料,主要是本企业和国内外同行业、同类产品的成本构成,如材料费、加工费、外购零部件成本等;

(4)用户的意见,主要是国内外用户的要求、使用目的、使用条件和使用中出现的问题等。

3. 产品功能分析

在选定对象、收集了相关情报之后,就要对确定的对象进行功能分析,以找出对象的弱点。这一阶段主要有三个步骤:

(1)功能了解,即要把价值工程对象所具有的各种功能,细致地加以分析、研究,了解它们的作用,便于进行功能评价,并找出改进方案。具体的做法就是分析对象在生产过程中所用的每一种工艺、每一道工序、每一种材料和每个零件对构成产品最终的使用价值起什么作用,如果没有它们是否会影响产品的功能,有没有更便宜的替代手段,等等。这一步就是对每个分析对象下一个表明其功能的定义的过程,也是发现分析对象问题的过程。

(2)功能整理,也就是对已下定义的功能进行分类和整理,弄清楚哪些是产品的基本功能,哪些是辅助功能,哪些是客户需要的功能,哪些功能是过剩的,哪些功能是不足的,以及弄清楚这些功能之间的关系。这一步主要是要在第一步的基础上具体把握价值工程对象需要改进的功能。价值工程人员根据这些资料可以重新构思,找出实现某种功能的改进方案。就像前面提到的带有播放音乐功能的冰箱,通过功能整理就可以发现播放音乐功能是客户不需要的功能,企业可以去掉这项功能,而加上客户需要的保鲜功能。

(3)功能评价,就是评价功能的价值。用于进行功能评价的方法有多种,其中强制确定法(Forced Decision)是实务中较为常用的方法。该方法主要通过确定各零部件"功能评价系数"来实现功能评价的。

"功能评价系数",一般做法是先找出成本比重大的部分零配件,然后把它们用图表的形式排列起来,按其功能的重要程度进行一对一的比较,重要的得 1 分,次要的得 0 分,最后把各个零部件的得分累计起来,除以全部零部件的得分总数,即求得各个零部件的额"功能评价系数",其计算公式如下:

$$\frac{某零部件的}{功能评价系数} = \frac{该零部件功能得分数}{全部零部件功能得分数}$$

4. 功能成本分析

在进行功能成本分析时,大致需要以下几个步骤:

(1)按下述公式计算各零部件的成本系数:

$$\frac{某零部件}{的成本系数} = \frac{该零部件的目前成本}{所有零部件目前成本总和}$$

(2)按下述公式计算各零部件的价值系数:

$$\frac{某零部件}{的价值系数} = \frac{该零部件的功能评价系数}{该零部件的成本系数}$$

当各零部件的功能评价系数计算出来之后，我们应对其进行分析，确定重点改进对象。具体分为以下三种情况：

①当某个零部件的价值系数约等于1时，说明该零部件的现实成本与其功能重要程度大致相匹配，因此该零部件一般不是重点改善的对象。

②当某个零部件的价值系数小于1时，说明相对其功能重要程度而言，目前的成本偏高，因而该零部件应作为重点改进目标。

③当某个零部件的价值系数大于1时，应具体分析。一种情况是：该零部件目前所具有的功能较重要，但对其分配的成本偏低。在这种情况下，应增加成本保证其应有的功能。另一种情况是：该零部件包含不必要的功能，因而应设法消除这些功能。

（3）按下述公式计算各零部件的目标成本：

$$\text{某零部件的目标成本} = \text{该产品的目标成本} \times \text{该零部件的功能评价系数}$$

（4）按下述公式计算各零部件的成本降低幅度：

$$\text{某零部件的成本降低幅度} = \text{该零部件的目前成本} - \text{该零部件的目标成本}$$

一般来说，成本降低幅度较高的零部件应作为成本降低的主要对象。至于那些成本降低幅度为负值（即目前成本低于其目标成本）的零部件，通常应维持现状，如果当其存在功能过剩现象时，则应考虑通过减少剩余功能来降低成本。

5. 提出改进方案并选择最优方案

通过上面的分析，我们已找到应重点改进的零部件，以及有关零部件成本降低幅度。接下来应该从技术层面着手，通过重新设计，提出若干个具体改进方案，并从中选出最优方案。

6. 试验并形成提案

为了确保最佳方案可行，减少决策失误的机会，企业通常需要在定案之前先进行必要的试验，进一步验证所选定的方案的合理性。只有试验的结果支持所选定的方案，这时才能正式形成提案。

我们通过一个简单例子说明价值工程的主要应用过程。

【例 9-1】 假定长野公司目前所生产的某环保产品由六种零部件 A、B、C、D、E、F 组成。该产品目前总成本为 2 060 元,其中 A、B、C、D、E、F 各零件的成本分别为 405 元、265 元、405 元、270 元、145 元和 570 元。为了增强市场竞争能力,该公司通过市场调查认为,该产品能够有竞争力的成本为 2 000 元/件,并将其定为目标成本。公司利用价值工程确定各零件的目标成本,并寻求各零件的改善措施。

按照六种零部件一对一比较的得分情况,分配目标成本的结果如表 9-1 所示。该表中"一对一比较得分统计"中的第一列数据中的"1"和"0",表示 A、B 两个零部件在功能重要性方面比较的结果是 A 比 B 重要。其余列中的"1"和"0"的含意依此类推。

表 9-1 某产品功能评价系数及目标功能计算表

零件名称	一对一比较得分统计															累计得分	功能评价系数	目标成本
A	1	0	1	1	0											3	0.20	400
B	0					0	1	1	0							2	0.13	260
C		1				1				0	0	1				3	0.20	400
D			0				0			1			1	0		2	0.13	260
E				0				0			1		0		0	1	0.07	140
F					1				1			0		1	1	4	0.27	540
合计																15	1.00	2 000

我们首先进行功能评价,为此,需要计算各零部件功能评价系数。我们以零件 A 为例说明其计算过程:

$$\frac{\text{A 零件的功能评价系数}}{} = \frac{\text{A 零部件的累计得分}}{\text{全部零部件的累计得分}} = \frac{3}{15} = 0.2$$

其余零部件的功能评价系数的计算方法相同。各零部件功能评价系数计算结果如表 9-2 所示。

表 9-2　某产品功能评价系数及目标功能计算表

零件名称	目前成本（元）	功能评价系数	成本系数	价值系数	目标成本（元）	成本降低幅度（元）
A	405	0.20	0.197	1.015	400	5
B	265	0.13	0.129	1.008	260	5
C	405	0.20	0.197	1.015	400	5
D	270	0.13	0.131	0.992	260	10
E	145	0.07	0.070	1.000	140	5
F	570	0.27	0.276	0.978	540	30
合计	2 060	1.00	1.000	—	2 000	60

下面我们来进行功能成本分析。为此，我们需要计算成本系数与价值系数。

对于价值系数大于1的零件，其降低成本的主要途径是消除不必要的功能如零件A、B、C和E。对于价值系数小于1的零件，通常需要通过优化设计来降低成本，如零件D和F。另外，表9-2的计算结果还显示，零件F的价值系数与1的偏离程度较大，因而应作为重点改进对象，该零件成本降低幅度为30元。

价值工程是一种应用广泛的科学方法。对于新产品而言，尽管没有目前实际成本资料，但是，利用上述方法，可以确定各零件的目标成本，从而在该产品设计阶段指明努力方向。

总之，凡是有功能要求和花费成本的地方，就可以利用价值工程进行分析研究。在产品设计阶段使用价值工程尤其有效。价值工程的运用可以提高产品及其零部件的标准化，可以去掉无用的或不必要的零部件，可以节约能源和贵重材料或找到更便宜的替代材料，可以采用最先进的技术，改革工艺和生产流程，这样可以在事前将产品的功能与成本控制在最优方案里，从而在保证产品功能的同时，降低产品成本。

第三节 标准成本控制

一、标准成本的含义

（一）标准成本的含义

标准成本是以企业的实际情况为基础，经过精确的测定、分析、研究以后制定的一种预计成本。标准成本可与实际成本相比较来评价实际工作效率。

标准成本与估计成本的联系。两者都是对将来可能发生成本的一种预测，并不是实际发生的成本。标准成本和估计成本的区别是：标准成本为实际工作提供了一个成本尺度，可以衡量工作效率，而估计成本主要用于确定产品售价，主观性较强。

（二）标准成本的分类

一般来说，标准成本分为理想标准成本、正常标准成本、现行标准成本和基本标准成本四种。

1. 理想标准成本与正常标准成本

理想标准成本是指目前生产条件和企业经营管理处于最佳状态所确定的最低水平的成本。例如，一家企业的理想标准成本就是在企业现有设备条件下，充分利用材料、设备、人力等各种资源，没有废品损失、设备调试损失等情况下的成本。

正常标准成本是在现有生产条件、效率良好的情况下，根据下期一般情况下应该发生的各种生产要素的成本、预计设备生产经营能力而制定出的标准成本。制定标准成本时应把生产经营中难以避免的材料损耗以及低效率等因素也考虑进去，虽然实现该标准成本有一定难度，但这种标准不是遥不可及的。因此，在现实生活中具有实用性，可以成为切实可行的控制标准。

在标准成本系统中，广泛的采用的是正常标准成本。该方法有以下的特点：（1）它是用科学方法根据过去实践充分研究以后制定出来的，具有科学性和客观性；(2)它考虑了可能出现的不利因素，符合客观事实，具有现实性；(3)它既是可以实现的成本标准，也是具有挑战性的成本标准，因而可以作为成本控制的标准，评价员工业绩，具有激励性。

2. 现行标准成本和基本标准成本

标准成本按照其适用的时期，可以分为现行标准成本和基本标准成本。

现行标准成本是指依据使用标准成本的时期应该发生的生产要素成本、现行的生产效率以及生产经营能力利用程度等预计出的标准成本。从该标准成本的名字可以看出，该标准成本不具有稳定性，其数值随着决定该标准成本的各个因素的改变而改变。比如，当生产要素的成本上涨时，就不能采用以前时期的"现行标准成本"了，而应该对根据现在的生产要素的价格进行调整，制定适用于当期的现行标准成本。

基本标准成本是指一旦制定好标准成本，就具有较强的稳定性，除非生产的基本条件发生重大变化。所谓生产的基本条件发生重大变化主要是指产品的物理结构、重要原材料或劳动力的价格以及生产技术、工艺等发生变化。例如，工业革命导致生产技术、生产工艺的巨大变化，这时就应该及时修改企业的基本标准成本，以适应市场的变化。

二、标准成本的制定

在实际工作中，标准成本有两种含义：一是单位产品的标准成本，由直接材料标准成本、直接人工标准成本和制造费用标准成本组成。二是实际产量的标准成本，它是根据实际产品产量和单位产品的标准成本计算出来的。

$$标准成本 = 实际产量 \times 单位产品标准成本$$

产品的标准成本，是由产品的直接材料标准成本、直接人工标准成本以及制造费用标准成本组成。任何标准成本都需要制定用量标准和价格标准，然后二者相乘得出标准成本。用量标准可以选择单位产品的材料消耗量、单位产品直接人工工时、单位产品机器工时等。该标准主要是由工程技术部门测算得出。价格标准包括原材料单价、小时工资率、小时制造费用分配率等。该标准主要由会计部门、采购部门会同人力资源部门、生产部门等协商制定。

根据用量标准与价格标准制定出的目标标准成本可以是理想标准成本,也可以是正常标准成本。实际工作中一般采用正常标准成本。下面介绍正常标准成本的制定。

(一)直接材料标准成本

直接材料标准成本＝标准用量×标准价格

直接材料的用量标准是在现有生产技术条件下生产单位产品所需要的材料数量。其用量标准中应当包括废品损失、产品整理挑选损耗等。

直接材料的价格标准是预计的购买材料应当支付的标准价格,包括买价、运杂费、保险费等成本费用。

【例 9-2】 企业生产 A 产品需要甲、乙、丙三种材料。生产每件 A 产品需要消耗甲材料 3 千克,乙材料 2.5 千克,丙材料 3 千克。企业各种材料耗损率的上限为 10%,即每使用 1 千克的材料,其耗损的最大值为 0.1 千克。甲材料的买价为 3 元/千克,乙材料的买价为 4 元/千克,丙材料的买价为 2 元/千克。运费和保险费占买价的比率分别为 1% 和 0.5%。直接材料标准成本计算表,如表 9-3 所示。

表 9-3 A 产品直接材料标准成本　　　　单位:元

标准	甲材料	乙材料	丙材料	合计
用量标准(单位:千克)				
产品用量	3	2.5	3	—
正常耗损	0.3	0.25	0.3	—
小计	3.3	2.75	3.3	—
价格标准(单位:元)				
买价	3	4	2	—
运杂费	0.03	0.04	0.02	—

续表

标准	甲材料	乙材料	丙材料	合计
保险费	0.015	0.02	0.01	—
小计	3.045	4.06	2.03	—
直接材料标准成本	10.0485	11.165	6.699	27.91

(二)直接人工标准成本

与直接材料标准成本一样,直接人工标准成本也是由用量标准和价格标准相乘得到。直接人工的用量标准是指单位产品的标准工时。单位产品的标准工时不仅包括正常生产条件下生产一单位产品需要的生产时间,还包括必要的机器设备调试时间、工作间歇时间等。

直接人工的价格标准是指标准工资率。该标准工资率可能是预定的工资率,也可能是现行的正常的工资率。如果采用计件工资制,标准工资率是指预定为每件产品支付的工资除以单位产品的标准工时。如果采用计时工资,则为预定的每小时的工资。如果采用其他的工资制度,需要将工资总额除以工资总额所涵盖的期间生产产品的工时总额,得出标准工资率。

【例 9-3】 企业生产 A 产品需要经过两个车间(也就是经过两个加工工序)。生产每件 A 产品需要在第一车间加工 1.5 小时,加上必要的职工休息间歇、设备调试时间以及其他必要耗费,每件 A 产品需要 2 小时。同样,生产每件 A 产品需要在第二车间加工 1.8 小时,但是,加上必要的时间耗费,每件 A 产品需要 2.5 小时。由于生产的劳动强度不同,因此,第一、第二生产车间工人工资率不相同。经计算,第一车间的工资率为 1.5 元/小时,第二车间的工资率为 1 元/小时。直接人工标准成本计算表如表 9-4 所示。

表 9-4 直接人工标准成本

标准	第一车间	第二车间
价格标准(元/小时)		
小时工资率	1.5	1
用量标准(小时)		
生产工时	1.5	1.8
其他损耗	0.5	0.7
小计	2	2.5
直接人工标准成本(元)	3	2.5

A 产品的直接人工标准成本为 5.5 元/件。

(三)制造费用标准成本

因为制造费用可以分为固定制造费用和变动制造费用。因此,在制定制造费用标准成本的时候可以分别确定固定制造费用标准成本和变动制造费用标准成本。同时,因为生产产品需要经过不同的加工车间,因此,制造费用是按照加工车间进行归集的,需要先制定各个加工车间的变动与固定制造费用标准成本,然后将各个车间的标准成本相加即可。

1. 变动制造费用标准成本

变动制造费用的用量标准通常采用单位产品直接人工工时标准,也可以采用机器工时,不管是采用人工工时标准还是机器工时标准,关键是要与变动制造费用保持较好的线性关系。这里我们采用直接人工工时标准,该标准在直接人工标准成本制定时已经确定了。

变动制造费用的价格标准是每一工时变动制造费用的标准分配率。其计算公式为:

$$变动制造费用标准分配率 = \frac{变动制造费用预算总额}{直接人工标准工时总数}$$

确定了用量标准和价格标准后,二者相乘得出变动制造费用标准成本:

变动制造费用标准成本＝单位产品直接人工的标准工时
$$\times 变动制造费用标准分配率$$

计算出产品在各个车间的变动制造费用标准成本以后,将其加总得出该产品的变动制造费用标准成本。

2.固定制造费用标准成本

如果企业采用的是变动成本核算制度,那么产品成本不包括固定制造费用。固定制造费用的成本控制应属于期间成本控制的范围。如果企业采用的是完全成本核算制度(大多数企业均采用该成本核算制度),那么固定制造费用就应当计入产品的成本中,同时也应该制定固定制造费用标准成本。

固定制造费用的用量标准和变动制造费用的用量标准一样,可以采用人工工时,也可以采用机器工时。但是二者必须保持一致,以便进行以后的差异分析。这里我们仍把直接人工工时作为固定制造费用的用量标准。

固定制造费用的价格标准的计算方法和变动制造费用的价格标准一样。由于固定制造费用的用量标准采用的是人工工时标准,因此固定制造费用的价格标准就是根据固定制造费用预算总额和直接人工的标准工时总额计算得出的。

$$固定制造费用标准分配率 = \frac{标准制造费用预算总额}{直接人工标准工时总数}$$

固定制造费用标准成本的用量标准和价格标准都确定之后,二者相乘即可得出固定制造费用标准成本。

固定制造费用标准成本＝单位产品直接人工的标准工时
$$\times 固定制造费用标准分配率$$

将产品的直接材料、直接人工和制造费用的标准成本相加就得出单位产品的标准成本。

单位产品标准成本＝单位产品直接材料标准成本
　　　　　　　　＋单位产品直接人工标准成本
　　　　　　　　＋单位产品变动制造费用标准成本

　　　　　　＋单位产品固定制造费用标准成本

三、成本差异分析

建立标准成本系统的作用之一就是利用标准成本系统来控制成本,评价企业经营业绩。因此,企业在日常经营过程中应定期进行成本差异分析,并找出导致成本差异的主要原因,同时在必要情况下采取有效措施,保证将企业各项成本控制在理想的水平范围之内。

与建立标准成本系统相对应,成本差异可分为直接材料成本差异、直接人工成本差异以及制造费用差异。由于直接材料成本、直接人工成本以及变动制造费用都是变动成本,都随着产品数量的增加而增加。因此,可以将这三种成本差异归为一类进行分析。而固定制造费用为非变动成本,不随产品数量的增加而增加。因此,其成本差异的构成具有一定的特殊性,需要单独处理。

由于这三种变动性成本的高低取决于实际用量和实际价格,因此变动成本差异主要是由于实际用量脱离用量标准和价格脱离价格标准造成的。所以,把变动成本差异分为数量差异和价格差异两类。

　　成本差异＝实际成本－标准成本
　　　　　　＝实际数量×实际价格－标准数量×标准价格
　　　　　　＝实际数量×(实际价格－标准价格)＋(实际数量－标准数量)
　　　　　　×标准价格
　　　　　　＝价格差异＋数量差异

变动成本差异计算的通用模式如图 9-2 所示。

(一)直接材料成本差异及分析

直接材料的成本差异是指直接材料的实际成本与标准成本之间的差异。该差异可以分为价格差异与数量差异。

　　　　材料价格差异＝实际数量×(实际价格－标准价格)
　　　　材料数量差异＝标准价格×(实际数量－标准数量)

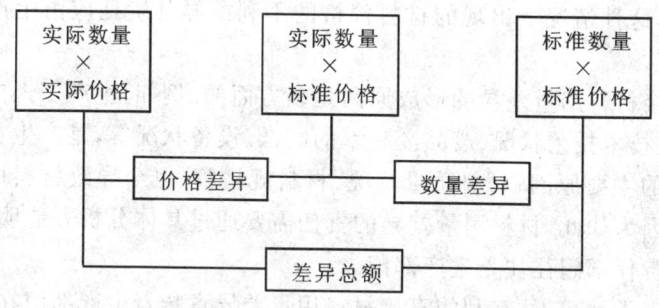

图 9-2 变动成本差异计算的通用模式

【例 9-4】 企业本月生产 B 产品 200 件,使用材料 600 千克,材料单价为 1.5 元/千克。每件 B 产品材料标准用量为 2.5 千克,标准价格为 1.6 元/千克。

下面我们来计算 B 产品所用材料的成本差异总额,并对其进行分解。有关过程如下:

$$
\begin{aligned}
材料成本差异总额 &= 实际成本 - 标准成本 \\
&= 实际数量 \times 实际价格 - 标准数量 \times 标准价格 \\
&= 600 \times 1.5 - (200 \times 2.5) \times 1.6 = 900 - 800 \\
&= 100(元)(不利差异)
\end{aligned}
$$

$$
\begin{aligned}
材料价格差异 &= 实际数量 \times (实际价格 - 标准价格) \\
&= 600 \times (1.5 - 1.6) = -60(元)(有利差异)
\end{aligned}
$$

$$
\begin{aligned}
材料数量差异 &= (实际数量 - 标准数量) \times 标准价格 \\
&= (600 - 200 \times 2.5) \times 1.6 = 160(元)(不利差异)
\end{aligned}
$$

许多因素会影响材料价格,如市场价格的变动、供货厂商的变动、采购批量大小、送货方式、数量折扣、紧急采购,以及所购材料的质量等。因此,在市场经济条件下,价格差异的责任不应由采购部门承担。但是,由于生产计划安排不合理或材料浪费等原因,导致采购部门采取应急措施,如组织小批量采购,或要求供应商经空运等,使得材料采购价格上升,这种情况下出现的材料价格的不利差异其责任应由生产部门承担。

直接材料用量差异的形成原因是多方面的。例如,生产工人的责任心强弱、技术技艺状况、废品废料率的高低、设备状况等,是产生材料用量差异的主要原因;材料质量状况、材料规格等,也会导致材料用量差异。正因为如此,材料用量差异的责任需要通过具体分析方能明确,但其主要责任部门往往是生产部门。

在正常情况下,有利的直接材料用量差异意味着生产部门在废料、浪费和返工等方面控制较好。但是并非所有有利差异都是良好业绩的表现,例如,为了节约用料,将有缺陷的产成品以次充好,使企业信誉和客户利益受到损害。

(二)直接人工成本差异及分析

直接人工成本差异是指直接人工实际成本与标准成本之间的差异。该差异又被分为价格差异和数量差异两部分。直接人工的价格差异也称为工资率差异,直接人工的数量差异也称为人工效率差异。其计算公式如下:

工资率差异=实际工时×(实际工资率-标准工资率)

人工效率差异=(实际工时-标准工时)×标准工资率

【例9-5】 已知企业生产每件A产品的标准工时为2小时,标准人工工资率为1.5元/小时。本月生产产品300件,实际工时总额为660小时,该月支付的工资总额为1 056元。

首先计算直接人工成本差异总额:

直接人工成本差异总额=实际成本-标准成本
=1 056-(300×2)×1.5
=156(元)(不利差异)

其次分别计算工资率差异和人工效率差异。

实际人工工资率=1 056/660=1.6(元/小时),则:

工资率差异=实际工时×(实际工资率-标准工资率)

$$=660\times(1.6-1.5)=66(元)(不利差异)$$
$$人工效率差异=(实际工时-标准工时)\times 标准工资率$$
$$=(660-300\times 2)\times 1.5=90(元)(不利差异)$$

  人工工资率在很大程度上是由社会工资水平等因素决定的,其弹性较小。对于特定工人而言,在一年之内实际工资率很少会偏离标准工资率。一般来说,企业同时存在不同工种、不同技术等级的工人,不同工人具有不同的工资率,而企业通常将平均工资率作为工资率标准。如果企业安排技术熟练、工资率较高的工人从事简单的工作,就会造成不利的人工工资率差异。另外,计划外加班也会产生不利的人工工资率差异。当然,人工工资率差异产生的原因也可能是由于实际工人工资调整等情况所致。产生该差异时企业应当从人力资源部门以及劳动力市场等多方面进行考虑。

  影响直接人工效率差异的因素有很多,如工作环境、生产工人技术状况、工作条件等。这些因素在很大程度上受生产部门控制,因此该项差异主要应由生产部门负责。但是其他部门也可能对直接人工效率差异承担责任。例如,由于维护保养不善,机器故障频繁发生,导致生产中断。在这种情况下,维修部门应承担不利的人工效率差异。又如,采购部门为了降低采购成本,购进了质量低劣的原材料,致使生产工人工作效率低下,出现大量返工等现象,从而产生不利的直接人工效率差异。在这种情况下,该成本差异的责任主要应由采购部门承担。

  (三)变动制造费用差异

  变动制造费用差异是指实际变动制造费用与标准变动制造费用之间的差额。该差异也同样分为价格差异和数量差异。变动制造费用的价格差异又称为变动制造费用分配率差异或变动制造费用耗费差异。变动制造费用的数量差异称为变动制造费用效率差异。其计算公式如下:

$$变动制造费用耗费差异=实际工时\times(变动制造费用实际分配率$$
$$-变动制造费用标准分配率)$$
$$变动制造费用效率差异=(实际工时-标准工时)$$
$$\times 变动制造费用标准分配率$$

【例 9-6】 沿用前例中的部分数据。企业生产 A 产品的标准工时为 2 小时/件,变动制造费用标准分配率为 2.5 元/小时。本月生产产品 300 件,实际发生的人工工时为 660 小时,本月发生的变动制造费用总额为 1 584 元。变动制造费用的实际分配率为:

$$变动制造费用实际分配率 = \frac{实际发生的变动制造费用总额}{实际发生的人工工时总额}$$

$$= \frac{1\,584}{660} = 2.4(元/小时)$$

下面我们计算变动制造费用差异总额,并对其进行分解:

变动制造费用差异 = 实际成本 − 标准成本
$$= 1\,584 - (300 \times 2 \times 2.5) = 84(元)(不利差异)$$

变动制造费用耗费差异 = $660 \times (2.4 - 2.5)$
$$= -66(元)(有利差异)$$

变动制造费用效率差异 = $(660 - 300 \times 2) \times 2.5$
$$= 150(元)(不利差异)$$

变动制造费用效率差异反映的是工时利用效率的高低。人工效率的提高并不等于变动制造费用的节约;变动制造费用效率差异与变动制造费用的使用效率没有太多关系。而该项差异应由管理直接人工耗用的生产部门负责。

变动制造费用包括间接材料、间接人工、电费和维修费等,只要变动制造费用中的某些明细项目的价格出现波动,就可能产生变动制造费用的耗费差异。但是,变动制造费用的耗费差异也受变动制造费用"用量"方面的影响。变动制造费用的耗费差异不仅仅反映变动制造费用在支付价格方面的节约或超支,而且也反映变动制造费用各具体项目中在用量方面的节省或超量。例如,超量使用间接材料将增加变动制造费用总额,进而增加变动制造费用的实际分配率,由此增加变动制造费用的耗费差异。因此,变动制造费用耗费差异是"价格"与"用量"二者共同作用的结果。

变动制造费用差异对于生产管理人员而言是可控的,该项责任通常归属到各生产部门中。

(四)固定制造费用差异

上面我们对于各项变动生产成本的差异分析进行了讨论。变动制造费用与直接材料和直接人工成本的差异分析方法大致相同。而固定制造费用在相关范围内不随业务量(如产量、人工工时等)的变化而改变,因此固定制造费用的成本差异分析与变动成本的差异分析有较大不同。

首先,我们必须明确固定制造费用总差异的含义。

固定制造费用总差异等于实际固定制造费用与已分配的固定制造费用之间的差额。其中,已分配的固定制造费用等于固定制造费用标准分配率与实际产量标准工时的乘积,即:

已分配的固定制造费用＝固定制造费用标准分配率
×实际产量标准工时

固定制造费用标准分配率是指企业年初固定制造费用预算总额除以预算产量的标准工时。

固定制造费用的差异分析通常采用"二因素分析法"和"三因素分析法"两种方法。我们着重讲述前一种方法,并对后一种方法作简要介绍。

1. 固定制造费用差异二因素分析法

二因素分析法是指将固定制造费用分为预算差异和能量差异两种因素进行分析的方法。其中,固定制造费用预算差异是指固定制造费用的实际发生数与固定制造费用预算总额之间的差额。即:

固定制造费用预算差异＝固定制造费用实际数
－固定制造费用预算总额

从固定制造费用标准分配率的定义可以看出,固定制造费用预算总额可以采用下式表示:

固定制造费用预算总额＝固定制造费用标准分配率
×预算产量标准工时

固定制造费用能量差异是指固定制造费用预算总额与已分配的固定制造费用两者之差。其中,已分配的固定制造费用等于按实际产量应耗用标准工时和标准分配率计算的固定制造费用分配数,则:

固定制造费用能量差异＝固定制造费用预算总额－已分配的固定制造费用
　　　　　　　　　　＝固定制造费用标准分配率×预算产量标准工时
　　　　　　　　　　－固定制造费用标准分配率×实际产量标准工时

固定制造费用差异的二因素分析原理如图 9-3 所示。

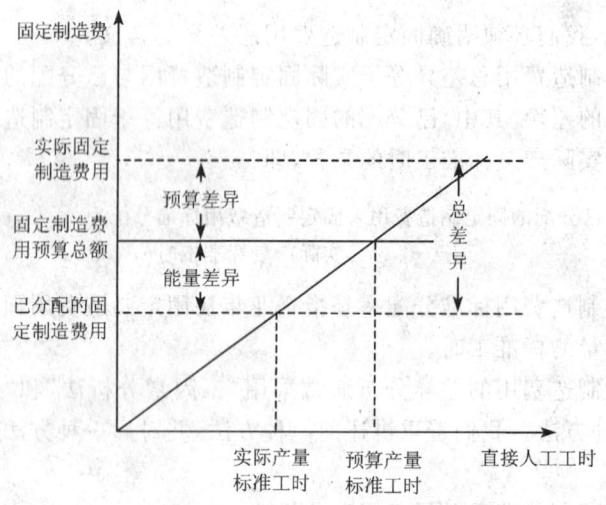

图 9-3　固定制造费用差异二因素分析

【例 9-7】　仍用例 9-5 中的部分数据。企业生产 A 产品的标准工时为 2 小时/件,本月生产 300 件,实际发生的固定制造费用总额为 1 080元,实际生产工时为 660 小时。该车间的预算产量标准工时为 800 小时,固定制造费用预算总额为 1 200 元,则:

固定制造费用总差异＝实际固定制造费用－已分配的固定制造费用
　　　　　　　　　＝1 080－300×2×1.5＝1 080－900
　　　　　　　　　＝180(元)(不利差异)

下面我们用二因素法分析固定制造费用差异：

固定制造费用预算差异＝固定制造费用实际数－固定制造费用预算数
$$=1\,080-1\,200=-120(元)(有利差异)$$

$$固定制造费用标准分配率=\frac{固定制造费用预算总额}{预算产量标准工时}=\frac{1\,200}{800}=1.5(元/工时)$$

于是：

固定制造费用能量差异＝固定制造费用标准分配率×预算产量标准工时
－固定制造费用标准分配率×实际产量标准工时
$$=1.5\times 800-1.5\times(300\times 2)$$
$$=300(元)(不利差异)$$

　　固定制造费用由一些具体项目如折旧费、工资、保险费等组成。一般来说，固定制造费用各具体项目的成本高低主要由长期决策决定，所以预算差异通常较小，而且在短期内一般不会改变，因此管理人员通常无法通过短期决策控制固定制造费用的发生。

　　能量差异反映了实际产量与本年初计算标准固定制造费用分配率时所采用的产量的偏离程度。也就是说，能量差异产生的原因是实际产量与预算产量不相等造成的。因此，能量差异往往也称为"产量差异"。

　　如果预算产量代表企业有能力生产和销售的数量，只是由于有关部门和有关人员工作失误才会产生正的产量差异。在这种情况下，能量差异反映了生产能力的利用程度，该项差异的责任应归于生产部门。但是，能量差异的形成可能是由生产部门无法控制的因素造成的。例如，采购部门一味追求降低采购成本而有意购进质量较低的材料，导致生产车间出现大量的次品和生产效率低下等。在这种的情况下，能量差异的责任不应由生产部门承担，而应由采购部门来承担。

　　另外，当企业销售预测过于乐观，使得实际需求量低于预测的销量时，企业明智之举应该是让实际产量低于预算产量，而不是机械地按预算组织生产。在这种情况下，我们就不宜将能量差异区分为有利差异与不利差异。如果企业将固定制造费用的能量差异直接用于成本控制和业绩评价,那么生产部门就有可能采取增加产量进而增加库存的方式来避免不利差异的出现,而盲目增加库存又会给企业带来很多负面影响。因此对某些企业而言,能量差异不宜直接用于成本控制和业绩评价。

总之,导致固定制造费用能量差异产生的原因很多,不恰当运用能量差异来评价生产部门业绩往往会带来较为严重的后果。因此,企业应根据自身情况来对能量差异作出合理分析。

2. 固定制造费用差异三因素分析法

该方法将固定制造费用差异分为"开支差异"、"能力差异"和"效率差异"三项。其中,"开支差异"与前述二因素分析法中"预算差异"的内容完全相同。因此,三因素分析法实际上是将二因素分析法下的"能量差异"进一步细分为"能力差异"和"效率差异"两项。三因素分析法的计算公式如下:

固定制造费用开支差异＝固定制造费用实际总额－固定制造费用预算总额
固定制造费用能力差异＝固定制造费用预算总额
　　　　　　　　　　－实际工时×固定制造费用标准分配率
固定制造费用效率差异＝实际工时×固定制造费用标准分配率
　　　　　　　　　　－实际产量标准工时×固定制造费用标准分配率

【例 9-8】 根据上例资料,利用三因素分析法计算各种差异。

固定制造费用开支差异＝固定制造费用实际数－固定制造费用预算数
　　　　　　　　　　＝1 080－1 200＝－120(元)(有利差异)
固定制造费用能力差异＝固定制造费用预算总额
　　　　　　　　　　－实际工时×固定制造费用标准分配率
　　　　　　　　　　＝1 200－660×1.5＝210(元)(不利差异)
固定制造费用效率差异＝实际工时×固定制造费用标准分配率
　　　　　　　　　　－实际产量标准工时×固定制造费用标准分配率
　　　　　　　　　　＝660×1.5－(300×2)×1.5＝90(元)(不利差异)

固定制造费用能力差异用来说明车间因为没有充分利用机器设备

的生产能力导致的损失。因此,如果出现了固定制造费用能力差异则说明企业应该充分利用车间现有生产设备。

固定制造费用效率差异是实际工时与实际产量的标准工时之间的差异。因此,固定制造费用效率差异用来说明生产一单位产品耗费的人工工时比标准工时多。

四、运用差异分析进行成本控制的几点注意事项

成本差异产生的原因有很多,上面也给出了各种成本差异产生的可能原因。在实际工作中,运用差异分析控制成本时,还需要注意以下几方面:

1. 当出现成本差异时,管理当局应先判断该差异是否值得进一步调查分析。若某项成本差异幅度较小,企业通常没有必要进行干预。现实中,很多企业利用控制图来决定是否对出现的成本差异进行进一步分析。图 9-4 是成本控制图。当实际成本处于图中两条虚线所形成的带状区域之内时,企业视为差异为正常,不进行干预。当实际成本突破上述带状区域边界时,企业视为实际成本出现"例外"情况,需要认真分析,辨明原因,必要时采取纠正措施。这种做法本身体现了管理中常用的"例外管理原则"。

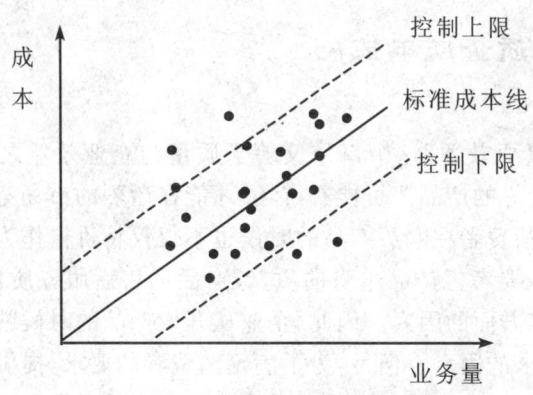

图 9-4　成本控制图

2. 当出现有利差异时,不要出现"麻痹"思想,错误地认为成本出现

有利差异都是"好兆头"。过大的有利差异可能是通过牺牲产品质量或企业长远利益为代价而产生的,这将对企业造成很大的危害。在很多情况下,较大的"有利差异"背后隐藏着严重的管理问题。例如,用较少的劳动工时生产低质量的产品时,往往会产生较大的有利效率差异;由于现有的成本用量标准过于宽松,以致生产工人稍加努力就能产生较大的材料用量有利差异。因此,当出现较大的成本差异时,无论是有利差异还是不利差异,企业都应认真分析,找出真实原因。

3. 注意遵守成本—效益原则。如果一项成本差异出现的频率很低,对其产生原因的调查和采取纠正措施所需投入的财力明显大于该项成本差异再次发生所增加的成本时,企业不应该对该项成本差异进行干预。如果一项成本差异即便找到了发生的原因,管理当局也很难采取纠正措施时,那么管理当局就也不必花大力气寻找造成该项成本差异的真正原因。

4. 注意不同差异之间的关联性。例如,使用低质量的原料往往会产生有利的价格差异,但同时也会产生不利的数量差异。为了获得有利的直接人工效率差异,生产工人用料"大手大脚",虽然工时缩短了,但是却产生不利的直接材料用量差异。

第四节 质量成本控制

"向质量要效益"这个口号反映了质量与企业效益之间的内在联系。只有质量好的产品才可能有市场,才能在激烈的市场竞争中处于有利的地位。消费者在购买产品的时候也不仅仅将价格作为考虑的惟一因素,同时也要考虑产品本身的质量、产品的售后服务质量、产品的外观、环保等多方面的因素。因此,企业从开发产品的时候就必须关注有关消费者需求的因素。但是,为了满足消费者的要求,提供高质量的产品企业必须付出成本。因此,企业需要在提高产品质量和降低成本两者之间进行权衡。

一、质量成本的概念

质量成本是指为了保证产品达到一定质量水平而发生的各种费用以及没有获得满意质量而导致的损失。在开发某一新产品时，为了产品生产出来以后质量能够满足消费者的要求，必须考虑保证质量需要付出的成本。同时，企业需要事先建立一个质量控制系统，这也是需要成本的。在生产产品的过程中，需要使用质量控制系统加以控制，这就要求一定的人员来操作这个系统，也需要人工费用的支出。当产品生产出来以后，质量成本的花费就更多了。比如，购进质量检测设备支出、质量控制系统管理人员培训支出、新产品鉴定费等。当产品出售以后，质量成本就表现为产品退回支出、返修支出以及因质量较差导致消费者索赔支出等。

一般来说，质量成本按照不同的分类方式可以分为以下几种：

1. 内部质量损失成本

内部质量损失成本主要是指产品在出售之前，因未能满足规定的质量要求而发生的成本。内部质量损失成本主要包括以下内容：

(1) 废品损失：无法修复或在经济上不值得修复的在产品、半成品和产成品报废给企业造成的损失。

(2) 返工或翻修损失：企业对不合格的产成品、半成品和在产品进行返工所消耗的材料和人工等费用。

(3) 产品降级损失：产品因外表或局部的质量问题而未能达到质量标准，但是其主要功能尚未受到影响时，企业对其降级处理所产生的损失。

(4) 停工损失：因质量问题造成停工给企业带来的损失。

(5) 产品质量事故分析处理费：因对产品质量问题进行分析与处理所发生的损失。

(6) 内审、外审等纠正措施费：企业在内审和外审过程中因产品质量问题而支付的费用。

(7) 其他内部质量损失：包括产品因质量问题而重新设计所发生的成本等内容。

2. 外部质量损失成本

外部质量损失成本主要是指产品售出以后，因未能达到规定的质量要求，导致用户索赔、修理、更换货等所付出的代价。外部质量损失成本主要包括以下几方面：

(1) 诉讼费用：企业处理因产品质量问题而引起的诉讼费用。

(2) 索赔费用：因产品质量问题而对顾客予以赔偿所产生的费用。

(3) 退货损失：产品出厂后，由于质量问题造成客户退货、换货所产生的有关费用。

(4) 产品售后服务及保修费用：直接用于校正误差、保修产品以及纠正非投诉范围的故障和缺陷等所发生的费用。

(5) 产品降价损失：产品出厂后，因质量未达到规定标准而进行降价处理造成的损失。

(6) 其他外部质量损失成本：由于产品质量问题而对顾客提供额外服务所增加的成本，或因产品质量问题导致收款延误和坏账损失等所增加的成本等。

3. 预防成本

预防成本是指为了保证产品质量，减少质量损失和降低检验费用而发生的各种成本，其内容主要包括以下几方面：

(1) 质量管理工作费：为推行质量管理工作所支付的各项费用。

(2) 质量评审费：对产品质量审核和对质量体系进行评审所支付的费用，以及新产品投产前进行质量评审所支付的费用。

(3) 质量培训费：用于改进和提高质量水平所花费的相关费用。

(4) 质量奖励费：为保证和改进产品质量而支付的各种奖励费用。

(5) 质量改进措施费：为提高产品和工作质量，改进产品设计，调整工艺、开展工序控制等而支付的各项费用。

(6) 工资及福利费：质量管理专职人员的工资总额及所提取的福利费。

4. 鉴定成本

鉴定成本是指为了保证产品质量而检测产品和评价产品质量所发生的费用，主要包括以下内容：

(1)试验检验费:对外购原材料、零部件、元器件及外协件,以及生产过程中的在产品、半成品和产成品,按质量要求进行试验、检验所支付的费用。

(2)质量检验部门办公费:质量检验部门为开展日常检验工作所支付的办公费。

(3)检测设备及房屋维修与折旧费:检测设备的维护、校准、修理等费用和折旧费,以及质量检测用房的维修与折旧费。

(4)工资及福利费:对材料、零部件、产成品等进行质量检验的专职人员的工资及福利费。

二、质量成本信息的收集

在收集有关质量成本信息之前,需要确定信息收集的内容、方式和方法。

(一)信息收集的内容

信息收集的内容主要分为以下两方面:

1. 内部质量成本信息

内部质量成本信息是指从企业内部收集来的,反映了与质量成本相关的信息。内部质量成本信息包括建立质量成本制度需要的大部分信息,如质量成本核算资料和质量成本管理培训资料、质量成本管理技术资料。

2. 外部质量成本信息

外部质量成本信息主要是指从消费者方面反馈的有关产品质量的信息,包括消费者对产品质量的投诉信息、消费者对产品质量认同度信息、销售部门获取的销售业绩信息。

销售部门获取的销售业绩信息之所以也列为与质量成本相关的信息,是因为如果企业确定的质量水平满足了消费者的要求,同时产品的价格又不超过消费者可接受的范围,那么销售业绩应该很不错。如果企业的产品质量水平很低,未能满足消费者对产品质量要求,消费者会以产品质量不好为由拒绝购买该产品。如果企业的产品质量水平较高,超过了消费者要求,高质量必然要求高价格,这时虽然产品质量很好,但是高价格会吓跑一部分消费者,结果必然造成消费分流现象,不利于企业最大程度的获取利润。

(二)收集信息的方式

收集质量成本信息的方式主要有两种,一是直接方式,二是间接方式。

收集质量成本信息的直接方式主要是指检测员对产品质量的报告、财务部门对质量成本支出的报告等。

收集质量成本信息的间接方式包括:销售部门的销售业绩反映出产品质量信息,通过开通消费者热线、消费者信箱以及设置售后服务中心收集消费者对产品质量的反馈信息,通过市场调查公司得到有关消费者对产品质量要求的信息等。

(三)收集信息的方法

信息来源分为内部信息来源和外部来源,因此收集信息的方法因信息来源的不同也有差别。

当收集内部信息时,可以采用的方法主要为内部交流法。使用该方法的关键是让参与交流的各级管理人员和第一线的生产人员、质量检测人员在轻松的气氛下,充分发表自己对产品质量以及相应成本的意见。在这个交流过程中,不能有等级差别,应当充分重视生产第一线的工人和质量检测人员的意见。

当收集外部信息时,可以采用的方法就相对要多一些。通常采用的方法有聘请市场调研公司对企业需要的消费者信息进行调查、分析,或者是企业自己设计问卷对消费者进行调查,或者是在产品售出时附送产品质量反馈意见卡。

以上这些与收集质量成本相关的信息内容可以用图来表示它们之间的关系,如图9-5所示。

三、质量成本控制

为有效控制质量成本,企业应首先确定最佳质量水平。在此基础上设计出质量成本控制体系,并对相关质量成本控制人员进行培训,安排合适的人员进行管理控制。

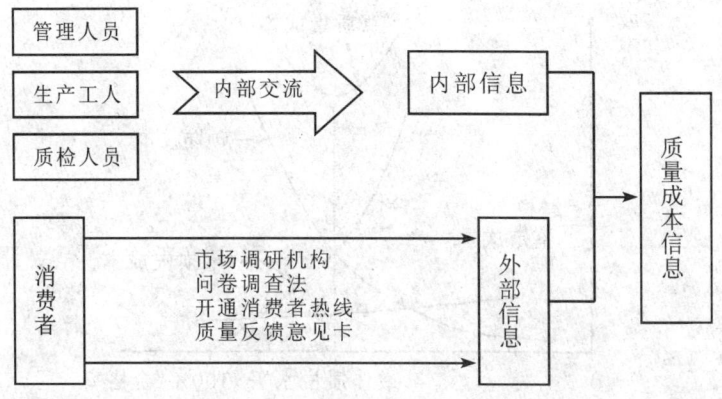

图 9-5 质量成本信息收集

(一)最佳质量成本模型

1. 传统最佳质量成本模型

传统的最佳质量成本模型是由美国著名质量管理专家费根堡姆(A. V. Feigenbaun)提出的。该模型显示,产品质量水平与质量损失成反比,即质量水平越低,材料和人工工时的浪费现象越严重,销售的产品受到顾客索赔的可能性也越大。产品鉴定成本随着企业产品质量的提高而减少,但幅度不大。由于产品质量提高,采用抽样方法检测产品时抽取的样本可以相对小一些,小样本对应的检测费用相对就会少一些。预防成本随着产品质量的提高而增加。为了保证生产高质量的产品,企业必须建立更加先进的质量成本控制系统,相应的质量控制管理费、质量管理培训费等就会提高。因此,产品的预防费用与产品质量水平同方向变动。

该模型显示,当产品质量水平较低时,质量损失较高,使得总质量成本(即上述各项质量成本之和)处于较高水平。随着产品质量水平的逐步提高,总质量成本不断下降,当质量水平提高到一定水平后,继续提高质量水平将会导致预防成本的大幅提高,从而导致总成本开始上升。只有当质量水平适度时,总质量成本才能处于最低点。上述过程如图 9-6 所示。

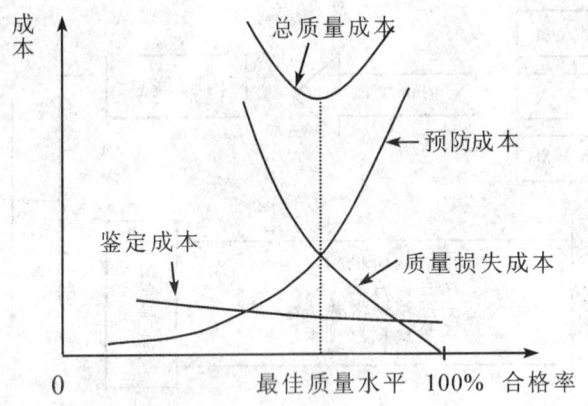

图 9-6 最佳质量成本

2. 现代最佳质量水平新理念

在传统观念下,产品缺陷率过高与过低都将导致较高的总质量成本。最佳质量水平应该是适中的缺陷率水平。但是这一被人们广泛接受的观念近年逐步受到新理论的挑战。新的质量成本模型中,引入隐性质量成本(Hidden Costs of Quality)概念之后,质量成本曲线的形态发生了改变,总质量成本最低点位于零缺陷处,即最佳的质量水平应是产品缺陷率为零。这一结果如图 9-7 所示。

尽管新的质量成本模型的合理性在质量控制专家之间尚存争议,但是这种质量成本新理念在一些管理先进的企业中得到一定程度的认可。他们不断降低产品的缺陷率,以适应日益激烈的全球化竞争。

(二)质量成本控制的程序

质量成本控制就是要建立一个质量成本控制系统,安排一定的管理人员对该系统进行管理,让其正常运作,达到质量、成本、利润最佳组合的目的。质量成本控制系统运作流程如图 9-8 所示。

从图 9-8 可以看出,质量成本控制可分为事前质量成本控制、日常质量成本控制及事后质量成本控制三个阶段。

1. 事前质量成本控制

质量成本控制主要涉及相关质量成本信息的收集,利用价值工程分析法确定最佳质量水平以及相关的成本水平。"产品质量是在设计和

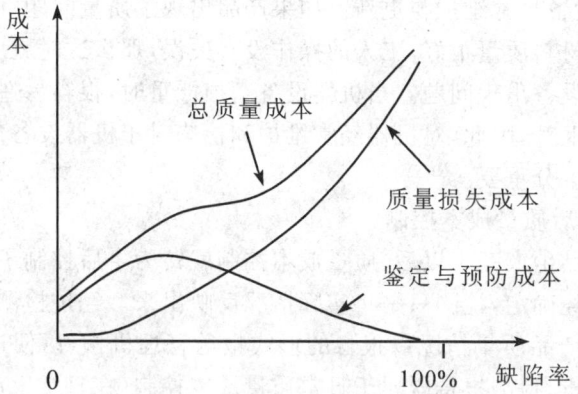

图 9-7 新的质量成本模型

生产中制造出来的,而不是检验出来的"。[①] 日本质量管理专家石川馨教授的这句话充分说明了事前质量成本控制的重要性。

2. 日常质量成本控制

从生产车间的角度来说,要对质量成本进行有效的生产控制,必须做好以下几项工作:

(1)原材料质量控制。原材料对产品质量有很大的影响。如果购入劣质原材料,将导致废品率增加、原材料耗用增加等一系列不利于保证质量、降低成本目标的问题。另外,对原材料质量进行检测有助于成本分级归口管理。当企业产品质量出现问题时,生产部门和材料采购部门可能会为了自身利益而将责任推给对方,导致责任不清,分级归口管理出现了瓶颈现象。因此,在生产之前就进行原材料质量检测,有助于管理层区别责任,加强质量成本控制。

(2)做好工人的技能、知识培训工作。工人的技能、知识培训也是保证产品质量的重要因素。工人操作程序、操作时机选择不当是造成废品、次品增多的重要原因。因此,必须对工人进行培训,保证产品质量水平。

---

① 李天民:《现代管理会计学》,立信会计出版社,1996年版,第 517 页。

(3) 设备日常维护与更新。如果产品出现了质量问题,而生产该批产品的原材料质量很好,工人的操作没有失误,那么这时就应该考虑是否是机器设备出现问题。当机器设备磨损严重时,很容易造成废品率、次品率的上升,因此,对机器经常维护和检修对于机器设备保持正常的生产状态十分重要。

3. 事后质量成本控制

当产品生产完工以后,质量成本控制就转为事后控制了。此时的产品质量已经确定,检测只是将实际情况反映出来。经过检测以后,把经过检测的产品质量情况以报告的形式报送管理机构,以便进行质量成本控制分析。检测报告既属于日常质量成本控制(在日常生产管理中经常使用),也属于事后质量成本控制(产品质量已经确定)。

当产品出售以后,消费者的反映就成为企业质量成本控制管理人员的关注焦点。管理者通常想从消费者那里了解以下信息:

(1)公司生产的产品质量是否满足了企业目标消费群体的要求;

(2)消费者对公司产品价格与质量匹配是否满意;

(3)消费者使用产品后的意见与建议。

为了得到这些信息,企业会在售出产品的同时向顾客提供用户信息反馈表,直接获取消费者对产品质量成本等各方面的反馈信息。

(三)建立质量成本控制制度

1. 设定产品质量标准

从成本管理的角度讲,适宜的产品质量标准应使总质量成本位于较低水平。企业可根据质量损失成本、预防成本和鉴定成本在总质量成本中所占比重,将总质量成本划分为以下三个区域,并分别采取不同的措施:

(1)质量改进区。该区域的特点是质量损失成本比重较高,而预防成本比重较低,企业总质量成本明显高于最低水平。一般来说,当质量损失成本比重高于 70%,而预防成本比重低于 5% 时,企业应采取的措施是加强质量管理的预防工作,提高产品质量,进而大幅降低质量损失成本。

(2)质量控制区。该区域的特点是质量损失成本比重适中,而预防

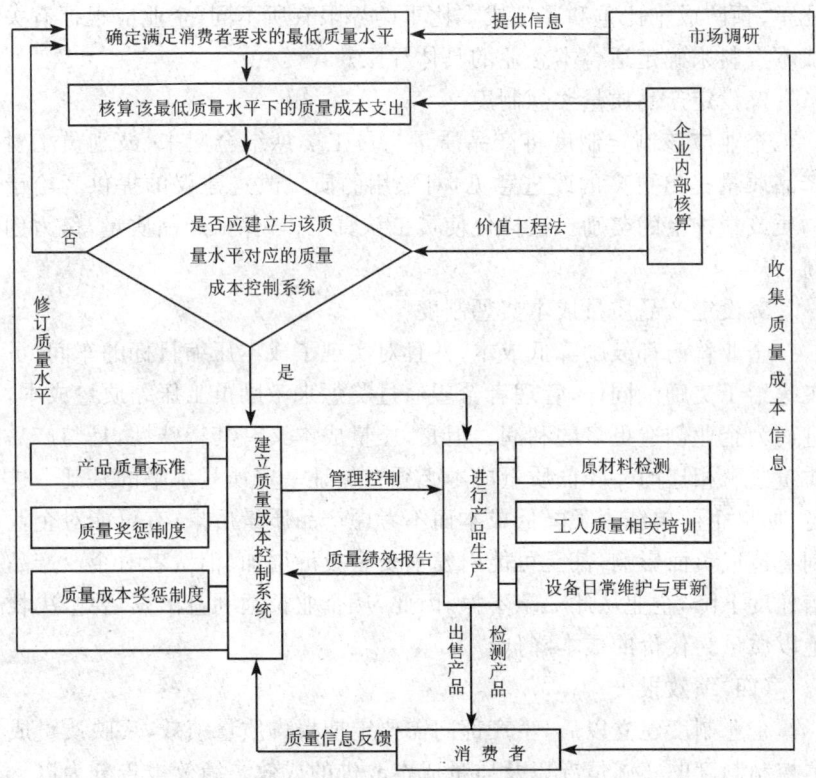

图 9-8 质量成本控制流程图

成本所占比重有所提高,总质量成本位于最低水平。一般来说,质量损失成本比重约为 50%,而预防成本比重约为 10% 时,质量成本处于理想状态,质量成本控制工作的重点是将各有关质量成本维持和控制在现有的水平上。

(3)质量过剩区。该区域的特点是质量损失成本比重偏低,而鉴定成本比重偏高,总质量成本明显高于最低水平。一般来说,当质量损失成本比重低于 40%,而鉴定成本比重高于 50% 时,质量管理工作重点是适当放宽标准,减少检验程序,维持工序控制能力,以降低总质量成本。

需要指出的是,对于不同企业而言,用于划分区域的质量损失成本比重、预防成本比重和鉴定成本比重的界限有所不同。企业应根据有关成本资料来确定适合本企业的具体界限。

2. 设定产品质量奖惩制度

企业应该制定制度将产品质量与员工奖惩结合起来,鼓励员工对产品质量提出更多的改进意见,对采用的质量改进建议的提供者给予物质或精神上的奖励。这样促使员工认真工作,保证产品质量,努力创新。

3. 设定产品质量成本奖惩制度

企业普遍都鼓励降低成本,并且对实现了成本压缩目标的车间、员工等给予奖励。同样,管理者希望通过奖惩来激励员工压缩质量成本,进而为企业创造更多的利润。但是,质量成本又有其特殊性,是与产品质量紧密相连的。降低质量成本必须在保证一定质量水平的基础上进行。如果企业单纯为了降低成本而不考虑产品质量后果,有可能对企业利益造成负面影响,甚至可能引发消费者投诉增加、消费者对企业产品信任度下降,企业从此一蹶不振。因此,从企业长远利益出发,要坚决杜绝以质量为代价的成本降低。

(四) 绩效报告

企业制度建立以后,生产部门需要定期报告质量绩效,反映质量成本控制制度的实施情况以及质量成本改进的成效。绩效报告分为以下几种类型:

(1) 本年度质量成本标准比较报告;

(2) 上年度质量成本绩效比较报告;

(3) 与同行业质量成本标准比较报告;

(4) 自实行质量成本控制以来的质量成本趋势报告。

绩效报告反映了企业质量成本控制制度的实施情况与发展趋势,为产品质量与产品质量成本的评估奖惩提供了基础。

质量成本控制涉及企业产品的整个生命周期,即从产品的设计、开发到生产、售后服务等。建立质量成本控制系统必须涵盖企业的采购部门、生产部门、财务部门、销售部门以及各级管理层等。因此,应按照全面控制的原则对产品质量成本加以控制,尽力靠近"高质量、低成本"的理想目标,满足消费者对产品"物美价廉"的要求。

本章小结

控制是保证预算顺利执行的工具。工作要靠人来完成,而人有不同的才能、动机和态度,预算本身也可能因为环境的变化需要修正。所有这一切都需要通过控制职能来加以管理。成本控制是成本和费用预算顺利实施的基础和关键。现代企业的成本控制已经不再局限于产品制造成本。产品生命周期的每一个过程,即研发与设计、制造、售后服务都对产品功能的形成作出了贡献。为了适应越来越激烈的市场竞争,企业必须综合考虑产品的生命周期中发生的全部成本。产品的质量越来越受到客户的关注,企业由于产品质量问题而发生的成本也越来越多,因此企业必须重视产品质量成本。为了保证成本控制的有效进行,必须使用一些现代化的成本管理方法,其中包括产品生命周期成本、价值工程、标准成本、产品质量成本等方法。

综合复习题

一、思考题

1. 什么是成本控制?为什么要进行成本控制?
2. 成本控制的原则是什么?
3. 什么是事前控制?为什么要进行事前控制?
4. 什么是产品生命周期成本?
5. 什么是价值工程?价值工程有何作用?
6. 什么是标准成本?标准成本可以分为哪几类?
7. 什么是正常标准成本?正常标准成本有什么特点?
8. 什么是成本差异?成本差异有几种?
9. 制造费用应如何进行差异分析?
10. 质量成本包括哪几种?其含义是什么?

二、单项选择题

1. 产品目标成本的制定发生在成本控制的哪一个环节(　　)。
    A. 事前控制　　　　　　B. 事中控制

C. 事后控制　　　　　　D. 日常成本控制
2. 下面的做法能提高产品价值的是(　　)。
　　A. 成本提高,功能不变　　B. 成本不变,功能下降
　　C. 成本减少,功能提高　　D. 成本提高,功能下降
3. 以下费用属于质量损失成本的是(　　)。
　　A. 工序控制费用　　　　B. 产品检验费
　　C. 工序检验费　　　　　D. 废品损失
4. 在成本差异分析中,变动制造费用的耗费差异类似于(　　)。
　　A. 材料用量差异　　　　B. 人工效率差异
　　C. 材料成本差异　　　　D. 工资率差异
5. 从最初的研制、开发到撤销对该产品客户的技术支持和服务的期间所需的全部成本称为(　　)。
　　A. 产品完全成本　　　　B. 产品生命周期成本
　　C. 产品制造成本　　　　D. 产品目标成本

三、多项选择题

1. 判断差异例外性的原则有(　　)。
　　A. 差异的重要性　　　　B. 差异的可控性
　　C. 差异的持续性　　　　D. 差异发生的时间
　　E. 差异的性质
2. 产品生命周期成本包括(　　)。
　　A. 设计成本　　　　　　B. 制造成本
　　C. 市场宣传成本　　　　D. 售后服务成本
　　E. 处置成本
3. 开展价值工程包括以下哪几个步骤(　　)。
　　A. 选择对象　　　　　　B. 收集情报
　　C. 功能分析　　　　　　D. 确定最优方案
　　E. 分配目标成本
4. 固定制造费用的差异可以分解为(　　)。
　　A. 开支差异　　　　　　B. 价格差异
　　C. 能力差异　　　　　　D. 效率差异

E. 用量差异

5. 下列项目属于预防成本的是(　　)。
　　A. 质量评审费　　　　B. 诉讼费用
　　C. 索赔费用　　　　　D. 质量培训费
　　E. 质量奖励费

四、判断题

1. 价值工程是在产品的设计阶段用于设计目标成本的重要方法。(　　)

2. 材料价格差异是指材料外购的实际价格与标准价格之间的差异。(　　)

3. 大金额的有利差异对企业来说并非总是有利的。(　　)

4. 固定制造费用差异通常分为价格差异与用量差异两部分。(　　)

5. 当企业预防成本增加时,通常鉴定成本会相应增加。(　　)

五、业务题

1. 某企业本月生产甲产品 2 000 件,耗用材料 5 200 千克,实际成本 7 800 元,企业该产品材料用量标准为每件 2.5 千克,材料标准价格为每千克 1.4 元。

(1) 计算直接材料标准成本,以及它与实际成本的差异。

(2) 将材料成本差异分解为价格差异和数量差异,并分别进行分析。

2. 某企业月生产 1 000 件 A 产品,其标准人工工资率为 3.8 元/小时,单位产品耗费的标准工时为 4 小时。而本月实际的人工工资率为 4 元/小时,单位产品耗费的工时为 4.2 小时。企业直接人工差异为多少? 人工工资率差异和人工效率差异分别为多少? 并对这些差异进行简单分析。

3. 瑞宁机械厂生产某种产品,本月发生的变动制造费用预算与实际执行结果如下:

变动制造费用预算数:

　　间接材料:1.0 元/机器小时

间接人工:0.7元/机器小时

单位产品消耗机器小时标准:2小时/件

变动制造费用实际数:

实际产量:6 000件

产品实际消耗机器小时总数:13 000小时

实际耗费间接材料:14 600元

实际耗费间接人工:10 100元

计算企业的变动制造费用差异,并对差异进行分析。

4. 企业固定制造费用预算总额为30 000元,标准分配率为2元/小时。本期的实际工时为14 800小时,生产5 000件产品,产品的标准工时为2.8小时/件。固定制造费用组成为:

本期实际发生的固定制造费用:

管理人员工资	8 200元
固定资产折旧	12 600元
保险费	3 800元
其他费用	6 480元
合计	31 080元

分析企业产生的固定制造费用的差异(采用二因素和三因素分析法)。

六、案例分析题[①]

鹤壁环燕轮胎有限责任公司运用价值工程方法,优化改进配方设计,降低产品成本,其功能分析的有关资料如下:

(1)功能定义。

为进一步明确配方中各类原材料的作用,确定以配方作为总的研究对象,对其整体功能和各类原材料功能进行了定义,如表1所示。

---

① 李成民、郭红波:《运用价值工程优化配方设计》,《轮胎工业》,2002年第8期,第503~505页。

表 1 功能定义

代号	名称	功能
O	配方	保证产品达到国家标准,指导配合、混炼,满足工艺要求。
A	生胶	构成产品胶料主体,决定配方性能,决定工艺性能。
B	硫化促进剂	交联橡胶分子,提高物理性能。
C	补强填充剂	提高物理性能,增大体积、降低成本。
D	防老剂	延缓、抑制成品老化。
E	软化剂	改进工艺性能。

(2)功能整理。

为进一步理顺各功能之间的关系,绘制出功能系统图,如图1所示。

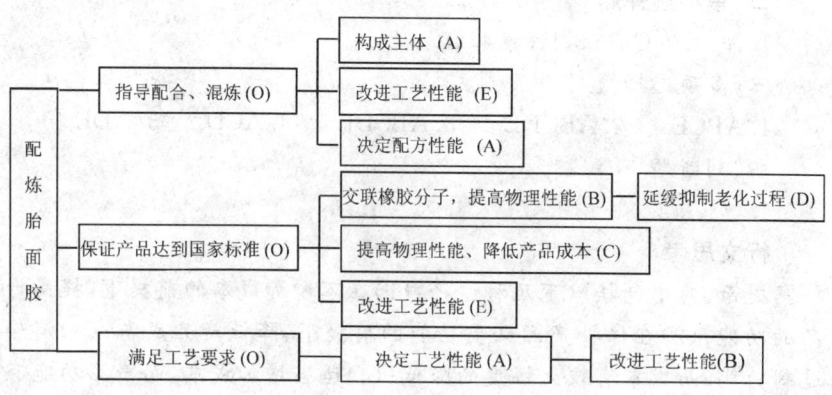

图 1　各功能之间的关系

(3)功能评价。

为了对各类原材料的功能高低做出定量评价,采用0~1打分法,功能重要的打1分,相对次要的打0分,自己评时打1分。功能评价情况如表2所示。

表2 功能评价

项目	A	B	C	D	E	合计	功能系数
A	1	1	1	1	1	5	0.33
B	0	1	0	1	1	3	0.20
C	0	1	1	1	1	4	0.27
D	0	0	0	1	1	2	0.13
E	0	0	0	0	1	1	0.07
总计						15	1.00

要求：(1)计算功能系数、成本系数和价值系数。
(2)确定哪些功能应重点进行改进。

参考答案

二、单项选择题
1. A 2. C 3. D 4. D 5. B

三、多项选择题
1. ABCE 2. ABCDE 3. ABCDE 4. ACD 5. ADE

四、判断题
1. √ 2. × 3. √ 4. × 5. ×

行文思考

提示：其中包括以下几种途径：(1)在不增加成本的前提下，提高产品的功能；(2)在保持产品必要功能的前提下，降低产品成本；(3)消除过剩功能，而成本有较大幅度的降低；(4)适当增加成本，而产品功能有较大幅度提高；(5)采取措施，提高产品功能的同时，降低产品成本。

第十章 存货控制

本章学习目的
1. 了解企业持有存货的目的
2. 了解存货控制的意义
3. 掌握经济订货批量法
4. 掌握 ABC 分类控制法
5. 掌握及时制存货控制法

范 例

一家百货商场生意比较红火,它所经营的品种主要包括各类家电、自行车、照相器材、服装、文具及各类小百货等。从前由于库存商品管理不善,商品不是脱销就是长期积压。因此这家商场效益不佳。后来,经理采纳了一位员工的建议,将所有库存商品大致分为三类。第一类是年销售额比较大的商品,如彩电、空调、录像机等"大件"商品;第二类是小家电,如电风扇、电暖气以及自行车、手表等商品;将其余那些种类繁多,每年销售额比较小的商品归为第三类。然后对第一类为数不多的商品库存严格管理,对第二类商品库存次重点管理,而对于第三类商品库存采取非重点管理,结果是取得了良好经济效益。该商场采用的方法正是本章将要讲述的内容之一。

第一节 存货控制概述

存货在很多企业的流动资产中占有较大比重。存货控制是企业管理控制的重要组成部分。能否对存货实施有效控制直接关系到企业预算目标的顺利实现。存货主要包括原材料、未完工产品和产成品等。存货控制不仅涉及企业的财务部门,而且还涉及其他一些部门,如采购部门、生产部门和销售部门等,财务部门只是参与存货管理工作的其中一个部门。因此,存货控制是一项综合性的管理工作,做好这项工作对于降低成本,提高企业经济效益具有重要意义。

一、企业持有存货的目的

存货在企业生产经营过程中所具有的作用主要表现在以下几方面:

1. 可以防止生产与销售等环节发生中断。对于原材料、零部件等存货而言，由于供货方具有不确定性，所以企业需要保持一定量的存货。当供货不及时或中断时，原材料、零部件等存货储备可确保生产顺利进行。对于在产品和半成品的存货而言，由于生产过程也存在不稳定性，要求企业保持一定数量的存货。此外，生产过程会产生一些不合格品，企业也会决定建立适当的产成品存货，以便能满足顾客的需求，防止不能按客户订单的要求供货等情况发生。

2. 可以均衡地安排生产。企业通常希望生产具有均衡性，而不希望其生产能力利用率忽高忽低。为此，企业难免会产生一定数量的产成品存货。对于市场需求具有季节性的产品生产企业而言，这一点表现得尤为突出。如果完全按市场需求组织生产，那么企业在销售淡季的生产能力利用率较低，形成资源浪费；而当销售旺季来临时，又会出现产品脱销。所以这类企业通常会采取均衡方式组织生产。在销售淡季就会形成数量较多的产成品存货，而当销售旺季到来时，再将这些存货销售出去。

3. 可以适应市场变化。企业适当储存原材料，可以从预期的物价上涨中获得好处，库存产成品则使企业产品的生产和销售方面都有机动性，可避免坐失推销良机。

4. 可以获得商业折扣的好处。供货企业往往采用商业折扣的方式刺激销货，商业折扣的方式之一是数量折扣，即多购给予价格优惠。在这种情况下，企业出于价格方面的考虑，可能会整批购进，分期分批使用，这样也会出现存货过剩现象。

二、存货控制的意义

存货控制是指企业在日常生产经营过程中，按照存货管理制度和存货运动规律，对存货的购入、存放及消耗进行组织、协调和监督。存货控制对于企业保持长期竞争优势具有重要意义。许多企业在市场竞争过程中，以低成本作为主要竞争战略，因此采取各种措施降低产品成本。做好存货控制工作是降低产品成本的重要手段。此外，产品质量、产品工艺、产品定价、加班时间、生产能力利用程度、对顾客需求作出反应的能力、订货提前期以及公司的整体营利能力等,这些方面都会影响企业的竞争能力,而所有这些都将受到存货水平的影响。因此,存货水平较高的公司,相对竞争者来说,有处于竞争劣势的倾向。不管是现在还是未来,存货控制对企业的竞争优势都会产生较大的影响。

三、存货控制的主要方法

常用的存货控制方法主要包括以下几种:

1. 经济订货批量法。该方法是传统存货管理的主要方法之一,通过控制采购批量、生产批量及再订货点,实现控制存货的目的。

2. ABC 分类控制法。该方法是将存货按其重要性进行分类,对重要程度不同的存货采取不同管理策略。

3. 及时存货控制法。该方法是一种先进的存货管理方法,将"零库存"作为存货管理的理想目标,并千方百计接近该目标。

本章以下各节分别对这些存货控制方法展开论述。

第二节 存货批量控制

在实施存货控制时,我们最关心的问题主要有两个:一是订购(或生产)的批量应该为多少,二是什么时候应发出订单。存货批量控制法主要解决这两个问题。

一、经济订货批量控制

如上所述,存货在企业经营过程中能发挥重要作用。然而持有存货会使企业付出一定的代价,这种代价就是所谓的存货成本。企业存货的持有水平不同,会产生不同的存货成本。而存货的经济订货批量控制法就是要选择一个适当的存货水平,使得存货总成本降至最低。

(一)存货成本

存货成本主要包括:

(1)采购成本。采购成本由买价和运杂费等构成。年采购成本的特点是与年总采购量有关,一般与年采购量成正比。一般来说,年采购成本等于年采购量与单价的乘积。

(2)订货成本。订货成本是指取得订单的成本,包括办公费、差旅费、邮资、电报电话费等支出。订货成本中有一部分与订货次数无关,如常设采购机构的基本开支等,它也称为订货的固定成本。在进行批量决策时,这部分成本属于决策不相关成本,可以不考虑。另一部分与订货次数有关,如差旅费、邮资等,称为订货的变动成本。这部分成本的特点在于每次订货所发生的费用与每次订货量无关,即每次订货量越大,则每年所需订货次数就越少,年订货成本就越低。在进行存货批量决策时,如不加声明,订货成本通常仅指订货成本中的变动成本。

(3)持有成本。该项成本又称"储存成本",它是指企业拥有并保存存货所发生的各种费用,如仓库保管成本、存货占用资金的资金成本、在保管过程中所发生的损失以及存货的保险费等。这类成本的特点是单位存货年持有成本为一定值,如果每次订货量越大,则年平均持有量越大,年持有成本就越高。

(二)基本经济订货批量模型

虽然较高的存货储备有利于生产和销售,但会增加成本,因此确定存货合理水平是存货管理的重要内容之一。而下面要讨论的经济订货批量模型(Economic ordering quantity model,简称 EOQ 模型)就是常用的方法之一。

1. 基本经济订货批量模型的假设条件

基本经济订货批量模型(以下简称基本模型)主要基于以下几个假设条件:

(1)存货的年总耗用量为已知的常数;
(2)存货的购买单价不变,无数量折扣;
(3)存货的日耗用量均衡;
(4)存货一次性到货并入库。

在上述(1)、(2)两个假定条件下,企业年采购成本为一定值,与每次采购批量无关,从而在确定最佳订货批量时,可以不考虑年采购成本。在上述(3)、(4)两个假定条件下,存货的库存量随着时间的推移将直线下降,当降至零时新订购的一批存货将立即到货入库,存货库存量立即增至最高点,存货库存量与时间的关系如图 10-1 所示。

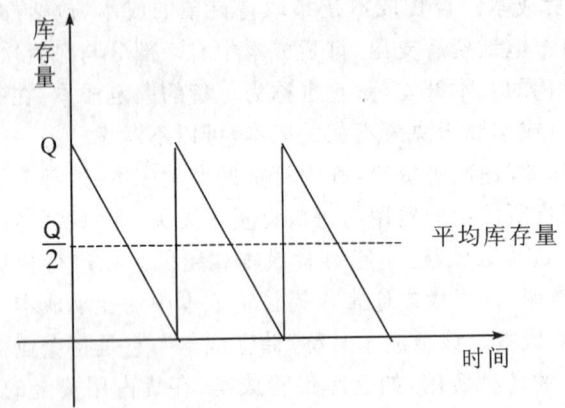

图 10-1 基本模型中库存量与时间的关系

在上述假设条件下,与批量决策相关的成本只有两项,一是年订货成本,二是存货的年持有成本。在采购存货时,每次订货批量越大,则每年订货次数越少,年订货成本越低;但是,每次订货批量越大,则平均库存量就越多,年持有成本越高。所谓经济订货批量(Economic Order Quantity,简称 EOQ)是指使得上述两种成本之和达到最低时的订货批量。这一思想如图 10-2 所示。

2.基本模型下的经济订货批量计算方法

我们引入下列记号:

A 为年需用量;

F 为每次订货成本;

Q 为每批订货量;

C 为单位存货年持有成本;

T 为年订货成本与年持有成本的总和。

由于年订货成本等于年订货次数(A/Q)乘以每次订货成本 F,而年持有成本应等于平均库存量(Q/2)乘以单位存货年持有成本 C,所以总成本 T 可以表示为订货批量 Q 的函数,其计算公式为:

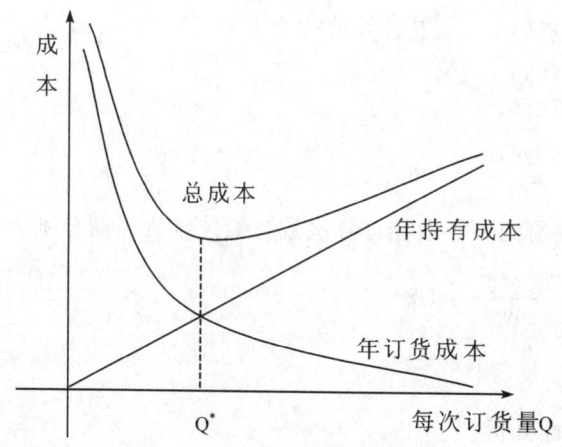

图 10-2 基本经济订货批量模型

$$T = \frac{A}{Q} \cdot F + \frac{Q}{2} \cdot C$$

利用求函数极值方法,将上述关于 Q 的函数对 Q 求导,令导数等于零即可得到使 T 达到最小值的最佳订货批量,其计算公式为:

$$Q^* = \sqrt{\frac{2AF}{C}}$$

【例 10-1】 企业对甲材料的年需要量为 1 000 吨,该材料的日耗用量均衡,且原材料订购后都能一次性到货,每次订货费用为 16 元。另外,每吨甲材料的年持有成本为 20 元,则该种原材料的经济订货批量为:

$$Q^* = \sqrt{\frac{2AF}{C}} = \sqrt{\frac{2 \times 1\,000 \times 16}{20}} = 40(吨)$$

(三)基本经济订货批量模型的进一步应用

1. 年最佳订货次数与最佳订货周期的计算

当求出经济订货批量 Q^* 后,就能进一步求出年最佳年订货次数

n^* 和最佳订货周期 t^*，其计算公式为：

$$n^* = \frac{A}{Q^*}$$

$$t^* = \frac{360}{n^*}$$

例如，在前例中年最佳订货次数与最佳订货周期分别为：

$$n^* = \frac{2\ 000}{40} = 50(次)$$

$$t^* = \frac{360}{50} = 7.2(天)$$

2. 敏感性分析

从经济订货批量的基本模型中可以看出，经济订货批量完全由年需要量、每次订货成本和单位存货年储存成本三个变量决定。如果企业对其中某些因素预测产生一定的误差，则必然会对经济订货批量的计算结果产生一定的影响。所谓经济订货批量的敏感性分析，就是分析上述三个变量的实际值与预测值发生一定幅度的偏差而引起经济订货批量值发生相应偏差的幅度的大小。如果"材料的年需要量"的实际值与实际值发生较小幅度的偏差，将引起经济订货批量的较大幅度的偏差，那么我们称"材料的年需要量"为影响经济订货批量的"敏感性因素"，否则就称为"非敏感性因素"。企业应特别重视敏感性因素，力争预测的准确性较高。

【例 10-2】 在例 10-1 中，如果存货的年需要量的预测值比实际需要量低 10%，即实际需要量为 1 100 吨，则实际经济订货批量应为：

$$Q^* = \sqrt{\frac{2 \times 1\ 100 \times 16}{20}} = 41.95(吨)$$

实际经济订货批量比原计算结果只提高 1.95%。可见，本例中的材料年需要量是影响经济订货批量的非敏感性因素。

(四)经济订货批量模型的扩展

基本模型是建立在一定假设条件的基础上,而实际中这些假设往往很难全部满足。为增加经济订货批量模型的实用性,可以将这些假设条件适当放宽。条件放宽后的模型称为扩展的经济订货批量模型。其实,上面所讨论的带有数量折扣的经济订货批量模型就属于扩展的经济订货批量模型。下面我们再向读者介绍几种扩展的经济订货批量模型。

1. 订货提前期与再订货点

在经济订货批量基本模型中假定每次当库存量降至零时,下一批存货才到货入库,这种做法通常不符合实际情况。实际中,企业从订货到收到货物需要若干天,所以为避免停工待料,企业必须计算出自订货至收到货物所需天数(记为 L),企业必须以该天数为提前量,提前订货,此天数称为订货提前期,如图 10-3 所示。

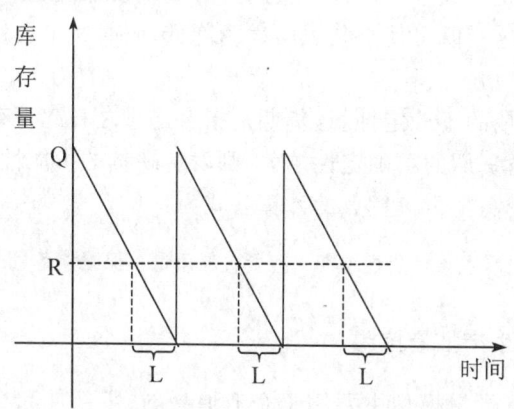

图 10-3 订货提前期与再订货点

假定企业每天存货消耗量均衡,即为 D 单位,则应当在库存量降至 R=L·D 单位时再订货,该库存量 R 称为再订货点。如果企业在库存量降至 R 时订货,则当存货全部用完时,所订材料刚好到货。

2. 保险储备

对于经济订货批量及再订货点的讨论都是预计当存货库存量降至

零时,新订存货恰好到货入库。由于种种原因(例如存货用量临时增加或供货商交货误期等),这种设想很难办到,其结果是当存货库存降至零而新订存货迟迟未到时,造成生产中断。为此,企业在确定再订货点时,将目标定在当存货库存量下降至大于零的某一水平时,新订购的存货就到货入库。这种存货水平称为保险储备量。

影响保险储备量水平高低的因素主要有以下几方面:

(1)存货耗用量预测的准确性。对存货耗用量预测的准确性越高,则发生缺货的可能性就越小,保险储备量应越低。

(2)缺货成本。缺货成本是指因发生存货短缺而造成的损失。如果缺货成本较低,企业可以尽量减少保险储备量,这样做虽然有时会发生存货短缺,造成一定损失,但由于保险储备量大大减少,使得存货的持有成本明显降低,其结果是利大于弊。

(3)存货持有成本。如果存货的持有成本较低,企业可将保险储备定得高一些,这样既可使缺货风险大为降低,同时又不会使存货持有成本显著提高。

(4)送货期的不确定性。送货期是指自定货之日起至存货送到企业所经天数。送货期的不确定性越大,则发生缺货的可能性就越大,则保险储备量应越高。再订货点的计算公式为:

$$再订货点 = 订货提前期 \times 存货日耗用量 + 保险储备量$$

二、最优生产批量控制

经济订货批量模型主要用于企业原材料、零部件和半成品采购批量控制。该模型无法直接用于企业在产品和产成品的存货控制。但是,我们只需将这一模型适当修改,便可用于企业在产品和产成品存货控制,这就是所谓的最优生产批量控制模型。

(一)生产批量决策的相关成本

与经济订货批量模型相类似,生产批量决策的相关成本主要有以下两项:

1. 调整准备成本。此类成本是指在每批产品投产前,因需要进行一些调整准备工作而发生的成本,包括调整机器、清理现场、准备工卡模具、布置生产线、下达派工单、领取原材料、准备生产作业记录和成本记录等。这项成本与每批生产数量的多少没有直线联系,但与生产批数成正比。

2. 持有成本。该类成本是指单位产品或零部件在储存过程中所发生的成本。其中,如库房、机械设备的折旧费、维修费及通风照明费等成本,在一定期间内的发生额是固定不变的,属于固定成本;如仓储费、搬运费、保险费、占用资金支付的利息等成本与储存量成正比,属于变动成本。由于持有成本中的固定部分与存货持有量无关,所以在生产批量决策中无需考虑。因此,我们只需考虑持有成本中的变动部分。如不加说明,下面所说的持有成本仅包括变动部分。

对于半成品或产成品在制造过程中所发生的直接材料、直接人工等生产成本,都与生产批量决策无关,无需加以考虑。

(二)最优生产批量模型

1. 基本思想

在年总产量已知的情况下,每批产量越大,则年生产批数越少,因此年调整准备成本与生产批量成反比。与此相反,每批产量越大,存货平均库存量越大,年持有成本则越高。也就是说,持有成本与生产批量成本正比。这表明,上述两类成本的性质是相互矛盾的,即要降低年调整准备成本,则应减少批数,而减少批数,就要增大批量,从而提高年持有成本。最优生产批量法就是在决策分析过程中要确定一个适当的生产批量,使其年调整准备成本与年平均储存成本之和为最低,如图10-4所示。

2. 最优生产批量的计算方法

下面以甲零件为例,说明最优生产批量的计算方法。为此我们首先引入以下符号:

A 为甲零件的全年需要量;

Q 为甲零件的每批产量;

P 为甲零件的每天产量;

D 为甲零件的每天领用量;

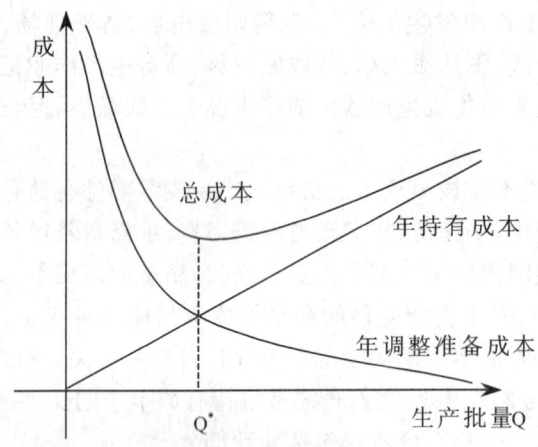

图 10-4 最优生产批量

F 为生产每批甲零件的调整准备成本；
C 为每个甲零件的年持有成本。
于是,全年生产批数的公式为：

$$年生产批数 = \frac{全年需要量}{每批产量} = \frac{A}{Q}$$

年调整准备成本 = 年生产批数 × 每批生产的调整准备成本

$$= \frac{A}{Q} \cdot F$$

下面确定年持有成本与生产批量之间的关系。

由于每批产量为 Q,而每天产量为 P,所以每批生产所持续的天数为 Q/P。另外,由于每天产量为 P,而每天的领用量为 D,所以甲零件每生产一天,该零件库存量便增加 P−D 件。因此,当每批甲零件生产结束时,其库存量达到最大值,此最大值的公式为：

库存量最大值 = 每批生产持续天数 × 零件生产期间每天库存增加量

$$= \frac{Q}{P} \cdot (P-D)$$

甲零件库存量与时间的关系如图 10-5 所示。

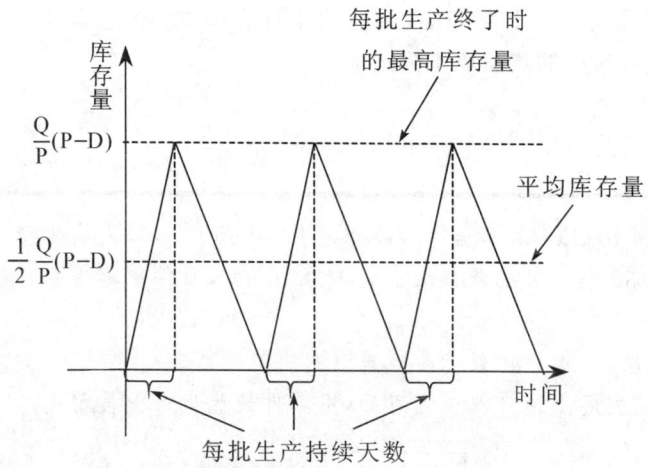

图 10-5　库存量与时间的关系

于是，甲零件的平均库存量公式为：

$$\text{平均库存量} = \frac{1}{2} \cdot \frac{Q}{P} \cdot (P-D)$$

则年持有成本用公式可以表示为：

$$\text{年持有成本} = \text{平均库存量} \times \text{每个零件年持有成本}$$

$$= \frac{1}{2} \cdot \frac{Q}{P}(P-D) \cdot C$$

于是，与生产批量决策相关的存货总成本的公式为：

$$T = \text{年调整准备成本} + \text{年持有成本}$$

$$= \frac{A}{Q} \cdot F + \frac{1}{2} \cdot \frac{Q}{P} \cdot (P-D) \cdot C$$

利用求极值方法，对 Q 求导，并令导数等于零，即可求出最优生产批量计算公式，即：

$$Q^* = \sqrt{\frac{2AF}{C\left(1 - \dfrac{D}{P}\right)}}$$

将最优生产批量 Q^* 代入总成本计算公式,经整理即可得到最优生产批量对应的年总成本公式为:

$$T^* = \sqrt{2AFC\left(1-\frac{D}{P}\right)}$$

【例 10-3】 某厂全年需要甲零件 10 950 个,每天能生产 60 个,每天领用 30 个。每批调整准备成本为 100 元,每件甲零件年持有成本为 2 元。

要求:为该厂作最优生产批量的决策分析。

解:利用上述计算公式可知,甲零件最优生产批量为:

$$Q^* = \sqrt{\frac{2AF}{C\left(1-\frac{D}{P}\right)}} = \sqrt{\frac{2\times 10\ 950\times 100}{2\times\left(1-\frac{30}{60}\right)}} = 1\ 480(\text{件})$$

最优生产批数为:

$$\frac{A}{Q} = \frac{10\ 950}{1\ 480} = 7.4(\text{批})$$

最优生产批量的年总成本:

$$T^* = \sqrt{2afc\left(1-\frac{D}{P}\right)} = \sqrt{2\times 10\ 950\times 100\times 2\times\left(1-\frac{30}{60}\right)}$$
$$= 1\ 479.86(\text{元})$$

三、影响存货批量的其他有关因素

尽管前面所述的存货批量控制法在实际工作中具有一定的指导意义,但是我们必须承认,这类存货控制方法总有些理想化。因此,在实际运用过程中,我们还应充分考虑影响存货批量的其他有关因素。

一般来说,影响存货订货批量和生产批量的因素主要包括以下几方面:

1. 存货品种规格的复杂程度:品种规格越复杂,库存量就越大。

2.运输条件:交通方便,库存量可相对小一些;交通不便,运输周期长,甚至有些季节不能运输,库存量就要适当增加。

3.存货的自身性能:存货本身性能不稳定,如易燃、易爆或易变质,储存量就应酌减。

第三节 其他存货控制方法

一、存货 ABC 分类控制法

(一)ABC 分类控制法的基本概念

由于企业存货种类繁多,如果对每种存货都采取存货批量控制方法进行管理,一方面使得存货管理工作过于复杂和繁琐,另一方面这样做并非能产生较显著效果。较为实际的做法是根据各类存货的重要性,将所有的存货分为 A、B、C 三类,其中 A 类存货种类虽然不多,但年耗用额较高,属于重点管理对象;与此相反,C 类存货尽管年耗用额不高,但却种类繁多,属于非重点管理对象;而 B 类存货是介于 A、C 两类存货之间的一类,属于次重点管理对象。所谓存货 ABC 分类控制,就是先对存货按上述方法进行分类,并对 A 类存货实行重点管理,对 B 类存货实行次重点管理,对 C 类存货则实行简化管理的存货管理方法。

(二)存货 ABC 分类控制法的基本步骤

存货 ABC 分类控制法的主要步骤如下:

1.对企业所有存货按在一定时期(通常为一年)的耗用额从大到小的次序排列起来。

2.将排列在前的为数较少(通常只占种类总数的 10% 左右)但耗用额之和所占比重较大(通常占存货总耗用额的 70% 至 80%)的存货划为 A 类,将种类不多(通常只占种类总数的 10% 至 20%)而耗用额之和所占比重不大(通常占总耗用额的 15% 至 20%)的存货划为 B 类,将其余种类较多(通常占种类总数的 70% 以上)但总耗用额比重较小(通常占总耗用额的 10% 以下)的存货划为 C 类,参见图 10-6。需要指出的是，这种划分标准不是绝对的，企业可根据情况制定出适合自己的标准。

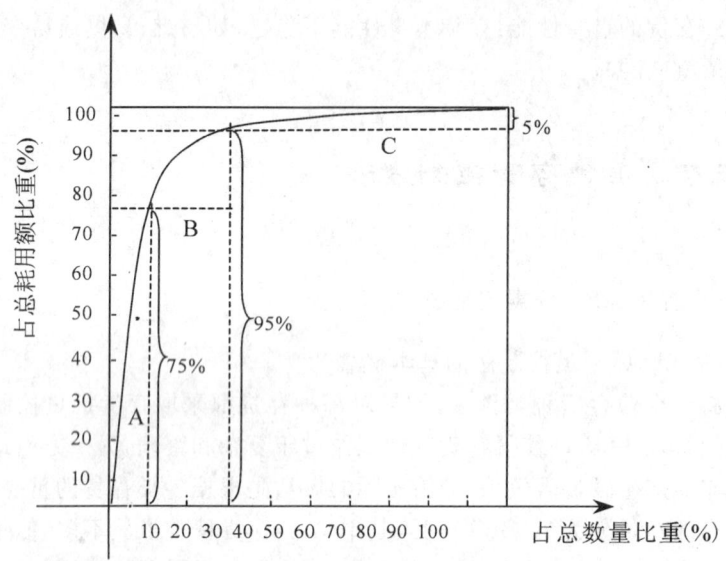

图 10-6　存货 ABC 分类

3.对存货的分类进行适当调整。对存货的分类是按存货在一定时期耗用额比重大小来划分的，但是应该看到，不是所有耗用额较小的存货都不重要，企业对存货重要性的划分还应结合自身情况考虑其他一些因素。

思　考

在存货 ABC 分类控制法中，把存货按一定时期耗用额比重大小分类之后，还需要根据哪些因素对上述存货分类进行调整。

4.对 A 类存货实行重点控制，对 B 类存货实行次重点管理，对 C 类存货采用较为简化的方法进行管理。

【例 10-4】 某企业共有原材料 50 种,按其所占用资金多少次序排列后列于表 10-1。按照 ABC 分类控制法,将这 50 种存货分为 A、B、C 三类,有关结果如表 10-1 和图 10-6 所示。企业应对 A 类存货实行重点管理,按照经济批量认真规划,严格控制其收入和发出的数量和时间等,对 B 类存货实行次重点控制,对 C 类存货的管理,可以凭借以往经验,不必样样都作细致周密地安排。

表 10-1 存货 ABC 分类

存货品种编号	耗用金额（元）	类别	每类品种 种数	每类品种 比重(%)	每类耗用额 数量(元)	每类耗用额 比重(%)
01	200 000					
02	180 000					
03	150 000	A	5	10	750 000	75
04	120 000					
05	100 000					
06	70 000					
07	50 000					
08	30 000					
09	15 000	B	10	20	200 000	20
10	10 000					
11	9 000					
12	5 500					
13	4 100					
14	3 500					
15	2 900					
16	2 800					
17	2 530	C	35	70	50 000	5
...	...	...	...	...		
合计	1 000 000		50	100	1 000 000	100

二、及时存货制[①]

早在20世纪50年代,及时存货制由美国的工程人员提出,当时产业界只注重生产线的效率而忽略与制造相关的其他部门的绩效,因此及时存货制度并未受到学术界与实务界的重视。然而日本丰田汽车公司在20世纪50年代中期,将及时制的观念引入日本,并不断地加以改良,至70年代,及时制在丰田集团已广泛实施,并最终在经济发达国家逐步得到了广泛的运用。[②] 近年来,随着国际市场竞争日趋激烈,发达国家的许多公司为增加盈利和提高公司的竞争地位,逐渐放弃了经济订货批量存货控制方法,而转为采用及时存货制(Just in Time Inventory System,JIT)。

案 例

浙江万向钱潮股份有限公司自1996年开始,其原材料、在制品和产成品的库存量接近零。"零库存"对许多企业而言是不可思议的,因而引起经济界、实业界人士的广泛关注。该公司采用"倒转顺序法"组织生产,先由销售部门根据需要向总装配部要货,再由总装部向其他制造部门索要所需配件,后一环节定量向前一环节要货,前一个环境以核定的成本向后一个环节结算。这样,公司的存货积压很少,从而节省了大量资金。[③]

(一)及时存货制及其特点

1.及时存货制

及时存货制简称及时制,是指原材料应该于生产需要之时适时运

---

① 主要观点参见以下文献:
骆德明:《JIT及其对传统管理会计的挑战》,《当代财经》,1995年第1期第61～65页。
邵晓峰:《库存管理的总趋势:JIT与MRPⅡ》,《企业经济》,1998年,第1期第44～46页。
② 夏宽云:《JIT存货制及其存货核算》,《财会研究》,1997年,第6期第14～15页。
③ 许群:《万向钱潮基本实现零库存零贷款》,《经济参考报》,1996年8月18日。

达,半成品或配件应该在下道工序加工时适时转入,产成品应该在对外销售时完成交运。

及时存货制所进行的一切活动归根到底就是消除浪费。任何不增加产品价值的活动就是浪费,也就是说,生产中的各项活动若不增加价值,就应当剔除。

2. 及时存货制与传统存货方法的对比

传统生产过程是一种生产由前向后推动式的生产系统,即由原材料仓库向第一道工序供应原材料,把它们加工成在产品(或半成品),转入第一道工序的在产品(或半成品)仓库,然后再由此仓库向第二道工序供应半成品,进行深加工,如此向后推移,直到制成成品转入产成品仓库,等待销售。在传统生产系统中,大量原材料、在产品、产成品的存在,必然导致生产费用的占用和浪费。及时存货制要求采用"需求拉动型"的制造流程,即由后向前全面安排生产。企业以订单的要求为出发点,决定最后一道工序的产量。此后,从最后一道工序开始,由后一道工序决定前一道工序的生产数量。因此,及时存货制要求企业的供、产、销各环节紧密配合,这样可以大大降低各类存货的库存量,进而降低存货成本。

传统的存货控制方法是根据经济订购批量法的原则采购原材料,有时为了获得数量折扣而多进货,并与较多的供应商保持联系,这样做势必会产生大量存货,占用较多资金。及时存货制的原则是,仅在生产需要时采购所需的数量,并要求对方及时送达生产场地,"用多少买多少",这样可以消除供应环节上的存货。及时存货制的关键是与供应商保持良好的关系。至于数量折扣上的优惠,也只有通过与供应商的长期合作而取得。故选择供应商时,范围不能过大,家数越少越好,而且要距工厂较近,这样既可取得数量折扣上的好处,又可减少运送成本,便于及时获得所需物资。

(二)实施及时存货制的基本步骤

建立及时存货制需要很长时间,它需要企业文化和管理方式发生巨大的变革。这不是轻易就能完成的。然而,采取及时存货制的企业的竞争力将大大提高,因而能获得较高收益。

实施及时存货制需要考虑的步骤：

1. 准备工作。准备阶段的工作包括：进行管理培训，高级管理层对及时存货制度的支持，各级管理人员都要明确各自的职责，企业要制定目标和实施计划，对工人进行培训和激励等，使所有员工都参与及时存货制的建设。

2. 实行全面质量管理。全面质量管理是与及时存货制紧密联系的。及时存货制的各环节，需要在全面质量管理的条件下，才能协调一致，也只有在全面质量管理的作用下，在每一个环节上把好质量关，使之尽力实现"零缺陷"，才能实现"零存货"。

3. 对现行系统进行分析。在实施及时存货制之前，首先要对现行的制造系统进行仔细的分析和解剖。

4. 工艺和产品的设计。及时存货制要求企业的生产线具有很强的柔性。一些高科技的企业成功地把及时制与柔性制造系统结合在一起，采用标准件将降低及时制存货控制系统的复杂程度。技术人员、营销人员和工人应该一起共同发展稳定有效的产品组合。

5. 使供应商成为及时存货制的一部分。供应商能否及时向企业提供优质的材料是及时存货制运行的必要条件。把企业及时存货制与供应商的及时存货制联结在一起，使供应商成为企业及时存货制的一部分，可以保证物料供应的及时性和可靠性。

6. 不断改善。及时存货制需要根据变化的情况不断改进、调整和完善。

（三）及时存货制成功的前提条件

在理想的及时存货制下，存货的库存量可降至零。但现实中，生产商为了预防万一，一般拥有少量的库存。及时存货制度要获得成功，需要以下条件：

1. 供应商必须能够及时提供物料。
2. 物料质量可靠。
3. 生产区域合理组织，进行符合逻辑、易于产品流动的规划。
4. 生产系统要有很强的灵活性，为改变产品品种而进行的生产设备调整时间接近零。

5. 实行有效的、预防性的设备维修工作。
6. 工人具有多种技能,能适应多种工种。
7. 工人、工程技术人员、经理及其他人员有解决突出问题的能力。
8. 企业所有人员团结一致,不断提高产品质量。

本章小结

存货在很多企业的流动资产中占有较大比重。搞好存货控制对于降低成本具有重要作用。常用的存货控制方法主要包括三种:经济订货批量法、ABC 分类控制法和及时制存货控制法。经济订货批量法是传统存货管理的主要方法之一,通过控制采购批量、生产批量及再订货点,实现控制存货的目的。ABC 分类控制法是另一种传统存货控制的主要方法,将存货按其重要性进行分类,对重要程度不同的存货采取不同管理策略。及时存货制是一种先进的存货管理方法,将"零库存"作为存货管理的理想目标,并千方百计接近该目标。

综合复习题

一、思考题

1. 企业为什么会持有一定数量的存货?
2. 经济订货批量模型的基本思想是什么?
3. 什么是保险储备量?
4. 及时存货制与传统存货控制方法的主要区别是什么?
5. 什么是经济订货批量?
6. 什么是材料持有成本?
7. 什么是调整准备成本?
8. 影响存货批量的其他因素主要有哪些方面?
9. 什么是订货提前期?
10. ABC 分类控制法的基本内容是什么?

二、单项选择题

1. 下列关于及时存货制的论述不正确的是(　　)。
    A. 及时存货制适用于由前向后推动式的生产系统

B. 及时存货制要求采用"需求拉动型"制造流程

C. 及时存货制要求企业的供、产、销各环节紧密配合

D. 及时存货制大大降低存货成本

2. 在基本的经济订货模型中,经济订货批量所满足的条件是(　　)。

A. 使各项存货成本同时达到最低

B. 使持有成本与缺货成本之和最低

C. 使持有成本与采购成本之和最低

D. 使持有成本与订货成本之和最低

3. 当存货的每次订货成本下降,同时储存成本上升时,(　　)。

A. 经济订货批量下降　　　　B. 经济订货批量上升

C. 存货相关总成本上升　　　D. 存货相关总成本下降

4. 在基本的经济订货批量模型中没有包含的假设条件是(　　)。

A. 存货的年总耗用量为已知的常数

B. 购买批量越大则买价越低

C. 存货的日耗用量均衡

D. 存货一次性到货入库

5. 某企业全年需用A材料2 400吨,每次订货成本为400元,每吨材料年持有成本12元,则每年最佳订货次数为(　　)。

A. 12次　　　　　　　　　B. 6次

C. 3次　　　　　　　　　　D. 4次

三、多项选择题

1. 下列关于经济订货量表述正确的是(　　)。

A. 经济订货量是指使存货总成本最低的采购批量

B. 年订货成本和年持有成本均随进货批量增加而增加

C. 年持有成本与每次进货批量成正向变化

D. 年订货成本与每次进货批量成反向变化

E. 每次订货成本与订货量成反向变化

2. 下述各项工作所发生的成本属于调整准备成本的有(　　)。

A. 准备工卡模具　　　　　　B. 布置生产线

C. 运送完工产品　　　　　D. 下达派工单

E. 机器正常维护成本

3. 影响保险储备量水平高低的因素主要有（　　）

A. 存货耗用量预测的准确性　　B. 缺货成本

C. 存货持有成本　　　　　　　D. 送货期的不确定性

E. 存货购买价格

4. 在确定存货采购批量和生产批量时，应考虑的因素主要包括（　　）。

A. 存货的储存成本　　　　B. 存货品种规格的复杂程度

C. 存货的运输条件　　　　D. 存货的自身性能

E. 存货的采购成本

5. 在生产批量决策中，持有成本中的固定成本包括（　　）。

A. 仓储费　　　　　　　　B. 库房与机械设备的折旧费

C. 维修费及通风照明费　　D. 搬运费

E. 材料购买成本

四、判断题

1. 在基本经济订货批量模型的假设条件下，每次订货成本与采购批量成反比。（　　）

2. 当供应商提供数量折扣时，材料采购成本属于材料批量决策的相关成本。（　　）

3. 在基本的经济订货批量模型与最优生产批量模型中，库存量与时间的关系图呈现不同的形态。（　　）

4. 订货的经济批量大小与订货提前期的长短没有关系。（　　）

5. 缺货成本是影响保险储备量水平高低的重要因素之一。（　　）

五、业务题

1. 企业对某零件的年需求量为 10 000 件，每次订货成本为 49 元，每件年储存成本为 2 元，求该零件的经济订货批量、最佳订货次数与最佳订货周期。

2. 已知企业甲材料自订货之日至收到货物所需天数为 10 天，该材料每天的耗用量为 2 000 公斤，保险储备量为 5 000 公斤。求该材料的再订货点。

3. 某公司全年需要A零件50 000个,每天能生产80个,每天领用40个。每批调整准备成本为50元,每件甲零件年持有成本为10元。求A零件最优生产批量与最优生产批数。

4. 在第1题中,如果零件供应商提供数量折扣:每次购买量在1 000个以下时,单价为20元,每次购买量在1 000个及以上时,单价为18元。在这种情况下,求该零件的经济订货批量。

六、案例分析题

一家制造厂年需要B零件20 000件。该厂一直从甲供应商进货,单价为40元,每次订货无数量限制,但不提供数量折扣。近来,另有乙、丙两家供应商向该厂推销B零件,有关条件如下:

乙供应商:单价为39元,但是要求每次至少购买1 000件。

丙供应商:单价为38元,但是每次至少购买2 000件。

另外,已知无论从上述哪家供应商采购,每次订货成本均为64元,年持有成本为零件买价的10%。

问:该厂是否改向乙供应商或丙供应商采购B零件?

参考答案

二、单项选择题

1. A　2. D　3. A　4. B　5. B

三、多项选择题

1. ACD　2. ABD　3. ABCDE　4. ABCD　5. BC

四、判断题

1. ×　2. √　3. √　4. √　5. √

行文思考

提示:这些因素包括:

(1)单位价值较高但是耗用量较小的存货。有的存货虽然单位价值较高,但是由于其耗用量较少,所以在一定时期的耗用额并不大。显然这种类型的存货仍属重要存货,如果前面已将其划为C类,则应将其重新划为B类或A类。

(2)发生库存短缺时对企业有较大影响的存货。虽然有的存货耗用量成本不高,但是如果缺少了它将产生较大后果,对于这种存货必须加强管理,不能将其列入 B 类,更不能列入 C 类。

(3)送货期较长的存货。对于这类存货如果放松管理,一旦当企业发现库存短缺时,再开始采购则需要等待较长时间才能取得,这样会延误生产。所以这种存货即使在一定时期的耗用量较小,我们也不应将其划为 C 类。

(4)采购具有较强季节性的存货或供应较为紧张的存货。企业如果不加强对这类存货采购活动的监督,一旦错过采购时机,将很难以正常价格购入。

第四篇
新商业环境下的成本管理方法

　　随着科学技术的飞速发展和社会需求的不断变化，当今企业正面临日益激烈的市场竞争，传统的成本管理方法已经难以适应这种新的商业环境。在这种背景下，西方发达国家中越来越多的企业开始建立作业成本系统和实施战略成本管理。这些适应新商业环境的成本管理方法在我国也逐步开始为一些企业所采用，并且实践中涌现出一些典型案例。我们相信，随着我国企业管理逐步与国际接轨，在不久的将来，上述新的成本管理方法将会得到普及。本篇主要讨论企业的成本计算与管理如何适应新的商业环境，内容包括作业成本系统及战略成本管理两大部分。第十一章详细探讨了适用于新商业环境的成本核算与管理系统——作业成本系统，内容主要包括作业成本法的基本原理、步骤、特点，及作业管理的基本方法。第十二章主要探讨了战略成本管理的主要理论和方法，内容主要包括成本管理战略的基本概念、战略定位分析、价值链分析、战略成本动因分析和成本标杆管理等。战略成本管理方法的运用有助于企业实施战略管理，并获取竞争优势。作业成本系统和战略成本管理的兴起与发展不仅给企业管理带来了深刻影响，使企业经营管理过程与方式发生重大变化，同时也极大地丰富了传统成本管理方法。

第十一章 作业成本系统

本章学习目的
1. 了解作业成本法产生与发展的背景
2. 掌握作业成本法的基本原理
3. 熟悉作业成本法的基本步骤
4. 掌握作业成本法与传统成本法的主要区别
5. 掌握作业成本法的适用条件
6. 了解作业管理的基本内容
7. 了解作业成本法对传统管理会计的影响

> **范 例**
>
> 一家模具厂生产的各类模具凭借着优良的产品质量,在市场上赢得了广大客户的信赖。但是不尽人意的是,该厂主要生产比较通用的模具,且定价偏高,市场上问的人多,买的人少。其结果是该模具厂并没有在市场上争得优势。该厂销售人员一直想降价,无奈财务部门提供的成本资料不允许他们降价。熟悉该厂情况的老工人指出,凭经验,财务部门提供的成本数据根本靠不住。后来,有关专家建议,引入作业成本法,他们得到了准确的成本数据。通过对比发现,传统成本计算法提供的不少产品成本数据严重失真。在获得准确成本数据之后,对于那些成本被高估的产品采取降价措施,最终在市场上赢得了客户。

第一节 作业成本法产生与发展的背景

在过去的20年里,企业的经营环境发生了巨大的变化。在新的环境下,传统的成本管理方法受到了猛烈冲击,各种新的成本管理方法不断产生与发展。在这些新的成本管理方法中,作业成本管理便是一种最具代表性的方法,其核心是作业成本法。

一、作业成本法蓬勃发展的原因

作业成本计算法(Activity Based Costing,ABC)简称作业成本法,它能在近年蓬勃发展,可以简要归纳为两个方面,一是制造环境的改变,二是市场竞争的日益激烈。

(一)制造环境的改变

20世纪70年代以来,随着现代科技的发展,计算机的应用领域已向人类社会活动的各个方面扩展开来。许多企业为提高劳动生产率,降低成本,提高产品质量,纷纷采用以数控机床、计算机辅助设计、计算机集成制造等现代化装备和手段为主要特征的计算机一体化制造系统。这种环境使产品成本结构发生了重大变化,许多人工被机器取代,直接材料成本、直接人工成本占产品成本的比例大大下降,而间接费用在产品中的比重日益上升。以往直接材料和直接人工两项成本在产品成本中占有较大比重,而当今,这两项成本所占比重大大减少,而且间接费用与直接材料、直接人工的相关性越来越小。若仍按传统的方法进行分配已不太合适。如某些以人工成本作为分配基础的公司,其间接费用分配率为 500%,甚至更高,而 70 年代前的间接费用仅为直接人工费用的 50%～60%。产品成本结构的根本变化使得以工时或机时为基础的间接费用分配方法已不能准确提供产品成本信息,难以为管理决策和控制提供有用信息。

(二)竞争的要求

技术进步导致产品市场寿命缩短,产品市场寿命的缩短加剧了竞争。使竞争加剧的另一个原因是客户需求的个性化、多样化。随着社会生产力的飞速发展,社会财富的迅速增长,人们有了更多的选择余地,需求的个性化、多样化是大势所趋。需求的个性化、多样化给生产厂家以更多的机会,同时又加剧了竞争。在当今全球激烈竞争的时代,各厂家对控制的需求越来越迫切。由于激烈的竞争增加了对控制的需求,控制可以提高组织的效率,竞争还对管理会计系统的使用频率和重要性产生影响。需求的个性化、多样化同时也迫使公司改变其生产模式,把传统的少品种、大批量生产模式转变为适应客户需要的多品种、小批量的生产模式。在这种情况下,很多与批量(而不是与产量)直接相关的成本在产品成本中的比重日益提高。如果仍采用传统成本计算方法来分配这类成本,必然导致成本信息的严重失真。

二、作业成本法的产生与发展过程

作业成本法的思想是由美国会计学家科勒(E. Kohler)于 20 世纪 30 年代末提出的。他在 1938 年至 1941 年期间担任田纳西河谷管理局的主计长和内部审计师,根据水利发电行业和成本构成的特点,形成了早期作业成本法的基本思想。

水利发电行业的成本构成特点是:原材料是流动的水,人工主要用于对电力设施的监控和维护,因而人工成本较低,水利发电的主要成本是固定资产的折旧和维护费用等间接费用。这些特点决定了田纳西河谷管理局在进行成本计算时,如果采用传统的以人工工时为基础来分配间接费用的方法,就会严重扭曲成本信息。而不正确的成本信息无助于节约成本和提高工作效率。

尽管作业成本法早在 20 世纪 30 年代末就已经提出,但是直到 80 年代中期之前并未得到会计界广泛关注和深入研究。自美国哈佛大学库珀(R. Cooper)和卡普兰(R. Kaplan)两位教授 80 年代中期撰写的一系列案例、论文和著作之后,才得到会计界的普遍重视。

第二节 作业成本法的基本原理

一、作业成本法的基本概念

作业成本法是一套全新的成本管理方法。它引入了多个特有新概念。在讲述作业成本法的基本原理之前,我们首先说明与作业成本法相关的几个概念:

1. 资源

在作业成本法中,资源是指企业生产耗费的最原始形态的资源。所有进入企业作业系统的人力、物力、财力等都属于资源范围。资源可以分为:货币资源、材料资源、人力资源、动力资源以及厂房设备资源等。

2. 作业

在作业成本法中,作业是指具有一定目的、以人为主体消耗了一定资源的特定范围内的工作,是企业为提供产品或劳务所进行的各种工序和工作环节的总称。例如,产品设计、材料搬运、包装、订单处理、机器调试、采购、设备运行及质量检验等均为不同的作业。

通常企业的作业可分为以下四个层次：

(1)单位层次作业(Unit Level Activity)。该层次作业的成本与产品产量相关，或属于以产品产量为基础的变动成本，如机器运转成本。

(2)批量层次作业(Batch Level Activity)。该层次作业的成本与产品的批数有关，但与产量无直接关系。就生产批次而言，此类成本的性质为变动成本，但是就某一批产品而言，它属于固定成本，如机器的调整就属于这类。

(3)产品层次作业(Product Level Activity)。该层次作业的成本与产品项目多少有关，但与产品的生产批次和生产数量无关。换句话说，此类成本随产品的品种增加而增加。但就某种特定产品而言，它属于固定成本。例如产品设计成本就属于此类。

(4)生产能力层次作业(Facility Level Activity)。该层次作业的成本与良好的生产环境有关。它属于各类产品的共同成本，与产品项目多少、某种产品生产批次、某批产品的产量无关。例如厂房的折旧、厂房设备的维护与修理费用，工厂管理与人事管理等费用都属于此类。

3. 成本动因

成本动因是指引起成本发生的因素。成本动因可以分为以下两种形式：

(1)资源动因。资源动因反映作业中心对资源的消耗情况，是资源成本分配到作业中心的标准。例如，电力资源的资源动因是有关作业消耗电力的度数。

(2)作业动因。作业动因是将作业中心的成本分配到产品或劳务中的标准，它也是将资源消耗与最终产出的中介。例如，材料搬动作业的作业衡量标准是搬动的零件数量，生产调度作业的作业衡量标准是生产订单数量，自动化设备作业的作业衡量标准是机器小时数，精加工作业的作业衡量标准是直接人工工时数等。

二、作业成本法的基本原理

根据作业成本法的观点，人们生产产品真正消耗的是企业的各种有价值的资源，包括人力资源、组织资源等，这些资源的价值被不同的作业所消耗,转移到最终产品中去。通俗地讲,作业成本法是将间接成本更准确地分配到成本对象的一种成本计算方法。其基本思想是在资源和产品之间引入一个中介——作业,基本原理是"作业消耗资源,产品消耗作业",生产导致作业的发生,而作业又导致成本的发生。作业成本法以"作业"为核心,引进了成本动因,通过成本动因来确认和计量作业量,进而以作业量作为分配间接费用的合理基础。

为进一步说明作业成本法的基本思想,我们需要从作业成本法的视角,对成本进行分类。按照作业成本法的思想,企业在经营过程发生的一切成本大致可分为以下三类:

(1) 直接成本。某类成本的发生如果直接是由生产某种产品所引起的,那么这类成本通常可直接追溯到特定的产品,一般称之为直接成本。直接材料是典型的直接成本。直接人工成本也属于这类成本。但是在新的制造环境下,直接人工成本比重越来越小,再将其直接追溯到特定的产品上,往往不符合成本效益原则。所以,人工成本逐渐列入非直接成本之内。为了保证成本计算结果的准确性,直接成本应以经济可行的方式直接计入有关的产品。

(2) 可追溯至作业成本。许多成本虽然不能直接追溯到某种产品,但是可以追溯到有关作业,由此得到作业成本。有些作业成本大小不与产品直接相关,而与另外一类作业相关。我们将前一类作业称为辅助作业,后者称为主要作业。例如,人事管理、设备维修等都属于辅助作业。首先根据各主要作业所消耗的辅助作业量多少,将辅助作业成本分配至主要作业,然后再根据不同产品所消耗的作业量,将各项主要作业成本分配到各产品中。

(3) 不可追溯成本。除了上述两类成本以外,还会有一部分成本,既不能直接追溯到某种产品,也不能追溯到某种作业。该类成本比例很小(只占总成本的5%以下),通常称为不可追溯成本。对于不可追溯成本,可以选用某种标准将其分配到各有关成本对象上。

作业成本法的运用,使得传统成本计算法下许多间接费用变得具有可追溯性,极大地提高了成本的精确性,同时也向管理人员提供了更为丰富的成本信息。这种思想如图11-1所示。

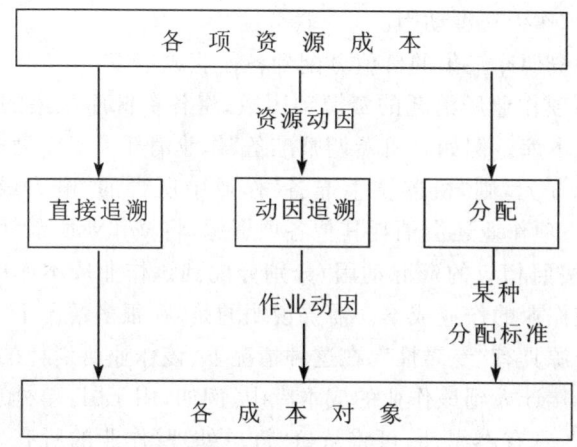

图 11-1　作业成本法的基本思想

三、作业成本法下产品成本的计算程序

在作业成本法下,产品成本的计算步骤包括:

1. 确认各类资源,设立相应资源库,并归集各资源库价值

企业在生产产品或提供服务过程中会消耗各种资源。如前所述,企业消耗的资源大致可以分为货币资源、材料资源、人力资源、动力资源,以及厂房设备资源等几大类。企业应分别为各项资源设立相应的资源库,并将一定会计期间内各类资源价值加以计量,将计量结果归集到各资源库中。

2. 确认主要作业,并设立相应的成本库

确认主要作业,就是将企业发生有关间接费用的作业进行分类。从理论上讲,划分越细越好,但基于成本效益的考虑,应按重要性和同质性的要求进行作业划分。例如,"机器调整"是一项作业,所有与机器调整有关的费用都归属到"机器调整"这一作业成本库中。

3. 确定资源动因

资源动因是把资源库价值分解到各作业成本库的依据。企业应根据不同的资源,选择合适的资源动因。例如,"电力资源"可以选择"消耗的电力度数"作为资源动因。

4. 将各资源库汇集的价值分配到各作业成本库

根据各项作业所消耗的资源动因数,将各资源库汇集的价值分配到各作业成本库。例如,"机器调整准备"作业消耗了100度电,而每度电成本为0.5元,则"机器调整准备"作业中所含的"电力成本"为50元。当然,该项作业还会消耗其他各项资源,将该作业所消耗的所有资源的价值,按照相应的资源动因,分别分配到该作业成本库中,汇总后就会得到该作业的作业成本。需要说明的是,在很多情况下,某项作业所消耗的资源具有"专属性"。在这种情况下,该作业所消耗的资源部分的价值可直接计入到该作业的成本库中。例如,用于"订单处理"作业的"人力资源",具有专属性,可将从事"订单处理"作业的所有人员的"工资额"直接计入到"订单处理"作业的成本库。

5. 选择作业成本动因

影响作业成本动因选择的主要因素有四个:(1)计算成本动因的成本;(2)特定作业成本与作业动因的相关性;(3)成本动因的采用所导致的行为;(4)采用成本动因的数量。在实际中,影响企业成本的因素有许多,但并非所有这些因素都要被确定为成本动因。在每个环节中,其成本动因的数量不能太多,也不能太少,必须要确定一个比较适当的成本动因数量,使这些成本动因能充分适当地成为间接资源成本的分配基础。因此,确定一个企业的成本动因的数量是十分必要的,在确定成本动因数量时,企业要考虑以下几个主要因素:

(1)成本动因与间接资源成本的相关程度。在既定的产品成本精确度下,运用相关程度较高的成本动因时,则成本动因的数目就可以少一点;反之,如果缺少与间接资源成本相关程度较高的成本动因时,则为达到一定的产品成本精确度,必须要增加成本动因的数量。

(2)产品成本的期望精确度。产品成本的期望精确度和成本动因的数量是成正比例变化的。倘若对产品成本的精确度要求比较高,则成本动因的数目就要增加;倘若对产品成本的精确度要求比较低,则成本动因的数目可以适当减少。

(3)产品组合的复杂程度。倘若产品组合的复杂程度低,则多个作业成本可以汇集在同一个作业成本库中,故需要的成本动因数目就可以减少;反之,如果汇集比较困难,需要的成本动因数目就要相应增加。

6. 确定各作业成本的成本动因分配率

当各作业成本库已经建立,成本动因已经选定后,就可将各作业成本除以成本动因单位数,计算出以成本动因为单位的分配率。例如,一定时期内,"订单处理"这项作业库的成本为 10 000 元,而该时期内企业的"订单处理份数"为 200 份,则"订单处理"作业的成本动因分配率为 10 000/200＝50 元/份。

7. 计算每种产品的总成本和单位成本

根据各种产品所耗用的成本动因单位数和各作业分配率,可以计算该产品应负担的成本,包括作业总成本和单位成本。例如,企业 A 产品本月的订单处理份数为 20 份,"订单处理"的作业动因分配率为 50 元/份,则 A 产品本月应负担的"订单处理"成本为 20×50＝1 000 元。

作业成本法产品成本计算过程如图 11-2 所示。

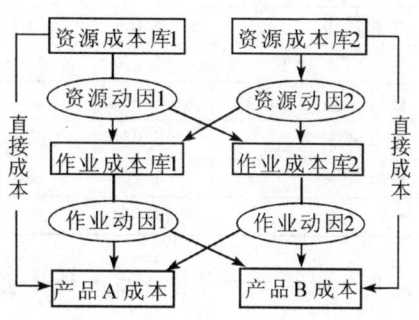

图 11-2　作业成本法产品成本计算原理

四、作业成本法计算举例

下面通过一个简单的例题说明作业成本法与传统成本计算法的主要区别。

【例 11-1】 某企业生产甲、乙两种产品,有关资料如下:

(1)甲、乙两种产品的基本资料如表 11-1 所示。

表 11-1　甲、乙两种产品的基本资料　　成本单位:元

产品名称	月产量(件)	单位产品机器小时	直接材料单位成本	直接人工单位成本
甲	100	2	10	20
乙	400	2	25	10

(2)企业每年制造费用总额为 10 000 元,甲、乙两种产品复杂程度不一样,耗用的作业量也不一样。与制造费用相关的作业有 5 个,设置 5 个成本库。有关资料如表 11-2 所示。

表 11-2　制造费用作业成本资料　　单位:元

作业名称	成本动因	作业成本(元)	作业动因数 甲产品	作业动因数 乙产品	作业动因数 合计
设备维护	维护次数	2 000	8	2	10
订单处理	生产订单份数	1 000	70	30	100
机器调整准备	机器调整准备次数	800	30	10	40
机器运行	机器小时数	5 000	200	800	1 000
质量检验	检验次数	1 200	60	40	100
合计	—	10 000	—	—	—

下面,我们分别用作业成本法与传统成本计算法计算上述两种产品的单位成本。

(1)我们先用作业成本法计算各项作业的成本动因分配率,计算结果如表 11-3 所示。

表 11-3 作业成本动因分配率   单位:元

作业名称	成本动因	作业成本	作业量			分配率
			甲产品	乙产品	合计	
设备维护	维护次数	2 000	8	2	10	200
订单处理	生产订单份数	1 000	70	30	100	10
机器调整准备	调整准备次数	800	30	10	40	20
机器运行	机器小时数	5 000	200	800	1 000	5
质量检验	检验次数	1 200	60	40	100	12
合计	—	10 000	—	—	—	—

(2) 利用作业成本法计算两种产品的制造费用。计算过程与结果如下：

甲产品制造费用 = 8×200+70×10+30×20+200×5+60×12
             = 4 620（元）

乙产品制造费用 = 2×200+30×10+10×20+800×5+40×12
             = 5 380（元）

(3) 我们利用传统成本计算法分别计算上述两种产品的制造费用。

甲、乙两种产品的机器小时总数分别为 200 和 800，且制造费用总额为 10 000 元，则：

制造费用分配率 = $\frac{10\ 000}{1\ 000}$ = 10（元）

甲产品制造费用 = 200×10 = 2 000（元）

乙产品制造费用 = 800×10 = 8 000（元）

(4) 利用两种成本计算法计算产品成本的结果。

在计算完甲、乙两种产品所分配的制造费用之后，我们可以着手计算这两种产品的总成本及单位成本，有关结果如表 11-4 所示。

表 11-4 作业成本法与传统成本法计算结果比较

项目	甲产品（产量100件）				乙产品（产量400件）			
	总成本		单位成本		总成本		单位成本	
	传统方法	ABC方法	传统方法	ABC方法	传统方法	ABC方法	传统方法	ABC方法
直接材料	1 000	1 000	10	10	10 000	10 000	25	25
直接人工	2 000	2 000	20	20	4 000	4 000	10	10
制造费用	2 000	4 620	20	46.2	8 000	5 380	20	13.45
合 计	5 000	7 620	50	76.2	22 000	19 380	55	48.45

本例说明，在传统成本计算法下，高产量、生产过程简单的产品（乙产品）成本计算结果显著高于作业成本法的计算结果。而低产量、生产过程复杂的产品（甲产品）的计算结果则恰恰相反。造成这种结果的根本原因在于，后一类产品每件所消耗的间接费用显著高于前一类，而传统成本计算法却无法对此作出反映。

五、作业成本法的特点

从成本计算的角度讲，作业成本法与传统成本计算法有较大差别。作业成本法主要有以下特点：

1. 可提供更详细的信息

作业成本法采用了多元分配基准，集财务变量与非财务变量于一体，且特别强调非财务变量，如产品的零部件数量、调整准备次数、运输距离等。这种财务变量和非财务变量相结合的分配基础，使能直接归属于某种产品的成本比重大大增加，而按照人为标准分配于某种产品的成本比重大大缩减，提高了成本核算的合理性和相对准确性，有利于企业作出正确的经营决策。

2. 成本对象的范围极为广泛

传统成本法主要以产品为成本对象计算成本。而作业成本法下，成本对象的范围极为广泛。管理人员为了满足管理决策的不同需要，可以选择不同的成本对象计算成本。例如，可以选择客户、企业经营的某一过程(如采购过程)、营销渠道(如电视广告)、销售渠道(如特定经销店)等作为成本对象,计算其相应成本。当然,作业成本法的基本成本对象是"作业"。其他成本对象的成本计算通常是通过"作业成本"进行分配。

3. 作业成本法不再直接区分直接费用和间接费用

作业成本法将直接费用和间接费用都视为产品消耗作业而付出的代价,因而将两者同等对待。对直接费用的确认和分配,作业成本法与传统成本计算并无差别,它们的差异是对间接费用的处理。传统成本计算方法要求按单一分配标准(按人工成本或机器小时)分配间接费用,而作业成本法则要求按作业归集间接费用,对其分配则不局限于以单一的工时或机器小时为分配标准,而是依据作业成本动因,采用多样化的分配标准,从而使成本的可追溯性大大提高,得出的产品成本信息也更为客观、真实,更有利于企业的经营决策、成本控制和业绩评价。

思 考

在作业成本法下,产品成本计算的范围比传统成本计算法下的产品成本计算范围扩大了。而期间成本明显缩小了,甚至可以取消期间成本。这岂不与现有的会计制度相背离,你怎么看待这一问题。

4. 所有成本均是变动的

在变动成本法下,有相当一部分成本,因为在一定范围内不随产量(或机器小时等其他业务量)的变化而变化,所以被划为固定成本。但从作业成本法的观点来看,这部分成本虽然不随产量的增加而增加,但却会随其他因素的变化而改变。这些因素包括产品批次、产品线的调整、企业生产能力的增减等。作业成本法将所有成本均视为变动的,这有利于企业分析成本产生的动因,进而降低成本。

六、作业成本法的适用范围

尽管作业成本法与传统成本计算方法相比有较多的优点,但这并不是说作业成本法应立即取代传统成本计算法。作业成本法有一定的适用条件,只有具备这些条件,作业成本法才能发挥其优势。根据作业成本法的特点,具备下列特性之一的企业较适合采用作业成本法:

(1)企业规模大,产品种类繁多,自动化程度高,间接制造费用比重相当大;

(2)各个产品需要技术服务的程度不同;

(3)现有成本管理模式不适应企业管理要求;

(4)竞争激烈;

(5)有先进的计算机技术和优秀的人才等。

案 例

西安农业机械厂是作业成本法的试点企业,该厂不同产品的产量差异较大。最高产量产品与最低产量产品在产量上相差 50 余倍,而且制造费用与直接人工费用的比例高达 200%。它完全具备了使用作业成本法的基本条件。通过引入作业成本法,该厂发现在传统成本计算法下,低产量产品(12 行播种机)的成本少计 21.2%,而高产量产品(四轮拖拉机)的成本多计 4%。通过运用作业成本法,他们获得了准确成本资料,纠正了以往高产量产品定价过高的错误决策,从而在市场上赢得了竞争优势。[①]

第三节 作业管理

作业管理以作业成本法为基础,将企业管理深入到作业层次,对作业链进行分析,消除非增值作业,并使增值作业更有效率,从而将企业置于不断改善的状态之中。

---

① 王平心等:《作业成本计算、作业管理及其在我国应用的现实性》,《会计研究》,1999年第 8 期,第 37~40 页。

一、作业分析

作业分析的主要目标是认识企业的作业过程,以便从中发现持续改善的机会及途径。作业分析具体包括以下方面:

1. 分析客户产品或服务的"价值观"。在这里,产品或服务的"价值观"特指影响客户对本企业所提供的产品或服务价值高低的各种因素。价值高低可以用"客户愿意支付的价格"来衡量。只有明确判断影响客户评价企业向其提供的产品或服务价值高低的各种因素,企业才可能发现哪些作业能够增加产品的价值,而哪些作业不能增值。

2. 确定重点作业。企业的作业通常多达几十种,甚至上百种、上千种,对这些作业一一进行分析是不必要的,因为不符合成本效益原则。根据重要性原则,只能对那些相对于顾客价值和企业价值而言比较重要的作业进行分析。

3. 分析作业是否具有必要性。这要从企业和客户两个角度来分析。如果某项作业对客户来说是必要的,那么就是必要的作业,因为能为客户增加价值;如果某项作业对客户来说是不必要的,则需要进一步看该作业对企业是否必要,如果有必要,即使与客户无关也是必要作业,在作业链中,下部分的作业对客户来说大部分是必要的,而上部分的作业大部分对企业才是必要的。例如,编制年度会计报表这一工作,对一般客户而言没什么必要性,但对企业而言,企业必须做好这一工作,以满足所有者、债权人及其他与企业有经济利益关系的信息使用者的需要。对于那些既非客户所要,又不能对企业组织管理起作用的作业,都是不必要的,必须消除。

4. 分析各作业间的联系。各种作业相互联系,形成作业链。这个作业链必须使作业的完成时间和重复次数最少。理想的作业链应该是作业与作业之间环环相扣。作业链的改善并非是通过将各项作业逐一优化来实现,而是要通过各项作业的协调改善来完成。

5. 区分增值作业与非增值作业。作业按其是否具有增值性可以分为两类,一是增值作业(Value Added Activity),二是非增值作业(Non-Value Added Activity)。这里所说的价值是指客户对企业向他们提供的产品或服务所愿意支付的价格。生产工艺流程中的各项作业一般都是增值作业。非增值作业是指对增加顾客价值没有贡献,或者凡经消除而不会降低产品价值的作业,比如储存、移动、等待、检测等作业,管理者应尽可能减少这部分作业。

6. 分析作业成本动因。分析作业成本动因的目的在于对作业成本实施事前控制。在进行成本动因分析时,应将不同作业划分成单位层次作业、批量层次作业、产品层次作业及生产能力层次作业四个不同层次。由于相同层次的作业有类似或相同的成本动因,因此可按作业层次逐层分析。

7. 分析作业执行效果。分析作业执行效果的目的在于对作业的执行过程实施控制,以寻求降低作业成本机会。作业效果的优劣可以从以下三方面加以衡量:一是作业成本高低,二是完成作业的必要时间,三是工作质量好坏。企业可通过与其他企业先进水准的作业进行比较,来判断某项作业是否有效。

二、经营过程改善

作业管理的根本目的在于企业经营过程的持续改善。作业分析为实现这一目的提供了必要的信息。利用这些信息,企业可以从以下几方面着手进行经营过程的持续改善。

(一)重构作业链

重构作业链是一项较为复杂的改善经营过程的措施,它包含以下内容:

1. 尽量消除非增值作业。消除非增值作业是改善经营过程的重要环节。企业应消除所有不必要的作业。对于那些无法彻底消除的非增值作业,企业应最大限度地降低其成本及所消耗的时间。

2. 通过改变工艺设计等手段优化作业流程。改变工艺设计可使生产过程的复杂程度降低,进而可以简化作业流程,缩短整个作业流程周期,降低总体作业成本。

3. 实行作业合并与分解。对于那些被划分过细、却又关系密切、属性基本相同的作业应合并,有利于提高作业过程总体效率。对划分过粗的作业，通过重新细分，同样可提高作业效率。

(二)不断降低作业成本

根据作业成本法提供的信息，如果发现某项作业成本较高，首先要确定这项作业是否必要，能否增加价值。如果该作业是不必要的，它不能增加客户价值，企业就应该消除这项作业，而根本不必去提高它的效率。企业应该时时考虑为什么要完成各项作业？这些作业是否必要？它们能否增加顾客价值？能否改进？作业管理持续降低成本的过程可用图 11-3 表示。

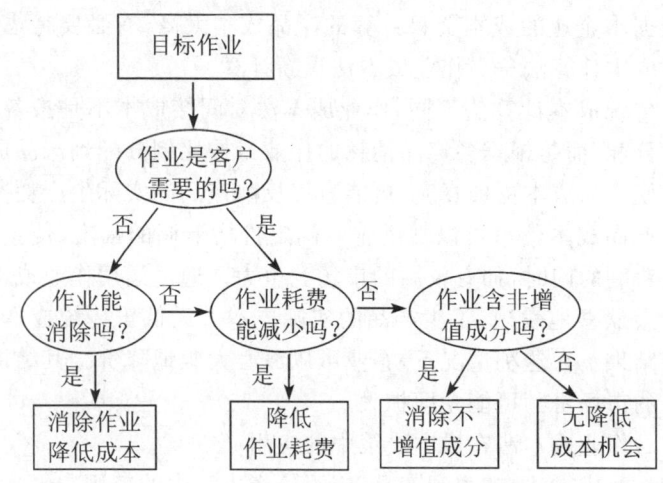

图 11-3　作业管理持续降低成本流程图

第四节　作业成本法对传统管理会计的影响

作业成本法对传统管理会计方法有重要影响。将作业成本法提供的成本信息和成本管理理念运用于管理会计，能使传统管理会计方法得到极大的丰富和发展。

一、作业成本法在经营决策中的应用

（一）产品定价决策

在制定产品价格时，企业既要考虑市场的接受能力，还要考虑自己的产品成本。如果企业发现其竞争者大批量地销售某种产品时，且售价出乎预料，即低于本企业该种产品的定价水平，这时企业应认真思考：既然是同类产品，尽管由不同的厂家生产，但根据产品成本而制定的销售价格应相当，而其他厂家的售价明显低于本企业，只能有一点解释，就是根据本企业的成本资料计算的产品成本太高，有必要考虑用另外一种新成本计算法——作业成本法重新计算。

与传统成本计算法不同，作业成本法对间接成本不是按各种产品的工时分配，而是根据各产品消耗的作业量按比例分配到产品成本中，这样就使产品成本更加真实、更能直接反映产品的实际生产耗费情况。准确的产品成本信息可以帮助企业确定价格下调的幅度，使企业在保证产品获利的同时，拥有较高的市场竞争力。通过运用作业成本法，企业可能会欣喜地发现，不少产品的实际成本大大低于传统成本计算法的计算结果。在这种情况下，企业可以放心大胆地降价。其结果是，这些产品的市场份额可能立即扩大。

（二）作业成本法在成本决策中的应用

1. 作业成本法在"盈利产品"应否停产决策中的应用

有时，企业会计资料表明某种产品具有很高的创利额（盈利产品），但企业的竞争对手却不销售该种产品。这时，企业应认真思考：如果该产品真的盈利，生产和销售该种产品是有利可图的，那么根据市场运行规律，肯定会有众多的厂家投入到这种产品的生产中，然而事实是不存在竞争者，那么，可能说明生产该产品的实际成本太高，企业很可能是在亏本经营该产品，这时企业非常有必要采用作业成本法重新计算成本，以便作出是否停止生产和销售该产品的决策。

企业通常同时生产多种类型产品。有的产品批量大，规格统一，生产及销售过程简单。而另外一些产品批量小、非标准，或者款式、风格、特性、功能等方面存在显著差异，使得生产与销售过程较为复杂。传统成本计算法会造成成本信息的严重扭曲。高产量或生产过程简单的产品分配了大部分的间接成本,而低产量产品或生产过程较为复杂的产品只分配了较少的间接成本。在这种情况下,高产量的产品就"补贴了"低产量的产品。在传统成本系统下,企业无法获得每个品种的成本的准确信息,因此就不能准确判明究竟哪个品种真正盈利,哪个品种真正亏损。而且极有可能将亏损品种误认为盈利,将本来盈利的品种误认为亏损,导致管理人员作出错误的决策:将本来盈利的产品停产,而将本来亏损的产品作为企业今后的经营方向。其后果是可想而知的。

2. 作业成本法在客户管理决策中的应用

企业经营的重要目的在于获取利润。而利润的取得是依靠向客户销售产品。因此,能够拥有稳固的、给企业带来较高利润的客户,是企业生存和发展的基础。

通常,企业利润中有相当大的比例来源于少数客户。例如,75%的利润来源于30%的客户,而对另外70%的客户销售所获得利润只占企业利润的25%。企业在向一特定客户销售产品或提供服务时会发生很多与该客户相联系的成本,如现金折扣、数量折扣、包装费、运输费等。传统成本计算法不将每个客户作为成本对象来计算与其相关的成本,也不对特定客户销售的获利情况进行分析。

运用作业成本法,可以克服上述缺陷。在作业成本法下,把客户作为成本对象进行成本计算,能分析企业向特定客户销售的获利能力。企业通常用毛利来衡量一笔交易的获利性高低,但实际上许多毛利较高的交易涉及大量不因销售量而变的费用,如广告、售后服务和送货等费用,从而使净毛利水平大大降低。为了确定对其销售不能盈利的客户,可以选定有关的客户作为成本对象,利用作业成本法计算相应成本,该类成本我们称为"客户成本"。客户成本不仅包括生产环节发生的成本,还应包括销售环节和其他相关环节发生的成本。客户成本计算完毕后,再将所有与客户相关的收入和成本进行比较。这种分析能使管理人员了解各客户对企业盈利水平的影响,有助于企业选择合适的客户类型。

下面举例说明如何运用作业成本法计算企业向某些特定客户销售的获利能力。

【例 11-2】 甲、乙是某公司的两个主要客户，2002年该公司对这两个客户销售的有关资料如表 11-5 所示。

表 11-5 甲、乙两客户的有关资料

客户名称	甲客户	乙客户
购买产品名称	A 产品	B 产品
销售额（元）	100 000	200 000
订单数（份）	10	100
购买数量（件）	100	200
购买产品总体积（立方米）	200	100
平均未收回货款（元）	20 000	50 000

其他有关资料：

（1）该公司销售毛利（即销售额—产品销售成本）为销售额的 30%。

（2）公司所采用的信用条件为"2/10，n/30"。已知本年度甲、乙客户所获得的现金折扣分别为 10 000 元、5 000 元。

（3）销售佣金按销售额的 5% 支付。

（4）资金的机会成本为 10%。

（5）各项与客户相关作业的成本资料如表 11-6 所示。

表 11-6 与客户相关作业的成本资料

作业	成本动因	成本动因分配率
订单处理	订单数量	10 元/份
包装	产品购买件数	1 元/件
发货	产品购买件数	0.5 元/件
仓储	占用体积（立方米）	2 元/立方米
货款管理	订单数量	5 元/份

根据上述资料，利用作业成本法即可求出上述两客户成本及公司对其销售所取得的净毛利与净毛利率。有关计算过程及结果如表 11-7 所示。

表 11-7　客户净毛利及净毛利率的计算

	甲客户		乙客户	
	金额(元)	%	金额(元)	%
销售额	100 000	100	200 000	100
销售毛利	30 000	30	60 000	30
减：客户直接成本				
销售佣金	5 000	5	10 000	5
占用资金成本	2 000	2	5 000	2.5
现金折扣	10 000	10	5 000	2.5
减：作业成本耗用				
订单处理	100	0.1	1 000	0.5
包装	100	0.1	200	0.1
发货	50	0.05	100	0.05
仓储	400	0.4	200	0.1
货款管理	50	0.05	500	0.25
客户成本合计	17 700	17.7	22 000	11
客户净毛利及净毛利率	12 300	12.3	38 000	19

通过对上述计算结果进行分析，企业可以获得许多有用的信息。例如，最大的客户(即购买量最多的客户)通常会在许多方面提出较高要求，如折扣率、赊账期、送货等，虽然其净毛利额较高，但往往不会有最高的客户净毛利率。对于较小的客户而言，由于其购买批量较少，所以相应净毛利率往往较低，有时甚至为负数。它表明，企业向这类小客户销售产品，不但不能获得利润，而且会发生亏损。传统的成本系统无法准确提供企业向每个客户销售获利情况的准确资料，因此不少企业往往并没有意识到对某些客户销售是得不偿失的。

如果能对每个客户及时提供上述信息，企业就可以实行"客户结构管理"，将有关资料进行分类汇总，得到类似表 10-8 所示的客户结构信息。

表 11-8　客户结构

销售额 客户净毛利率	10 万元以上	2—10 万元	2 万元以下
25%以上	A　1（2%） 27.2% 3.74 万元	B　2（4%） 26.8% 1.63 万元	C　4（8%） 29.1% 0.31 万元
5%至 25%	D　3（6%） 14.6% 2.32 万元	E　4（8%） 18.2% 1.21 万元	F　5（10%） 19.0% 0.21 万元
5%以下	G　5（10%） 3.1% 0.42 万元	H　7（14%） 2.3% 0.15 万元	I　19（38%） 1.8% 0.02 万元

以 B 类客户为例，表 10-8 的含义是：B 类客户的每个客户产生的销售额都在 2～10 万元，且客户净毛利率都在 25%以上。该类包含 2 个客户，占客户总数的 4%；该类客户平均客户净毛利率为 26.8%，平均每个客户的净毛利 1.63 万元。

利用上述有关信息，管理人员可以改善客户结构，使得处于表格右下角类型的客户向矩阵左上方转变。例如，某个客户的包装费过高，企业可以通过改变包装（如对零售商采取大批量简单包装）来降低客户成本。对于个别小客户来说，如果进一分析结果，则表明该客户不存在大幅增加购买量的潜力，而该客户的净毛利较低或为负值，则应坚决改变对这类客户的销售条件（如限制过低的购买批量）而不惜失去该客户。

二、作业成本法在全面预算中的运用——作业预算

采用作业成本法能克服传统成本计算法的许多缺陷。对运用作业成本法的企业而言，在实施预算管理时，必需放弃传统预算管理的基本模式，而应采用与作业成本法相适应的预算管理模式。

（一）现有预算系统的主要缺陷

现有预算管理方法的缺陷主要体现在以下几方面：

1.现有预算系统不按照各有关作业提供相应的成本预算指标，无

法与作业成本法有机结合在一起,使得采用作业成本法的企业无法在成本核算与成本管理方面保持一致,因而严重阻碍了作业成本法发挥优势。

(2)制造费用预算指标越来越失去其准确性及合理性。为了在激烈的市场竞争中赢得优势,越来越多的企业实现了产品多样化、个性化,大力提高生产技术水平,这一切必然导致制造费用在产品成本中的比重显著增加。而现有预算系统在对制造费用的分配上采用单一的分配标准(如机器小时等),导致成本预算指标与实际结果差距较大,致使企业难以进行有效的成本控制及合理的业绩评价。销售与管理费用预算也有类似情况:为了赢得竞争优势,企业不断加大营销力度,重视客户服务等,导致销售与管理费用投入大大增加,现有预算方法所确定的预算指标显得越来越粗糙,亟待改善。

(3)现有的预算系统不提供企业未耗用的资源量,不利于管理人员合理利用剩余生产能力。一般来说,企业总会或多或少存在一定的剩余生产能力。随着市场需求的变化,剩余生产能力也会发生变化。如果未来一定时期企业有较多的剩余生产能力而管理人员不能预先知道,等到大量剩余生产能力成为现实时,管理人员往往难以及时找到利用剩余生产能力的机会。另外,未耗用资源量的大小可以直接反映有关部门的经营业绩,从这种意义上讲,现有的预算系统不利于对企业进行合理的业绩评价。

(4)现有预算系统主要按成本项目以货币为计量单位提供有关预算指标,而不能提供有关作业量的非货币计量指标,因此企业难以对各主要作业成本实施全面有效控制,不利于企业发现降低成本的有效途径。

(5)对非生产成本而言,常规预算指标的制定通常是根据上年企业的相应成本项目的实际水平作适当调整而得。基层单位为了能使下年度预算指标易于完成或超额完成,往往在编制下年度预算时,总是争取将预算期成本水平定得尽量高。尽管上级部门确信以往年度基层部门的预算成本水平定得较高,应该大幅削减,但是缺乏足够的理由说服基层部门。

综上所述，企业间接生产成本(制造费用)与非生产成本(销售与管理费用)的比重日益上升，导致传统预算系统提供的预算指标过于粗糙，所以在成本控制及业绩评价方面留下了亟待解决的问题。而建立作业预算系统，正是解决此问题的较为有效的方法。

(二)作业预算系统的建立

作业预算是一种新的全面预算编制方法，以企业实施作业成本法进行成本核算为基础，以作业成本概念为核心，主要以下述公式为原理编制的全面预算：

$$\text{预计某项作业成本} = \text{预计该项作业所消耗的成本动因量} \times \text{预计该作业的成本动因分配率}$$

【例 11-3】 以某企业 2002 年 1 月制造费用预算为例，说明编制作业预算的步骤。

(1)对作业进行分析，确定主要作业及相应的成本动因。作业的划分粗细程度应该以满足企业管理需要为标准，同时应遵循成本—效益原则，作业划分过细会导致预算编制成本过高，因此会失去实际应用意义。

表 11-9 给出了选定的四项作业及相应的成本动因。

表 11-9　预计作业成本及动因分配率

作业		订单处理	机器调整	机器运行	成品检验
成本动因		订单份数	调整次数	机器小时数	检验件数
资源	工资	2 000	600	4 000	2 500
	办公费	1 000	20	1 200	1 000
	固定资产折旧	3 800	330	5 700	6 100
	其他	200	50	300	400
预计作业成本合计		7 000	1 000	11 200	10 000
预计提供的作业量		1 000	100	560	1 000
预计作业动因分配率		7	10	20	10

(2)预测预算期企业对上述各作业提供的各项资源价值，并将其分配至各作业。本例中所涉及的四项资源如表 11-9 所示。

(3)将各作业预计消耗的各类资源价值相加,计算出各项作业的预计成本,并根据预计提供的作业量计算出各作业的成本动因分配率。例如,对"机器运行"作业而言,它所消耗的各类资源价值预计为11 200元,预计2002年1月可提供560机器小时的作业量,两者相除后得出预计作业动因分配率20元/机器小时。

(4)根据预计产量等数据预测出各种产品在预算期消耗的各项作业的成本动因数,进而计算出各项作业预计耗用的资源价值。这里应注意区分"提供的资源"与"耗用的资源"这两个概念。例如,对"机器运行"作业而言,预计企业提供的资源价值为11 200元,企业可以运用的机器小时数预计为560,而预计使用的机器小时数为500,也就是说,在预算期内,预计有60机器小时闲置,相应就会有价值为1 200元的资源未能充分运用。

表11-10是运用作业预算法编制出的制造费用预算表。

表 11-10　制造费用的作业成本预算

作业	预计作业分配率	预计耗用作业动因数			预计耗用资源价值(元)		未耗用作业动因数	未消耗资源成本
		A产品	B产品	合计	A产品	B产品		
订单处理	7	600	200	800	4 200	1 400	1 000－800＝200	1 400
机器调整	10	20	80	100	200	800	0	0
机器运行	20	400	100	500	8 000	2 000	560－500＝60	1 200
成品检验	10	100	700	800	1 000	7 000	1 000－800＝200	2 000
合计	—	—	—	—	13 400	11 200	—	4 600

销售及管理费用预算同样可以按作业预算编制方法进行编制,由于篇幅所限,此处不再详细讨论。此外,在编制预计损益表时,可以将各有关成本以作业成本形式反映,其格式如表11-11所示,表中各项作业是按作业所处的不同层次进行分类的。当然各项作业也可进一步区分

为增值作业与非增值作业。显然,这种形式的预计损益表比现有的预计损益表能提供更详尽的信息,也更适合管理人员进行全面成本控制与业绩评价。

表 11-11　作业预算法下的预计损益表　　　单位:元

		耗用的资源	未耗用的资源	提供的资源
销售收入		50 000		
减:作业成本				
产量层次	材料成本	5 000	0	5 000
	人工成本	2 000	500	2 500
	机器运行	10 000	1 200	11 200
批量层次	机器调整	1 000	0	1 000
	成品检验	8 000	2 000	10 000
	订单处理	5 600	1 400	7 000
产品层次	客户管理	500	500	1 000
	营销	1 000	200	1 200
能力层次	行政管理费用	800	200	1 000
作业成本合计		33 900	6 000	39 900
营业利润				10 100

作业预算同样可以使用弹性预算、滚动预算及零基预算等编制方法进行编制。这与常规预算编制方法大体相同。另外,作业预算的编制过程中可以将各作业按不同层次进行划分,也可进一步划分为增值作业与非增值作业等。

(三)作业预算系统的特点

从上面的讨论中不难看出,作业预算系统能够克服现有预算系统的主要缺陷,其主要优点体现在以下几方面:

1. 作业预算系统能与作业成本法有机结合在一起,使得企业将成本核算与预算管理在方法上保持一致,有利于企业降低或消除非增值作业成本,有利于优化资源配置,使作业成本法在成本管理中所具有的优点得到充分发挥。

2. 以作业为核心,不仅能提供较为准确的预计成本信息,同时也能提供有关作业在预算期的预计成本动因量,有利于企业实施全面成本控制,并获得准确、合理的业绩评价指标。

3. 将提供的资源划分为耗用资源与未耗用资源,能使管理者预先了解未来预算期企业资源闲置的详细情况,便于管理者及时寻找机会,以充分利用闲置资源,从资源利用效果的角度评价有关部门的工作业绩。

4. 由于各项成本预算指标的确定是通过预计的作业动因数及预计的动因分配率实现的,这种成本预算额是经过精确计算得出的,它往往显著低于现有预算系统所确定的预算额。因此,高层管理者可以大幅压缩相应成本预算指标,使各有关基层单位不得不信服。在这种情况下,新方法所确定的预算指标作为业绩评价指标更具合理性和有效性。

随着经营环境的变化,企业将发现现有的预算系统越来越难以适应企业进行成本控制与业绩评价的要求。对作业预算系统的研究和不断完善,将会在很大程度上克服现有预算系统的缺陷。尽管作业预算系统比现有预算系统复杂,但是随着企业管理水平和管理手段的不断提高,以及企业全员观念的更新,作业成本法会在越来越多的企业中得到运用,作业预算将会成为企业有效实施成本控制和业绩评价的有利工具。

三、作业成本法在责任会计中的应用

采用作业成本法的企业,在实行责任会计时,也应充分考虑与作业成本法的协调。作业成本法对责任会计的实施将产生重要影响。

(一)作业成本法的实施对责任中心划分的影响

企业实施责任会计的首要任务是要合理划分责任中心。一般来说,按照生产经营活动的特点,企业内部划分的责任中心可分成本(费用)中心、利润中心和投资中心三类。企业作业成本法应用后,责任会计中成本中心的设立及划分方式发生了显著变化,更新了成本中心的确定方法。实行作业成本法的企业,其成本中心的划分是按照作业中心进行的,即每一作业中心都视为独立的成本中心,由于作业构成了企业生产

的全过程,按作业中心进行的责任考核就涵盖了全部的生产成本,此时所有的成本都是可控的并有明确的归属。在作业成本法下,维修费、产品检验费、生产准备费等间接费用分别属于设备维修、产品检验、生产准备等作业中心。从这些作业中心的性质来看,这些作业中心能够知道本中心将要发生什么性质的消耗,能够对本中心发生的这些费用进行计量,并能够控制、调节这些消耗。因此,对这些成本具有完全的控制力。作业成本法下的责任会计,其成本中心的划分摆脱了传统的按照工厂组织结构进行划分的限制,通过作业中心对成本进行考核监督,在这种控制方式下,对成本的管理将更加直接,监督也更加全面。

(二)作业成本法在制定责任预算中的作用

如前所述,企业可以利用作业成本法的基本思想,在编制全面预算时,采用作业预算的编制方法。责任预算的制定是将全面预算指标向各级责任中心层层分解。所以,在这种情况下,责任预算的制定必须采用作业预算的形式。也就是说,各级责任中心的责任预算也需用作业量和作业成本的预算指标来表述。

(三)作业成本法在责任中心业绩评价中的作用

对责任中心进行业绩评价是实行责任会计的重要环节。业绩评价效果的优劣主要从两方面来体现,一是业绩评价指标体系的设置是否合理,二是对评价指标实际完成情况的准确计量。

1. 使用作业成本法产生了大量有助于业绩考核指标,如各类作业成本指标可用于评价个人或单位的责任履行情况,而一些资源动因和作业动因信息属于非财务信息,有助于管理人员从非财务角度进行业绩评价。

2. 作业成本法的采用,使各责任中心的成本费用指标的实际完成情况的计量更为可靠,从而有利于客观地对各责任中心的业绩进行评价。

总之,作业成本法是一种适应现代经营环境的先进成本管理方法,它极大地克服了传统管理会计方法中的许多缺陷。

本章小结

在新的制造环境下,传统的成本管理方法受到了猛烈冲击。作业成本法的运用在很大程度上克服了传统成本计算法的缺陷。作业成本法的基本原理是"作业消耗资源,产品消耗作业"。作业成本法可提供更详细的信息。作业成本法的成本对象极为广泛,如产品种类繁多,自动化程度高,间接制造费用比重相当大的企业。作业管理以作业成本法为依托,通过作业分析,优化作业,进而改善企业业绩。作业成本法的引入,对传统管理会计产生了重要影响。

综合复习题

一、思考题

1. 作业通常可分为哪几个层次?
2. 作业成本法下产品成本的计算程序是什么?
3. 在确定成本动因数量时企业要考虑哪些因素?
4. 作业成本法有哪些特点?
5. 作业成本法的适用范围是什么?
6. 作业分析主要包括哪些内容?
7. 作业预算系统的主要优点体现在哪几方面?
8. 作业分析包括哪些内容?
9. 如何进行作业改善?
10. 作业成本法与传统成本计算法的区别是什么?

二、单项选择题

1. 下述作业中通常情况下属于产品层次作业的是(　　)。
   A. 机器运转　　　　　B. 机器调整
   C. 产品设计　　　　　D. 厂房维护
2. 下列项目中属于资源动因的是(　　)。
   A. 用电度数　　　　　B. 搬动零件数量
   C. 订单数量　　　　　D. 机器小时数
3. 利用作业成本法核算成本时重点关注了作业所消耗的(　　)。

A. 时间 B. 成本
C. 费用 D. 资源
4. 下列各项作业中属于辅助作业的是( )。
A. 订单处理 B. 开动机器
C. 人事管理 D. 材料搬运
5. 下述各项作业中属于增值作业的是( )。
A. 材料储存 B. 产品装配
C. 成品搬运 D. 等待工作

三、多项选择题

1. 在作业成本法下,资源可以是( )。
A. 货币资源 B. 材料资源
C. 人力资源 D. 动力资源
E. 财务资源
2. 在传统成本计算法下通常可用作间接成本分配标准的是( )。
A. 调整准备次数
B. 质量检验的批数
C. 机器小时数
D. 直接人工工时数
E. 直接材料
3. 影响作业成本动因选择的主要因素包括( )。
A. 计算成本动因的成本
B. 特定作业成本与作业动因的相关性
C. 采用成本动因导致的行为
D. 采用成本动因的数量
E. 与该项成本动因相关成本信息的作用大小
4. 在确定成本动因总个数时,企业要考虑的因素主要包括( )。
A. 成本动因与间接资源成本的相关程度
B. 产品成本的期望精确度

C. 员工的个人愿望

D. 产品组合的复杂程度

E. 上级领导的意图

5. 作业成本法的成本计算对象包括(   )。

A. 产品　　　　　　　　B. 作业

C. 客户　　　　　　　　D. 供应商

E. 企业

四、判断题

1. 作业成本法一经提出便得到会计界广泛关注并立即得到广泛应用。(   )

2. 作业成本法的运用,使得传统成本计算法下许多间接费用变得具有可追溯性。(   )

3. 作业成本法对间接成本不是按各种产品的工时分配,而是按各产品所消耗的作业量比例分配到产品成本中。(   )

4. 对于运用作业成本法的企业而言,在实施预算管理时,必须继承传统预算管理的基本模式。(   )

5. 如果某项作业对客户来说是不必要的,那么必需千方百计地将其消除。(   )

五、业务题

1. 某企业二季度向甲、乙两个客户销售产品,有关资料如下表所示:

客户名称	甲客户	乙客户
购买产品名称	A 产品	B 产品
销售额(元)	70 000	90 000
订单数(份)	8	40
购买数量(件)	160	300
送货次数(次)	9	16
每次送货距离(公里)	12	25
平均未收回货款(元)	20 000	30 000

其他有关资料:

(1) 该公司销售毛利为销售额的 30%。

(2) 现金折扣条件为 10 天之内付款,折扣率为 2%,赊账期为 30 天,本季度甲、乙客户所获得的现金折扣分别为 2 000 元、1 000 元。

(3) 销售佣金按销售额的 3% 支付。

(4) 每次送货运输成本为 5 元/公里。

(5) 该企业资金的机会成本为 15%。

(6) 各项与客户相关作业的成本资料如下表所示:

作业	成本动因	成本动因分配率
订单处理	订单数量	20 元/份
包装	产品购买件数	1.3 元/件
发货	产品购买件数	1.2 元/件
货款管理	订单数量	25 元/份

要求:根据上述资料,利用作业成本法计算上述两个客户成本,以及企业向这些客户销售产品所取得的净毛利与净毛利率。

2. 判断下表中各项作业所属的作业层次,并在相应位置划"√"。

作业	作业动因	作业层次			
		单位层次	批量层次	产品层次	生产能力层次
材料存储	材料体积(立方米)				
产品仓储	产品总体积(立方米)				
待工	每件产品加工完毕后的停顿时间(秒)				
机器加工	机器小时				
产品设计	特定产品				
产品检验	产品批数				
订单处理	订单份数				
广告策划	策划次数				
一般管理	产品价值增值量(元)				

3. 某企业的客户结构如下表所示。

客户净毛利率＼销售额	100万元以上	10~100万元	10万元以下
20%以上	A 1(0.5%) 21.2% 32.42万元	B 9(4.5%) 26.7% 13.23万元	C 0(0%) 22.3% 1.21万元
5%至20%	D 2(1%) 11.6% 15.32万元	E 4(2%) 18.2% 11.21万元	F 2(1%) 16.0% 0.41万元
5%以下	G 32(16%) 3.3% 5.42万元	H 58(29%) 2.1% 1.15万元	I 92(46%) 0.2% 0.03万元

要求：

(1)对表中的A类客户情况作出解释。

(2)对该企业的客户结构进行简要分析。

六、案例分析题

某制造厂生产A、B两种产品，有关资料如下：

(1)A、B两种产品1月的基本资料如下表所示：

单位：元

产品名称	产量(件)	单位产品机器小时	直接材料单位成本	直接人工单位成本
A	100	1	50	40
B	200	2	80	30

(2)该厂每月制造费用总额50 000元，与制造费用相关的作业有4个，有关资料如下表所示。

单位:元

作业名称	成本动因	作业成本(元)	作业动因数		
			A产品	B产品	合计
质量检验	检验次数	4 000	5	15	20
订单处理	生产订单份数	4 000	30	10	40
机器运行	机器小时数	40 000	200	800	1 000
设备调整准备	调整准备次数	2 000	6	4	10
合计	—	50 000	—	—	—

要求:

(1)用作业成本法计算 A、B 产品的单位成本。

(2)以机器小时为制造费用的分配标准,采用传统成本计算法计算 A、B 产品的单位成本。

(3)根据本例情况,对作业成本法进行适当评价。

参考答案

二、单项选择题

1. C 2. A 3. D 4. C 5. B

三、多项选择题

1. ABCDE 2. CD 3. ABCDE 4. ABD 5. ABCDE

四、判断题

1. × 2. √ 3. √ 4. × 5. ×

行文思考

提示:我们使用作业成本法的目的是向企业内部管理人员提供更为详细准确的成本信息,并非将其用于对外财务报告。因此,它不涉及与会计制度相背离的问题。

第十二章 战略成本管理

本章学习目的
1. 掌握传统成本管理的局限性
2. 掌握战略成本管理的基本概念
3. 了解战略定位分析的基本内容
4. 了解价值链分析的基本内容
5. 掌握成本动因分析的基本内容
6. 了解成本标杆管理的基本内容

范 例

近几年,机械制造业竞争激烈。很多小厂由于设备落后,无法凭借低成本与大厂抗衡。有一家规模不大的机械厂,主要生产各类配件。该厂高层管理人员经过认真分析,认为本厂的主要优势是贴近顾客。由于该厂地处制造业比较集中的工业区,主要客户都位于该工业区内,因此可以及时对客户的要求作出反应。于是该厂将主营业务重新定位,由原来生产标准配件改为接受不同生产厂家委托加工的各类非标准配件。通常,客户提出委托加工要求时都要求尽快交货,所以,对交货速度要求很高。该厂以往业绩考核以标准成本指标完成情况为主要考核依据,后来转变为以及时交货为首要考核指标,尽管成本考核指标仍然保留,但是其地位已经退居第二。最终,该厂取得了很大的成功。

第一节 战略成本管理概述

企业外部环境的变化对成本管理产生了巨大的影响。传统成本管理方法暴露出越来越多的弊端。为适应这种外部环境变化,便产生了战略成本管理。本节,我们首先论述传统成本管理方法的缺点,然后指出战略成本管理方法的特点。

一、传统成本管理的局限性

传统成本管理方法主要有以下局限:
1. 未能与企业战略相联系

正确的战略是企业取得成功的基本保证,科学的战略管理对企业至关重要。企业战略的合理制定与有效实施需要有必要的成本信息。传统的成本管理只是盲目的注重降低成本,而忽视企业所选择的战略。事实上,企业采用不同的战略,适当提高成本往往同样能获取竞争优势。按照现代的管理理念,不同的战略对企业的成本管理系统有不同的要求。

2.轻视生产过程以外的成本管理环节

在传统的成本管理方式下,生产环节是成本管理的重心。对成本管理而言,生产过程的成本管理固然重要,但是传统方法只注重对生产过程中各种耗费的管理,而轻视生产过程之外的成本管理,这样做势必在激烈的市场竞争过程中处于不利地位。在竞争日益激烈的市场环境中,了解整个产业情况,了解竞争对手情况,处理好与供应商、与客户之间的关系,对于企业获取竞争优势都是至关重要的。

3.片面地考虑成本影响因素

传统成本管理将产品的业务量作为成本高低的惟一影响因素,如变动成本和固定成本的划分、弹性预算的编制、量本利分析等。这种观点过度简化了成本发生的原因,无法真正掌握成本发生的因素,计算出的产品成本也不十分精确,不利于决策,也不利于控制、降低成本。从战略的角度看,业务量往往并不是影响成本的最主要因素。业务量不能全面反映成本变动的真正原因。一些传统成本管理未能考虑的因素,如企业的规模、范围(即企业的垂直整合程度)、职工的经验、生产技术水平、产品或服务的复杂性,甚至像厂房布局的合理性,全面质量管理的意识,现有生产能力的利用程度,产品设计以及与供应商和顾客的关系等,都会对产品成本产生很大的影响。这些成本动因需要长期积累才能形成,且一经形成就难以改变。

4.忽视竞争对手成本状况分析

传统成本管理方法通常很少对竞争对手的成本状况进行分析和研究,因而不利于了解企业所处的相对竞争地位,所提供的信息也不便于企业进行竞争战略调整。对处在激烈竞争环境中的企业来说,要发展持续的竞争优势和取得竞争中的有利地位,必须通过分析自己和竞争对手的竞争态势来确定企业的竞争战略。而传统的成本管理不能真正联系竞争对手来分析企业所处的竞争地位,并提供预警信息。

5. 传统成本管理观念陈旧,不能适应先进技术的挑战

先进制造技术和适时生产技术的发展改变了许多企业的生产工艺,这种制造技术的革命引发了许多问题,比如,由于适时制生产系统可基本防止存货等成本的出现,零库存使产品成本与期间成本保持一致,大量自动化设备、电脑的出现必然加大固定制造费用,从而改变了成本性态的类型。而现有的成本管理系统,不仅没有帮助管理者适应这种变化,还限制了对这种变化的适应。因此,成本管理也必须有一场革命。

总之,战略管理要求企业对传统成本管理进行改进。为此,企业必须确立与战略管理相适应的战略成本管理。

二、战略成本管理的基本概念

战略成本管理是为适应战略管理的需要而产生和发展的。为理解战略成本管理的有关观念,我们必须首先对"战略"和"战略管理"有初步了解。

(一)战略与战略管理

"战略"一词原属军事术语,是指对战争全局的筹划和指导,它泛指重大的、带全局性或决定全局的谋划。将"战略"观念运用于企业管理形成了企业战略管理。

"战略管理"一词最初由美国学学者安索夫(Ansoff)在其1976年所著《从战略计划走向战略管理》一书中提出,其定义为:企业的高层领导为了保证企业持续经营和不断发展,根据对企业内部条件和外部环境的分析,对企业的全部生产经营活动所进行的根本性和长远性的谋划和指导。

战略管理是以企业战略为对象的管理活动,是对战略筹划直至实施全过程的管理。它是企业面对瞬息万变和竞争激烈的环境,为谋求自身生存和不断发展所进行的总体和长远性规划及其实施。

(二)战略成本管理的内涵

战略成本管理是以提高企业竞争优势为根本目标的成本管理,是会计人员提供企业本身及其竞争对手的分析资料,帮助管理人员形成

和评价企业战略,从而创造竞争优势,以达到企业有效的适应外部持续变化的环境的目的。

(三)战略成本管理的特点

战略成本管理与传统成本管理相比具有以下特点:

1. 长期性。战略成本管理的宗旨是为了取得长期持久的竞争优势,以便企业长期生存和发展,立足于长远的战略目标。战略成本管理以企业长期发展战略为基础,并随长期发展战略的改变而改变。而传统的成本管理则立足于短期的成本管理,而未从长远的持续地降低成本的策略上考虑,属于战术性的成本管理。比如企业进行人工成本管理,从降低成本的角度考虑,企业宜雇用年龄相对较大,技术熟练程度高的员工以便降低人工成本。以"成本优势"标准衡量,企业宜从长远出发雇用相对年轻、文化程度高的员工,以后再通过经验积累获得较长时期的成本优势。

2. 全面性。战略成本管理是以价值链分析为主要工具,它从企业所处的竞争环境出发,其成本管理不仅包括企业内部的价值链分析,而且包括竞争对手价值链分析和企业所处行业的价值链分析,从而达到知己知彼,洞察全局的目的,并由此形成价值链的各种战略。

3. 开放性。战略成本管理的着眼点是外部环境,将成本管理外延向前延伸到采购环节,乃至研究开发与设计环节,向后还必须考虑售后服务环节。既要重视与上游供应商的联系,也应重视与下游客户和经销商的联系。总之,应把企业成本管理纳入整个市场环境中予以全面考察。只有对企业所处环境作出正确分析和判断,才能预测和控制风险,根据企业自身的特点,确定和实施正确适当的管理战略,把握机遇,主动积极地适应和驾驭外界环境,在竞争中占居主动地位,最终实现预定的企业战略目标。而传统成本管理的对象主要是企业内部的生产过程,而对企业的供应与销售环节则考虑不多,对于企业外部的价值链更是视而不见。战略成本管理不仅注重对企业内部信息的分析,而且更注重对企业外部信息的分析,以便企业及时调整策略以适应外部环境的变化。

4. 竞争性。企业战略成本管理的目标是获取持久的竞争优势。为达到此目标,企业必须应对来自各方面的许多冲击、压力、威胁和困难。而传统成本管理却较少考虑竞争、挑战,只是为了改善企业现状、增加经济效益。

总之,战略成本管理将传统成本管理的范围由企业内部延伸到企业外部,使成本管理由日常操作层面拓展至战略层面。战略成本管理的产生极大地丰富和发展了传统的成本管理方法。

三、战略成本管理的基本内容

尽管当前学术界对成本管理战略的内容持有不同观点,但是下面几方面的内容通常被认为是战略成本管理的重要组成部分:

1. 战略定位分析。根据企业所选择的战略制定相应的成本管理策略。

2. 价值链分析。通过对价值链进行分析,了解企业在整个产业中的位置,寻求利用上下游价值链管理成本的可能性。通过对企业内部价值链的分析,发现不增值作业,并尽量予以消除;通过分析竞争对手价值链,可明确企业自身的优势与弱点,扬长补短,击败对手。

3. 成本动因分析。找出的战略性成本动因,进而控制相应动因,重新构造价值链,以获取竞争优势。

4. 成本标杆管理。通过反复跟踪学习标杆企业的成本管理活动来提高企业自身的成本管理能力。

第二节 战略定位分析

企业的成本管理系统需要与企业的战略管理系统紧密结合。选择了不同的战略,就需要构建相应的成本管理系统。在战略成本管理中,战略定位分析是企业随着其所选择的战略而设计相应的成本管理系统的过程。下面首先简要介绍企业经常采用的竞争战略。

一、产品类型与企业经营战略

(一)产品的波士顿矩阵分类

世界著名的管理咨询公司——波士顿咨询集团公司按照产品的市场相对份额及市场成长率两个指标,将产品分为四种不同类型。市场相对份额指标用于反映产品在市场上的竞争优势及其营利能力,而市场成长率指标则用来反映该产品市场的发展前景是否广阔。按照波士顿矩阵分类法,不同产品可分为野猫、明星、金牛、瘦狗四种类型,如图 12-1 所示。

		相对市场份额	
		高	低
市场成长	高	明星	野猫
	低	金牛	瘦狗

图 12-1 波士顿产品矩阵

(二)不同类型产品的经营战略选择

对于不同类型的产品,企业所选择的经营战略目标有较大差异:

1. "野猫类"产品是在具有高成长性市场中企业产品所占份额比较低的产品。企业对这类产品所采用的战略是建立战略,其目标是扩大企业产品的市场份额。为此,企业需要大量的资金投入,以便跟上快速发展的市场,并与强劲的竞争对手展开竞争。在这种情况下,成本管理战略应该有长远的观点,要根据市场发展前景、竞争对手的状况确定企业产品规模、技术装备水平等;另外,由于产品处在市场拓展阶段,企业可能需要较高的生产成本,成本管理不能忽视这一需要,在成本管理过程中要对这种需要给予充分的满足。

2. "明星类"产品是在高成长市场上已成为市场领导者的产品。企业对这种类产品所采取的战略是固守战略,以期将产品培养成金牛产品。在这种情况下的成本控制要考虑如何采取长期的成本抑减措施控制产品成本,如何在产品市场的开发、拓展过程中既控制成本又不降低产品地位等问题。这种情况下的成本控制战略的重点是长期的成本抑减。

3."金牛类"产品是市场占有率开始趋于稳定的产品。对于这类产品而言,企业应从规模经济和较高的边际利润中得到收益,企业采取的战略是收获战略,企业的目标是尽可能地获取现金回报,尽可能减少追加投入。在这种情况下,企业采取的成本管理战略应该是快速的成本抑减战略,一切可以降低成本的短期措施都将被采用,不需要过多地考虑长期的相对成本地位,不需要成本降低的长期措施,要尽可能压缩各种成本和费用,以最大限度地增加企业的现金回报。

4."瘦狗类"产品是低增长率市场中的低市场份额的产品,这种产品已经没有多少盈利的希望。企业对这种产品所采取的战略通常是撤退战略,即退出该产品市场。在这种情况下的成本控制过程中,一切成本费用都应该压缩到最低需要的水平,应该避免生产和销售产品最低需要成本以外的一切支出的发生。

二、基本竞争战略

如上所述,对于不同类型的产品经营来说,企业可以从建立战略、固守战略、收获战略和撤退战略中选择一种,作为企业的经营战略。当企业选定了某种经营战略后,还要从基本竞争战略中作出选择。

基本竞争战略又称一般竞争战略,是指各种行业普遍适用的竞争战略,它是由美国哈佛商学院著名战略管理学家迈克尔·波特于1980年提出的。根据波特的观点,企业获得竞争优势的基本战略有两种,一是低成本战略,二是差别化战略。

(一)低成本战略

实行低成本竞争战略的企业目标是要成为其产业中的低成本生产者,也就是在提供产品的功能、质量差别不大的条件下,努力降低成本来取得竞争优势。如果企业能够创造和维持全面的成本领先地位,那它只要将价格控制在产业平均或接近平均的水平,就能获取优于平均水平的经营业绩。在与对手相当或相对较低的价位上,成本领先者的低成本优势将转化为高收益。

成本领先战略可通过大规模生产,严格的成本控制来实现。企业必须发现和开发所有成本优势资源,并实行全面成本管理才有可能在同行业中获得成本优势。

(二)差别化战略

当一个企业能够为买方提供一些独特的、对买方来说不仅仅是价格低廉的产品时,这个企业就具有了区别其他竞争对手的经营差异性。通过这种差异性来击败竞争对手,赢得竞争优势,就是所谓的差别化竞争战略。此种战略要求企业就客户广泛重视的一些方面在产业内独树一帜,或在成本差距难以进一步扩大的情况下,生产比竞争对手功能更强、质量更优、服务更好的产品以显示经营差异。当然,这种差异应是买方所希望的或乐意接受的。如能获得差异领先的地位,就可以得到价格溢价的报酬,或在一定的价格下出售更多的产品,或在周期性、季节性市场萎缩期间获得诸如买方忠诚等相应的利益。

实行差别化战略的代价一般较高,它不能直接降低成本,但可以通过价格溢价或增加销售量相对降低总成本。只要企业获得的总收益超过产生差别化而追加的成本,差别化战略就会使企业获得竞争优势。

如果企业能够在成本与差别化两方面在同业竞争中同时处于优势地位,那么这种优势是最为有利的。如果企业在成本与差别化两方面在竞争中都处于劣势地位,那么企业在激烈的竞争中无任何竞争优势可言。波特将后一种情况称为"夹在中间"。

波特的上述思想如图12-2所示。

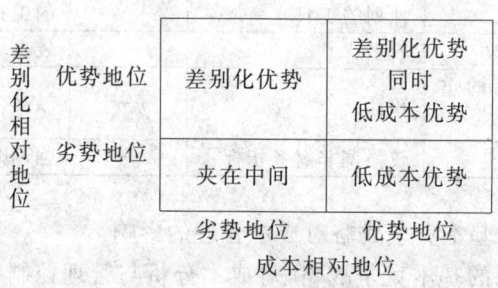

图12-2 基本竞争战略

另外,由上述两种基本竞争战略还可以派生出第三种基本竞争战略——集中战略。集中战略是企业选择特定细分市场实施低成本战略或差别化战略,即选择特定的地区或特定的购买者群体提供产品或服务,以获取成本或差别化方面的竞争优势。

三、不同战略选择对成本与管理会计方面的要求

根据现代管理理论,管理控制应根据企业内外环境因素的变化而变化。战略定位分析的目的在于分析不同战略如何影响管理控制过程。管理控制方法应与企业所选择的战略相适应。不同经营战略目标对成本管理的要求差异较大。

(一)不同经营战略对成本管理的影响

企业对不同的产品类型会选择不同的经营战略。不同经营战略的选择对成本管理产生较大影响。有关情况如表12-1所示。从该表中可以清楚地看出,"建立战略"和"收获战略"这两类不同类型的战略对成本分析与管理控制的要求有较大差异。而"固守战略",其特点介于上述两类战略之间。

表12-1 不同经营战略对成本管理的影响

企业所选择的战略	建立战略	固守战略	收获战略
战略规划的重要性	非常重要	→	较不重要
资本支出的评估标准	较强调非财务指标(市场占有率等)	→	强调财务指标(投资报酬率等)
预算的作用	更多的是作为短期计划的工具	→	更多的是作为控制的工具
年度预算的修改	较多	→	较少
完成年度预算的重要性	较低	→	较高
考核业绩的标准	较强调非财务指标	→	强调财务指标

(二)各种基本竞争战略对成本管理的影响

采用不同的基本竞争战略,对成本分析与管理控制有完全不同的要求。例如,对于采用低成本战略的企业来讲,密切关注目标成本具有

极为重要的意义,但是对于一个采用产品差别化战略的企业来讲,如果企业所面对的市场发展较快,变化迅速,那么对成本的细致关注的重要性要低得多。表12-2列出了不同基本竞争战略对成本管理所产生的影响。

表 12-2　不同的基本竞争战略对成本管理的影响

竞争战略	低成本战略	差别化战略
用于控制制造成本的弹性预算的重要性	很高	较低
产品成本在定价决策中的作用	大	小
标准成本在业绩评价中的作用	很重要	不很重要
营销成本分析的重要性	不很重要	至关重要
预算目标实现的重要性	较高	较低
分析竞争对手成本	极为重要	不很重要

总之,企业内外部环境的特点决定了企业选择不同的经营战略,同时会选择不同的方式来获取竞争优势。在成本管理过程中,我们必须充分考虑上述各方面的不同之处对成本管理所产生的重要影响。只有这样,企业才能将企业战略与成本管理紧密结合起来,从而最大限度地获取竞争优势。

第三节　价值链分析

价值链分析是战略成本管理的核心方法。通过价值链分析,企业可以认识竞争优势的来源。竞争优势来源于各项价值活动,每项价值活动都会对成本及产品差别化方面在产业中所处相对地位产生重要影响。

一、价值链的基本概念

价值链是进行战略成本管理的最有力工具。价值链概念可以从企业内部价值链与产业价值链两方面来论述。

(一)企业内部价值链

价值链的概念是由美国哈佛大学商学院教授迈克尔·波特提出

的。波特认为企业所创造的价值应以顾客所认定并愿意支付的货币数量来衡量。企业创造的价值产生于一系列的活动之中,这些活动称为价值活动。价值链是指企业为客户创造有价值的产品或服务的一连串相互联系的"价值活动"。这些活动可以划分为主要活动(Primary Activities)和辅助活动(Support Activities)两大类。

1. 主要活动

主要活动可分为以下 5 项价值活动:

(1)原料供应。该类活动是指与原料验收、储存、整理及存货控制等相关的活动,如原材料的装卸、入库、盘存、运输及退货等活动。

(2)生产作业。该类活动是指将原材料转化成最终产品的活动,如机器加工、包装、设备维修以及制定生产计划等。

(3)成品储运。该类活动是指与产品的库存、分送给客户有关的活动,如产成品的储存、订单处理、产品运输等。

(4)市场营销。该类活动是指如何使消费者获知产品或劳务的特性并赋予其价值,进而购买该产品或劳务的活动,如广告、促销、销售、定价等。

(5)售后服务。该类活动是指有关以提供服务来提高或维持产品价值的活动,如产品安装、调试、维修、培训及零件供应等。

2. 辅助活动

辅助活动大体可分为以下 4 项价值活动:

(1) 投入品采购管理。该类活动是指采购企业所需投入品职能。这里的采购是广义的,既包括生产原料的采购,也包括其他资源投入的管理,如材料采购、机器设备以及各类固定资产等的购置等。

(2)技术开发。该类活动是指可以改进企业产品和工序的一系列技术活动,不仅包括生产技术也包括非产生技术。例如,为提高产品质量或提高工作效率所从事的各项有关活动。

(3)人力资源管理。该类活动是指包括企业各级人员的招聘、录用、培训、开发及薪酬等活动。人力资源管理涵盖主要活动及辅助活动的全过程,贯穿整个价值链的各项活动。

(4)基础管理。该类活动由大量活动构成,包括企业总体战略的形成、建立，以及政策、法律、行政、财务、会计、质量管理等各项职能活动。

企业的价值链可以用图 12-3 表示。该图表明，企业利润的大小取决于两方面因素，一是企业创造的总价值，二是各项价值活动的总成本，两者之差便是利润。

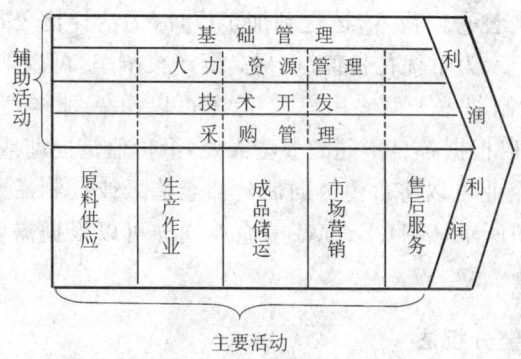

图 12-3 企业价值链

（二）产业价值链

价值链不是相互独立的价值活动的集合体。企业价值链中的各项价值活动需要进行有效的协调。各价值活动间的相互联系也是取得竞争优势的重要来源。价值链包括多方面的相互联系，例如，原材料供应过程中与供应商之间的关系，企业经营过程中内部各单位或部门之间的关系，产品销售过程中与顾客的关系等。由于影响企业产品成本的因素不仅局限于企业内部，更重要的是企业与供应商、客户，以及供应商的供应商、客户的客户之间的关系都会直接影响企业的成本。为寻求竞争优势，企业必须从更广的角度——产业角度来展开价值链分析。企业的价值链蕴涵在一个更为广泛的系统中，该系统既包括供应商的价值链，同时也包括客户的价值链。企业不仅应理解自身的价值链，而且还要理解自身价值活动对供应商及客户的价值链的适应程度，只有这样才能增强自身的获利能力。

图 12-4 所描绘的是造纸业的价值链。[①]在该图中,企业 A 的生产过程几乎覆盖了整个产业价值链。如果 A 企业对价值链中的每个阶段按该阶段市场价格计算收入,进而计算相应资产报酬率,就可以作出自制还是外购的战略决策。例如,大多数公司愿意直接购买原木,并使用独立的伐木工替它们伐木,运送到加工厂,因为这样比公司自己植树、伐木更经济。A 为了优化价值链,提高资产报酬率,可以把自身的价值链缩短至从"制浆——最终用户"。除了可以像 A 那样缩短价值链以外,企业还可以根据各自不同的战略需要,沿价值链向前或向后进行整合。例如 B 企业可以将价值链向后延伸至造纸或纸制品制造,甚至最终用户。如图所示,C、D、E、F、G 等企业同样可以根据需要,形成独具特色的价值链。

二、价值链分析法

运用价值链方法进行战略成本分析与管理的基本步骤如下:

1. 产业价值链分析

任何一个产业从最初原材料的开发到产品的最终消费,形成一系列不同价值作业的结合——产业价值链。产业中任何一个企业居于产业价值链中的一个或多个链节,产业价值链中的企业互为现行的或潜在的竞争对手。每一产业中,企业本身即位于这一行业价值链的某一阶段。通过对产业价值链的分析,了解企业在整个产业价值链中的位置,以便寻求利用上、下游价值链管理成本的可能性。

在价值链上,每一个企业既是供方又是买方,区分每一环节的成本、收入和相应资产配置以计算每一价值活动的经济效益(资产报酬率),有助于了解每一环节对应的供方与买方的力量,有助于企业明确开发与供方、买方关系的途径,以减少成本、增加差别化程度或二者兼顾,从而为产业中不同层次的竞争企业赋予了潜在的战略意义。

2. 企业内部价值链分析

[①] 参见 Shank ,K. John and Vijay Govindarajan. , Strategic Cost Management , The Free Press, New York, 1993 , p.52.

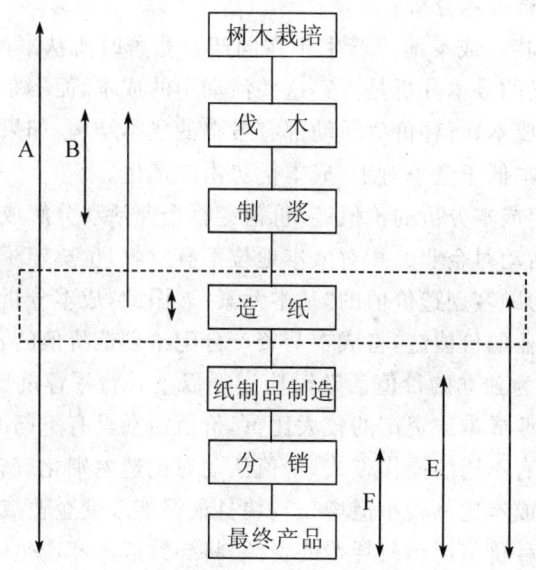

图 12-4 产业价值链

企业内部既有各业务单位(分厂、车间)之间的价值链,也有各业务单位内部的价值链,每个价值链既产生价值,同时也要消耗资源。通过分析,努力消除不增值的作业,减少浪费,同时也为是否可以考虑重组内部价值链,以便为降低相对成本提供条件。

价值链是由价值活动的内部关系、价值活动之间的关系联结而成的一个系统。这些联系使得各价值活动进行的方式与成本相互影响(如高质量原料可减少售后服务)。企业价值链分析就是通过价值活动内部、价值活动之间关系的开发,推进各个价值活动的优化与相互协调,并为实现企业战略目标而进行价值活动之间的权衡取舍。

3.竞争对手价值链分析

在特定产业中往往存在生产同类产品的竞争者。竞争对手的价值链和本企业价值链在产业价值链中处于平行位置。通过对竞争对手价值链的分析,测算出竞争对手的成本并与之进行比较,根据企业的不同战略,确定扬长避短的策略,争取成本优势。

4. 价值链成本分析

企业的相对成本地位产生于在同产业竞争时所从事的价值活动。因此,有意义的成本分析是考察这些活动中的成本,而不是企业作为一个整体的总成本,每种价值活动都有各自的成本结构,如果企业总体价值活动的成本低于竞争对手,成本优势由此产生。

(1)确定成本分析的价值链。价值链将企业活动分解成不同的价值活动,每种活动对企业的相对成本地位都有贡献,也奠定了差别化的基础,是企业为顾客创造价值的"基本元素"。因此,成本分析的焦点是识别与分解企业的价值链,将成本与资产分配给创造价值的各项活动。将价值链分解为独立的价值活动时应遵循以下并行不悖的原则:价值活动占据了营业成本或资产的较大比重,价值活动具有不同的成本动因,竞争对手具有不同的操作方式,价值活动对创造差别化有较高的潜能,价值活动的成本比例较小但增长较快且最终能改变企业成本结构。价值链中每一种价值活动所耗费的资源,将导致成本和产生收益。企业在分解价值链之后,必须把营业成本和资产分摊到对应的价值活动中,从而反映出资源在价值活动中的配置规模和利用效率。

(2)分析各种价值活动的成本动因。企业的成本地位源于其价值作业的成本行为,成本行为取决于影响成本的驱动因素,即成本动因。在传统管理会计中,业务量是惟一的成本动因。在价值链框架下,业务量根本无法说明不同价值活动的成本行为的丰富性。通常多种成本动因在发生作用,而且不同价值活动之间成本动因不同。分析的成本动因目的在于尽可能把成本动因与特定价值活动之间的关系量化,并识别成本动因之间的相互作用,从而对成本动因进行战略上的权衡与控制。关于成本动因分析,我们将在下一节中作进一步论述。

5. 开发持久竞争优势

一旦企业识别价值链、区分成本动因之后,可通过如下两个途径开发竞争优势:比竞争对手更好地控制成本动因和重构价值链。系统分析每一价值活动,了解竞争对手的价值链情况,明确相互间的成本差异及根源,进而从以下六个方面着手:

(1)在保持价值(收入)一定的情况下削减成本;

(2) 在保持成本一定的情况下提升价值(收入);
(3) 在成本、价值一定的情况下缩小资产规模;
(4) 以不同的方式进行这项价值活动;
(5) 把一组有联系的价值活动重新排序或重新组合;
(6) 开发与其他企业的关系。

三、价值链分析与附加值分析比较

附加值(Value Added)是指企业销售收入减去企业从外面购入物品或劳务的支出和费用之后的余额。传统管理会计的主要思想是使得附加值最大化,这种分析方法就是所谓的附加值分析法。该分析方法始于原料购买,终于产品销售。

从战略的角度看,附加值分析法不适合企业战略成本管理,其主要表现有以下几方面:

(1) 附加值分析法不适应企业的战略管理要求。首先,附加值分析法无法将成本分析与企业战略紧密结合。例如,对于低成本战略的产品来说,其成本控制的重要性远比实施差别化战略产品情况下的成本控制重要得多。在这方面,附加值分析法无法体现。其次,附加值分析法还不利于企业发现自身竞争优势的来源。其原因在于,该方法通常关心的只是企业特定产品的附加值,而非企业各项价值活动的有关因素。最后,附加值分析法通常不将企业自身情况与主要竞争对手进行对比分析,从而不利于在激烈的行业竞争中获取并保持竞争优势地位。

(2) 附加值分析法分析起点太晚。从材料采购才刚刚开始进行成本分析,往往会使企业丧失通过与供应商密切合作而使得双方共同受益的机会,而这种机会对于企业降低成本至关重要。

案 例

一家巧克力生产商以往的做法是将包装好的块状固体巧克力销售给糖果制造商,每次销售,巧克力生产商将成品送到糖果制造商的原料仓库中备用。后来,巧克力生产商运用价值链分析工具,发现以液体罐装巧克力取代固体巧克力块销售给糖果制造商,这样做不仅能降低巧克力生产商的加工及包装成本,同时也省去了糖果制造商溶化固体巧克力的加工工序,进而降低了糖果制造商成本。于是双方共同受益。

---

(3) 附加值分析法分析终点太早。因为企业可以通过与客户密切合作,从而也可使双方同时受益。其典型的例子是:容器制造商向啤酒厂(客户)提供的空罐,可以根据啤酒厂的需要,直接运送到该啤酒厂的生产线上,这样不仅减少了容器厂储存及运输空罐成本,同时也有利于啤酒厂实施及时存货制度。

(4) 附加值法注重制造过程的成本而轻视对顾客价值的关注。按照价值链分析思想,增加利润的根本途径不仅仅在于降低成本,增加顾客价值同样也是增加利润的根本途径。在成本不变甚至略有提高的情况下,增加产品的差别化程度同样也能提高企业的利润。因此,为获得竞争优势,企业可以根据其所采取的不同战略,选择适当的手段来增加利润。

第四节 成本动因分析

成本动因概念是理解价值链中每项价值活动成本行为的工具。在实施成本战略过程中,价值链中的不同价值活动通常受不同的成本动因影响。因此,成本动因分析是寻求获取竞争优势的重要手段。

一、成本动因的两个层次

在第十一章中我们曾指出,成本动因是指导致成本发生的因素。从战略的角度看,成本动因可以分为两大类,一是战术意义上的成本动因,二是战略意义上的成本动因。所谓战术意义上的成本动因是指与作业成本法中的作业相联系的成本动因,如生产批数、订单数量、产品产量、货物搬运距离等。这些成本动因主要涉及当前经营过程中影响企业产生成本的有关因素。此类成本动因已在第十章中详尽论述过,不是本章所要讨论的。

本章下面所要讨论的战略成本动因是更广泛的、与战略相关的成本影响因素,如企业规模、经营范围等。战略成本动因对成本的影响比重比较大,可塑性也大。从战略成本动因来考虑成本管理,可以控制企业日常经营中的大量潜在的成本问题。本节下面所述的成本动因特指战略成本动因。

二、战略成本动因分析

战略性成本动因分析就是要判断和确定价值链中每一价值创造活动的成本动因。传统成本管理认为业务量是惟一的成本动因,而战略成本管理认为,影响成本变化的因素不具惟一性。按美国学者瑞利的观点,成本动因分为结构性成本动因和执行性成本动因。

结构性成本动因是指决定企业基础经济结构的因素,包括:
(1)规模。它是指对研究开发、制造、营销等活动投资的规模。
(2)范围。它是指企业垂直一体化的程度,它与企业价值链的纵向长度有关,而水平一体化则与上述经济规模有关。
(3)经验。它是熟练程度的积累,通常与企业目前作业的重复次数相关。
(4)技术。它是指企业在每一个价值链活动中所运用的技术处理方式。
(5)多样性。它是指提供给客户产品或劳务的种类多少。

执行性成本动因是与企业执行价值活动程序有关的动因,即影响企业战略成本态势与执行价值活动程序有关的驱动因素。一般包括:
(1)参与。人是执行价值活动的决定因素,每个员工参与执行价值活动都与成本相关,员工参与的责任感是影响成本的人力资源因素。企业取得成本优势而采取的组织措施,包括人力资源的开发管理在内,都可能提高员工的积极参与程度,进而使成本降低。
(2)全面质量管理。质量与成本密切相关,质量与成本的优化是实现质量成本最佳这一管理宗旨的要求。在质量成本较高的情形下,全面质量管理更是一个重要的成本动因,加强该项成本动因的管理能为企业带来降低成本的契机。

(3)能力利用。在企业规模既定的前提下,员工能力、机器能力和管理能力是否充分利用,以及各种能力的组合是否最优,都属于执行性成本动因。如进行技术改造、采用先进的生产管理方法都会使能力得到充分发挥,由而带来降低成本的机会。

(4)厂房布局规划。厂房布局与规划是否有改善的余地。

(5)产品结构。产品结构是否有效率,是否符合市场需要。

(6)联系。联系是指与上游供应商及与下游顾客之间价值链的联结关系。

结构性成本动因适度为佳,并非程度越高越好。例如,随着企业规模逐渐扩大,企业的效率会逐渐提高,成本会逐渐变低。但如果企业规模过大,所产生的活动复杂,沟通协调困难,也会降低效率,提高成本。再如职工的经验,一定条件下固然可以提高效率,但有时也会使职工墨守成规,不能适应多变的环境,妨碍新产品的开发。结构性成本动因所要求的战略性选择针对的是怎样才是"最优"的问题,解决资源配置的优化问题。执行性成本动因所要求的战略性强化则针对"最佳"的效果目标。

成本动因的分类方法很多,但无论何种观点,都体现了下述主要思想:

(1)从战略分析角度来看,业务量常常不是解释成本行为的最有效方式,最有效的方式应是研究影响成本的经济结构因素和实施发展战略因素,其思路应为先进行结构性分析,后进行执行性分析,但重心应在执行性分析。

(2)不是所有上述因素在所有时期同等重要,在具体情况下,某一个或几个因素是非常重要的。

(3)每一因素都存在着相应的成本分析体系,而此体系对于理解企业战略地位是很关键的。

三、如何利用战略成本动因来获取竞争优势

成本动因分析已经脱离了传统成本分析狭隘的业务量分析法,代

之以更宽广、与战略相结合的方式来分析成本、了解成本。对应于成本动因,战略成本管理通过以下途径控制和降低成本:

(一)对于各项结构性成本动因作出合理选择

对于各有关结构性成本动因来说,企业必须作出合理的选择方能为企业获取成本优势奠定良好基础。为此,企业应做到以下几点:

1. 做好投资决策,实现适度规模

企业投资规模的大小,直接影响企业成本的高低。投资规模过大,会引起生产能力利用不足,加大单位产品负担的固定成本;投资规模过小,则不会产生规模经济,各种成本都会相应增长。为此,在投资前必须进行产业调查,尽可能趋于最佳的投资点。

2. 选择企业适宜的纵向经营范围

以造纸业为例,企业既可以建造一个纸浆厂,该厂只需购入木料加工成纸浆出售给造纸厂即可,也可以买下一个林木厂并自行建设造纸厂,从木材的生产、采伐开始,自行加工纸浆及造纸,并进而建立一家印刷厂、销售分支机构等,即把从原材料到产品销售的环节全部纳入企业生产经营体系中。企业可以在产业价值链分析的基础上,选择适宜的纵向整合程度,可以通过兼并其原料供应商或兼并客户达到调整企业纵向经营范围的目的。

3. 通过积累经验不断降低成本

有关学者通过对数千种产品成本与产品关系的研究发现,许多产品的累计产量每翻一翻时,由于职工经验的积累和工作熟练程度的提高,使得其实际单位成本(即剔除物价上涨因素后的成本)都会下降20%到30%。这一关系称为经验曲线。根据经验曲线知,累计产量的增加是降低成本的有效途径。如果企业能够在市场上维持较高占有率,则会取得较低的成本,进一步扩大市场占有率,进而降低成本,形成良性循环。

4. 合理制定研究开发政策

与世界发达国家企业相比,我国企业产品成本高、质量低、性能差等导致竞争不利的种种情况的产生,其原因在很大程度上是由于没有采用各种先进生产及管理技术,以及各种先进制造工艺设备等。许多企业不注重研究开发的未来效益,只是将其看作是费用的一部分盲目加以限制。但是"上一环节的高投入常常会带来下一环节"数倍的节约,在研究开发阶段尤为如此,因为产品质量、性能、外观都在该环节得以确认,而这些特性对于产品的市场占有率是至关重要的。因此,应合理掌握研究开发费用的"度",按照所得大于所费的原则,既不能浪费,也不能过分节约。

5. 对企业产品多样化程度进行合理化

在同一个行业中,有的企业只提供单一规格、品种的产品。而有的企业则同时生产多品种、多型号、多款式的同类产品。品种适当的多样化有利于提高企业产品的差别化程度,或占有更广泛的产品细分市场。但是产品过分多样化会增加单位产品成本,从而在成本方面处于较为不利的地位。当企业生产的产品具有多样化的特点时,采用传统成本计算法计算产品成本是不适宜的。因为不同种类产品的生产及销售的复杂程度有较大差异。传统成本计算法会严重扭曲产品成本,而采用作业成本法则是最为有利的工具。

(二)对各项执行性成本动因进行强化

对执行性成本动因进行强化是取得成本优势的重要途径,为此企业应从以下几方面入手:

1. 引导员工参与管理,增强员工责任感

通常情况下,企业在持续改善管理过程中经常受到阻碍,原因就是员工不十分清楚哪些事该做,哪些事不该做。因此造成很多误解而使工作延误。让员工积极参与管理,不仅使员工更了解管理层的意图,而且还能调动员工工作的积极性,从而使工作完成得更出色。

2. 大力推进全面质量管理

全面质量管理是出自长期、持续地降低成本的考虑而在原材料采购、加工工序乃至产品售后服务等方面的强化。质量水平的高低一方面会影响企业向客户提供产品的价值高低,另一方面也会直接影响产品成本水平。产品生产过程中如果质量水平过低,就会发生许多不必要的成本,如原材料损失、人工成本的无谓消耗等。

3. 充分利用现有的生产能力

对于许多企业来讲,产品的市场需求具有一定的季节性。当产品销售处于淡季时,企业的生产能力往往难以得到高效利用。因此,实现均衡生产是提高现有生产能力的关键。为此,具体措施包括以下几种:

(1)在销售淡季增加促销力度;
(2)为产品寻求淡季使用途径;
(3)将企业的产品线向销售受季节性影响较弱的产品拓展;
(4)选择需求更为稳定的客户并建立持久的合作关系;
(5)将市场需求波动较大的细分市场留给竞争对手。

4. 工厂布局合理化

各种价值活动相互之间,以及他们与供应商、客户之间的地理位置,会对企业经营效率产生重要影响。工厂布局合理化能为企业获得竞争优势奠定良好基础。如果现有的工厂布局尚未达到合理化,企业可以通过实施第十一章所述的作业分析来获得改善的方案。

5. 产品设计合理化

产品设计是否合理是获取成本优势的重要措施。改善产品设计的途径有很多,例如:

(1)减少每个产品中的零部件的数量;
(2)增加不同品种间零部件的通用性;
(3)降低零部件加工难度等。

6. 加强与供应商及客户之间的纵向合作

通过这种纵向合作,能使企业的经营顺利进行。例如,施乐公司通过计算机网络向其供应商提供生产进度表而使供应商的元器件得以及时送达,而且通过这种合作还有利于降低合作双方的成本。

第五节 成本标杆管理

标杆管理(Benchmarking)亦称基准化,它是发达国家在新产品开发、企业战略、库存管理等领域中广泛采用的一种先进管理方法。成本标杆管理是以成本管理方面具有较强竞争能力的企业为标杆,将本企业的某些成本与这些企业进行比较,找出自身差距,选取改进的最优策略并予以实施;在总结实施结果的基础上再展开新一轮的成本标杆管理。

一、成本标杆管理的主要内容

从整个企业来看,成本标杆管理可分为三部分:生产经营过程成本标杆管理、组织成本标杆管理和运行过程成本标杆管理。

1.生产经营过程成本标杆管理

生产经营过程成本是企业成本构成的核心部分。该类成本标杆管理是通过集中分析生产率和直接成本的结构,并选择相应的标杆企业来进行的。在这类成本标杆管理中,定量的因素较强,而且其内容分析得越详细,所进行的比较就越精确和越有意义。

2.组织成本标杆管理

组织成本标杆管理主要是用来比较同类企业之间的间接成本结构和人员效率两个方面。其中,间接成本包括与管理、专业人员、技术人员以及行政人员相关的成本。而人员效率则要涉及职能和设备运行中的劳动密集程度。组织成本标杆可以发现那些对企业来讲是最重要但又相当隐蔽的竞争优势。

3.运行过程的成本标杆管理

运行过程成本标杆管理主要是用来改进企业的行政和计划工作程序。通常,这些程序都可以跨行业得到良好应用。一方面,运行管理过程的成本标杆管理主要是用于业务处理方面的成本标杆。例如,发货手续、发票处理方式、报销程序等。这些处理过程的成效和效率可直接用处理周期、返工百分比等指标来衡量;另一方面,运行过程成本标杆管理也包括政策制定、预算方案、资本配置以及业绩评价等因素。

二、企业实施成本标杆的主要作用

根据企业竞争能力理论,每个先进企业所具有的能力大致可以分为两类,一类是在短期内易于被其他企业所模仿的能力,另一类是很难在短期内被其他企业所模仿的能力。成本标杆管理实际上就是企业针

对其他企业的第一类成本管理能力进行模仿的循环往复过程。实施成本标杆管理的意义是多方面的,主要表现在以下几方面:

1. 发现差距,获得切实可行的高标准成本目标。通过与成本管理能力较强的企业进行对比,企业可能会发现自身各项成本业绩指标存在较大的改善空间,进而努力朝着更高的工作目标努力。

2. 在短期内有效降低成本。通过对标杆企业进行分析,往往会发现对方很多好的做法,企业可以减少亲自摸索的漫长过程,直接模仿对方降低成本,从而找到降低成本的捷径。

3. 便于在企业中产生激励效果。由于成本标杆管理是以现实世界中存在的先进企业的成本管理活动为标杆对象,因而所制定的目标一方面具有挑战性——需要经过努力才可能实现,而另一方面又是可行的——既然与我们情况相似的企业能够达到,所以我们只要努力也一定能够达到。因此,成本标杆管理能够产生强大的激励效果,激励每位员工都全身心致力于这一成本改善过程之中。

案 例

一家小型汽车制造厂,最初他们采用了国外汽车制造商最早使用的制造方式,用各种不同的金属夹将外型板固定在车身上。金属夹很重,要把孔钻到车里面,而后将夹子就位,固定于防护板上,最后将外型板固定在金属夹上。该工艺既费时,成本又高。针对上述情况,这家企业瞄准国外企业的制作方式,经过10余年的漫长过程,模仿对方做法,分别采取了以下一系列措施:(1)将金属夹标准化;(2)将金属夹改用塑料制造;(3)用双面粘结带代替固定夹;(4)用更低廉的树脂来代替粘结带。最终,该企业在国内市场上已无人能敌。[①]

[①] 戴昌均、李金明:《标杆瞄准》,天津人民出版社,1996年版,第43~44页。

三、成本标杆管理的实施过程

成本标杆管理的实施过程大体包括以下几方面：

1. 评估企业成本管理各方面的弱点。为了有效实施成本标杆管理，企业首先应认真分析自身成本方面的实际状况，找出各项成本管理工作中哪些方面存在突出问题，以便作出重大改进。这些方面的弱点是实施本轮成本标杆管理所要解决的主要问题，是进行成本标杆管理以求改善的目标。

2. 选取标杆企业。标杆企业是指在某些方面具有较强竞争力的企业，是本企业在某方面学习、模仿或竞争的对象。标杆企业的选取应遵循以下两项原则：(1)所选择的标杆企业应在被标杆的有关方面具有较强的竞争力；(2)所选择的标杆企业在有关方面具有可比性。在条件允许的情况下，企业应该尽量在同行业中选取规模大体相同的企业作为标杆企业。

3. 收集并分析标杆企业的有关资料与数据。相关资料的收集是成本标杆管理的关键环节。企业可以从以下有关途径获得这类信息：(1)分析上市公司的财务报告；(2)对客户及原料供应商进行调查；(3)向曾在标杆企业中工作过的员工了解有关情况；(4)亲自考察先进企业等。通过对有关先进企业的财务报告的分析，可以知晓这些企业的主要成本指标。通过进行客户调查，企业可以了解到主要竞争对手的营销成本等方面的信息。

4. 分析标杆企业的有关资料并提出具体行动方案。对收集的数据进行分析比较，即可找出本企业与标杆企业在成本管理方面的差距，在此基础上制定出新的行动目标。

5. 在总结实施效果的基础上再标杆。当所制定的行动方案执行后，企业应该及时总结执行的效果。由于经营环境的不断变化，以及每个企业的不断改善的努力，所以标杆企业的成本管理能力也在不断变化。

企业应该重复前述成本标杆管理过程，否则成本标杆管理所产生的作用就会逐步消失。从这个意义上讲，成本标杆管理是一个反复循环的过程。如图12-5所示。

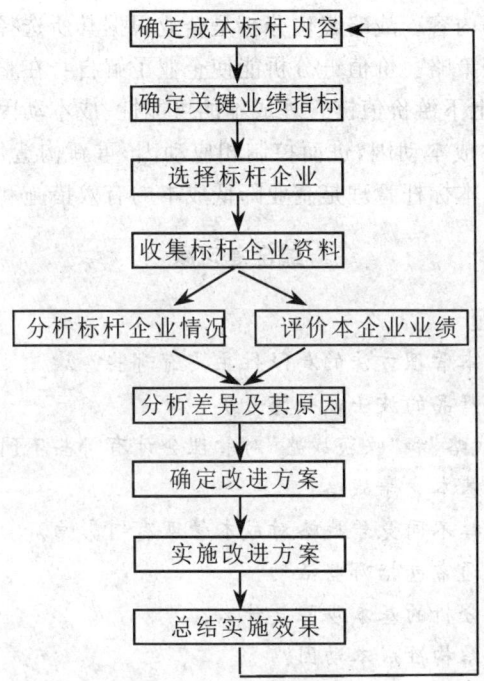

图 12-5 成本标杆管理过程

思 考

成本标杆管理与一般的"学习先进企业经验"是否有区别？如果有，究竟区别是什么？

本章小结

在新的外部环境下，传统成本管理方法显得观念陈旧。它片面地考虑成本影响因素，轻视生产过程以外的成本管理环节，忽视竞争对手成本状况分析，未能与企业战略相联系。战略成本管理是以提高企业竞争优势为根本目标的成本管理。它具有长期性、全面性、开放性和竞争性等特点。战略成本管理的主要内容包括战略定位分析、价值链分析和成本动因分析等内容。战略定位分析是企业根据其所选择的战略制定相应的成本管理策略。价值链分析能使企业了解自身在整个产业中的位置,寻求利用上下游价值链管理成本的可能性。成本动因分析能帮助企业找出战略性成本动因,进而控制相应动因,重新构造价值链,以获取竞争优势。成本标杆管理是企业降低成本的有效措施和重要捷径。

综合复习题

一、思考题

1. 传统成本管理方法的局限性主要有哪些?
2. 什么是产品的波士顿矩阵分类?
3. "建立战略"和"收获战略"对管理会计有哪些不同要求?
4. 什么是基本竞争战略?
5. 企业选择不同竞争战略对成本管理有何影响?
6. 价值链通常包括哪些活动?
7. 价值链分析的基本步骤是什么?
8. 什么是结构性成本动因?
9. 什么是执行性成本动因?
10. 企业如何利用战略成本动因来获取竞争优势?

二、单项选择题

1. 企业某种产品的市场相对份额较高,但该产品的市场成长率较低,则该类产品的类型为(　　)。

  A. "野猫"类产品　　　　　B. "明星"类产品

  C. "金牛"类产品　　　　　D. "瘦狗"类产品

2. 差别化战略(　　)。

  A. 代价一般较低

  B. 能直接降低成本

  C. 可以通过高价出售来降低成本在收入中的比例

  D. 无法使企业获得竞争优势

3. 下列行为不属于价值链分析步骤的是(　　)。

  A. 划分企业的主要价值活动

B. 对各项价值活动分配成本、收入及资产
C. 识别成本动因
D. 对各项成本进行合理预测

4. 附加值分析法的特点是(　　)。
   A. 适应战略管理要求　　B. 分析起点太早
   C. 分析终点太早　　D. 重视顾客价值

5. 下列成本动因中属于战略成本动因的是(　　)。
   A. 企业规模　　B. 产品产量
   C. 检验次数　　D. 生产批数

三、多项选择题

1. 战略成本管理的特点包括(　　)。
   A. 长期性　　B. 全面性
   C. 开放性　　D. 竞争性
   E. 传统性

2. 价值活动中的主要活动包括(　　)。
   A. 原料供应与成品储运　　B. 生产作业
   C. 技术开发与人力资源管理　　D. 市场营销与售后服务
   E. 人力资源管理

3. 进行战略成本分析的主要方法包括(　　)。
   A. 战略定位分析　　B. 价值链分析
   C. 成本动因分析　　D. 贡献毛益分析
   E. 量本利分析

4. 下列战略成本动因中属于结构性成本动因的是(　　)。
   A. 规模　　B. 经验
   C. 生产能力的利用程度　　D. 员工责任感
   E. 工厂布局的效率

5. 通过战略成本动因获取竞争优势的途径有很多,其中包括(　　)。
   A. 选择企业适宜的纵向经营范围
   B. 重视提高企业各方面的技术水平

C. 努力做到产品设计合理化
D. 大力推进全面质量管理
E. 加强订单处理次数控制

四、判断题

1. 当企业实施差别化战略时,产品成本在定价决策中的作用较大。( )

2. 价值链分析法特别注重分析企业内部各项成本费用项目,进而降低产品成本。( )

3. 为了获取低成本优势,企业应该将成本管理的重点集中在生产领域中。( )

4. "金牛类"产品是市场占有率开始趋于稳定的产品。( )

5. 在同业竞争中,任何企业不可能在成本与差别化两方面同时处于优势地位。( )

五、业务题

水泥行业的价值链比较简单。例如,某水泥厂的价值链活动包括购入生产用的矿石、化学辅料、粉碎机械及零配件、包装材料等。其生产流程如下:先将矿石粉碎,然后输送到生产线,加工车间利用热化学方法加热成水泥,再装袋运送给批发商或用户。采矿厂到粉碎车间之间的矿石运费与水泥厂到用户之间的成品水泥运费在总成本中占有较大比重。这两项费用的高低对比,决定了水泥厂是建在采矿厂附近还是靠近用户。通过分析发现,由于大宗的水泥用户不是水泥制品厂就是大型建筑工地,水泥在厂内包装运输到用户,用户又拆开包装,其间不仅浪费了大量包装用纸袋,还浪费了包装及拆开包装的大量时间和人力。[①]

要求:
(1)绘制水泥行业的价值链图。
(2)你能够利用价值链分析方法为这家水泥厂提出改善建议吗?

---

① 根据夏宽云:《成本管理战略》,立信会计出版社,2000年,第27页内容改编。

六、案例分析题[①]

两家美国航空公司运用价值链观念所做的成本分析比较如图 1 及表 1 所示。

表 1 两家航空公司价值链比较

价值链中有关的价值活动	人民捷运每座位每十万英里低于联合航空的成本	策略差异	
		人民捷运	联合航空
广告与促销	$300	大力促销低价普通服务	大力促销全方位服务
机票订购	$3 200	未设订票办公室 未设个别电脑订票系统 使用第二机场及出口 未设订票柜台,上机时通过机器购票 不出售连线机票 费率种类较少 先到者订位 登机时不收票 提供休闲空间 有偿提供行李搬运服务 不提供连线运送行李服务	在各地设立订票办公室 设置个别电脑订位系统 全方位服务 免费运送行李
机组人员成本	$1 800	二手飞机	新飞机
飞行运营成本	$4 000	座位密度高 非工会驾驶员 乘务员较少,日飞行时间较长 机组人员薪水较低 地勤人员工作量加倍	工会驾驶员 机组人员较多 机组人员薪水较高
空服人员作业成本	$3 200	非工会乘务员,薪水较低 不设头等仓 不提供膳食 有偿提供小吃和饮料	全方位服务

---

① Shank, K. John and Vijay Govindarajan., *Strategic Cost Management*, The Free Press, New York, 1993, pp. 70~72.

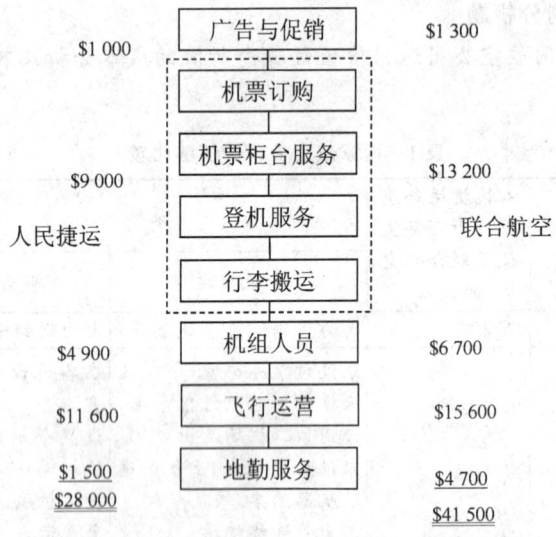

图 1 两家航空公司价值链比较

要求:
(1)比较上述两家航空公司的战略选择的差异。
(2)比较上述两家航空公司价值链的差异。

参考答案

二、单项选择题
1. C 2. C 3. D 4. C 5. A

三、多项选择题
1. ABCD 2. ABD 3. ABC 4. AB 5. ABCD

四、判断题
1. × 2. × 3. × 4. √ 5. ×

行文思考

提示:有区别,主要在于标杆管理是制度化的,周而复始不断往复。

附表一

复利终值系数表

n	1%	2%	3%	4%	5%	6%	7%	8%	9%
1	1.010	1.020	1.030	1.040	1.050	1.060	1.070	1.080	1.090
2	1.020	1.040	1.061	1.082	1.103	1.124	1.145	1.166	1.188
3	1.030	1.061	1.093	1.125	1.158	1.191	1.225	1.260	1.295
4	1.041	1.082	1.126	1.170	1.216	1.262	1.311	1.360	1.412
5	1.051	1.104	1.159	1.217	1.276	1.338	1.403	1.469	1.539
6	1.062	1.126	1.194	1.265	1.340	1.419	1.501	1.587	1.677
7	1.072	1.149	1.230	1.316	1.407	1.504	1.606	1.714	1.828
8	1.083	1.172	1.267	1.369	1.477	1.594	1.718	1.851	1.993
9	1.094	1.195	1.305	1.423	1.551	1.689	1.838	1.999	2.172
10	1.105	1.219	1.344	1.480	1.629	1.791	1.967	2.159	2.367
11	1.116	1.243	1.384	1.539	1.710	1.898	2.105	2.332	2.580
12	1.127	1.268	1.426	1.601	1.796	2.012	2.252	2.518	2.813
13	1.138	1.294	1.469	1.665	1.886	2.133	2.410	2.720	3.066
14	1.149	1.319	1.513	1.732	1.980	2.261	2.579	2.937	3.342
15	1.161	1.346	1.558	1.801	2.079	2.397	2.759	3.172	3.642
16	1.173	1.373	1.605	1.873	2.183	2.540	2.952	3.426	3.970
17	1.184	1.400	1.653	1.948	2.292	2.693	3.159	3.700	4.328
18	1.196	1.428	1.702	2.026	2.407	2.854	3.380	3.996	4.717
19	1.208	1.457	1.754	2.107	2.527	3.026	3.617	4.316	5.142
20	1.220	1.486	1.806	2.191	2.653	3.207	3.870	4.661	5.604
25	1.282	1.641	2.094	2.666	3.386	4.292	5.427	6.848	8.623
30	1.348	1.811	2.427	3.243	4.322	5.743	7.612	10.063	13.268

续表

n	10%	11%	12%	13%	14%	15%	16%	17%	18%
1	1.100	1.110	1.120	1.130	1.140	1.150	1.160	1.170	1.180
2	1.210	1.232	1.254	1.277	1.300	1.322	1.346	1.369	1.392
3	1.331	1.368	1.405	1.443	1.482	1.521	1.561	1.602	1.643
4	1.464	1.518	1.574	1.630	1.689	1.749	1.811	1.874	1.939
5	1.611	1.685	1.762	1.842	1.925	2.011	2.100	2.192	2.288
6	1.772	1.870	1.974	2.082	2.195	2.313	2.436	2.565	2.700
7	1.949	2.076	2.211	2.353	2.502	2.660	2.826	3.001	3.185
8	2.144	2.305	2.476	2.658	2.853	3.059	3.278	3.511	3.759
9	2.358	2.558	2.773	3.004	3.252	3.518	3.803	4.108	4.435
10	2.594	2.839	3.106	3.395	3.707	4.046	4.411	4.807	5.234
11	2.853	3.152	3.479	3.836	4.226	4.652	5.117	5.624	6.176
12	3.138	3.498	3.896	4.335	4.818	5.350	5.936	6.580	7.288
13	3.452	3.883	4.363	4.898	5.492	6.153	6.886	7.699	8.599
14	3.797	4.310	4.887	5.535	6.261	7.076	7.988	9.007	10.147
15	4.177	4.785	5.474	6.254	7.138	8.137	9.266	10.539	11.974
16	4.595	5.311	6.130	7.067	8.137	9.358	10.748	12.330	14.129
17	5.054	5.895	6.866	7.986	9.276	10.761	12.468	14.426	16.672
18	5.560	6.544	7.690	9.024	10.575	12.375	14.463	16.879	19.673
19	6.116	7.263	8.613	10.197	12.056	14.232	16.777	19.748	23.214
20	6.727	8.062	9.646	11.523	13.743	16.367	19.461	23.106	27.393
25	10.835	13.585	17.000	21.231	26.462	32.919	40.874	50.658	62.669
30	17.449	22.892	29.960	39.116	50.950	66.212	85.850	111.06	143.37

续表

n	19%	20%	25%	30%	35%	40%	45%	50%
1	1.190	1.200	1.250	1.300	1.350	1.400	1.450	1.500
2	1.416	1.440	1.563	1.690	1.823	1.960	2.103	2.250
3	1.685	1.728	1.953	2.197	2.460	2.744	3.049	3.375
4	2.005	2.074	2.441	2.856	3.322	3.842	4.421	5.063
5	2.386	2.488	3.052	3.713	4.484	5.378	6.410	7.594
6	2.840	2.986	3.815	4.827	6.053	7.530	9.294	11.391
7	3.379	3.583	4.768	6.275	8.172	10.541	13.476	17.086
8	4.021	4.300	5.960	8.157	11.032	14.758	19.541	25.629
9	4.785	5.160	7.451	10.604	14.894	20.661	28.334	38.443
10	5.695	6.192	9.313	13.786	20.107	28.925	41.085	57.665
11	6.777	7.430	11.642	17.922	27.144	40.496	59.573	86.498
12	8.064	8.916	14.552	23.298	36.644	56.694	86.381	129.746
13	9.596	10.699	18.190	30.288	49.470	79.371	125.252	194.620
14	11.420	12.839	22.737	39.374	66.784	111.120	181.615	291.929
15	13.590	15.407	28.422	51.186	90.158	155.568	263.342	437.894
16	16.172	18.488	35.527	66.542	121.71	217.795	381.846	656.841
17	19.244	22.186	44.409	86.504	164.31	304.913	553.676	985.261
18	22.901	26.623	55.511	112.46	221.82	426.879	802.831	1477.89
19	27.252	31.948	69.389	146.19	299.46	597.630	1164.10	2216.84
20	32.429	38.338	86.736	190.05	404.27	836.683	1687.95	3325.26
25	77.388	95.396	264.70	705.64	1812.8	4499.88	10819.3	25251.2
30	184.68	237.38	807.79	2620.0	8128.5	24201.4	69349.0	191751

附表二

复利现值系数表

n	1%	2%	3%	4%	5%	6%	7%	8%	9%
1	0.990	0.980	0.971	0.962	0.952	0.943	0.935	0.926	0.917
2	0.980	0.961	0.943	0.925	0.907	0.890	0.873	0.857	0.842
3	0.971	0.942	0.915	0.889	0.864	0.840	0.816	0.794	0.772
4	0.961	0.924	0.888	0.855	0.823	0.792	0.763	0.735	0.708
5	0.951	0.906	0.863	0.822	0.784	0.747	0.713	0.681	0.650
6	0.942	0.888	0.837	0.790	0.746	0.705	0.666	0.630	0.596
7	0.933	0.871	0.813	0.760	0.711	0.665	0.623	0.583	0.547
8	0.923	0.853	0.789	0.731	0.677	0.627	0.582	0.540	0.502
9	0.914	0.837	0.766	0.703	0.645	0.592	0.544	0.500	0.460
10	0.905	0.820	0.744	0.676	0.614	0.558	0.508	0.463	0.422
11	0.896	0.804	0.722	0.650	0.585	0.527	0.475	0.429	0.388
12	0.887	0.788	0.701	0.625	0.557	0.497	0.444	0.397	0.356
13	0.879	0.773	0.681	0.601	0.530	0.469	0.415	0.368	0.326
14	0.870	0.758	0.661	0.577	0.505	0.442	0.388	0.340	0.299
15	0.861	0.743	0.642	0.555	0.481	0.417	0.362	0.315	0.275
16	0.853	0.728	0.623	0.534	0.458	0.394	0.339	0.292	0.252
17	0.844	0.714	0.605	0.513	0.436	0.371	0.317	0.270	0.231
18	0.836	0.700	0.587	0.494	0.416	0.350	0.296	0.250	0.212
19	0.828	0.686	0.570	0.475	0.396	0.331	0.277	0.232	0.194
20	0.820	0.673	0.554	0.456	0.377	0.312	0.258	0.215	0.178
25	0.780	0.610	0.478	0.375	0.295	0.233	0.184	0.146	0.116
30	0.742	0.552	0.412	0.308	0.231	0.174	0.131	0.099	0.075

续表

n	10%	11%	12%	13%	14%	15%	16%	17%	18%
1	0.909	0.901	0.893	0.885	0.877	0.870	0.862	0.855	0.847
2	0.826	0.812	0.797	0.783	0.769	0.756	0.743	0.731	0.718
3	0.751	0.731	0.712	0.693	0.675	0.658	0.641	0.624	0.609
4	0.683	0.659	0.636	0.613	0.592	0.572	0.552	0.534	0.516
5	0.621	0.593	0.567	0.543	0.519	0.497	0.476	0.456	0.437
6	0.564	0.535	0.507	0.480	0.456	0.432	0.410	0.390	0.370
7	0.513	0.482	0.452	0.425	0.400	0.376	0.354	0.333	0.314
8	0.467	0.434	0.404	0.376	0.351	0.327	0.305	0.285	0.266
9	0.424	0.391	0.361	0.333	0.308	0.284	0.263	0.243	0.225
10	0.386	0.352	0.322	0.295	0.270	0.247	0.227	0.208	0.191
11	0.350	0.317	0.287	0.261	0.237	0.215	0.195	0.178	0.162
12	0.319	0.286	0.257	0.231	0.208	0.187	0.168	0.152	0.137
13	0.290	0.258	0.229	0.204	0.182	0.163	0.145	0.130	0.116
14	0.263	0.232	0.205	0.181	0.160	0.141	0.125	0.111	0.099
15	0.239	0.209	0.183	0.160	0.140	0.123	0.108	0.095	0.084
16	0.218	0.188	0.163	0.141	0.123	0.107	0.093	0.081	0.071
17	0.198	0.170	0.146	0.125	0.108	0.093	0.080	0.069	0.060
18	0.180	0.153	0.130	0.111	0.095	0.081	0.069	0.059	0.051
19	0.164	0.138	0.116	0.098	0.083	0.070	0.060	0.051	0.043
20	0.149	0.124	0.104	0.087	0.073	0.061	0.051	0.043	0.037
25	0.092	0.074	0.059	0.047	0.038	0.030	0.024	0.020	0.016
30	0.057	0.044	0.033	0.026	0.020	0.015	0.012	0.009	0.007

续表

n	19%	20%	25%	30%	35%	40%	45%	50%
1	0.840	0.833	0.800	0.769	0.741	0.714	0.690	0.667
2	0.706	0.694	0.640	0.592	0.549	0.510	0.476	0.444
3	0.593	0.579	0.512	0.455	0.406	0.364	0.328	0.296
4	0.499	0.482	0.410	0.350	0.301	0.260	0.226	0.198
5	0.419	0.402	0.328	0.269	0.223	0.186	0.156	0.132
6	0.352	0.335	0.262	0.207	0.165	0.133	0.108	0.088
7	0.296	0.279	0.210	0.159	0.122	0.095	0.074	0.059
8	0.249	0.233	0.168	0.123	0.091	0.068	0.051	0.039
9	0.209	0.194	0.134	0.094	0.067	0.048	0.035	0.026
10	0.176	0.162	0.107	0.073	0.050	0.035	0.024	0.017
11	0.148	0.135	0.086	0.056	0.037	0.025	0.017	0.012
12	0.124	0.112	0.069	0.043	0.027	0.018	0.012	0.008
13	0.104	0.093	0.055	0.033	0.020	0.013	0.008	0.005
14	0.088	0.078	0.044	0.025	0.015	0.009	0.006	0.003
15	0.074	0.065	0.035	0.020	0.011	0.006	0.004	0.002
16	0.062	0.054	0.028	0.015	0.008	0.005	0.003	0.002
17	0.052	0.045	0.023	0.012	0.006	0.003	0.002	0.001
18	0.044	0.038	0.018	0.009	0.005	0.002	0.001	0.001
19	0.037	0.031	0.014	0.007	0.003	0.002	0.001	0.000
20	0.031	0.026	0.012	0.005	0.002	0.001	0.001	0.000
25	0.013	0.010	0.004	0.001	0.001	0.000	0.000	0.000
30	0.005	0.004	0.001	0.000	0.000	0.000	0.000	0.000

附表三

年金终值系数表

n	1%	2%	3%	4%	5%	6%	7%	8%	9%
1	1.000	1.000	1.000	1.000	1.000	1.000	1.000	1.000	1.000
2	2.010	2.020	2.030	2.040	2.050	2.060	2.070	2.080	2.090
3	3.030	3.060	3.091	3.122	3.153	3.184	3.215	3.246	3.278
4	4.060	4.122	4.184	4.246	4.310	4.375	4.440	4.506	4.573
5	5.101	5.204	5.309	5.416	5.526	5.637	5.751	5.867	5.985
6	6.152	6.308	6.468	6.633	6.802	6.975	7.153	7.336	7.523
7	7.214	7.434	7.662	7.898	8.142	8.394	8.654	8.923	9.200
8	8.286	8.583	8.892	9.214	9.549	9.897	10.260	10.637	11.028
9	9.369	9.755	10.159	10.583	11.027	11.491	11.978	12.488	13.021
10	10.462	10.950	11.464	12.006	12.578	13.181	13.816	14.487	15.193
11	11.567	12.169	12.808	13.486	14.207	14.972	15.784	16.645	17.560
12	12.683	13.412	14.192	15.026	15.917	16.870	17.888	18.977	20.141
13	13.809	14.680	15.618	16.627	17.713	18.882	20.141	21.495	22.953
14	14.947	15.974	17.086	18.292	19.599	21.015	22.550	24.215	26.019
15	16.097	17.293	18.599	20.024	21.579	23.276	25.129	27.152	29.361
16	17.258	18.639	20.157	21.825	23.657	25.673	27.888	30.324	33.003
17	18.430	20.012	21.762	23.698	25.840	28.213	30.840	33.750	36.974
18	19.615	21.412	23.414	25.645	28.132	30.906	33.999	37.450	41.301
19	20.811	22.841	25.117	27.671	30.539	33.760	37.379	41.446	46.018
20	22.019	24.297	26.870	29.778	33.066	36.786	40.995	45.762	51.160
25	28.243	32.030	36.459	41.646	47.727	54.865	63.249	73.106	84.701
30	34.785	40.568	47.575	56.085	66.439	79.058	94.461	113.283	136.308

续表

n	10%	11%	12%	13%	14%	15%	16%	17%	18%
1	1.000	1.000	1.000	1.000	1.000	1.000	1.000	1.000	1.000
2	2.100	2.110	2.120	2.130	2.140	2.150	2.160	2.170	2.180
3	3.310	3.342	3.374	3.407	3.440	3.472	3.506	3.539	3.572
4	4.641	4.710	4.779	4.850	4.921	4.993	5.066	5.141	5.215
5	6.105	6.228	6.353	6.480	6.610	6.742	6.877	7.014	7.154
6	7.716	7.913	8.115	8.323	8.536	8.754	8.977	9.207	9.442
7	9.487	9.783	10.089	10.405	10.730	11.067	11.414	11.772	12.142
8	11.436	11.859	12.300	12.757	13.233	13.727	14.240	14.773	15.327
9	13.579	14.164	14.776	15.416	16.085	16.786	17.519	18.285	19.086
10	15.937	16.722	17.549	18.420	19.337	20.304	21.321	22.393	23.521
11	18.531	19.561	20.655	21.814	23.045	24.349	25.733	27.200	28.755
12	21.384	22.713	24.133	25.650	27.271	29.002	30.850	32.824	34.931
13	24.523	26.212	28.029	29.985	32.089	34.352	36.786	39.404	42.219
14	27.975	30.095	32.393	34.883	37.581	40.505	43.672	47.103	50.818
15	31.772	34.405	37.280	40.417	43.842	47.580	51.660	56.110	60.965
16	35.950	39.190	42.753	46.672	50.980	55.717	60.925	66.649	72.939
17	40.545	44.501	48.884	53.739	59.118	65.075	71.673	78.979	87.068
18	45.599	50.396	55.750	61.725	68.394	75.836	84.141	93.406	103.740
19	51.159	56.939	63.440	70.749	78.969	88.212	98.603	110.285	123.414
20	57.275	64.203	72.052	80.947	91.025	102.444	115.380	130.033	146.628
25	98.347	114.413	133.334	155.620	181.871	212.793	249.214	292.105	342.603
30	164.494	199.021	241.333	293.199	356.787	434.745	530.312	647.439	790.948

续表

n	19%	20%	25%	30%	35%	40%	45%	50%
1	1.000	1.000	1.000	1.000	1.000	1.000	1.000	1.000
2	2.190	2.200	2.250	2.300	2.350	2.400	2.450	2.500
3	3.606	3.640	3.813	3.990	4.173	4.360	4.552	4.750
4	5.291	5.368	5.766	6.187	6.633	7.104	7.601	8.125
5	7.297	7.442	8.207	9.043	9.954	10.946	12.022	13.188
6	9.683	9.930	11.259	12.756	14.438	16.324	18.431	20.781
7	12.523	12.916	15.073	17.583	20.492	23.853	27.725	32.172
8	15.902	16.499	19.842	23.858	28.664	34.395	41.202	49.258
9	19.923	20.799	25.802	32.015	39.696	49.153	60.743	74.887
10	24.709	25.959	33.253	42.619	54.590	69.814	89.077	113.330
11	30.404	32.150	42.566	56.405	74.697	98.739	130.162	170.995
12	37.180	39.581	54.208	74.327	101.841	139.235	189.735	257.493
13	45.244	48.497	68.760	97.625	138.485	195.929	276.115	387.239
14	54.841	59.196	86.949	127.913	187.954	275.300	401.367	581.859
15	66.261	72.035	109.687	167.286	254.738	386.420	582.982	873.788
16	79.850	87.442	138.109	218.472	344.897	541.988	846.324	1311.682
17	96.022	105.931	173.636	285.014	466.611	759.784	1228.170	1968.523
18	115.266	128.117	218.045	371.518	630.925	1064.697	1781.846	2953.784
19	138.166	154.740	273.556	483.973	852.748	1491.576	2584.677	4431.676
20	165.418	186.688	342.945	630.165	1152.210	2089.206	3748.782	6648.513
25	402.042	471.981	1054.791	2348.803	5176.504	11247.202	24040.72	50500.34
30	966.712	1181.882	3227.174	8729.985	23221.57	60501.08	154106.6	383500.1

附表四

年金现值系数表

n	1%	2%	3%	4%	5%	6%	7%	8%	9%
1	.990	.980	.971	.962	.952	.943	.935	.926	.917
2	1.970	1.942	1.913	1.886	1.859	1.833	1.808	1.783	1.759
3	2.941	2.884	2.829	2.775	2.723	2.673	2.624	2.577	2.531
4	3.902	3.808	3.717	3.630	3.546	3.465	3.387	3.312	3.240
5	4.853	4.713	4.580	4.452	4.329	4.212	4.100	3.993	3.890
6	5.795	5.601	5.417	5.242	5.076	4.917	4.767	4.623	4.486
7	6.728	6.472	6.230	6.002	5.786	5.582	5.389	5.206	5.033
8	7.652	7.325	7.020	6.733	6.463	6.210	5.971	5.747	5.535
9	8.566	8.162	7.786	7.435	7.108	6.802	6.515	6.247	5.995
10	9.471	8.983	8.530	8.111	7.722	7.360	7.024	6.710	6.418
11	10.368	9.787	9.253	8.760	8.306	7.887	7.499	7.139	6.805
12	11.255	10.575	9.954	9.385	8.863	8.384	7.943	7.536	7.161
13	12.134	11.348	10.635	9.986	9.394	8.853	8.358	7.904	7.487
14	13.004	12.106	11.296	10.563	9.899	9.295	8.745	8.244	7.786
15	13.865	12.849	11.938	11.118	10.380	9.712	9.108	8.559	8.061
16	14.718	13.578	12.561	11.652	10.838	10.106	9.447	8.851	8.313
17	15.562	14.292	13.166	12.166	11.274	10.477	9.763	9.122	8.544
18	16.398	14.992	13.754	12.659	11.690	10.828	10.059	9.372	8.756
19	17.226	15.678	14.324	13.134	12.085	11.158	10.336	9.604	8.950
20	18.046	16.351	14.877	13.590	12.462	11.470	10.594	9.818	9.129
25	22.023	19.523	17.413	15.622	14.094	12.783	11.654	10.675	9.823
30	25.808	22.396	19.600	17.292	15.372	13.765	12.409	11.258	10.274

续表

n	10%	11%	12%	13%	14%	15%	16%	17%	18%
1	.909	.901	.893	.885	.877	.870	.862	.855	.847
2	1.736	1.713	1.690	1.668	1.647	1.626	1.605	1.585	1.566
3	2.487	2.444	2.402	2.361	2.322	2.283	2.246	2.210	2.174
4	3.170	3.102	3.037	2.974	2.914	2.855	2.798	2.743	2.690
5	3.791	3.696	3.605	3.517	3.433	3.352	3.274	3.199	3.127
6	4.355	4.231	4.111	3.998	3.889	3.784	3.685	3.589	3.498
7	4.868	4.712	4.564	4.423	4.288	4.160	4.039	3.922	3.812
8	5.335	5.146	4.968	4.799	4.639	4.487	4.344	4.207	4.078
9	5.759	5.537	5.328	5.132	4.946	4.772	4.607	4.451	4.303
10	6.145	5.889	5.650	5.426	5.216	5.019	4.833	4.659	4.494
11	6.495	6.207	5.938	5.687	5.453	5.234	5.029	4.836	4.656
12	6.814	6.492	6.194	5.918	5.660	5.421	5.197	4.988	4.793
13	7.103	6.750	6.424	6.122	5.842	5.583	5.342	5.118	4.910
14	7.367	6.982	6.628	6.302	6.002	5.724	5.468	5.229	5.008
15	7.606	7.191	6.811	6.462	6.142	5.847	5.575	5.324	5.092
16	7.824	7.379	6.974	6.604	6.265	5.954	5.668	5.405	5.162
17	8.022	7.549	7.120	6.729	6.373	6.047	5.749	5.475	5.222
18	8.201	7.702	7.250	6.840	6.467	6.128	5.818	5.534	5.273
19	8.365	7.839	7.366	6.938	6.550	6.198	5.877	5.584	5.316
20	8.514	7.963	7.469	7.025	6.623	6.259	5.929	5.628	5.353
25	9.077	8.422	7.843	7.330	6.873	6.464	6.097	5.766	5.467
30	9.427	8.694	8.055	7.496	7.003	6.566	6.177	5.829	5.517

续表

n	19%	20%	25%	30%	35%	40%	45%	50%
1	.840	.833	.800	.769	.741	.714	.690	.667
2	1.547	1.528	1.440	1.361	1.289	1.224	1.165	1.111
3	2.140	2.106	1.952	1.816	1.696	1.589	1.493	1.407
4	2.639	2.589	2.362	2.166	1.997	1.849	1.720	1.605
5	3.058	2.991	2.689	2.436	2.220	2.035	1.876	1.737
6	3.410	3.326	2.951	2.643	2.385	2.168	1.983	1.824
7	3.706	3.605	3.161	2.802	2.508	2.263	2.057	1.883
8	3.954	3.837	3.329	2.925	2.598	2.331	2.109	1.922
9	4.163	4.031	3.463	3.019	2.665	2.379	2.144	1.948
10	4.339	4.192	3.571	3.092	2.715	2.414	2.168	1.965
11	4.486	4.327	3.656	3.147	2.752	2.438	2.185	1.977
12	4.611	4.439	3.725	3.190	2.779	2.456	2.196	1.985
13	4.715	4.533	3.780	3.223	2.799	2.469	2.204	1.990
14	4.802	4.611	3.824	3.249	2.814	2.478	2.210	1.993
15	4.876	4.675	3.859	3.268	2.825	2.484	2.214	1.995
16	4.938	4.730	3.887	3.283	2.834	2.489	2.216	1.997
17	4.990	4.775	3.910	3.295	2.840	2.492	2.218	1.998
18	5.033	4.812	3.928	3.304	2.844	2.494	2.219	1.999
19	5.070	4.843	3.942	3.311	2.848	2.496	2.220	1.999
20	5.101	4.870	3.954	3.316	2.850	2.497	2.221	1.999
25	5.195	4.948	3.985	3.329	2.856	2.499	2.222	2.000
30	5.235	4.979	3.995	3.332	2.857	2.500	2.222	2.000

主要参考文献

1. 李宏健著:《现代管理会计》,中国财政经济出版社,1998年版。
2. 李天民编著:《现代管理会计学》,立信会计出版社,1996年版。
3. 余绪缨主编:《管理会计》,辽宁人民出版社,1996年版。
4. 黄慧馨、王咏梅编著:《管理会计》,企业管理出版社,1999年版。
5. 孙茂竹、文光伟、杨万贵主编:《管理会计学》,中国人民大学出版社,1999年版。
6. 杨修发、朱启明主编:《成本管理会计学》,西南财经大学出版社,2002年版。
7. 许萍主编:《管理会计》,经济科学出版社,2003年版。
8. 毛付根主编:《管理会计》,高等教育出版社,2000年版。
9. 韩文连主编:《管理会计学》,首都经济贸易大学出版社,2001年版。
10. 张涛主编:《管理成本会计》,经济科学出版社,2001年版。
11. 财政部注册会计师考试委员会办公室编:《财务成本管理》,经济科学出版社,2003年版。
12. 马海清、朱光林:《决策会计学》,经济管理出版社,1997年版。
13. 杨文安编著:《管理会计原理与个案》,上海财经大学出版社,2002年版。
14. 王立彦、刘志远主编:《成本管理会计》,经济科学出版社,2000年版。
15. 刘川明:《质量成本管理概论》,经济科学出版社,1992年版。
16. [美]唐·R.汉森、玛利安娜·M.莫文著:《成本管理——决策与控制》,中信出版社,2003年版。
17. [美]罗纳得·W.希尔顿著:《管理会计》,机械工业出版社,2000年版。
18. [美]唐·R.汉森、玛利安·M.莫文著:《管理会计》,北京大学出版社,2000年版。

19. [美]查尔斯·亨格伦等著:《管理会计教程》,华夏出版社,1999年版。
20. Ronald W. Hilton. Management Accounting: Creating Value in a Dynamic Environment. Fifth 21. Edition, McGraw—Hill Companies, Inc. ,2002.
22. Anthony A. Atkonson, Rejiv D. Banker, Robert S. Kaplan, S. Mark Young, Management.
23. Accounting, Third Edition, Printice Hall ,2001.
24. Ray H. Garrison, et al. Management Accounting: Concepts for Planning, Control, Decision.
25. Makong, Fourth Canadian Edition, 1999.
26. Ronald Hilton, Management Accounting, Third Edition McGraw-Hill,1997.